建设部"九五"重点教材

高等学校教材

国际工程承包

何伯森　主编

中国建筑工业出版社

图书在版编目(CIP)数据

国际工程承包/何伯森主编.—北京：中国建筑工业
出版社,2000
高等学校教材
ISBN 7-112-04032-9

Ⅰ.国… Ⅱ.何… Ⅲ.对外承包-基本知识-中国-
高等学校-教材 Ⅳ.F752.68

中国版本图书馆 CIP 数据核字(2000)第 20481 号

本书介绍了国际工程的有关概念、国际工程市场形势、国际工程管理人才的培养模式、国际工程常用的项目管理模式、招标程序以及合同模式。详细地讨论了国际工程招标文件的编制,FIDIC 1999 年最新版的合同条件。介绍了国际工程投标的程序和技巧,详细地分析了如何进行投标报价并附有案例。全面地讨论了国际工程的合同管理,包括业主方与承包商方的风险与索赔管理。介绍了国际工程的货物采购、融资、外汇以及保险。

本书可供高等院校工程管理专业以及各类工程专业本科生和研究生作为教材,也可供从事国际工程承包的工程管理人员、工程技术人员、咨询与监理人员等学习参考。

建设部"九五"重点教材
高等学校教材
国际工程承包
何伯森 主编

*

中国建筑工业出版社出版（北京西郊百万庄）
新华书店总店科技发行所发行
北京市兴顺印刷厂印刷

*

开本：787×1092 毫米 1/16 印张：16½ 字数：397 千字
2000 年 6 月第一版 2006 年 6 月第七次印刷
印数：8,501—10,000 册 定价：**16.90** 元
ISBN 7 – 112 – 04032 – 9
TU · 3160 （9439）

前　言

　　国际工程是一项充满机遇和挑战的事业。在全球范围内,存在着一个总体上发展比较稳定的国际工程市场。国际工程也是一项跨多个学科的复杂的系统工程,需要高层次的管理人才。

　　改革开放二十年来,我国各对外公司在国际工程承包、咨询和劳务市场中披荆斩棘、奋勇拼搏。1998 年,我国对外公司已进入 160 个国家和地区,在国外承包、咨询和劳务的合同总额已达到 117 亿美元,有 30 家中国公司加入国际承包商的"第一梯队"——世界 225 家最大承包商的行列。这说明我国对外公司在开拓国际工程市场方面取得了很大的成绩。但是和发达国家的公司相比,我们在国际市场(尤其是国际工程咨询市场)中的占有率仍很低,承包项目中总承包的大项目少,经济效益不理想。产生上述问题的根本原因之一是国际工程管理人才的匮乏。

　　当我国加入世界贸易组织(WTO)之后,我们面临的国际市场将是一个日益开放的大市场。一方面,这为我们充分利用国内和国外的"两个市场,两种资源"创造了有利条件,我国有 4000 多万建设大军,近百万工程技术人员,具有很强的工程技术力量,如何更好地组织这支队伍走向国际大市场是放在我们每一个工程管理人员面前的一大课题;另一方面,外国公司进入中国市场的"门坎"也降低了。我国近年来一直是世界上外资流入第二大国,每年有几百亿美元外资进入中国市场,这些外资中有相当一部分投入到工程建设中,因而外国工程公司十分看好中国市场。据近几年的统计,国际上最大的 200 家设计咨询公司大约有三分之二已进入中国市场,最大的 225 家承包商也有三分之一进入中国市场。加入 WTO 以后国内的建筑市场竞争必将更加激烈,因而放在我们面前的另一个课题就是如何巩固国内市场。

　　1998 年教育部对全国的专业目录进行了调整,管理作为一门学科已经单设一类,将原来的建筑管理、管理工程、国际工程管理和房地产等专业合并为一个新专业——工程管理专业。工程管理专业培养的人才应该是面向各种类型的工程建设,如房建、路桥、港口、水利、电力、化工、冶金等。而任何一个专业,凡涉及工程建设的,无论是走向海外或是在国内市场都将会遇到国际工程项目,都离不开国际工程管理。因为一方面我国的工程项目管理正在逐渐和国际接轨;另一方面,国外的工程项目和国内的涉外工程项目都要求按照国际惯例来进行管理。所以对于工程管理这样一个专业,除了其中的国际工程管理方面之外,其余的几个方面(如项目管理、投资与造价管理、房产管理等)也都十分需要学习国际工程管理方面的知识,否则,培养的学生将很难面对 21 世纪的挑战。这本教材正是为了这个目的而编写的。

　　本书首先介绍了国际工程的定义和概念,然后分析了国际工程市场形势,比较详细地讨论了国际工程管理人才培养的模式和要求,介绍了国际工程项目的管理模式,招投标程序和合同类型。比较详细地介绍了国际工程的招标、投标和报价,以及 1999 年新出版的 FIDIC 合同条件。讨论了合同管理的概念,业主方和承包商方的合同管理,包括风险和索赔管理。最后介绍了与国际工程密不可分的货物采购,融资、外汇与工程保险。

本书主要取材于世界银行和财政部的工程与货物采购招标文件范本,FIDIC 的合同条件以及国内外的一些专著。如果读者对国际工程管理有兴趣,在此推荐大家学习"国际工程管理教学丛书",这套国家"九五"重点图书共 20 本,是组织国内各对外公司和大学的专家教授以及外国专家编写的,包含了国际工程管理各个方面的专著,如国际工程咨询、承包、项目管理、合同管理、市场学、工程估价、工料测量、谈判、施工索赔、公司理财、法律、融资、外汇、风险与保险、外贸、国际房地产以及国际工程管理的英语口语、专业阅读、写作和英汉/汉英词汇。学习之后必将大大地丰富你的知识,开拓你的眼界和思路。

为了及时地反映国际上的最新动态,本书将 1999 年 9 月 FIDIC 刚刚出版的《施工合同条件》也介绍给了读者,但由之又产生了一个新的矛盾,即全书用词的不统一。本书各章中的专业名词一般都是参照采用国内常用的财政部编写的世行贷款项目招标文件范本和已翻译出版的 FIDIC 的几本合同条件的专业名词。而 1999 年新出版的 FIDIC 合同条件的用词有两类变化:一类是用新的词代替了原有的词,如定义中用 Letter of Tender(投标函)代替了过去的 Tender(投标书),而对 Tender 又另行定义;另一类是英文原词没有改变,但中文译词必须改变,如 Taking-over Certificate,过去均译为"移交证书",但在新版中纵观全文必须译为"接收证书"。为此,我们在这里作一个总的声明,即第 4 章"国际工程合同条件"一章中的用词,只适用于该章。由于世行和财政部的新范本的出版将是几年以后的事,所以在本书中暂时还无法对专业名词全部统一。

本书主编何伯森。各章作者如下:第 1、2、3、5、7 章,何伯森;第 4 章,刘雯、何伯森;第 6 章,张鸿文(中国港湾建设总公司);第 8 章,鹿丽宁;第 9、10 章,王秀芹。除第 6 章外,其余各章作者单位均为天津大学管理学院。

在编写本书过程中,得到洪柔嘉、刘雯、万彩芸、王健等同志的大力支持和帮助,在此表示衷心的感谢。

我们力图向全国工程管理专业、各类工程专业的同学们及从事国际工程承包的同志们奉献一本有实用价值的教科书。我们热切希望有关老师、同学和其他读者对本书提出宝贵的指正意见,以便使这本教材不断完善。

目　　录

第1章 绪 论

本章首先介绍了国际工程的定义、概念和特点;然后介绍国际工程市场的形势和我国公司二十多年来开拓国际工程市场的成绩和差距;较详细地讨论了国际工程管理人才的培养;介绍了国际工程项目参与各方与国际工程的各种项目管理模式。

第1节 国 际 工 程

一、国际工程的概念

国际工程(International Project)就是一个工程项目从咨询、融资、采购、承包、管理以及培训等各个阶段的参与者来自不止一个国家,并且按照国际上通用的工程项目管理模式进行管理的工程。

根据这个定义,我们可以从两个方面去更广义地理解国际工程的概念和内容:

(一)国际工程包含国内和国外两个市场

国际工程既包括我国公司去海外参与投资和实施的各项工程,又包括国际组织和国外的公司到中国来投资和实施的工程。我国目前是一个开放的市场,随着加入世界贸易组织(World Trade Organization,WTO)日期的临近,工程建设市场会更加对外开放,在国内也会遇到大量国内习惯称之为"涉外工程"的国际工程,所以我们研究国际工程不仅是走向海外市场的需要,也是巩固和占领国内市场的需要,同时还是我国建筑业的管理如何逐步与国际接轨的需要。

(二)国际工程包括咨询和承包两大行业

1.国际工程咨询:包括对工程项目前期的投资机会研究、预可行性研究、可行性研究、项目评估、勘测、设计、招标文件编制、监理、管理、后评价等工作。咨询业是以高水平的脑力劳动为主的智力再加工行业,一般都是为政府方、建设单位——业主一方服务的,但也可应承包商的聘请为其进行施工管理、成本管理等。

2.国际工程承包:包括对工程项目进行投标、施工、设备采购及安装调试、分包、提供劳务等工作。按照业主的要求,有时也做施工详图设计和部分永久工程的设计。

目前国际上的大型项目,正在发展一些新的模式:如将设计—建造统一交由一家公司去实施的模式;又如"交钥匙工程",即将咨询的部分内容和施工、设备采购安装一并发包;此外还发展着一些管理承包类型的模式。

综上所述可以看出,国际工程涵盖着一个广阔的领域,各国际组织、国际金融机构等投资方、各咨询公司和工程承包公司等在本国以外地区参与投资和建设的工程项目的总和,就组成了全世界的国际工程。各个行业、各种专业都必然会涉及到国际工程。

二、国际工程的特点

(一)跨多个学科的系统工程

国际工程不但是一个跨多个专业和多个学科的新学科,而且是一个不断发展和创新的学科,从事国际工程的人员既要求掌握某一个专业领域的技术知识,又要求掌握涉及到项目管理、法律、金融、外贸、保险、财会等多方面的其他专业的知识。从工程项目准备到项目实施,整个项目管理过程十分复杂,因而国际工程是跨多个学科的,对人才素质有很高要求的复杂的系统工程。

(二)跨国的经济活动

国际工程是一项跨国的经济活动,涉及到不同的国家,不同的民族,不同的政治和经济背景,不同参与单位的经济利益,因而合同中有关各方不容易相互理解,常常产生矛盾和纠纷。

(三)严格的合同管理

由于不止一个国家的单位参与,不可能依靠行政管理的方法,而必须采用国际上多年来业已形成惯例的、行之有效的一整套合同管理方法。采用这套办法要求从前期招标文件的准备到招标、投标,评标花费比较多的时间,但却为以后订好合同,从而在实施阶段严格按照合同进行项目管理打下一个良好的基础。

(四)风险与利润并存

国际工程是一个充满风险的事业,每年国际上都有一批工程公司倒闭,又有一批新的公司成长起来。一项国际工程如果订好合同、管理得当也会获得一定的利润,因此一个公司要能在这个市场中竞争并生存,就需要努力提高公司和成员的素质。

(五)发达国家垄断

国际工程市场是从西方发达国家许多年前到国外去投资、咨询和承包开始的,他们凭借雄厚的资本、先进的技术、高水平的管理和多年的经验,占有绝大部分国际工程市场,我们要想进入这个市场就需要付出加倍的努力。

(六)国际工程市场总体上是一个持续稳定的市场

国际工程市场遍布五大洲,虽然每个地区的政治形势和经济形势不一定十分稳定,但某些地区,或是一个地区的许多国家是稳定的,就全球来说,只要不发生世界大战,尽管国际资金流向可能有所变动,但很大一笔投资是用于建设的,因而可以说国际工程市场总体来说是稳定的。从事国际工程的公司必须加强调查研究,善于分析市场形势,捕捉市场信息,不断适应市场变化形势,才能立于不败之地。

第 2 节　国际工程市场形势

一、国际工程市场形势

国际工程市场形势可以从两个方面分析:一是全球各个国家建筑业的情况,二是世界上最大的工程公司和咨询公司的情况。

(一)世界上 150 个国家和地区建筑业的情况

此处"建筑业"三字是广义的,指各类建设项目,而绝不仅是指土建工程或房屋建筑。

据美国《工程新闻记录》(Engineering News Record, ENR)杂志所作的调查研究表明,近几年世界上 150 个国家和地区用于建筑业的经费总和如表 1-1 所示。

表 1-1

世界上 150 个国家和地区用于建筑业的经费总和

年　　份	1996	1997	1998
150 个国家和地区建筑业发包额总和(万亿美元)	3.237	3.076	3.224

其中排名前 20 位的国家和地区依次为(括号内为 1998 年建筑业支出,单位为千亿美元,百分比为占国内生产总值(Gross Domestic Product, GDP)的比重):(1) 美国(6.51,8.13%);(2) 日本(6.26,15.17%);(3) 德国(3.15,14.62%);(4) 中国(1.85,21.14%);(5) 英国(1.04,7.99%);(6) 巴西(1.02,13.81%);(7) 法国(0.98,6.81%);(8) 意大利(0.95,8.13%);(9) 韩国(0.73,17%);(10) 加拿大(0.72,11.46%);(11) 俄罗斯(0.65,20.4%);(12) 西班牙(0.59,10.82%);(13) 印度(0.52,13.65%);(14) 墨西哥(0.51,12.21%);(15) 阿根廷(0.41,12.49%);(16) 荷兰(0.40,10.5%);(17) 澳大利亚(0.39,9.65%);(18) 中国台湾(0.30,9.9%);(19) 瑞典(0.26,10.42%);(20) 瑞士(0.24,10.27%)。

总之,建筑业在世界经济中大约占有 10% 的比例,是世界各国经济中最大和最重要的组成部分之一。

(二) 世界上最大的工程公司和咨询公司的合同额与营业额

据美国 ENR 杂志历年统计发表的资料,我们仅将国际上 225 家最大的工程公司和 200 家最大的设计咨询公司的国际工程营业总额或合同总额列入表 1-2 和表 1-3。

225 家最大的国际承包商的营业额分布　(单位:亿美元)　　表 1-2

时　间	225 家营业额总计	其　　中					
		中　东	亚　太	非　洲	欧　洲	北　美	拉　美
1981	1299	480	221	247	104	65	182
1986	739	161	173	131	119	104	52
1990	1202	199	271	152	305	217	58
1991	1520	293	345	217	328	190	147
1992	1465	281	426	145	344	131	137
1993	1552	268	514	141	337	165	125
1994	922	110	310	91	213	134	64
1995	1050	102	380	92	281	122	64
1996	1276	135	424	123	351	173	81
1997	1102	104.5	347.6	94.1	295.2	157.9	96.4
1998	1164	142.8	338.3	112.5	306.6	156.5	106

注:1. 1990 年以前为 250 家;

2. 1993 年以前为合同额,1994 年以后为营业额;

3. 1998 年营业额总计包含南北极地区 1.3 亿。

时　间	200 家营业额总计	其　　　中					
		中　东	亚　太	非　洲	欧　洲	北　美	拉　美
1992	120.45	16.26	29.82	12.23	36.90	13.94	11.06
1993	120.88	21.15	32.41	11.90	32.82	13.86	8.50
1994	111.83	10.19	33.26	11.78	31.70	20.89	8.73
1995	110.11	10.45	35.30	9.10	34.20	12.50	8.26
1996	145	12.93	45.07	11.68	44.14	19.55	11.00
1997	160.35	13.57	52.82	11.75	50.36	18.29	13.33
1998	169.7	17.0	50.1	14.0	54.4	17.8	16.1

注：1993 年以前为合同额，1994 年以后为营业额。

由上二表中可以看出各大洲和各地区的动态，80 年代初国际工程承包市场是一个高峰，由于中东动乱，拉美、非洲进入向国际金融组织的还债期等原因，80 年代中期呈现一个低谷，到 90 年代初由于亚洲经济的高速增长，欧洲经济稳步增长，中东市场复苏等原因使国际工程承包市场又跃上一个新的高峰。1997 年的亚洲金融危机对这个市场有一些冲击，但不算太大，总之，90 年代以来全世界承包和咨询市场总体比较稳定。据估计，全球国际工程市场每年总的合同额大约在 3000 亿美元至 4000 亿美元。这是一个充满竞争和风险而又极具诱惑力的市场。

在这个市场中，欧、美、日等发达国家的承包公司和咨询公司垄断市场的程度很高，以 1997 年为例，在 200 家大设计咨询公司中，欧、美、日公司占 89%，达 178 家，在 160.35 亿美元的国外总营业额中，欧、美、日公司占 94.7%，达 151.87 亿美元；在 225 家国际大承包商中，欧、美、日公司占 71.5%，达 161 家，而 1102.24 亿美元的国外总营业额中，欧、美、日公司占 85.8%，达 945.72 亿美元。由之可见，打入这个市场绝非易事。

（三）我国国内的国际工程

自从 80 年代初开始，我国开始借贷外资修建各类工程，贷款单位主要有世界银行、亚洲开发银行和一些外国政府等，另外每年还有大量的外国公司来中国投资建设项目。以世行和亚行为例：世行自 1980 年到 1998 年底向中国协议贷款总额达 309.27 亿美元（其中硬贷款 214.03 亿美元，软贷款 95.24 亿美元），支持涉及工交能源、农林水利、教育卫生、城建环保和扶贫等方面的 200 个项目，项目覆盖了我国除西藏和台湾省以外的所有省、市、自治区。亚行到 1998 年底批准向中国硬贷款总额 82.8 亿美元，涉及 73 个项目；软贷款 1.45 亿美元。世行、亚行还向中国提供了数百个技术援助项目和经济调研项目。

世行、亚行及其他外资项目都要求进行国际公开招标、投标，采用国际通用的合同条件，按照国际惯例来进行项目管理，因而都属于国际工程。世行和亚行项目凡其成员国的企业均可参加投标。

我国改革开放以来，特别是进入 90 年代中后期，一直是外资流入量居世界第二位的国家，国内有大量的国际工程项目，据统计，国际上 225 家大承包商大约有 1/3 以上的公司在中国有承包项目，而且往往是中外联营体（Joint Venture, JV）中的负责方，国际上 200 家大设计咨询公司大约有 2/3 左右的公司在中国有设计咨询项目，加入 WTO 以后，这种趋势还会扩大。由之可以看出，形势急迫地要求我们加快工程管理体制改革的步伐，努力提高企业素质，特别是人才素质，通晓和熟悉工程项目管理的国际惯例，否则我们借贷的外汇中很大一部分又将被外国公司赚走,中国国内的市场也将成为中外建筑企业角逐的市场。

二、中国公司在国际工程市场中的开拓与差距

（一）中国公司在国际工程市场中的开拓

1979 年我国开始组建对外经济技术合作公司(以下简称对外公司),二十年来,各公司披荆斩棘,备尝艰辛,奋力开拓,克服了重重困难,取得了巨大的成绩。至 1998 年底,我国的对外公司数已发展到近千家,已在 160 个国家和地区签订了累计总额为 834.7 亿美元的承包、咨询和劳务合同,完成营业总额 583.7 亿美元,设备出口合计 35.4 亿美元,在国外劳务累计 177 万人次。1998 年我国公司全年新签承包、劳务合同额 117.73 亿美元,完成营业额首次突破百亿美元大关,达到 101.34 亿美元。各个公司的业务领域也有了很大的扩展。

去国外进行工程咨询、承包和劳务输出是我国改革开放政策的组成部分,我们应该充分利用我国各行各业的工程技术优势和人力资源优势打入国际市场,去开展工程咨询或承建各类工程,或为正在建设和已建成的工程和企业输出技术人员、管理人员和各类劳务。这就是我们常提到的要充分利用"两个市场和两类资源"的策略,即既要关注国内市场,也要关注和开拓国际市场,国际市场总体上是一个比较稳定的市场,开拓国际市场可以使我们的企业进退自如;我们还要学会既充分利用国内资源,也要充分利用国外资源,这里资源二字不仅仅指自然资源,也包括人力资源、技术资源和信息资源等。

通过开拓国际工程市场,首先可以为国家赚取大量外汇,承包项目还可以带动国产设备材料的出口,为国家增加创汇渠道;其次,可以在实践中学习国外先进的工程技术和管理经验,培养一大批具有国际工程管理经验,通晓国际惯例的高水平的管理人才,这些人才回到国内有利于提高我国建设队伍的素质,也有利于巩固国内的国际工程市场;第三,可以解决一大批劳动力就业问题,这些人个人也可以得到较高的收益;第四,国际工程承包可以带动国内的多个行业,如民航、远洋运输、银行、保险、邮电、机电设备、建材、装饰业等,使之增加新的业务内容和外汇收入。总之,开拓国际工程市场,为国家和人民带来的效益是多方面的,是一个值得下大力气去开拓的市场。

我国开拓国际工程市场的成绩主要表现在:

1. 二十年来,国际工程承包额有了巨大的增长,从下面两个表中的数字可以看出我们的成就:表 1-4 为我国对外公司历年承包合同额总计,表 1-5 为进入 225 家国际大承包商的中国公司数。

我国对外公司历年承包合同额总计 （单位:亿美元）　　　　　　　**表 1-4**

年　　份	1987	1989	1990	1993	1994	1995	1996	1997	1998
我国对外公司对外承包合同额总计	17	22	26	68	80	96	102	114	117(含咨询)
我国咨询设计公司对外合同额总计				0.5	1.0	3.16	2.46	2.17	1.4

进入 225 家国际大承包商的中国公司数　　　　　　　**表 1-5**

年　　代	1984	1993	1994	1995	1996	1997	1998
公　司　数	1	9	23	23	27	26	30
营业额(亿美元)		20.7①	29.6	29.7	38.2	40.8	50.29
占 225 家营业额百分比		1.33%	3.25%	2.8%	3.2%	3.7%	4.3%

① 1993 年为合同额。

由表 1-4 和表 1-5 可以看出我们取得的巨大进步和成绩。特别是近几年来,合同额和营业额都有了大幅度的增长,如 1997 年亚洲金融危机之后,我国各对外公司的合同额 1997 年和 1998 年均超过百亿美元,1998 年营业额也达 101.3 亿美元。

2．市场范围扩大。到 1998 年底中国公司已进入了 160 多个国家和地区,特别是近年来在欧洲、北美和非洲的市场营业额和合同额增幅较大,说明我国各公司全方位地开拓国际市场取得了成就,为今后继续全方位开拓打下了基础。

3．培养了一批人才。各对外公司都通过培训以及在国际工程承包项目上的锻炼,培养了一批能够掌握市场动态,熟悉招标投标,善于谈判制定合同,会管理国外项目的骨干。这是各个对外公司今后发展的最宝贵的财富。

（二）我们的差距

我国对外公司和发达国家的公司相比还存在着很大的差距,主要表现在:

1．市场占有率低。全世界的建筑业支出和国际工程合同额已如上述,随着国际上和平环境的保持,越来越多的国家(包括中国)加入 WTO,各国工程咨询和承包公司到外国去占领市场的机遇更多,国际工程市场也会随之扩大。

我国公司在国际市场中的份额和我国这样一个拥有约 4000 万工程队伍、几百万工程技术人员和上千家对外公司的大国相比,实在太不相配。我国近年一直有 25 家左右的对外公司进入 225 家国际大承包商行列,但是以 1997 年为例,这 26 家对外公司营业额总和 40.8 亿美元还比不上 225 家中的第 4 名,法国的 Bouyguess.S.A. 公司,该公司国外营业额为 44.78 亿美元。

2．总承包项目少,融资能力差。在国际上为什么有许多大公司合同额很高,如 1997 年 225 家大承包商第一名英国的 Kvaemer Group 国外营业收入 76 亿美元,新签合同额 100.5 亿美元,其中一个重要的原因就是他们通过前期咨询入手,可以得到一些大的"交钥匙"(Turnkey)项目,包含设计、施工、设备采购和安装,这些公司都具有很强的融资能力,因而可以承担大型交钥匙项目。

3．我国国际工程咨询起步晚,1993 年成立中国国际工程咨询协会以来,情况有所好转,但进入 200 家国际大设计咨询公司的每年只有 2～3 家,我国全部设计咨询公司的国际营业额每年才 2～3 亿美元。我国各大设计院专业技术力量相当强,但由于体制上的问题,特别是缺少国际工程咨询方面的企业家,因而很难形成力量去开发国际工程总承包市场。

4．工程项目管理水平低,项目的经济效益不理想。一方面由于国际工程市场是买方市场,各国公司(包括中国公司)之间投标时互相压价;另一方面,管理水平不高,因而项目创汇水平不理想,少数项目亏损严重。

5．国际工程管理人才匮乏。产生上述问题的根本原因是人才。(详见下节)

第 3 节　国际工程管理人才的培养

中国公司走向国际工程市场二十年来虽然培养了一批人才,但是无论从数量上、质量上和知识结构上都是远远不够的。特别是考虑到更多的公司将走向国际市场,以及当我国加入 WTO 后将有更多的外国公司进入中国这个市场,如果不抓紧人才的培养,就将面临着当我们作为业主方时,不会管理国际工程项目;而作为承包商方时,工程建成了但该赚的钱又赚不到手中的被动局面。

由于历史的原因，我国技术人才总体素质比较高，理论基础好，工程经验丰富，但最缺乏的是管理人才，特别是国际工程管理人才。国务委员吴仪同志在为"国际工程管理教学丛书"所写的序言中指出："商业竞争，说到底是人才竞争，国际工程咨询和承包行业也不例外。只有下大力气培养出更多的优秀人才，特别是外向型、复合型、开拓型的管理人才，才能从根本上提高我国公司的素质和竞争力。为此，我们既要对现有从事国际工程承包工作的人员继续进行教育和提高，也要抓紧培养这方面的后备力量。"这一段切中要害的话指出了我们当前要下大力气抓好的一件极为重要的工作。

一、十分需要培养复合型、外向型、开拓型的高级管理人才

开拓国际工程市场、管好国际工程项目必须花大力气培养一大批国际工程事业的企业家和项目经理，他们必须是复合型、外向型、开拓型的高级管理人才。

（一）复合型

我国过去的人才，知识结构比较单一，很多人是某一个技术领域的专家，但这样的知识结构远远不能胜任国际工程管理。

复合型主要指的是知识结构要"硬"、"软"结合，即一方面应具备某一方面的工程技术理论知识和经验，另一方面要懂得管理学知识，具有经济学知识，同时还要有很好的外语水平。

（二）外向型

外向型主要指了解和熟悉国际惯例，具体地说：

1. 技术方面。了解国外通用的设计要求、技术规范、试验标准等。

2. 经济方面。熟悉对外贸易、国际融资的手段与途径，外汇，国际上对财会的要求以及国际上各种保险的通用做法。

3. 管理方面。善于进行工程的项目管理，特别是合同管理（包括风险管理与索赔管理）、进度管理、质量管理和造价管理，能够用国际通用的计算机管理软件进行项目管理。

4. 外语方面。能够具有比较熟练的外语听说、阅读和较好的信函、合同书写能力。要熟悉国际通用的管理、经济和有关专业的词汇、用语及其涵义。

（三）开拓型

主要指一个高级管理人才所应具备的思想素质。一位从事国际工程的企业家和项目经理应该具备如下的素质：

1. 判断决策能力。能够用战略发展的眼光，高瞻远瞩，对企业和项目进行目标管理，有正确的判断和决策能力。

2. 善于抓住市场机遇。熟悉了解本行业的业务知识和国际上的发展动态，对新事物敏感，敢于和善于开拓市场。主动寻找机会，善于抓住市场机遇。

3. 拼搏奋斗精神。国际工程是一个充满风险的事业，要不怕困难，百折不挠，心胸开阔，遇挫折时具有很强的心理承受能力。善于管理风险和利用风险。

4. 创造精神。要有胆有识，有创造精神，善于不断总结，不断提高。

5. 组织管理能力。会依靠本单位领导班子和群众的集体力量，民主决策，科学决策。善于发挥下属人员的积极性。有自知之明，虚心好学，不固执己见。

6. 公关技巧。要有快速反应能力，能随机应变，懂得"双赢"（Win-Win）原则，会处理"伙伴关系"（Partnership），善于按照"团队精神"（Team Spirit）进行谈判和解决棘手难题。

二、我国公司应该具有一大批各方面的国际工程专家

以下主要针对一个项目而言：

（一）项目经理

全面的素质要求已如上述。

（二）国际工程咨询专家

指能从事国际工程项目可行性研究、评估、设计、监理等方面的专家，熟悉了解国际通用的各种技术规范、规程，并且能运用计算机软件设计和进行管理。

（三）合同管理专家

包括会编写招标文件、投标时能迅速深入地理解和掌握对方的招标文件、会进行合同谈判和签订合同、会进行合同管理，特别是会运用合同保护自己、争取自身的权利。合同管理是项目管理的核心。

（四）财务专家

熟悉项目内部的财务管理，懂得理财，会进行合理避税。

（五）物资管理专家

一个工程项目中货物采购常常占到工程总支出的（50～70）％，把好物资这一关对项目经费的开源节流非常重要。物资管理专家应十分熟悉各种外贸环节，熟悉了解物资市场行情、品种、规格和性能，了解各种运输方法、海关手续和保险事项以及如何进行验收、支付和索赔。

（六）投标报价专家

投标报价时既要能很快地阅读理解外文招标文件，还要能看出其中隐含的问题，要能够有针对性地做出一个好的施工方案，争取再做出一个"备选方案"（Alternative）。要熟悉市场行情，会运用不平衡报价技巧，能写出一份高水平的投标报价书。投标报价的水平是项目能否赢利的基础。

（七）工程施工专家

虽然我们这方面人才比较多，但国际工程施工专家既应了解熟悉国外规范和规程，也要懂得项目管理，特别是合同条件中的各项要求，才能既做好工程，又做好各项有关的管理工作。

（八）索赔专家

索赔是一种正当的权利要求，一方面应该使工地的每个人都具有索赔意识，善于捕捉索赔机遇；另一方面要有一些索赔专家自始至终管理索赔。索赔专家应十分熟悉有关法律、法规和项目的合同（特别是合同条件），了解国际上有关索赔案例和索赔的计算方法。索赔专家还应具有"敏感、深入、耐心、机智"的品质。

（九）风险管理和保险专家

一个项目的风险是客观存在的，如何管理好风险，包括承担合理的风险、回避和分散风险、防范发生新的风险以及会利用风险赢利就是风险管理专家的任务。国外有专门的风险管理公司。保险是风险防范的一项重要措施。了解和熟悉各类（如咨询、设计、施工、运输等）保险的有关规定以及如何进行保险招标等都是非常重要的。

（十）融资专家

懂得融资理论，了解融资途径，熟悉融资方法和手续是进行国际工程必不可缺的重要环

节。不懂得项目融资就不可能承揽大的工程项目。

上面分析了对从事国际工程管理人才素质的要求和需要的各类专门人才,要使我国的国际工程承包与咨询事业有一个大的突破和质的飞跃,关键是人才培养。

我们一方面要在各高等院校培养这方面的后备军,另一方面要对现有从事国际工程管理的人才进行培训和提高。我国已有近千家公司有从事对外承包和咨询的法人资格,但大部分公司十分缺乏国际工程管理方面的人才和专家。对一些历史较长的对外公司,在实践中成长的一批人才也需要在理论上加以提高和补充新的知识。

总之,国际工程管理人才的培养既是当务之急,更是长远大计。我们应该尽快着手解决这一燃眉之急的问题,以迎接 21 世纪的挑战。

第 4 节 国际工程项目参与各方

本节着重介绍参与国际工程项目的各方。

一、业主(Owner)

业主是工程项目的提出者、组织论证立项者、投资决策者、资金筹集者、项目实施的组织者,也是项目的产权所有者,并负责项目生产、经营和偿还贷款。业主机构可以是政府部门、社会法人、国有企业、股份公司、私人公司以及个人。

业主的性质影响到项目实施的各个方面,许多国家制定了专门的规定以约束公共部门业主的行为,尤其是工程采购方面,相对而言,私营业主在决策时有更多的自由。

英文中 Employer(雇主),Client(委托人),Promoter(发起人,创办人)在工程合同中均可理解为业主。开发房地产的业主称为发展商(Developer)。

二、业主代表(Owner's Representative)

业主代表指由业主方正式授权的代表,代表业主行使在合同中明文规定的或隐含的权力和职责。

业主代表无权修改合同,无权解除承包商的任何责任。

在传统的项目管理模式中,对工程项目的具体管理均由(监理)工程师负责。在某些项目管理模式中(如设计—采购—建造、交钥匙项目),不设工程师,业主代表要执行类似工程师的各项监督、检查和管理工作。总之,业主代表的具体权力和职责范围均应明确地在合同条件中规定。

三、承包商(Contractor)

承包商通常指承担工程项目施工及设备采购的公司、个人或他们的联合体。如果业主将一个工程分为若干的独立的合同(Separate Contract),并分别与几个承包商签订合同,凡直接与业主签订承包合同的都叫承包商。

如果一家公司与业主签订合同将整个工程的全部实施过程或部分实施过程中的全部工作承包下来则叫总承包商(General Contractor,Main Contractor,Prime Contractor)。总承包商一般有四种类型,详见下一节中的介绍。

在国外有一种工程公司(Engineering Company),系指可以提供从投资前咨询、设计到设备采购、施工等贯彻项目建设全过程服务的承包公司。这种公司多半拥有自己的设计部门,规模较大,技术先进,在特殊项目中,这类大型公司有时甚至可以提供融资服务。

四、建筑师/工程师（Architect/Engineer）

建筑师/工程师均指不同领域和阶段负责咨询或设计的专业公司和专业人员,他们的专业领域不同,在不同国家和不同性质的工作中担任的角色可能不一致,如在英国,建筑师负责建筑设计,而工程师则负责土木工程的结构设计。在美国也大体相似,建筑师在概念设计阶段负责项目的总体规划、布置、综合性能要求和外观,而由结构工程师和设备工程师来完成设计以保证建筑物的安全。但是在工程项目管理中建筑师或工程师担任的角色和承担的责任是近似的。在各国不同的合同条件中可能称该角色为建筑师,或工程师,或咨询工程师。各国均有严格的建筑师/工程师的资格认证及注册制度,作为专业人员必须通过相应专业协会的资格认证,而有关公司或事务所必须在政府有关部门注册。

咨询工程师一般简称工程师,指的是为业主提供有偿技术服务的独立的专业工程师。服务内容可以涉及到各自专长的不同专业。

建筑师/工程师提供的服务内容很广泛,一般包括:项目的调查、规划与可行性研究,工程各阶段的设计,工程监理,参与竣工验收、试车和培训,项目后评价以及各类专题咨询。在国外对建筑师/工程师的职业道德和行为准则都有很高的要求,主要包括:努力提高专业水平,使用自己的才能为委托人提供高质量的服务;按照法律和合同处理问题;保持独立和公正;不得接受业主支付的酬金之外的任何报酬,特别是不得与承包商、制造商、供应商有业务合伙和经济关系;禁止不正当竞争;为委托人保密等。

建筑师/工程师虽然本身就是专业人员,是专家,但是由于在工程项目管理中涉及的知识领域十分广阔,因而建筑师/工程师在工作中也常常要雇用其他的咨询专家作为顾问(参见图 1-1),以弥补自己知识的不足,使工作更加完善。

五、分包商（Subcontractor）

分包商是指那些直接与承包商签订合同,分担一部分承包商与业主签订合同中的任务的公司。业主和工程师不直接管理分包商,他们对分包商的工作有要求时,一般通过承包商处理。

国外有许多专业承包商和小型承包商,专业承包商在某些领域有特长,在成本、质量、工期控制等方面有优势,数量上占优势的是大批小承包商。如在英国,大多数小公司人数在15人以下,而占总数不足 1% 的大公司却承包了工程总量的 70% ,宏观看来,大小并存和专业分工的局面有利于提高工程项目建设的效率。专业承包商和小承包商在大工程中一般都是分包商的角色。

分包商在国内也称二包商,下面还有分包商,在国内称之为三包商（Sub-subcontractor）及四包商（Sub-sub-subcontractor）等。

指定分包商（Nominated Subcontractor）是业主方在招标文件中或在开工后指定的分包商或供应商,指定分包商仍应与承包商签订分包合同。

广义的分包商包括供应商与设计分包商。

六、供应商（Suppliers）

供应商是指为工程实施提供工程设备、材料和建筑机械的公司和个人。一般供应商不参与工程的施工,但是有一些设备供应商由于设备安装要求比较高,往往既承担供货,又承担安装和调试工作,如电梯、大型发电机组等。

供应商既可以与业主直接签订供货合同,也可以直接与承包商或分包商签订供货合同,视合同类型而定。

七、工料测量师（Quantity Surveyor）

工料测量师是英国、英联邦国家以及香港对工程造价管理人员的称谓，在美国叫造价工程师（Cost Engineer）或成本咨询工程师（Cost Consultant），在日本叫建筑测量师（Building Surveyor）。

工料测量师的主要任务是为委托人（Client）（一般是业主，也可以是承包商）进行工程造价管理，协助委托人将工程成本控制在预定目标之内。工料测量师可以受雇于业主，协助业主编制工程的成本计划，建议采用的合同类型，在招标阶段编制工程量表及计算标底，也可在工程实施阶段进行支付控制，以至编制竣工决算报表。工料测量师受雇于承包商时可为承包商估算工程量，确定投标报价或在工程实施阶段进行造价管理。

以上介绍的是工程项目实施的主要参与方，随着不同的合同类型，不同的项目管理模式有不同的参与方，即使是同一个参与方（如建筑师），也可能在不同合同类型和不同的实施阶段中，承担不同的职责。

第5节　国际工程项目管理模式

工程项目建设无论对各国政府或私营机构都是一笔很大的投资，提高项目管理的水平，可以创造巨大的经济效益，因而多年来各国及一些国际组织都对工程项目的管理模式和方法进行不断的研究、创新和完善。本节中我们除介绍国际上传统的项目管理模式外，还介绍近年来新发展起来的一些项目管理模式。

（一）传统的（通用的）项目管理模式

这种项目管理模式在国际上最为通用，世行、亚行贷款项目和采用国际咨询工程师联合会（FIDIC）工程施工合同条件的项目均采用这种模式。这种模式的各方关系见图 1-1。

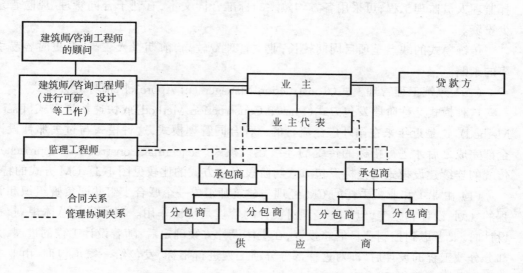

图 1-1　国际上传统的项目管理模式

这种模式由业主委托建筑师和/或咨询工程师进行前期的各项有关工作（如进行机会研

究、可行性研究等),待项目评估立项后再进行设计,在设计阶段进行施工招标文件准备,随后通过招标选择承包商。业主和承包商签订工程施工合同,有关工程部位的分包和设备、材料的采购一般都由承包商与分包商和供应商单独订立合同并组织实施。业主单位一般指派业主代表(可由本单位选派,或由其他公司聘用)与咨询方和承包商联系,负责有关的项目管理工作,但在国外大部分项目实施阶段有关管理工作均授权建筑师/咨询工程师(我国叫监理工程师)进行。建筑师/咨询工程师(以下用工程师)和承包商没有合同关系,但承担业主委托的项目管理和协调工作,业主、工程师和承包商在项目实施阶段的职责义务和权限在第4章中详述。

传统模式项目实施过程见图1-2。

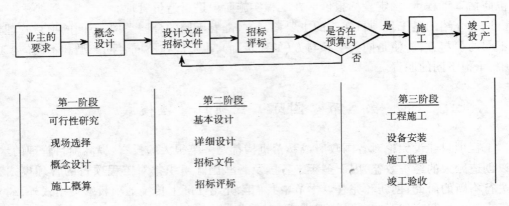

图1-2　传统模式项目实施过程

传统模式的优点是由于这种模式长期的、广泛的在世界各地采用,因而管理方法较成熟,各方对有关程序都很熟悉;业主可自由选择咨询设计人员,对设计要求可控制;可自由选择监理人员监理工程;可采用各方均熟悉的标准合同文本,有利于合同管理、风险管理和减少投资。

传统模式的缺点是项目周期较长;业主管理费较高,前期投入较高;变更时容易引起较多的索赔。

(二)建筑工程管理模式(Construction Management Approach,简称CM模式)

这种模式又称阶段发包方式(Phased Construction Method)或快速轨道方式(Fast Track Method),这是近年来在国外广泛流行的一种合同管理模式,这种模式与过去那种设计图纸全部完成之后才进行招标的传统的连续建设模式(Sequential Construction Approach)不同,传统的连续建设模式的招标发包方式与阶段发包方式的比较见图1-3。CM方式的特点是:

(1)由业主和业主委托的CM经理与建筑师组成一个联合小组共同负责组织和管理工程的规划、设计和施工,但CM经理对设计的管理是协调作用。在项目的总体规划、布局和设计时,要考虑到控制项目的总投资,在主体设计方案确定后,随着设计工作的进展,完成一部分分项工程的设计后,即对这一部分分项工程进行招标,发包给一家承包商,由业主直接就每个分项工程与承包商签订承包合同。

(2)要挑选精明强干,懂工程、懂经济、又懂管理的人才来担任CM经理。他负责工程的监督、协调及管理工作,在施工阶段的主要任务是定期与承包商会晤,对成本、质量和进度

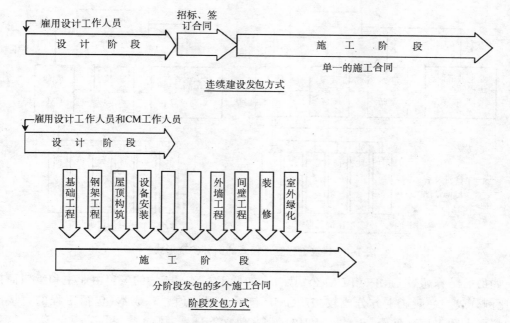

图 1-3　连续建设发包方式和阶段发包方式对比图

进行监督,并预测和监控成本和进度的变化。

业主与各个承包商、设计单位、设备供应商、安装单位、运输单位签订合同,彼此之间是合同关系,业主与 CM 经理、建筑师之间也是合同关系,而业主任命的 CM 经理与各个施工、设计、设备供应、安装、运输等承包商之间则是业务上的管理和协调关系。

(3) 阶段发包方式的最大优点是可以缩短工程从规划、设计到竣工的周期,节约投资,减少投资风险,可以比较早地取得收益。即一方面整个工程可以提前投产,另一方面减少了由于通货膨胀等不利因素造成的影响。例如购买土地从事房地产业,用此方式可以节省投资贷款的利息,由于设计时可听取 CM 经理的建议,可以预先考虑施工因素,运用价值工程以节省投资。设计一部分,招标一部分,并及时施工,因而设计变更较少。这种方式的缺点是分项招标可能导致承包费用较高,因而要做好分析比较,研究项目分项的多少,选定一个最优的结合点。

CM 模式可以有多种组织方式,下面介绍常用的两种形式,见图 1-4。

第一种形式为代理型建筑工程管理("Agency"CM)模式,采用这种较为传统的形式时,CM 经理是业主的咨询和代理,业主和 CM 经理的服务合同是以固定酬金加管理费办法,业主在各施工阶段和承包商签订工程施工合同。业主采用这种形式的优点是:业主可自由选定建筑师/工程师;在招标前可确定完整的工作范围和项目原则;可以有完善的管理与技术支持。缺点是在明确整个项目的成本之前,投入较大;CM 经理不对进度和成本作出保证;可能索赔与变更的费用较高,即业主方风险很大,任务较重。

第二种形式称为风险型建筑工程管理("At-Risk"CM)模式,实际上是纯粹的 CM 模式与传统模式的结合。采用这种形式,CM 经理同时也担任施工总承包商的角色,一般业主要求 CM 经理提出保证最大工程费用(Guaranteed Maximum Price,GMP)以保证业主的投资

13

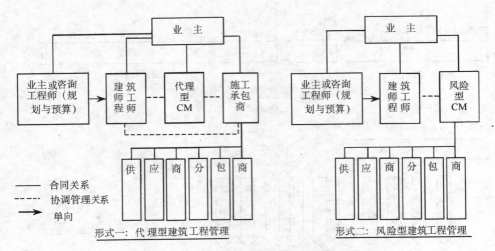

图 1-4　建筑工程管理模式的两种实现形式

控制,如最后结算超过 GMP,由 CM 公司赔偿,如低于 GMP,节约的投资由业主和承包商按约定比例分成。一般业主方分成较多。GMP 包括工程的预算总成本(包括工程的直接成本、间接成本和不可预见费)和 CM 经理的酬金(包含管理费、风险费、利润、税金等)。这种形式在英国称为管理承包(Management Contracting)。风险型建筑工程管理模式的优点是:完善的管理与技术支持;在项目初期选定项目组的成员;可提前开工提前竣工,业主任务较轻,风险较小。缺点是:保证的预算总成本中包含设计和投标的不定因素,可供选择的高水平的风险型 CM 公司较少。

能够进行风险型管理的 CM 公司通常是从过去的大型工程公司演化而来的。来自咨询设计公司的 CM 经理则往往只能承担代理型 CM。目前为了适应市场的要求,许多建筑工程管理公司已形成独立的公司机构能够进行任何一种形式的建筑工程管理。

(三) 设计—建造(Design-Build)、交钥匙(Turnkey)和设计—采购—施工(Engineering-Procurement-Construction,EPC)模式

设计—建造模式是一种简练的项目管理模式,组织形式见图 1-5。

在项目原则确定之后,业主只需选定一家公司负责项目的设计和施工。这种模式在投标时和订合同时是以总价合同为基础的,设计建造总承包商对整个项目的成本负责,他首先选择一家咨询设计公司进行设计,然后采用竞争性招标方式选择分包商,当然也可以利用本公司的设计和施工力量完成一部分工程。近年来这种模式在国外比较流行,主要由于可以对分包采用阶段发包方式,因而项目可以提早投产;同时由于设计与施工可以比较紧密地搭接,业主能从包干报价费用和时间方面的节约以及承包商对整个工程承担责任得到好处。

在这种方式下业主方首先招聘一家专业咨询公司代他研究拟定拟建项目的基本要求,授权一个具有专业知识和管理能力的管理专家为业主代表,与设计—建造总承包商联系。

在选择设计—建造总承包商时,如果是政府的公共项目,则必须采用资格预审,用公开竞争性招标办法;如果是私营项目,业主可以用邀请招标方式选定。

在国际上对"交钥匙"和"EPC"模式还没有公认的定义。"交钥匙"和"EPC"模式可以说是具有特殊含义的设计—建造方式,在采用此类模式时承包商可根据合同要求为业主提供

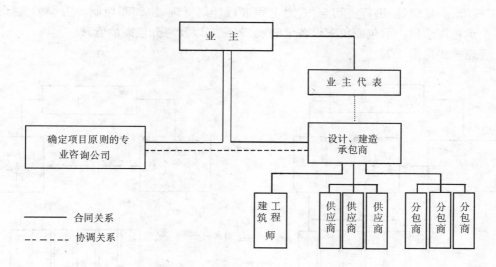

图 1-5　设计—建造模式的组织形式

包括项目融资、设计、施工、设备采购、安装和调试直至竣工移交的全套服务。

设计—建造这一类模式是一种项目组方式。业主和设计—建造承包商密切合作,完成项目的规划、设计、成本控制、进度安排等工作。使用一个承包商对整个项目负责,避免了设计和施工的矛盾,可减少项目的成本和工期。同时,在选定承包商时,把设计方案的优劣作为主要的评标因素,可保证业主得到高质量的工程项目。

设计—建造这一类模式的主要优点是:在项目初期选定项目组成员,连续性好,项目责任单一,业主可得到早期的成本保证;可采用 CM 模式,缩短工期,可减少管理费用、减少利息及价格上涨的影响;更有利于在项目设计阶段预先考虑施工因素,从而可减少由于设计的错误和疏忽引起的变更。

主要缺点是:业主无法参与设计人员(单位)的选择;业主对最终设计和细节的控制能力降低,工程设计可能会受施工者的利益影响。

(四)设计—管理模式(Design-Manage)

设计—管理合同通常是指一种类似 CM 模式但更为复杂的,由同一实体向业主提供设计和施工管理服务的工程管理方式,在通常的 CM 模式中,业主分别就设计和专业施工过程管理服务签订合同。采用设计—管理合同时,业主只签订一份既包括设计也包括类似 CM 服务在内的合同。在这种情况下,设计师与管理机构是同一实体。这一实体常常是设计机构与施工管理企业的联合体。

设计—管理模式的实现可以有两种形式(见图 1-6):一是业主与设计—管理公司和施工总承包商分别签订合同,由设计—管理公司负责设计并对项目实施进行管理;另一种是业主只与设计—管理公司签订合同,由设计公司分别与各个单独的承包商和供应商签订分包合同,由他们施工和供货。这种方式可看作是 CM 与设计—建造二种模式相结合的产物,这种方式也常常对承包商或分包商采用阶段发包方式以加快工程进度。

(五)管理承包(Management Contracting)

业主可以直接找一家公司进行管理承包,管理承包商须与业主的专业咨询顾问(如建筑师、工程师、测量师等)进行密切合作,对工程进行计划管理、协调和控制。工程的实际施工由各个承包商承担。承包商负责设备采购、工程施工以及对分包商的管理。

管理模式见图1-7。

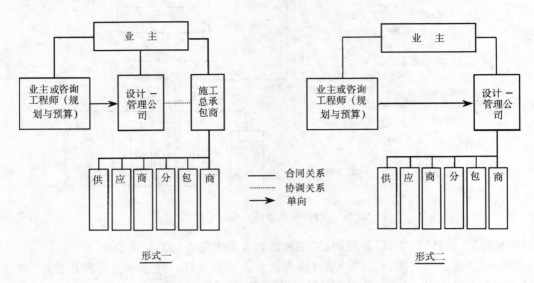

图1-6 设计—管理模式的两种实现形式

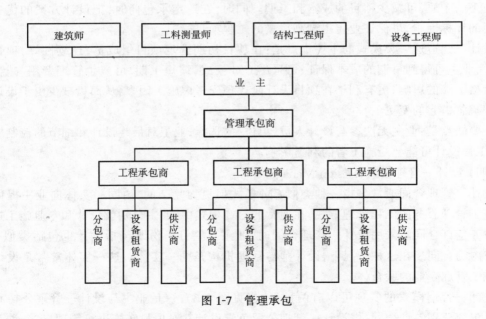

图1-7 管理承包

(六)项目管理(Project Management)

如今许多工程日益复杂,特别是当一个业主在同一时间内有多个工程处于不同阶段实施时,所需执行的多种职能超出了建筑师以往主要承担的设计、联络和检查的范围,这就需要项目经理。项目经理的主要任务是自始至终对一个项目负责,这可能包括项目任务书的编制,预算控制,法律与行政障碍的排除,土地资金的筹集,同时使设计者、工料测量师、结

16

构、设备工程师和总承包商的工作协调地分阶段地进行,在适当的时候引入指定分包商的合同,以使业主委托的工作顺利进行。

由项目经理负责项目全面管理的管理模式见图1-8。

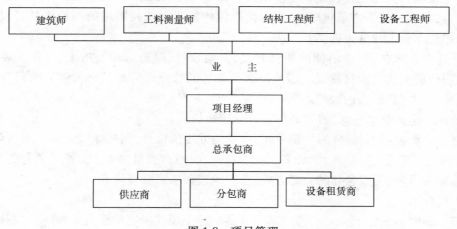

图1-8　项目管理

（七）更替型合同模式（Novation Contract,NC）

NC是一种新的项目管理模式,即用一种新合同更替原有合同,而二者之间又有密不可分的联系。业主在项目实施初期委托某一设计咨询公司进行项目的初步设计,当这一部分工作完成(一般达到全部设计要求的30%~80%)时,业主可开始招标选择承包商,承包商与业主签约时承担全部未完成的设计与施工工作,由承包商与原设计咨询公司签订设计合同,完成后一部分设计。设计咨询公司成为设计分包商,对承包商负责,由承包商对设计进行支付。

这种方式的主要优点是既可以保证业主对项目的总体要求,又可以保持设计工作的连贯性,还可以在施工详图设计阶段吸收承包商的施工经验,有利于加快工程进度、提高施工质量,还可减少施工中设计的变更,由承包商更多地承担这一实施期的风险管理,为业主方减轻了风险,后一阶段由承包商承担了全部设计建造责任,合同管理也较易操作。采用NC模式,业主方必须在前期对项目有一个周到的考虑,因为设计合同转移后,变更就会比较困难,此外,在新旧设计合同更替过程中要细心考虑责任和风险的重新分配,以免引起纠纷。

NC模式各方关系见图1-9。

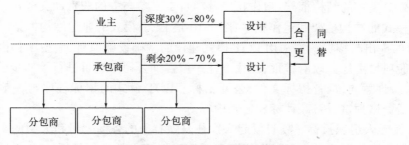

图1-9　更替型项目管理模式

在上面介绍的多种项目管理模式的基础上,我们来讨论一下国内常提到的"总承包"一词。"总承包"是指由一家承包公司向业主方承担工程项目全过程或某一阶段的,且在合同中明确规定的工作内容和任务的一种项目实施方式。

由于工程项目实施全过程或某个阶段内容大不相同,因而必须在前面加一个"定语",如施工总承包,设计—建造总承包等,对应上面介绍的国际上比较通用的各种项目管理模式,我们可以把总承包大致分为四类:

1. 全过程总承包:包括前期的项目开发、方案设计、融资、设计、施工、设备安装、调试等。类似国外的交钥匙项目模式。能承担这类总承包的公司应是具有很强的项目开发、融资、设计、施工和管理能力的公司。

2. 设计—建造总承包:类似国外的设计—建造模式。

3. 施工总承包:类似国外的传统模式,由业主方提供设计,而招标时由一家承包商负责全部项目的施工和设备安装工作,设备采购视招标文件规定,可由业主采购或承包商采购。

4. 管理总承包:类似国外的 CM 方式,管理承包和项目管理模式。

（八）BOT 模式

BOT(Build-Operate-Transfer)即建造—运营—移交模式。这种模式是 80 年代在国外提出的依靠国内外私人资本进行基础设施建设的一种融资和项目管理方式,或者说是基础设施国有项目民营化。它是指东道国政府开放本国基础设施建设和运营市场,吸收国外资金,本国私人或公司资金,授给项目公司特许权,由该公司负责融资和组织建设,建成后负责运营及偿还贷款。在特许期满时将工程移交给东道国政府。

在世界上还有多种由 BOT 演变出来的类似的模式;如

BOOT(Build-Own-Operate-Transfer)建设—拥有—运营—移交;BOO(Build-Own-Operate)建设—拥有—运营;BOS(Build-Operate-Sell)建设—运营—出售;ROT(Rehabilitate-Operate-Transfer)修复—运营—移交等等。这些模式的基本原则、思路和结构与 BOT 并无实质差别,下面只介绍 BOT 有关内容。

目前在世界上许多国家都在研究或已开始采用 BOT 方式。最早完工的 BOT 项目是1992 年的香港第一海底隧道工程,其他如菲律宾和巴基斯坦的电厂项目,泰国和马来西亚的高速公路,英法海底隧道和澳大利亚的悉尼隧道等数十个 BOT 项目在建或运营。在中国,第一个参照 BOT 模式建成运营的是深圳沙角电厂 B 厂,国家计委 1995 年颁布了"试办外商投资特许权协议项目审批管理有关问题的通知",目前批准的广西来宾电厂 B 厂、湖南长沙电厂和成都水处理厂等三个项目已开始试点。

下面对 BOT 模式的结构框架、运作程序及项目主要参与方的职责和义务作一简介:

1. BOT 模式的结构框架和运作程序:图 1-10 是 BOT 模式的典型结构框架。

（1）项目的提出与招标。拟采用 BOT 模式建设的基础设施项目,大型项目由中央政府部门审批,一般项目由地方政府审批,往往委托一家咨询公司对项目进行了初步的可行性研究,随后,颁布特许意向,准备招标文件,公开招标。BOT 模式的招标程序与一般项目招标程序相同,包括资格预审、招标、评标和通知中标。

（2）项目发起人组织投标。项目发起人往往是强有力的咨询公司和大型的工程公司的联合体,它们申请资格预审并在通过资格预审后购买招标文件进行投标。BOT 项目的投标显然要比一般工程项目的投标复杂得多,需要对 BOT 项目进行深入的技术和财务的可行性分析,才有可能向政府提出有关实施方案。BOT 项目的资金一般来自两个方面:一方面是项目公司股东的股本金,大约占整个资金的 10%～30%;余下的 90%～70% 则向金融机构融资,因而事先要与金融机构接洽,使自己的实施方案,特别是融资方案得到金融机构的认可,才可正式递交投标书。在这个过程中,项目发起人常常要聘用各种专业咨询机构(包括法律、金融、财会等)协助编制投标文件,要花费一大笔投标费用。

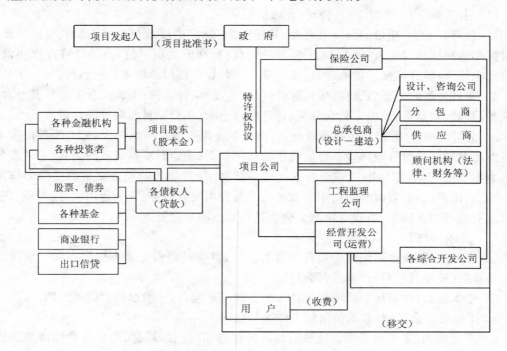

图 1-10　BOT 模式典型结构框架

(3) 成立项目公司,签署各种合同与协议。中标的项目发起人往往就是项目公司的组织者。项目公司参与各方一般包括项目发起人、大型承包商、设备材料供应商、东道国国营企业等,有时当地政府也可入股。此外,还有一些不直接参加项目公司经营管理的独立股东,如保险公司、金融机构等。我国目前在 BOT 试点阶段,国家计委规定:一律以外方独资模式组建项目公司。

项目发起人一般要提供组建项目公司的可行性报告,经过股东讨论,签订股东协议和公司章程,同时向当地政府工商管理和税收部门注册。

项目发起人首先和政府谈判、草签特许权协议,然后组建项目公司,完成融资交割,最后项目公司与政府正式签署特许权协议。

然后项目公司与各个参与方谈判签订总承包合同,运营养护合同,保险合同,工程监理合同和各类专业咨询合同等,有时需独立签订设备供货合同。

(4) 项目建设和运营。这一阶段项目公司主要任务是委托工程监理公司对总承包商的工作进行监理,保证项目的顺利实施和资金支付。有的工程(如发电厂、高速公路等),在完成一部分之后即可交由运营公司开始运营,以早日回收资金。有时,还要组建综合性的开发公司进行综合项目开发服务以便从多方面赢利。

在项目部分或全部投入运营后,即应按照原定协议优先向金融机构归还贷款和利息。同时逐步考虑向股东分红。

(5)项目移交。在特许期满之前,应做好必要的维修以及资产评估等工作,以便按时将BOT项目移交政府运行。政府可以仍旧聘用原有的运营公司或另组运营公司来运行项目。

2. BOT项目有关各方的职责和义务

(1)主要参与方:政府、项目公司、金融机构

a. 政府是BOT项目的最终所有者,其职责为:确定项目,颁布支持BOT项目的政策;通过招标选择项目发起人;颁布BOT项目特许权;批准成立项目公司;签订特许权协议;对项目宏观管理;特许期满后接收项目;委托项目运营管理部门继续项目的运行。

b. 项目公司的主要职责有:项目融资;项目建设;项目运营;组织综合项目开发经营;偿还债务(贷款、利息等)及股东利润分配;特许期终止时,移交项目与项目固定资产。

c. 金融机构:金融机构包括商业银行、国际基金组织等。一般一个BOT项目由多个国家的财团参与贷款以分散风险。金融机构的作用如下:确定对项目贷款的模式、条件及分期投入方案;在发起人拟定的股本金投入与债务比例下,对项目的现金流量偿债能力作出分析,确定财团投入;必要时利用财团信誉帮助项目公司发行债券;资金运用监督;与项目公司签订融资抵押担保协议;组织专项基金会为某些重点项目融资。

(2)其他参与方

a. 咨询公司:专业咨询公司负责项目的设计,对项目融资方案等提供咨询。法律顾问公司替政府(或项目公司)谈判签订合同。

b. 总承包商:此处指负责项目设计—施工的总承包商,一般也负责设备采购。

c. 工程监理公司:对总承包商的工作进行监理。

d. 运营公司:主要负责项目建成后的运营管理、收费、维修、保养。收费标准和制度由运营公司与项目公司签订。

e. 开发公司:负责特许权协议中其他项目的开发,如沿公路房地产、商业网点等。

f. 代理银行:东道国政府代理银行负责外汇事项。贷款财团的代理银行代表贷款人与项目公司办理融资、债务、清偿、抵押等事项。

g. 保险公司:为各个参与方提供保险,担保特许权协议无法预计的其他风险。

h. 供应商:负责供应材料、设备等。

思 考 题

1. 试论述国际工程的范畴及特点。
2. 根据ENR的资料分析近10年来国际工程承包和咨询市场的变化趋势。

请查阅ENR(每年8月份中某一期)或国际经济合作杂志(每年9月及10月)中的有关文章补充225家大承包商,200家设计公司及我国进入这些国际大公司的公司数。

3. 试综述我国工程公司向国际市场进军的形势和存在问题。
4. 加入WTO后,我国建筑业将面临什么形势?
5. 什么人才才能担任国际工程项目的项目经理?你对培养自己成为哪一方面的管理专家更有兴趣?
6. 试比较各类国际工程项目管理模式的特点和应用条件。
7. 试对照图1-10讲述采用BOT模式项目的实施程序和各方的职责。

第2章 国际工程招标程序与合同类型

本章首先介绍了国际工程的招标程序以及国际工程的各种招标方式,然后比较详细地介绍了按合同支付方式分类的各种合同类型。

第1节 国际工程的招标程序

国际工程有多种多样的项目管理模式,但是作为一种跨国的商务活动,一般业主方都采用招标方式来进行采购,特别是世行、亚行贷款的项目,更是要求通过公开的竞争性招标来优选承包商或供应商。久而久之,在国际上形成了一套招标程序的国际惯例。具体到每个项目,在执行时可以加以改动。

下面我们介绍 FIDIC 1994 年编制并推荐使用的"招标程序"(Tendering❶ Procedure),我们将该"招标程序流程图"(以下简称"流程图")作了一些修改,放在图 2-1 中,并对之作一简要的说明。

"流程图"共分为确定项目策略、资格预审、招标和投标、开标、评审投标书、授予合同六个部分。

一、确定项目策略(Establishment of Project Strategy):

"项目"一词的含义系指业主对一个特定的有形资产,从初步构思到建成竣工验收的全部过程。项目策略的选择属于一项重大决策,确定项目策略包括确定采购方式、招标方式和项目实施的日程表。

确定采购方式主要指采用何种项目管理模式,从而才能确定采购方式。如采用传统的模式,则是先找一家咨询设计公司做前期工作和设计,再找一家工程公司承包施工;如采用设计—建造模式,则是找一家公司承担全部的设计和施工工作。项目管理模式确定后,参与项目各方所扮演的角色就明确了,从而才能确定合同方式、各方的权力、义务和风险分担。

采购方式确定后就可确定哪些采购工作需要招标,如设计、设备采购、施工等。然后确定招标方式。

项目策略阶段还应根据项目采购方式和招标方式来确定整个项目的时间进度表,包括项目确定,招标,设计、施工、验收等工作的里程碑(milestone)日期。同时,也应规定招标工作的日程表。

这个项目的安排在开始实施前要得到上级机关的审查批准,如果是国际金融机构贷款还需要得到该组织的审查批准。在安排日程表时,要充分估计审查批准的时间。

---

❶ 世行招标文件中对招投标中最常用的两个英文词有明确地说明:Bid,Tender(投标,报价)两词,Bidder,Tenderer(投标人)及其派生词 Bidding,Tendering(投标)都是同义词。

招标程序流程图
推荐使用的投标人资格预审程序

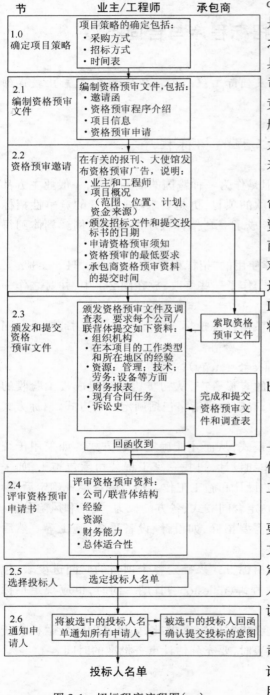

图 2-1 招标程序流程图(一)

投标书附录和投标保函格式;协议书格式;各种保函格式等。一般投标邀请书和投标人须知

二、对投标人进行资格预审

在国际工程招标过程中,对投标人(Tenderer,Bidder)进行资格预审(Prequalification)是一个十分重要的环节。其目的是通过投标之前的审查,挑选出一批确有经验、有能力和具备必要的资源以保证能圆满完成项目的公司获得投标的资格,还要保证招标具有一定的竞争性。因而,在保证资格合格的前提下,一般允许通过资格预审的公司不宜太多,也不宜太少(因为有一些通过资格预审的公司不一定来投标),通常以 6~10 家为宜。

资格预审的程序包括业主方编制资格预审文件,通过刊登广告等方式邀请承包商参加资格预审,向承包商出售资格预审文件,承包商填写资格预审文件并送交业主方,由业主方对所有的资格预审文件进行审查,最后确定通过资格预审的公司,即进入"短名单"(Short List)的公司并通知所有的申请人。有关内容将在第 3 章第 2 节中详细介绍。

三、招标和投标

(一) 招标(Call for Tender, Invitation to bid)

1. 招标文件的内容

招标是业主方准备在市场中进行采购的一种方法。工程采购即是通过招标在市场中优选一家合格的承包商来完成合同中要求的工程项目实施的有关工作。

招标工作正式开始前的准备工作十分重要,其中最主要的即是编写一份高水平的招标文件。招标文件可以认为是合同的草案,是制定合同的基础,其中 95% 左右的内容将要进入正式的合同,因而对业主和承包商双方来说,招标文件都十分重要。

业主方在大多数情况下都是聘请咨询公司编制招标文件。招标文件内容包括:投标邀请书;投标人须知;招标资料表;合同条件(通用、专用);技术规范;图纸;投标书;工程量表;

不进入合同。有关招标文件的详细介绍见第3章。

推荐的招标程序

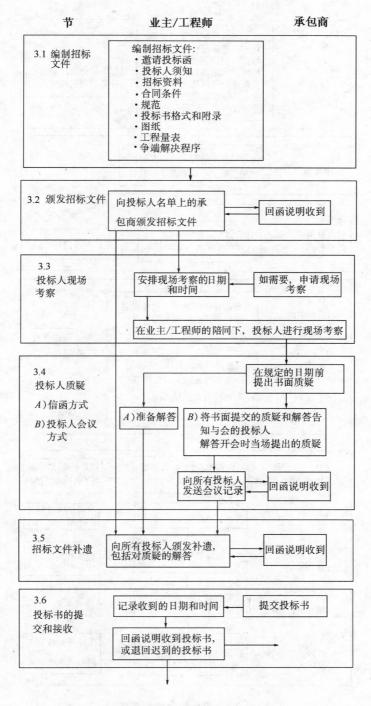

图 2-1 招标程序流程图(二)

推荐的开标和评审程序

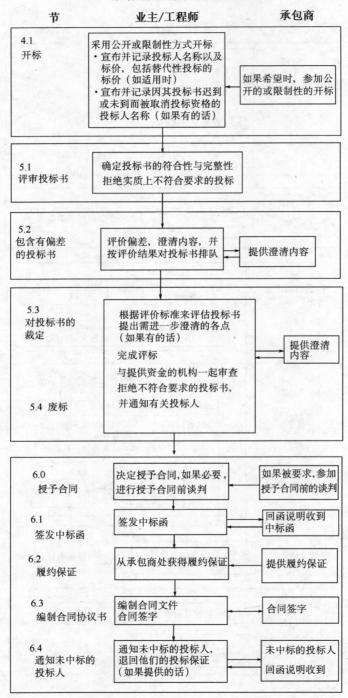

| 节 | 业主/工程师 | 承包商 |

4.1 开标
采用公开或限制性方式开标
· 宣布并记录投标人名称以及标价，包括替代性投标的标价（如适用时）
· 宣布并记录因其投标书迟到或未到而被取消投标资格的投标人名称（如果有的话）

如果希望时，参加公开的或限制性的开标

5.1 评审投标书
确定投标书的符合性与完整性
拒绝实质上不符合要求的投标

5.2 包含有偏差的投标书
评价偏差，澄清内容，并按评价结果对投标书排队

提供澄清内容

5.3 对投标书的裁定
根据评价标准来评估投标书
提出需进一步澄清的各点（如果有的话）
完成评标
与提供资金的机构一起审查
拒绝不符合要求的投标书，并通知有关投标人
5.4 废标

提供澄清内容

6.0 授予合同
决定授予合同，如果必要，进行授予合同前谈判

如果被要求，参加授予合同前的谈判

6.1 签发中标函
签发中标函

回函说明收到中标函

6.2 履约保证
从承包商处获得履约保证

提供履约保证

6.3 编制合同协议书
编制合同文件
合同签字

合同签字

6.4 通知未中标的投标人
通知未中标的投标人，退回他们的投标保证（如果提供的话）

未中标的投标人回函说明收到

图 2-1 招标程序流程图（三）

24

2．招标文件的颁发

招标文件的颁发一般采取出售形式。招标文件只出售给那些通过资格预审的公司。

（二）投标人现场考察（Visit to Site by Tenderers）

投标人现场考察是指业主方在投标人购置招标文件后的一定时间（一般为一个月左右），组织投标人考察项目所在现场的一种活动。其目的是为了让投标人有机会考察了解现场的实际情况。

一般现场考察都与投标人会议（Tenderers' Conference）一并进行，有关组织工作由业主方负责，投标人自费参加该项活动。

（三）投标人质疑（Tenderers' Queries）

投标人质疑有两种方式：信函答复方式或召开投标人会议方式，或两者同时采用。

一般均采用现场考察与投标人会议相结合的方式。可以要求投标人在规定时间内将质疑的问题书面提交业主方，也允许在会议中提问。业主在会议上应回答所有的问题，向所有的投标人（无论与会与否）发送书面的会议纪要以及对所有有关问题的解答，但问题解答中不应提及问题的质疑人。

业主应说明此类书面会议纪要及问题解答是否作为招标文件的补遗。如果是，则应将之视为正式招标文件的内容。

（四）招标文件补遗（Addenda to Tender Documents）

招标文件补遗应编有序号，并应由每个投标人正式签收，因为招标文件补遗构成正式招标文件的一部分。

补遗的内容多半出于业主方对原有招标文件的解释、修改或增删，也包括在投标人会议上对一些问题的解答和说明。

一般业主应尽量避免在招标期的后一段时间颁发补遗，这样将使承包商来不及对其投标书进行修改，如果颁发补遗太晚就应延长投标期。

（五）投标书的提交和接收（Submission and Receipt of Tenders）

投标人应在招标文件规定的投标截止日期（Deadline）之前，将完整的投标书按要求密封、签字之后送交业主方。业主方应有专人签收保存。开标之前不得启封。如果投标书的递交迟于投标截止日期，一般将被原封不动地退回。

四、开标（Opening of Tenders, Bid Opening）

开标指在规定的正式开标日期和时间（一般应为提交投标书截止日期后），业主方在正式的开标会上启封每一个投标人的投标书，业主方在开标会上只宣读投标人名称、投标价格、备选方案价格和检查是否提交了投标保证。同时也宣读因迟到等原因而被取消投标资格的投标人的名称。

一般开标应采取公开开标，也可采取限制性开标，只邀请投标人和有关单位参加。

五、评标（Bid Evaluation）

评标包括以下几部分工作：

（一）评审投标书（Review of Tenders）

主要工作是审查每份投标书是否符合招标文件的规定和要求，也包括核算投标报价有无运算方面的错误，如果有，则要求投标人来一同核算并确认改正后的报价。如果投标文件有原则性的违背招标文件之处或投标人不确认其投标书报价运算中的错误，则投标书应被拒绝并退还投标人。投标保证金将被没收。

（二）包含有偏差的投标书（Tenders Containing Deviations）

在评审投标书后，业主方一般要求报价最低的几个投标人澄清其投标书中的问题，包括投标书中的偏差（Deviations）。偏差指的是投标书总体符合要求，但个别地方有不合理的要求（如要求适当延长竣工日期）。业主方可以接受此投标书，但在评标时由业主方将此偏差的资金价值采用"折价"方式计入投标价。

如果因投标书包含的偏差太大而不可能决定偏差的资金价值，则一般认为投标书不符合要求，将之退还投标人。除非投标人声明确认撤回偏差，并不对投标价作任何修改，业主才接受此投标书。

（三）对投标书的裁定（Adjudication of Tenders）

对投标书的裁定一般简称决标，指业主方在综合考虑了投标书的报价、技术方案以及商务方面的情况后，最后决定选中哪一家承包商中标。

如果是世行、亚行等贷款项目，则要在贷款方对业主选中的承包商进行认真严格的审查后才能正式决标。

（四）废标（Rejecting of all Tenders）

指由于下列原因而宣布此次招标作废，取消所有投标，这些原因包括每个投标人的报价都大大高于业主的标底；每一份投标书都不符合招标文件的要求；收到的投标书太少，一般指不多于 3 份。此时业主方应通知所有的投标人，并退还他们的投标保证。

六、授予合同（Award of Contract）

授予合同包括以下四个步骤：

（一）签发中标函（Issue Letter of Acceptance）

在经过决标确定中标人之后，业主要与中标人进行深入的谈判，将谈判中达成的一致意见写成一份谅解备忘录（Memorandum of Understanding，MOU），此备忘录经双方签字确认后，业主即可向此投标人发出中标函（Letter of Acceptance）。如果谈判达不成一致，则业主即与评标价第二低的投标人谈判。

MOU 将构成合同协议书的文件之一，并优先于其他合同文件。

（二）履约保证（Performance Security）

履约保证是指投标人在签订合同协议书时或在规定的时间内，按招标文件规定的格式和金额，向业主方提交的一份保证承包商在合同期间认真履约的担保性文件。

如果投标人未能按时提交履约保证，则投标保证将被没收，业主再与第二个投标人谈判签约。

（三）编制合同协议书（Preparation of Contract Agreement）

一般均要求业主与承包商正式签订一份合同协议书，业主方应准备此协议书。协议书中除规定双方基本的权利、义务以外，还应列出所有的合同文件。

（四）通知未中标的投标人

只有在承包商与业主签订了合同协议书并提交了履约保证后，业主才将投标保证退还承包商。招标投标工作至此正式告一段落。

此时业主应通知所有未中标的投标人并退还他们的投标保证。

第 2 节　国际工程的招标方式

大中型国际工程招标时,经常采用的招标方式一般可分为下列三种:

1. 公开招标,又称无限竞争性公开招标(Unlimited Competitive Open Bidding)。这种招标方式是业主在国内外主要报纸上及有关刊物上刊登招标广告,凡对此招标项目感兴趣的承包商都有均等的机会购买资格预审文件,参加资格预审,预审合格者均可购买招标文件进行投标。

这种方式可以为一切有能力的承包商提供一个平等的竞争机会(A Fair Competitive Opportunity),业主也可以选择一个比较理想的承包商(即既有丰富的工程经验、必要的技术条件,也有足够的财务条件),同时也有利于降低工程造价,以合理的最低价采购合适的工程、货物或服务,保证采购按事先确定的原则、标准和方法公开进行,增加招标透明度,防止和减少贪污腐败现象的发生。因此,一般各国的政府采购,世行、亚行的绝大部分采购均要求公开招标。

这种方式的不足之处是国际竞争性招标从准备招标文件、投标、评标到授予合同均要花费很长的时间;文件较繁琐;如果是货物采购可能造成设备规格多样化,从而影响标准化和维修。此外,也要防止一些投机商故意压低报价以挤掉其他态度严肃认真而报价较合理的承包商。这些投机商很可能在中标后,在某一施工阶段以各种借口要挟业主。

如采用这种方式,业主要加强资格预审,认真评标。

2. 邀请招标,又称有限竞争性选择招标(Limited Competitive Selected Bidding)。这种方式一般不在报上登广告,业主根据自己的经验和资料或请咨询公司提供承包商的情况,然后根据企业的信誉、技术水平、过去承担过类似工程的质量、资金、技术力量、设备能力、经营能力等条件,邀请某些承包商来参加投标。邀请招标一般 5~8 家为宜,但不能少于 3 家。因为投标者太少则缺乏竞争力。这种方式的优点是邀请的承包商大都有经验,信誉可靠。缺点则是可能漏掉一些在技术上、报价上有竞争力的后起之秀。

世行、亚行项目如要采用邀请招标需征求银行同意,一般适用于合同金额较小、供货人数量有限等情况。如为国际邀请招标,国内承包商不享受优惠。

3. 议标,也称谈判招标(Negotiated Bidding)或指定招标。适用于工期紧、工程总价较低、专业性强或军事保密工程,有时对专业咨询、设计、指导性服务或专用设备、仪器的采购安装、调试、维修等也采用这种方式。议标最好找两家同时谈判。这种方式的优点是节约时间,可以较快地达成协议,开展工作。但缺点是无法获得有竞争力的报价。

国际工程常用的招标方式除了上述三种通用的方式外,还有时采用一些其他的方法,如两阶段招标、双信封投标等,在此作一简介。

(1) 两阶段招标(Two-Stage Bidding):对交钥匙合同以及某些大型复杂的合同,事先要求准备好完整的技术规格是不现实的,此时可采用两阶段招标。

先邀请投标人根据概念设计或性能要求提交不带报价的技术建议书(Technical Proposals),并要求投标人应遵守其他招标要求。在业主方对此技术建议书进行仔细评审后,指出其中的不足,并与投标人一同讨论和研究,允许投标人对技术方案进行改进以更好地符合业主的要求。凡同意改进技术方案的投标人均被同意参加第二阶段投标,即提交最终的技术建议书和带报价的投标书。业主据此进行评标。

世行、亚行的采购指南中均允许采用两阶段招标。

(2) 双信封投标(Two-Envelope Bidding Procedure)：对某些形式的机械设备或制造工厂的招标，其技术工艺可能有选择方案时，可以采用双信封投标方式，即投标人同时递交技术建议书和价格建议书。评标时首先开封技术建议书，并审查技术方面是否符合招标的要求，之后再与每一位投标人对其技术建议书进行讨论，以使所有的投标书达到所要求的技术标准。

如由于技术方案的修改致使原有已递交的投标价需修改时，将原提交的未开封的价格建议书退还投标人，并要求投标人在规定期间再次提交其价格建议书，当所有价格建议书都提交后，再一并打开进行评标。

亚行允许采用此种方法，但需事先得到批准，并应注意将有关程序在招标文件中写清楚。世行不允许采用此方法。

第3节　国际工程合同类型

国际工程合同的形式和类别非常之多，有许多分类方法，如：

按工作内容分类可分为工程咨询服务合同(包含设计合同、监理合同等)、勘察合同、工程施工合同、货物采购合同(包含各类机械设备采购，材料采购等)、安装合同等。

按承包范围分类可分为设计—建造合同、交钥匙合同、施工总承包合同、分包合同、劳务合同、设计—管理合同、CM 合同等等。

本章中主要介绍按合同支付方式分类，一般分为总价合同，单价合同和成本补偿合同三大类，下面进行比较详细的介绍和讨论。

一、总价合同(Lump Sum Contract)

总价合同有时称为约定总价合同(Stipulated Sum Contracts)，或称包干合同。这种合同一般要求投标人按照招标文件要求报一个总价，在这个价格下完成合同规定的全部项目。

总价合同一般有以下四种方式：

(一) 固定总价合同(Firm Lump Sum Contract)

承包商的报价以业主方的详细的设计图纸及计算为基础，并考虑到一些费用的上升因素，如图纸及工程要求不变动则总价固定，但当施工中图纸或工程质量要求有变更，或工期要求提前，则总价也应改变。这种合同适用于工期较短(一般不超过一年)，对工程项目要求十分明确的项目。承包商将承担全部风险，将为许多不可预见的因素付出代价，因之一般报价较高。

(二) 调价总价合同(Escalation Lump Sum Contract)

在报价及订合同时，以招标文件的要求及当时的物价计算总价合同。但在合同条款中双方商定：如果在执行合同中由于通货膨胀引起工料成本增加达到某一限度时，合同总价应相应调整。这种合同业主承担了通货膨胀这一不可预见的费用因素(Unpredictable Cost Elements)的风险，承包商承担其他风险。一般工期较长(如一年以上)采用这种形式。

(三) 固定工程量总价合同(Lump Sum on Firm Bill of Quantities Contract)

即业主要求投标人在投标时按单价合同办法分别填报分项工程单价，从而计算出工程总价,据之签订合同。原定工程项目全部完成后,根据合同总价付款给承包商。如果改变设计或增加新项目,则用合同中已确定的单价来计算新的工程量和调整总价,这种方式适用于工程量变化不大的项目。

这种方式对业主有利,一是可以了解投标人投标时的总价是如何计算得来的,便于业主审查投标价,特别是对投标人过度的不平衡报价,可以在合同谈判时压价;二是在物价上涨情况下,增加新项目时可利用已确定的单价。

（四）管理费总价合同(Management Fee Lump Sum Contract)

业主雇用某一公司的管理专家对发包合同的工程项目进行管理和协调,由业主付给一笔总的管理费用。

采用这种合同时要明确具体工作范畴。

对于各种总价合同,在投标时投标人必须报出各子项工程价格,在合同执行过程中,对很小的单项工程,在完工后一次支付;对较大的工程则按施工过程分阶段支付或按完成的工程量百分比支付。

总价合同的适用范围一般在两类工程中:一是在房屋建筑(包括住宅和楼宇)中使用,在这类工程中,招标时要求全面而详细地准备好设计图纸,一般要求做到施工详图;还应准备详细的规范和说明,以便投标人能详细地计算工程量。工程技术不太复杂,风险不太大,工期不太长,一般在一年以内,同时要给予承包商各种方便。这类工程对业主来说由于设计花费时间长,有时和施工期相同,因而开工期晚,开工后的变更容易带来索赔,而且在设计过程中也难以吸收承包商的建议,但是对控制投资和工期比较方便,总的风险较小。对承包商来说,由于总价固定,如果在订合同时不能争取到一些合理的承诺(如物价波动、地基条件恶劣时如何处理等)则风险比较大,投标时应考虑足够的风险费,但承包商对整个工程的组织管理有很大的控制权,因而可以通过高效率的组织实施工程和节约成本来获取更多的利润。

总价合同应用的第二个领域就是设计—建造与交钥匙项目。这时业主可以比较早地将设计与建造工作一并总包给一个承包商,此总承包商则承担着更大的责任与风险。

二、单价合同(Unit Price Contract,Schedule of Rate Contract)

当准备发包的工程项目的内容和设计指标一时不能十分确定时,或是工程量可能出入较大,则采用单价合同形式为宜。

单价合同又分为以下三种形式:

（一）估计工程量单价合同(Bill of Approximate Quantities Contract)

业主在准备此类合同的招标文件时,委托咨询单位按分部分项工程列出工程量表并填入估算的工程量,承包商投标时在工程量表中填入各项的单价,据之计算出总价作为投标报价之用。但在每月结账时,以实际完成的工程量结算。在工程全部完成时以竣工图最终结算工程的总价格。

有的合同上规定,当某一单项工程的实际工程量比招标文件上的工程量相差一定百分比(一般为±15%到±30%)时,双方可以讨论改变单价,但单价调整的方法和比例最好在订合同时即写明,以免以后发生纠纷。为了减少由于单项工程工程量增减经常引起的争论,FIDIC在其"土木工程施工合同条件"(1987年第4版)中提倡工程结束时总体结算超过±15%时再调整的方法。

（二）纯单价合同(Straight Unit Price Contract)

在设计单位还来不及提供施工详图，或虽有施工图但由于某些原因不能比较准确地估算工程量时采用这种合同。招标文件只向投标人给出各分项工程内的工作项目一览表、工程范围及必要的说明，而不提供工程量，承包商只要给出表中各项目的单价即可，将来施工时按实际工程量计算。有时也可由业主一方在招标文件中列出单价，而投标一方提出修正意见，双方磋商后确定最后的承包单价。

（三）单价与包干混合式合同(Unit Price and Lump Sum Items Contract)

以估计工程量单价合同为基础，但对其中某些不易计算工程量的分项工程(如施工导流，小型设备购置与安装调试)则采用包干办法，而对能用某种单位计算工程量的，均要求报单价，按实际完成工程量及工程量表中的单价结账。很多大中型土木工程都采用这种方式。

对业主方而言，单价合同的主要优点是可以减少招标准备工作，缩短招标准备时间，可鼓励承包商通过提高工效等手段从成本节约中提高利润，业主只按工程量表的项目开支，可减少意外开支，只需对少量遗漏的项目在执行合同过程中再报价，结算程序比较简单，但业主方存在的风险也在于工程的总造价一直到工程结束前都是个未知数，特别是当设计师对工程量的估算偏低，或是遇到了一个有经验的善于运用不平衡报价的承包商时，风险就会更大，因而设计师比较正确地估算工程量和减少项目实施中的变更可为业主避免大量的风险。对承包商而言，这种合同避免了总价合同中的许多风险因素，比总价合同风险小。

三、成本补偿合同(Cost Reimbursement Contract, Cost Plus Fee Contract)

成本补偿合同也称成本加酬金合同，简称CPF合同，即业主向承包商支付实际工程成本中的直接费(一般包括人工、材料及机械设备费)，并按事先协议好的某一种方式支付管理费及利润的一种合同方式。对工程内容及其技术经济指标尚未完全确定而又急于上马的工程，如旧建筑物维修、翻新的工程，或是完全崭新的工程以及施工风险很大的工程可采用这种合同。其缺点是发包单位对工程总造价不易控制，而承包商在施工中也不注意精打细算。有的形式是按照一定比例提取管理费及利润，往往成本越高，管理费及利润也越高。

成本补偿合同有多种形式，现介绍部分形式如下：

（一）成本加固定费用合同(Cost Plus Fixed Fee Contract)

根据双方讨论同意的工程规模、估计工期、技术要求、工作性质及复杂性、所涉及的风险等来考虑确定一笔固定数目的报酬金额作为管理费及利润。对人工、材料、机械台班费等直接成本则实报实销。如果设计变更或增加新项目，当直接费用超过原定估算成本的10%左右时，固定的报酬费也要增加。在工程总成本一开始估计不准，可能变化较大的情况下，可采用此合同形式，有时可分几个阶段谈判付给固定报酬。这种方式虽不能鼓励承包商关心降低成本，但为了尽快得到酬金，承包商会关心缩短工期。有时也可在固定费用之外根据工程质量、工期和节约成本等因素，给承包商另加奖金，以鼓励承包商积极工作。

（二）成本加定比费用合同(Cost Plus Percentage Fee Contract)

工程成本中的直接费加一定比例的报酬费，报酬部分的比例在签订合同时由双方确定。这种方式报酬费随成本加大而增加，不利于缩短工期和降低成本。一般在工程初期很难描述工作范围和性质，或工期急迫，无法按常规编制招标文件招标时采用，在国外，除特殊情况外，一般公共项目不采用此形式。

（三）成本加奖金合同(Cost Plus Incentive Fee Contract)

奖金是根据报价书中成本概算指标制定的。合同中对这个概算指标规定了一个"底点"

(Floor)(约为工程成本概算的 60%～75%)和一个"顶点"(Ceiling)(约为工程成本概算的 110%～135%)。承包商在概算指标的"顶点"之下完成工程则可得到奖金,超过"顶点"则要对超出部分支付罚款。如果成本控制在"底点"之下,则可加大酬金值或酬金百分比。采用这种方式通常规定,当实际成本超过"顶点"对承包商罚款时,最大罚款限额不超过原先议定的最高酬金值。

当招标前设计图纸、规范等准备不充分,不能据以确定合同价格,而仅能制定一个概算指标时,可采用这种形式。

(四)成本加保证最大酬金合同(Cost Plus Guaranteed Maximum Contract)

即成本加固定奖金合同。订合同时,双方协商一个保证最大酬金额,施工过程中及完工后,业主偿付给承包商花费在工程中的直接成本(包含人工、材料等),管理费及利润。但最大限度不得超过成本加保证最大酬金。如实施过程中工程范围或设计有较大变更,双方可协商新的保证最大酬金。这种合同适用于设计已达到一定深度,工作范围已明确的工程。

(五)最大成本加费用合同(Maximum Cost Plus Fee Contract)

这种方式简称 MCPF 合同,是在工程成本总价合同基础上加上固定酬金费用的方式,即是设计深度已达到可以报总价的深度,投标人报一个工程成本总价,再报一个固定的酬金(包括各项管理费、风险费和利润)。合同规定,若实际成本超过合同中的工程成本总价,由承包商承担所有的额外费用;若是承包商在实际施工中节约了工程成本,节约的部分由业主和承包商分享(其比例可以是业主 75%,承包商 25%;或各 50%),在订合同时要确定节约分成比例。

上一章中介绍的风险型 CM 模式的 GMP 即为此种支付方式。

(六)工时及材料补偿合同(Time and Material Reimbursement Contract)

用一个综合的工时费率(包括基本工资、保险、纳税、工具、监督管理、现场及办公室各项开支以及利润等),来计算支付人员费用,材料则以实际支付材料费为准支付费用。

这种形式一般用于招标聘请专家或管理代理人等。

在签订成本补偿合同时,业主和承包商应该注意以下问题:

(1)必须有一个明确的如何向承包商支付酬金的条款,包括支付时间和金额百分比。如果发生变更或其他变化,酬金支付规定应相应调整。

虽然已有了一些 CPF 合同的范本,但在每个项目的合同中列出"可补偿的费用"的准确定义对业主和承包商双方都是至关重要的。因为有一些 CPF 合同中"可补偿的费用"甚至包括了各项管理费及设计的费用,此时承包商投标时的酬金仅仅考虑利润就可以了。

(2)应列出工程费用清单,要规定一整套详细的工地现场有关的数据记录、信息存储甚至记账的格式和方法,以便对工地实际发生的人工、机时和材料消耗等数据认真而及时地记录,防止事后在数据统计上的不一致和纠纷。业主一方不仅在支付时,并且在税收、保险等方面也需要这些数据。

(3)应在承包商和业主之间建立起相互信任的关系,有时在合同中往往写上这一条。因为即使业主雇用专职现场监理,也很难详细准确地核查每一项应支付的成本。这种合作形式下,承包商的酬金已有保证,他就应该高效而经济地实施工程,工作中仅使用必要的人员和机械,以竞争性的价格去采购材料,而业主方则应及时地提供资料和进行支付。

CPF 合同对业主而言,最大的优点是能在设计资料不完整时使工程早开工,并且可采用 CM 模式,完成阶段设计后阶段发包,从而使项目早日完工,节约时间和尽早收回投资。但业主要承担很大的风险,主要是不知道最后的总成本,因而可能最终支付很高的合同价格。为了减少风险,可采用 MCPF 合同方式。

CPF 合同对承包商而言,其优点是有一个比较有保证的酬金,风险较小,而主要缺点是合同的不确定性,由于设计未完成,不知道合同的终止时间,有时很难计划安排其他的工程。

一项工程招标前,选用恰当的合同方式是建设单位制定发包策略及发包计划的一个重要组成部分。招标一般不属于设计的一个阶段,它仅仅作为设计完成后或与设计平行进行的一项专门工作,这项工作主要是复核工程计划和技术规范,进行全面施工规划,进行工程估价和编制招标文件。招标文件一般由业主委托设计单位或咨询公司编制。

采用何种合同支付方式往往与设计的阶段和深度分不开。如果设计只做到概念设计阶段,则只能采用成本补偿合同方式招标和实施。如果设计进行到基本设计阶段,则有可能采用单价合同。如果设计进行到详细设计阶段则可采用总价合同或单价合同。

思 考 题

1. 国际工程的招标程序一般分为几个阶段? 试列出每个阶段中业主方和投标人应准备和进行的工作。

2. "确定项目策略"阶段包含什么主要内容? 为什么这个阶段非常重要?

3. 国际工程的招标方式有哪几种? 其适用条件是什么?

4. 两阶段招标和双信封投标有什么区别?

5. 试列出总价合同,单价合同和成本补偿合同各自的优缺点和适用条件。

第 3 章　国际工程招标

本章中首先介绍了工程采购招标文件编制的原则和分标的方法,随后对世界银行编写的各种采购文件、资格预审的内容与评价作了简介。全章重点是第三节,详细地介绍了世行贷款项目工程采购标准招标文件的 10 部分内容,对财政部编制的用于中国国内的范本的特点进行了简介。较详细地讨论了合同文件涉及到的价格调整、预付款的支付与偿还以及争端审议委员会(DRB)等五个问题。最后介绍了如何评标和决标。

第 1 节　概　　述

世界银行(以下简称世行)贷款项目的工程采购、货物采购及咨询服务的有关招标采购文件是国际上最通用的、传统管理模式的文件,也是典型的、权威性的文件。世行的各种文件是世行近半个世纪采购经验的结晶,是高水平的国际工程合同管理文件。

本节中首先介绍了工程采购和招标的概念、招标文件的重要性、编制原则以及分标的原则。尔后,对世行贷款项目的"项目周期"和世行编制的各类合同文件作一简介,随后在本章第 3 节中再详细介绍世行贷款项目的工程采购标准招标文件。由于我国的工程公司在世界各地大量参加世行贷款项目的竞争性投标,在国内,近年来世行项目每年总贷款额约为 30 亿美元,大部分项目为我国承包商和中外联营体中标并实施。我国的咨询、设计、监理公司参与了国内大部分世行贷款项目的有关工作,并已开始走向海外。因而学习研究世行编制的各种有关文件,对我国的工程建设队伍在项目管理方面与国际接轨并尽快走向世界有着十分重要意义。

一、工程采购招标文件编制的原则和分标

国际上,工程采购(Procurement of Works)一词指业主通过招标或其他方式选择一家或数家合格的承包商来完成工程项目的全过程。工程采购中最重要的环节包括:

- 编制招标文件
- 进行招标、评标
- 谈判和签订合同
- 项目实施期间的合同管理

本章中主要介绍招标文件的编制和评标,第 7 章中介绍合同管理。

招标是业主对将实施的工程项目某一阶段特定任务的实施者采用市场采购的方式来进行选择的方法和过程,也可以说是业主对自愿参加某一特定任务的承包商或供货商的审查、评比和选用的过程。

招标对于业主一方来说,涉及到能不能选择到一个合格、胜任的承包商来完成既定的项目,能不能对工程的投资、进度和质量进行有效的控制,使项目能按时投产、顺利运行,因此对于业主来说工程招标是进行工程项目管理的极为重要的一环。而做好招标工作最重要的

则是编好招标文件,其重要性体现在以下几个方面:

对业主方面来说,一方面招标文件是提供给承包商(或供应商)的投标依据。在招标文件中应明白无误地向承包商(或供应商)介绍工程项目有关内容的实施要求、包括工程基本情况、工期要求、工程及设备质量要求、以及工程实施过程中业主方如何对项目的支付、质量和工期进行管理,对承包商实施工程的各类具体规定等,以便承包商据之投标。

另一方面招标文件是签订工程合同的基础。90%以上的招标文件的内容将成为合同的内容。尽管在招标过程中业主一方(包括咨询、监理工程师)可能会对招标文件内容和要求提出补充和修改意见,在投标和谈判过程中承包商一方也会对招标文件提出一些修改的要求和建议,但是无论如何,招标文件是业主一方对工程采购的基本要求,是不会做大的变动的,而据之签订的合同则是在整个项目实施和完成过程中最重要的文件。由此可见编好招标文件对业主一方是非常重要的。

对承包商一方而言,招标文件是业主拟定的工程采购的蓝图,如何理解和掌握招标文件的内容,是成功地投标、签订合同以及实施项目的关键。

对咨询工程师而言,受业主委托编制招标文件是最重要的工程咨询内容之一,在招标文件中既要体现业主对项目的技术和经济要求,又要体现业主对项目实施管理的要求,一份完善的招标文件也是一件高水平的咨询文件。

对监理工程师而言,必须全面而深入地理解和掌握招标文件的内容,因为据之签订的合同中将详细而具体地规定监理工程师的职责和权限。招标文件是监理工程师进行合同管理的最重要的文件。

总之招标文件对于参与项目准备和实施的各方都是十分重要的。

(一) 招标文件的编制原则

招标文件的编制必须做到系统、完整、准确、明了,使投标人一目了然。编制招标文件的原则和依据是:

1. 遵守法律和法规:应遵守国家的法律和法规,如合同法、投标招标法等多项有关的法律和法规。如招标文件的规定不符合国家的法律、法规,就有可能导致招标作废,有时业主一方还要赔偿损失。

2. 遵守国际组织规定:如果是国际组织贷款,必须遵守该组织的各项规定和要求,特别要注意各种规定的审核批准程序,此外还应该符合国际惯例。

3. 风险的合理分担:应注意公正地处理业主和承包商的利益。要考虑到让承包商获得合理的利润。如果不适当的将过多的风险转移给承包商一方,势必迫使承包商加大风险费,提高投标报价,最终还是业主一方增加支出。

4. 反映项目的实际情况:招标文件应该正确、详细地反映项目的实际情况,以使投标人的投标能建立在可靠的基础上,这样也减少了履约过程中的争议。

5. 文件内容力求统一:招标文件包括许多内容,从投标人须知,合同条件到规范、图纸、工程量表,这些内容应该力求统一,尽量减少和避免各份文件之间的矛盾。招标文件的矛盾会为承包商创造许多索赔的机会。招标文件用语应力求严谨、明确,以便在产生争端时易于根据合同文件判断解决。

(二) 工程的分标

工程的分标指的是业主(以及他雇佣的咨询人员)对准备招标的工程项目分成几个部分

单独招标,即对几个部分都编写独立的招标文件进行招标。这几个部分既可同时招标,也可分批招标,可以由数家承包商分别承包,也可由一家承包商全部中标总承包。

分标的原则是有利于吸引更多的投标人参与投标,以发挥各个承包商的专长,降低造价,保证质量,加快工程进度。但分标也要考虑到便于施工管理、减少施工干扰,使工程能有条不紊地进行。

分标时考虑的主要因素有:

1. 工程特点。如果工程场地集中、工程量不大、技术上不太复杂,由一家承包商总包比较容易管理,则一般不分标。但如果工地场面大、工作战线长、工程量大,有特殊技术要求,则应考虑分标。如高速公路,就应该考虑到当地地形、河流、城镇和居民情况等对土建工程进行分标,而道路监控系统则是一个单独的标。

2. 对工程造价的影响。一般说来,一个工程由一家承包商施工,不但干扰小,便于管理,而且由于临时工程少,人力、机械设备可以统一调度使用,因而可望得到较低的报价。但也要具体问题具体分析。如果是一个大型、复杂的工程项目(如特大型水电站),则对承包商的施工能力、施工经验、施工设备等有很高的要求,在这种情况下,如不分标就可能使有资格参加此项工程投标的承包商数量大大减少,竞争对手的减少必然导致报价的上涨,反而不能得到比较合理的报价。

3. 有利于发挥承包商的专长,增加对承包商的吸引力,使更多的承包商来投标。如大型海港工程,既有海洋中的水工工程,又有码头后的陆域工程,还有码头上与装卸有关的工程以及轮船导航设施等,施工技术复杂。对码头工程要求承包商不但要具备丰富的码头施工经验,还要有专用施工设备,而陆域工程则相对简单得多,只要具备爆破、装卸和运输能力的公司均可投标。显然分标可以吸引更多的承包商参加竞争,有利于降低造价。

4. 工地管理。从工地管理角度看,分标时应考虑两方面的问题,一是工程进度的衔接,二是工地现场的布置和干扰。

工程进度的衔接很重要,特别是在关键路线上的项目一定要选择施工水平高、能力强、信誉好的承包商,以防止由于这类项目施工进度影响其他承包商的进度。

从现场布置角度看,则承包商应越少越好。分标时要对几个承包商在现场的施工场地(包括现场分配、附属企业、生活营地、交通运输直至其他场地等)进行细致周密的安排。

5. 其他因素。如资金不足时可以先部分招标。如为国际工程,外汇不足时则可将部分改为国内招标。或为了照顾本国承包商而分标,部分仅对国内招标。

总之,分标是正式编制招标文件前一项很重要的工作。必须对上述原则及因素综合考虑,有时可拟定几个方案,综合比较确定。

二、世界银行贷款项目的"项目周期"

世界银行贷款项目,是指将世行贷款资金加上国内配套资金结合使用进行投资的某一固定的投资目标。世行每一笔项目贷款的发放,都要经历一个完整而较为复杂的程序,也就是一个项目周期(Project Cycle),这个周期包括 6 个阶段,即项目选定、项目准备、项目评估、项目谈判、项目执行与监督、项目的后评价。在每个项目周期中,前一阶段是下一阶段的基础,最后一个阶段又产生了对新项目的探讨和设想,这样形成一个完整的循环圈,周而复始。

(一) 项目选定(Project Identification)

在这个阶段,借款国需要确定既符合世行投资原则,又有助于借款国实现其发展计划并属于优先考虑的项目。世行将参与和协助借款国进行项目选定,收集项目基础资料,确定初步的贷款意向。在我国,与这一阶段相似的国内程序是项目的立项阶段,包括项目概念的提出、项目建议书的酝酿、提出与批准等。

（二）项目准备（Project Preparation）

在项目被列入世行贷款规划后,该项目便进入项目准备阶段。这一阶段一般持续 1～2 年,其主要任务和要求就是通过可行性研究得到最佳的设计方案,并提出"项目报告"（Project Report,PR）"。与国内项目建设程序相比,这一阶段相当于项目可行性研究阶段。

（三）项目评估（Project Appraisal）

项目评估,是项目周期中的一个关键阶段。当借款国自己所进行的项目准备工作基本结束,世行就要开始项目评估。由世行职员及聘请的专家承担此工作。

世行要在这一阶段与借款国政府及项目单位讨论项目规模、内容、项目成本、执行安排、项目融资、采购、支付及审计安排等一系列问题,并将这些内容基本确定下来。这一阶段工作一般需 2～4 周时间,评估内容包括技术、组织机构、经济和财务以及社会四个主要方面。在完成项目评估后,其评估人员要写出一份详细的《项目评估报告》。世行的项目评估相当于国内项目立项批准之前的评估阶段。

（四）项目谈判（Project Negotiation）

项目谈判是世行与借款国为保证项目成功,力求就所采取的必要措施达成协议的阶段。经过谈判所达成的协议,将作为法律性文件由双方共同履行。项目谈判内容主要包括贷款条件与法律条文的讨论与确认和技术内容的谈判两个方面。

谈判结束后世行方面要将谈判后经过修改的评估报告提交其执行董事会。如果批准了这项贷款,则贷款协定就由双方代表签署。协定的签订标志着项目正式进入执行阶段。

（五）项目的执行与监督（Project Execution and Supervision）

项目的执行,就是指通过项目资金的具体使用以及为项目提供所需的设备、材料、土建施工以及咨询服务等,将项目目标按照设计内容付诸实施的建设过程。执行的主要内容包括项目招标采购、贷款资金支付与配套资金提供、技术援助与培训计划的执行等。

在项目执行过程中,世行将提供必要的帮助和监督。

（六）项目的后评价（Project Post-Evaluation）

项目后评价阶段的主要目的和任务是在项目正式投产一年以后按照严格的程序,采取客观的态度,对项目执行全过程进行回顾和总结,由项目主管人员写出"项目竣工报告",再由世行的业务评价局评审该报告,并对项目的执行成果作出全面的后评价,为改进以后工作和新项目的实施提供参考。

三、世行制定的各类合同文件

世行在五十多年的贷款业务中积累了丰富的合同管理经验,制定和完善了一系列招标文件标准文本,广泛用于世行的各类贷款项目中。这些文本的使用为借款人提供了极大的便利。世行颁布的各种合同文本共十几种,并根据文本的应用情况定期进行修正。目前,世行在其贷款项目采购过程中广泛推荐使用的合同文本主要有以下几种:

1. 货物采购标准招标文件（Procurement of Goods:Standard Bidding Document）,1995 年 9 月 11 日颁布。这个文件可供借款人准备招标文件时参考,借款人可以根据项目的实际情况加以修改。本文本内容在第 8 章介绍。

2．工程、大型设备和工业安装采购的标准资格预审文件（Procurement of Works, Major Equipment and Industrial Installation: Standard Prequalification Document），1993 年 5 月 1 日颁布。世行规定，世行贷款的大型和专业项目，如土建工程、大型工业设备以及其他建筑项目，必须经过资格预审选择出合格的、有竞争性的投标人参与进一步的投标。这份文件被借款国广泛使用，其格式与一般的建筑合同大致相同，在关键条款后附有注解和评论，以利于使用者更好的理解。在附件部分还有对资格预审过程中经常遇到的问题的解释。

3．小型工程合同采购的标准招标文件（Procurement of Works: Small Contracts: Standard Bidding Document），1995 年 11 月 1 日颁布，适用于金额小于 1000 万美元的土建工程合同的采购。

4．工程采购的标准招标文件（Procurement of Works: Standard Bidding Document），1995 年 1 月颁布，适用于金额大于 1000 万美元的，采用国际竞争性招标方式，以单价计算的工程合同的采购。不适用于总价合同的采购。本文件在本章第二节中介绍。

5．货物或工程采购的标准评标格式（Standard Bid Evaluation Form: Procurement of Goods or Works），1996 年 5 月 1 日颁布。适用于采用国际竞争性招标和有限国际招标进行采购的货物和工程合同的评标。

6．复杂的以时间为基础的咨询服务合同的标准格式（Standard Form of Contract, Consultants′ Services: Complex-Time Based Assignments），1995 年 11 月 1 日颁布，适用于借款人和项目执行机构聘请咨询公司从事复杂咨询服务任务，如工程咨询、设计、监理、施工管理及其他管理服务等业务时使用。这类合同是以实际所花费的时间为基础计费的。

7．固定总价咨询服务合同的标准格式（Standard Form of Contract, Consultants′ Services: Lump Sum Remuneration），1995 年 7 月 1 日颁布，适用于以总价计费的咨询服务合同。

8．设备提供和安装合同标准招标文件（Supply and Installation of Plant and Equipment: Standard Bidding Document），1996 年 4 月 1 日颁布。适用于特殊安装工程设备的提供、安装和试运行合同。

四、财政部颁布的各类合同文件

受国务院委托，财政部代表中国政府直接负责世行对华贷款的归口管理工作。财政部根据中国利用世行贷款项目的实际需要，在世行的帮助和支持下，对世行制定的几个主要的标准招标文本进行了修改，于 1991 年出版了一套《世行贷款项目招标采购文件范本》，共九种文本，包括：资格预审文件范本、货物采购国际竞争性招标文件范本、土建工程国际竞争性招标文件范本、货物采购国内竞争性招标文件、土建工程国内竞争性招标文件、生产工艺技术转让招标文件范本、咨询服务合同协议范本、大型复杂工厂与设备的供货和安装监督招标文件范本、总包合同（交钥匙工程）招标文件范本。这套范本的试用期为两年。1993 年 5 月"范本"试用期满，财政部与世行决定根据试用的情况对其进行修订，并成立了新"范本"编写组。在文本数量上，除原有的九种外，新增加了《大宗商品国际竞争性招标文本》、《计算机系统国际竞争性招标文本》、《单个咨询专家咨询合同文本》以及《标准评标报告格式》。经过两年多的努力，编写组已完成了货物和土建工程的国际和国内竞争性招标四个文本，咨询服务合同文本和标准评标报告文本。这些文本已于 1995 年 11 月通过了世行的终审，并于 1997 年 5 月正式出版试行。其余文本正在编制之中。

第2节 资 格 预 审

资格预审(Prequalification)是国际工程招标中的一个重要程序,对采用国际公开竞争性招标的大中型工程而言特别是国际金融组织贷款的项目,一般都要对投标人进行资格预审。

资格预审的目的主要是:

- 了解投标人的财务能力、技术状况及以往从事类似本工程的施工经验,从而选择在财务、技术、施工经验等方面优秀的投标人参加投标。
- 淘汰不合格的投标人。
- 减少评审阶段的工作时间,减少评审费用。
- 为不合格的投标人节约购买招标文件、现场考察及投标等费用。
- 减少将合同授予没有经过资格预审的投标人的风险,为业主选择一个较理想的承包商打下良好的基础。

本节中将对资格预审的程序,资格预审文件的内容,资格预审的评审以及资格后审作一简介。

一、资格预审的程序

(一) 编制资格预审文件

由业主委托设计单位或咨询公司编制资格预审文件。资格预审文件的主要内容有:(1)工程项目简介;(2) 对投标人的要求;(3) 各种附表。资格预审文件编好后要报上级批准。

如果是利用世界银行或亚洲发展银行贷款的项目,资格预审文件编好,要报该组织审查批准后,才能进行下一步的工作。

(二) 刊登资格预审广告

资格预审广告应刊登在国内外有影响的、发行面比较广的报纸或刊物上。国际招标项目的资格预审广告应刊登在"中国日报"、"人民日报",联合国"发展论坛"上。

资格预审广告的内容应包括:工程项目名称、资金来源(如国外贷款项目应标明是否已得到贷款还是正在申请贷款)、工程规模、工程量、工程分包情况、投标人的合格条件、购买资格预审文件的日期、地点和价格、递交资格预审文件的日期、时间和地点。

(三) 出售资格预审文件

在指定的时间、地点出售资格预审文件,资格预审文件的售价不能太高。资格预审文件的发售时间为从开始发售时至截止资格预审申请时为止。

(四) 对资格预审文件的答疑

在资格预审文件发售以后,购买资格预审文件的投标人可能对资格预审文件提出各种质询,这种质询可能是由于投标人对资格预审文件理解困难,或者由于业主在编写资格预审文件时存在着模糊和错误。投标人提出的各种质询都要以书面形式(包括电传、担保、传真、信件)提交业主。对投标人提出的各种质疑业主将以书面文件回答并通知所有购买资格预审文件的投标人,而不涉及这种问题是由哪一家投标人提出的。

(五) 报送资格预审文件

投标人应在规定的资格预审截止时间之前报送资格预审文件。在截止日期之后,不接受任何迟到的资格预审文件,投标人在资格预审截止时间之后不能对已报的资格预审文件进行修改。

（六）澄清资格预审文件

业主在接受投标人报送的资格预审文件后，可以找投标人澄清资格预审文件中的各种疑点，投标人应按实际情况回答，但不允许投标人修改资格预审文件的实质内容。

（七）评审资格预审文件

详见本节中三、"资格预审的评审"。

（八）向投标人通知评审结果

招标单位（或业主）以书面形式向所有参加资格预审者通知评审结果，在规定的日期、地点向通过资格预审的承包商出售招标文件。

二、资格预审文件的内容

资格预审文件的内容包括五个主要方面：工程项目总体描述；简要合同规定；资格预审文件说明；要求投标人填写的各种表格和工程主要图纸。现分别介绍如下。

（一）工程项目总体描述

使投标人能够理解本工程项目的基本情况，作出是否参加投标的决策。

1．工程内容介绍：详细说明工程的性质、工程数量、质量要求、开工时间、工程监督要求、竣工时间。

2．资金来源：是政府投资、私人投资，还是利用国际金融组织贷款；资金落实程度。

3．工程项目的当地自然条件：包括当地气候、降雨量（年平均降雨量、最大降雨量、最小降雨量）发生的月份、气温、风力、冰冻期、水文地质方面的情况。

4．工程合同的类型：是单价合同还是总价合同，或是交钥匙合同，是否允许分包工程。

（二）简要合同规定

对投标人提出哪些具体要求和限制条件，对关税、当地材料和劳务的要求，外汇支付的限制等。

1．投标人的合格条件。对投标人是否有国别和资质等级的限制？是否要求外国投标人必须和本国投标人联合？

利用国际金融组织贷款的工程项目，投标人的资格必须满足该组织的要求。如利用世界银行或亚洲开发银行贷款的工程，投资人必须是来自世界银行或亚洲开发银行的会员国。

2．进口材料和设备的关税。投标人应调查和了解工程项目所在国的海关对进口材料和设备的现有法律和规定及应交纳关税的细节。

3．当地材料和劳务。投标人应调查和了解工程项目所在国的海关对当地材料和劳务的要求、价格、比例等情况。

4．投标保证和履约保证。业主应规定对投标人提交投标保证和履约保证的要求。

5．支付外汇的限制。业主应明确向投标人支付外汇的比例限制，外汇的兑换率，这个兑换率在合同执行期间保持不变。

6．优惠条件。业主应明确是否给予本国投标人以价格优惠。

7．**联营体的资格预审。联营体的资格预审应遵循下述条件：**

（1）资格预审的申请可以由各公司单独提交，或两个或多个公司作为合伙人联合提交，但应符合下述第（3）款的要求。两个或多个公司联合提交的资格预审申请，如不符合对联营体的有关要求，其申请将被拒绝。

（2）任何公司可以单独,同时又以联营体的一个合伙人的名义,申请资格预审,但不允许任何公司以单独及合伙人的名义重复投标,任何投标违背这一原则将予拒绝。

（3）联营体所递交的申请必须满足下述要求：

1）联营体的每一方必须递交自身资格预审的完整文件；

2）资格申请中必须确认：资格预审后,申请人如果投标,那么（a）投标（如果中标）及其签定的合同应在法律上对全部合伙人有连带的和各自的义务；和（b）联营体的联营协议要同投标书一同提交,协议中应申明联营体各方对合同的所有方面所承担的连带的和各自的义务；

3）资格预审申请中必须包括有关联营体各方所拟承担的工程及其义务的说明；

4）申请中要指定一个合伙人为负责方,由他代表联营体与业主联系。

（4）资格预审后组建的联营体的任何变化都必须在投标截止日之前得到业主的书面批准,后组建的或有变化的联营体如果由业主判定将导致下述情况之一者,将不予批准和认可。1）从实质上削弱了竞争；2）其中一个公司没有预先经过资格预审（不管单独的或作为联营体的一个合伙人）；3）该联营体的资格经审查低于资格预审文件中规定的可以接受的最低标准。

8．仲裁条款。在资格预审文件中应写明在业主与投标人之间出现争执或分歧时,应通过哪一个仲裁机构进行仲裁。

（三）资格预审文件说明

1．准备申请资格预审的投标人（包括联营体）必须回答资格预审文件所附的全部提问,并按资格预审文件提供的格式填写。

2．业主将投标人提供的资格预审申请文件依据下列四个方面来判断投标人的资格能力：

（1）财务状况。投标人的财务状况将依据资格预审申请文件中提交的财务报告,以及银行开具的资信情况报告来判断,其中特别需要考虑的是承担新工程所需的财务资源能力,未完工程合同的数量及其目前的进度,投标人必须有足够的资金承担新的工程。其所承诺的工程量不应超出其财务能力。

（2）施工经验与过去履约情况。投资人要提供过去几年中,令业主满意的,完成过相似类型和规模以及复杂程度相当的工程项目的施工情况,最好提供工程验收合格证书或业主方对该项目的评价。

（3）人员情况。投标人应填写拟选派的主要工地管理人员和监督人员的姓名及有关资料供审查,要选派在工程项目施工方面有丰富经验的人员,特别是负责人的经验、资历非常重要。

（4）施工设备。投标人应清楚的填写拟用于该项目的主要施工设备,包括设备的类型、制造厂家、型号,设备是自有的还是租赁的,哪些设备是新购置的。设备的类型、数量和能力要满足工程项目施工的需要。

3．资格预审的评审前提和标准。投标人对资格预审申请文件中所提供的资料和说明要负全部责任。如果提供的情况有虚假,或在审查时对提出的澄清要求不能提供令业主满意的解释,业主将保留取消其资格的权力。

要说明业主对资格预审的评审标准。

（四）要求投标人填报的各种报表

在资格预审时要求投标人填报的各种报表，一般包括：

1．资格预审申请表

2．公司一般情况表

3．年营业额数据表

4．目前在建合同/工程一览表

5．财务状况表

6．联营体情况表

7．类似工程合同经验

8．类似现场条件合同经验

9．拟派往本工程的人员表

10．拟派往本工程的关键人员的经验简历

11．拟用于本工程的施工方法和机械设备

12．现场组织计划

13．拟定分包人

14．其他资料表（如银行信用证，公司的质量保证体系，争端诉讼案件和情况等）

15．宣誓表（即对填写情况真实性的确认）

世行、亚行、FIDIC 等国际组织所拟定的资格预审表内容大同小异，一般均根据贷款来源选用有关组织的资格预审表或由业主方自己拟定。表格详细内容在此不详述。

三、资格预审的评审

（一）评审委员会的组成

评审委员会人员的技术、业务素质的高低，是否参加过评审工作，直接影响到评审结果，为了保证评审工作的科学性和公正性，评审委员会必须具有权威性。评审委员会必须由各方面的专家组成。

评审委员会一般是由招标单位负责组织。参加的人员有：业主方面的代表，招标单位，财务经济方面的专家，技术方面的专家，上级领导单位，资金提供部门，设计咨询单位等部门，根据工程项目的规模，评审委员会的委员一般由 7～13 人组成。评审委员会下设商务组、技术组等。

（二）评审标准

资格预审的目的完全是为了检查、考核衡量投标人是否能够满意地执行合同。

评审内容包括：

1．财务方面：能否有足够的资金承担本工程，投标人必须有一定数量的流动资金；

2．施工经验：是否承担过类似于本工程的项目，特别是本工程具有特殊要求的施工项目；过去施工过的工程数量和规模；

3．人员：投标人所具有的工程技术人员和管理人员的数量、工作经验和能力是否满足本工程的要求，特别是派往本工程的项目经理的情况能否满足要求；

4．设备：投标人所拥有的施工设备是否能够满足工程的要求。

此外，还要求投标人守合同、有良好信誉，才能被业主认为是资格预审合格。

经过上述四个方面的评审，对每一个投标人统一打分，得出评审结果。

一般情况下,每个项目的满分限和最低分数线如表 3-1,只有满足下列全部要求的投标人才能获得投标的资格:

资格预审评分表　　　　　　　　　　表 3-1

	满　分	最低分数线		满　分	最低分数线
财务状况	30	15	设　备	20	10
施工经验/过去履历情况	40	20	总　计	100	60
人　员	10	5			

- 每个项目均达到最低分数线;
- 四项累积分数不少于 60 分。

(三) 评审方法

1. 首先对接收到的资格预审文件进行整理,看是否对资格预审文件作出了实质性的响应,即是否满足资格预审文件的要求。检查资格预审文件的完整性,检查投标人提供的财务能力、人员情况、设备情况及履行合同的情况是否满足要求。只有具备了对资格预审文件作出实质性反应的投标人才能参加评审。

2. 一般情况下,资格预审都采用评分法进行,按上述评分标准逐项进行。评审结果按淘汰法进行,即先淘汰资料不完整的投标人,对于满足投报资格预审文件要求的投标人再逐项打分评审。

最低分数线的选定要根据参加资格预审的投标人的数量来决定。如果投标人的数量比较多,则可适当提高最低合格分数线,仅给予获得较高分数的投标人以投标资格。

(四) 资格预审评审报告

资格预审评审委员会对评审结果要写出书面报告,评审报告的主要内容包括:工程项目概要;资格预审简介;资格预审评审标准;资格预审评审程序;资格预审评审结果;资格预审评审委员会名单及附件;资格预审评分汇总表;资格预审分项评分表;资格预审详细评审标准等。如为世行或亚行等贷款项目还要将评审结果报告送该组织批准。

四、资格后审

(一) 资格预审与资格后审的区别

对于开工期要求比较早,工程不算复杂的中小型工程项目,为了争取早日开工,可不进行资格预审,而进行资格后审。

资格后审即在招标文件中加入资格审查的内容,投标人在报送投标书的同时报送资格审查资料,评标委员会在正式评标前先对投标人进行资格审查。对资格审查合格的投标人再进行评标,淘汰资格不合格的投标人,不对其进行评标。

(二) 资格后审的内容

资格后审的内容与资格预审的内容大致相同,主要包括:

1. 投标人的组织机构,即公司情况表;

2. 财务状况表;

3. 拟派往项目工作的人员情况表;

4. 工程经验表;

5. 设备情况表;

6. 其他,如联营体情况等。

如果有的内容在招标文件中要求投标人在投标文件中填写,则可以不必要求在此重新填写。

第3节　世界银行贷款项目工程采购标准招标文件

世界银行每年有几百亿美元的贷款项目,用于这些贷款项目的标准招标文本是世行多年来经验的总结,经多次修改而成。世行的这些招标文件标准文本也是国际上通用的(传统的)项目管理模式招标文本中的高水平、权威性、有代表性的文本,掌握了这些文本有助于理解亚行、非行和各国经常使用的通用项目管理模式的各种招标文本。因而本章中以较多篇幅介绍世行工程采购招标文件,并对有关问题进行讨论。

世界银行工程采购的标准招标文件(Standard Bidding Documents for Works,缩写为SB-DW)最新版本为1995年1月编制。我国财政部根据这个标准文本改编出版了适用于中国境内世行贷款项目招标文件范本(Model Bidding Documents,MBD)。土建工程方面为"土建工程国际竞争性招标文件",考虑到我国工程公司和咨询公司不仅在国内也要到国外的工程市场中去投标世行贷款项目和实施合同,所以在本节中首先介绍世行编制的SBDW,再在第4节中介绍由财政部编制的MBD。

世行编制的工程采购的SBDW有以下规定和特点:

SBDW在全部或部分世行贷款额超过1000万美元的项目中必须强制性使用。

SBDW中的"投标人须知"和合同条件第一部分——"通用合同条件"对任何工程都是不变的,如要修改可放在"招标资料"和"专用合同条款"中。

使用本文件的所有较重要的工程均应进行资格预审,否则,经世行预先同意,可在评标时进行资格后审(Postqualification)。

对超过5000万美元的合同(包括不可预见费)需强制采用三人争端审议委员会(DRB)的方法而不宜由工程师来充当准司法(quasi-judicial)的角色。低于5000万美元的项目的争端处理办法由业主自行选择,可选择三人DRB,一位争端审议专家(DRE)或提交工程师作决定,但工程师必须独立于业主之外。

本招标文件适用于单价合同。如欲将之用于总价合同,必须对支付方法、调价方法、工程量表、进度表等重新改编。

1995年1月编制的"工程采购标准招标文件"共包括以下13部分内容:投标邀请书,投标人须知,招标资料,合同通用条件,合同专用条件,技术规范,投标书,投标书附录和投标保函格式,工程量表,协议书格式,履约保函格式,

银行保函格式,图纸,说明性注解,资格后审,争端解决程序。还附有"世行资助的采购中提供货物,土建和服务的合格性"的说明。本节中将以SBDW的框架和内容(包括从1995年6月至1996年9月对该文件的三次修正补充)为主线对国际工程招标文件的编制进行较详细的介绍和讨论。

一、投标邀请书(Invitation for Bids,IFB)

投标邀请书中一般包括如下内容:

(1) 通知资格预审已合格,准于参加该工程的一个或多个招标项目的投标。

（2）购买招标文件的地址和费用。

（3）在投标时应当按招标文件规定的格式和金额递交投标保函。

（4）召开标前会议的时间、地点，递交投标书的时间、地点以及开标的时间和地点。

（5）要求以书面形式确认收到此函，如不参加投标也需通知业主方。

投标邀请书不属于合同文件的一部分。

二、投标人须知（Instruction to Bidders，ITB）

投标人须知一共包括六部分 39 条内容，其中的说明、要求和规定主要是告知投标人投标时的有关注意事项，招标文件中这一部分内容和文字不准改动，如需改动可在"招标资料表"中改动。须知的内容应该明确、具体。本书中介绍某些问题时有时列举几种方案，但在编制招标文件时只能写明一种方案。

投标人须知这一部分内容在签订合同时不属于合同的一部分。

投标人须知包括六部分：总则，招标文件，投标书的准备，投标书的递交，开标与评标，合同授予。下面分别介绍和讨论。

（一）总则（General）

1. 招标范围（Scope of Bid）

指出招标范围的详细描述在本招标文件的合同专用条件、技术规范、工程量表、图纸以及投标书附录中，要求投标人在规定的合同期限内完成工程。

在整个招标文件中，英文 bid 和 tender 及其派生词（bidder/tenderer，bid/tendered，及 bidding/tendering）都是同意词。"日"表示公历日，单数也具有复数的意义。

2. 资金来源（Source of Funds）

说明业主招标项目的资金来源，如系国际金融机构（International Financial Institution，简称 IFI）贷款（如世行、亚行等）则应说明机构名称及贷款支付使用的限制条件。如 SBDW 中规定，如联合国安理会对某些国家有禁运决议，则不可用世行贷款对该国货物采购和支付。

3. 合格的投标人（Eligible Bidders）

SBDW 对投标人的资格做了四条规定：

（1）投标人必须来自世行采购指南规定的合格成员国。

（2）投标人不允许与为本项目业主服务的咨询公司和监理单位组成联营体。

（3）必须通过业主方的资格预审。

（4）如被世行公布有过腐败和欺诈行为的公司，不允许参加投标。

对借款国的公有企业（Publicly-owned enterprises），除满足上述四条要求外，还必须是财务上和法律上自主的，并且不是借款人（Borrower）或转借人（Sub-borrower）隶属的机构，才有资格参加投标。

4. 合格的材料、工程设备、供货、设备和服务（Eligible Materials，Plant，Supplies，Equipment and Services）：

为本合同提供的材料、工程设备、供货、设备和服务必须来源于世行《采购指南》中规定的合格的原产地国家（一般指世行成员国）。本合同的所有支付也受上述规定约束。

5. 投标人的资格（Qualification of the Bidder）

（1）投标人在单独投标时应：

44

1）递交一份公司法人对投标人的书面授权书。

2）对在资格预审中提交的资料进行必要的更新,至少应包括以下内容:取得信贷额度和其他财务资源的证据;当年和今后2年财务预测;资格预审后取得的工程;最近的诉讼材料;可利用的关键设备情况。

(2) 如投标人为联营体(Joint Venture,以下用JV)时,则要求:

1）投标书中应包括(1)中指明的全部材料。

2）所有JV成员均应在投标书和中标后的协议书上签署,并应声明对合同的实施共同地或者分别地承担责任。

3）应推荐一家JV成员作为主办人,并提交JV全体成员的合法代表签署的授权书。应授权主办人代表JV全体成员承担责任、接受指示和实施合同。

(3) 投标人应提交详细的施工方法和进度安排的建议以满足技术规范和竣工时间要求。

(4) 如果国内投标人或JV申请评标优惠,应提供全部有关资料(详见32条)。

6．一个投标人投一个标(One bid per bidder)

一个投标人或单独投标,或作为JV成员投标,但对一个投标段,投标人只能以上述两种身份中的一种身份投送一份投标文件(18条中可递交的备选方案除外),否则投标作废。

7．投标费用(Cost of Bidding)

一般国际惯例规定投标人应自费支付投标过程中发生的一切费用,无论投标结果如何,业主均不负担此项费用。

8．现场考察(Site Visit)

投标人应当按照业主的要求和规定的日期安排赴现场考察,以便了解现场实际情况。考察费用由投标人自理。考察期间所发生的一切人身伤亡及财产损失由投标人自己负责。业主可将现场考察与标前会议安排在同一时间进行。

(二) 招标文件

9．招标文件的内容(Contents of Bidding Documents)

招标文件包括下述文件,以及业主以补遗方式发布的对招标文件的修改:

第一章　　　　投标邀请书
第二章　　　　投标人须知
第三章　　　　招标资料表
第四章　　　　合同条件第一部分——合同通用条件
第五章　　　　合同条件第二部分——合同专用条件
第六章　　　　技术规范
第七章　　　　投标书❶、投标书附件和投标保证格式
第八章　　　　工程量表
第九章　　　　协议书格式、履约保证格式与预付款保函格式
第十章　　　　图纸

---

❶ 本书第三章中投标书(Bid,Tender)一词为财政部范本中的统一译词,与第四章中投标函(Letter of Tender)一词含义相同。

投标人应仔细阅读、理解招标文件,凡不满足招标文件要求的投标书均将被业主拒绝。

10．招标文件的澄清(Clarification of Bidding Documents)

投标人在收到招标文件时应仔细阅读和研究,如发现有遗漏、错误、词义含糊等情况,应书面向业主质询,否则后果自负。招标文件中应规定提交质询的日期限制(如投标截止日期前 28 天)。业主将书面答复所有质询的问题并送交全部投标人,但不指明提问人。

11．招标文件的修改(Amendment of Bidding Documents)。

业主有权修改招标文件规定,即不论是业主一方认为必要时或根据投标人质询提出的问题,均可以在投标截止日期以前若干天以补遗书(Addendum)的方式对招标文件进行修改,如果发出修改通知太晚则业主应推迟投标截止日期。所有的修改均应以书面文件形式送交全部投标人。投标人应在收到此修改通知后立即给业主以回执。

(三)投标书的准备

12．投标的语言(Language of Bid)

应在招标资料表或合同专用条件中为投标规定一种语言。正式投标文件和来往信函均以此主导语言为主,对招标文件的解释也应以此为准。由投标人提供的证明文件等(如营业执照)可以用其他语言,但是应将有关段落翻译成规定的投标语言。

13．组成投标书的文件(Documents Comprising the Bid)

投标人递交的投标文件应由下列文件组成:投标书及其附件,投标保证,标价的工程量表;有关资格证明;提出的备选方案(也可以不提)以及按"投标人须知"所要求提供的其他各类文件。

投标人对一个以上的分标"合同段"投标时,应将这些投标书组成一个包(Package),可以提出如果全部中标时的价格折扣额(也可以不提),这样即可按打折扣的价格参与评标。但如果中标时,则必须以投标时许诺的打折扣后的价格作为签订合同的价格。

14．投标报价(Bid Prices)

合同价格系指按投标人递交的单价和价格为依据计算得出的工程总价格。

投标人应仔细填写工程量表中的有关单价和价格。如果忽视填写某些子项的单价或价格则在合同实施时业主可以不对此子项支付。

按照招标文件规定,在某一日期(如投标截止日以前 28 天)前,承包商按当地有关税收规定应纳的全部关税、税收等均应包括在投标报价中。

在合同实施期间,承包商可得到价格调整后的支付,但投标人在投标时应填写价格指数和权重系数等。

15．投标和支付的货币(Currencies of Bid and Payment)

在投标报价时和在以后工程实施过程中结算支付所用的货币种类可以有两种选择:

选择方案(A):投标人报价时完全以工程所在国的货币报价。

如果预计到要在工程所在国以外的国家进行采购,可以要求支付一定百分比的世行成员国的货币,但外币不能超过 3 种(包括欧洲货币单位,ECU),然后在投标书附录中标明外币名称和汇率,其汇率应以工程所在国业主指定的银行在投标截止日期前若干天(一般为

28 天或 30 天)的该外币的卖价为准。此汇率适用于整个合同履行期间的支付,这样可以减少承包商承担的汇率风险。如果业主指定的银行没有规定该种外币的汇率,则可由投标人自行确定该项汇率并向业主说明来源。

业主可要求投标人澄清其外币需求并递交详细的外币需求明细表。

如果在合同实施过程中,根据工程需要对未结算的外币部分进行调整,应由业主和承包商协商一致同意。

选择方案(B):投标人以当地货币和外币报价,即对于在工程所在国应支付的费用,如当地劳务、当地材料、设备、运输等费用以当地币报价,而对工程所在国以外采购所需费用则以外币报价。这样就要求投标人在工程量表的"费率"一栏中分别填入当地币和外币。对于外币币种、汇率以及其他规定和上一种方式相同。

在填写"外币需求估算表"时,一般在此表的附录中要求投标人对外币的使用内容进行分解说明,如:工程雇用外籍人员使用的外币(包括工资、社会福利、海外津贴、保险、医疗费用、差旅费等);工程所需的进口材料;工程所需的各类施工机械设备(包括备件,轮胎等)需说明其用途和新旧程度;进口材料和机械设备(包括配件)的境外运输费和保险费;工程所在国境外的上级单位管理费、杂费、利润等。

16．投标有效性(Bid Validity)

投标有效期(Bid Validity Period)即从投标截止日期起到公布中标日为止的一段时间,按照国际惯例,一般为 90~120 天,通常不应超过 182 天。在此期间内,全部投标均应保持有效,投标人不得修改或撤销其投标。有效期长短根据工程大小、繁简而定,即要保证招标单位有足够的时间对全部投标进行比较和评价。如为世行贷款项目尚需报世行审批,还应考虑报送领导机关批准的时间。

如果业主要求延长投标有效期,应在有效期终止前征求所有投标人意见并通知世行,投标人有权同意或拒绝延长投标有效期,业主不能因此而没收其投标保证金。

同意延长投标有效期的投标人不得要求在此期间修改其投标书,而且投标人必须同时延长其投标保证金的有效期,对投标保证金的各种有关规定的在延长期内同样有效。

当合同价格为不调价的固定价格合同时,如果投标有效期的延长超过 8 周时,则应按招标资料表或要求延长函中规定,凡延长超过 8 周的期限时,对当地币和外币进行调价。但评标仍以投标价为依据。

17．投标保证(Bid Security)

投标保证是为了保护业主利益的一项措施,即由投标人选定世行合格成员国有信誉的银行,采用投标文件中规定的格式或业主批准的格式开具的保付支票(Certified Check)、信用证(Letter of Credit)或银行保函(Bank Guarantee)。

投标保证的有效期为投标有效期(或加上延长期)后的 28 天内。投标保证的金额通常为投标总额的 1%至 3%。一般超过 1 亿美元的工程可选百分之一左右,小型合同可选百分之三左右。比较好的办法是业主规定一个固定金额作为所有投标人的投标保证金额,以避免一些投标人探听对手的投标保证金额,从而估计其投标报价。投标保证金额不宜太高,否则将会使许多合格的投标人望而却步。联营体应以联营体的名义提交投标保证金。

设置这一要求的目的是为了防止投标人在投标有效期间随意撤回投标,或拒绝改正在评标时发现的投标价中的计算错误,或拒绝签署正式合同协议,或不提交履约保证等,一旦发生上述任一情况,业主便可没收投标保证金以弥补因此而蒙受的损失。

未按规定递交投标保证的投标书,业主可视为不合格的投标而予以拒绝。宣布中标人以后,中标人应在签约时(或业主规定的签约后的一定时期内)递交履约保函换回投标保函。对未中标的投标人的投标保函应在中标人签约并提交履约保函后尽快退还,但最迟不应超过投标有效期满后的 28 天。

18. 投标人的备选方案建议(Alternative Proposal by Bidders)

业主的招标文件中允许投标人提出自己的备选方案(也叫替代方案)。备选方案是在满足原工程项目基本设计要求的基础上,对工程的布置,设计和技术要求进行局部的以至全局的改动,以得到优化的方案,有利于提前竣工、降低造价和改善使用条件。如果要求投标人提出竣工时间的备选方案,应在招标资料表中说明,并规定对不同工期的评审方法。

投标人首先应当对业主招标文件中的设计递交投标报价,然后再提备选方案的建议。此建议应包括业主评标时所需的全部资料,如图纸、计算书、技术规范、价格分析、建议的施工方案及其他细节。只有符合技术要求且评标价最低的投标人的备选方案才有可能中标。如果允许投标人对工程的某些指定部分提供备选方案,则应在技术规范中说明。一般规定只允许提一个备选方案,以减少评标时的工作量。备选方案应单独装订成册。

19. 标前会议(Pre-bid Meeting)

召开会议的目的是业主为了澄清投标人对招标文件的质询,回答提出的各种问题。

一般较复杂的大型工程合同才安排召开此会议,且往往与组织投标人考察现场结合进行,应在"投标邀请书"中规定好会议的日期、时间和地点。投标人可指定代表参加。

如果投标人有问题要提出,应在召开标前会议一周以前以书面或传真形式发出。业主应用书面形式对提出的问题以及标前会议纪要发给每一位投标人。但如果要将标前会议有关的内容作为正式招标文件的一部分,业主应以补遗书(Addendum)的形式通知投标人。

20. 投标文件的格式和签署(Format and Signing of Bid)

招标文件中应规定投标需提供的正本(Original)和副本(Copy)的份数。正本是指投标人填写所购买招标文件的表格以及"投标人须知"中所要求提交的全部文件和资料,包括投标书格式和投标书附录。副本即正本的复印件。正本和副本如有不一致的地方以正本为准。

正本、副本的每一页均应由投标人的正式授权人签署确认。授权证书应一并递交业主。如果对错误进行增删或修改,同样要原签署人进行小签(Initialing)。

(四) 投标文件的递交

21. 投标文件的密封和印记(Sealing and Marking of Bid)

投标文件的正本和每一份副本都应分别用内、外两层信封包装密封。外信封上写明送达的业主地址,注明投标的合同名称和合同号以及开标的日期前不得启封等字样,但不写投标人及地址。内信封是准备将投标文件退还投标人用的,所以要写上投标人的地址和姓名。

如果未按规定书写和密封,业主对由此引起的一切后果概不负责。

22. 投标截止日期(Deadline for Submission of Bids)

应规定投标文件递交的截止日期和时刻。如果由于业主修改招标文件而延误,则业主应适当顺延递交投标文件的截止日期。双方的权利、义务将按顺延后的截止日期为准履行。

23. 迟到的投标文件(Late Bids)

在规定的投标截止日期之后递交的任何投标文件,将被原封不动的退还投标人。

24．投标文件的修改、替代和撤销(Modification, Substitution and Withdrawal of Bids)

投标人在投标文件截止日期以前,可以通过书面形式向业主提出修改或撤销已提交的投标文件。要求修改投标文件的信函应该按照递交投标文件的有关规定编制、密封、标记和发送。撤销通知书可以通过电传或电报发送,然后再及时向业主提交一份具有投标人签字确认的证明信,业主方收到日期不得晚于投标截止日期。任何替代或撤销的投标文件应在内、外信封上注明"修改"、"替代"和"撤销"字样。在投标截止日到投标有效期终止日期间,投标人不得撤销或修改投标文件,否则,业主有权没收其投标保证金。

(五)开标与评标

25．开标(Bid Opening)

业主将按照投标邀请书规定的时间和地点举行开标会议,在投标人代表在场情况下公开开标。同时应检查投标文件的密封、签署和完整性,是否递交了投标保函等。对注明"修改"和"替代"的投标书将首先开封并宣布投标人名称。标明"撤回"的投标文件将不被开封。

26．过程保密(Process to be Confidential)

开标之后,宣布中标之前,在评标过程中应对与此工作无关的人员和投标人严格保密。任何投标人如果企图对评标施加影响,将会导致投标书被拒绝。

27．投标文件的澄清及同业主的接触(Clarification of Bids and Contacting the Employer)

在必要时,业主有权个别邀请投标人澄清其投标文件,包括单价分析,但澄清时不得修改投标文件及价格。对要求澄清的问题及其答复均应用书面公函或电报、电传形式进行。

从开标到授予合同期间,投标人不应同业主就投标有关问题进行接触,但投标人可书面向业主提供信息。

28．投标文件的检查和符合性的确定(Examination of Bids and Determination of Responsiveness)

在评标之前,业主将首先确定每份投标文件是否完全符合招标文件要求,包括符合世行合格性标准、是否按要求签署、提交投标保函及要求的各种文件以及对招标文件实质上响应,而且对招标文件不能有重大修改和保留。

所谓对招标文件的重大修改和保留,指投标人对合同指定的工程,在其范围、质量、完整性、工期等方面有重大改变,或对业主的权利和投标人的义务有重大限制。如果业主接受了有重大修改和保留条件的投标文件,将影响其他投标人的合理竞争地位。

不符合招标文件要求的投标文件不被业主接受,也不允许投标人进行修改。

29．错误的修正(Correction of Errors)

对于符合招标文件要求而且有竞争力的投标,业主将对其计算和累加方面是否有数字错误进行审核或修改。其中:如数字金额与文字表示的金额不符,则以文字表示的金额为准;如单价乘工程量之和不等于总价时,一般以单价乘工程量之和为准,除非业主认为明显的是由价格小数点定位错误造成的,则以总价为准。

修改后的投标报价须经投标人正式书面确认才对其投标具有约束力,如果投标人不接受修正,则投标文件将被拒绝,投标保证金也将被没收。

30．折算成一种货币(Conversion to Single Currency)

(1)选择方案1(Option 1):与投标人须知第15条选择方案A共同使用。

为了比较投标,应:

1) 按投标人在投标书附录中填写的外币品种、百分比和相关汇率,将投标价分解为不同支付币种的相应金额。

2) 业主将各种货币相应金额(不含暂定金额,但包含有竞争性的计日工)换算为以下任一种货币以便评标。

a. 业主所在国货币:用招标资料表中规定日期和指定机构卖出价汇率。

b. 按招标资料表中规定的刊物上的汇率,将外币及业主所在国货币换算为国际贸易中广泛使用的货币(如美元)。(这种规定主要是防止投标时和评标时的汇率波动)

(2) 选择方案2(Option 2):与投标人须知第15条选择方案B共同使用。具体规定同选择方案1中的2)。

31. 投标文件的评审和比较(Evaluation and Comparision of Bids)

业主只对那些符合招标文件要求的投标文件才能进行评审和比较。在评审和比较时,业主将参照以下各点对投标价格进行调整以确定每一份投标书的评标价格(Evaluated Bid Price)。

(1) 按投标人须知第29条,修改报价计算中的错误;

(2) 扣除暂定金额和不可预见费(如有时),但应包括具有竞争性标价的计日工;

(3) 将根据(1)、(2)修改后的金额换算为单一货币;

(4) 对任何其他可量化、可接受的更改、偏离或备选方案的报价,当具有满意的技术和/或财务效果时,可进行适当的调整;

(5) 对投标人报的不同工期进行工期折价(具体方法应在"招标资料表"中说明);

(6) 如果投标人投了一个以上的标段时,则应将他投标时许诺的折扣计入评标价。

业主保留接受或拒绝任何变更、偏离和备选方案报价的权利。

评标时不考虑价格调整条款的预期影响。

如果评标时发现最低评标价的投标文件中出现严重的不平衡报价(Unbalanced Bids)和前重后轻法(Front Loaded),业主可要求投标人对工程量表的任何或所有项目提供详细的价格分析,经分析后业主有权要求投标人自费提高履约保证的数额,以保护业主的利益。

32. 本国投标人的优惠(Preference for Domestic Bidders)

本国投标人应提供所有必要的证明文件,以便在符合下列所有条件时,在与其他投标人按照投标报价安排评标顺序时,可享受7.5%的优惠差额(Margin of Preference)。

(1) 在工程所在国国内注册的。

(2) 工程所在国公民所有权占大多数者。

(3) 分包给外国公司的工程量不大于合同总价(减去暂定金额)的50%者。

(4) 满足"招标资料表"中其他规定。

对于工程所在国承包商与外国承包商组成的联营体(JV),在具备以下所有条件时,也可享受7.5%的优惠。

(1) 工程所在国国内的每一个合作者已单独满足了上述四个条件。

(2) 通过JV协议中有关利润和损失分配等条款证明国内合作者的收益不少于50%。

(3) 本国承包商有资格并应实施50%以上的合同(不包括暂定金额)工程量。(不包括国内承包商拟进口的材料及工程设备)。

（4）满足"招标资料表"中其他规定。

评标时，将投标人分为享受优惠与不享受优惠两类，在不享受优惠的投标人的投标报价上加上7.5%，再统一排队、比较。

备选方案的报价均按18条规定单独评审，同时也按本条规定决定是否享受国内优惠。

（六）授予合同

33．授予合同（Award）

业主将把合同授予投标文件完整且实质上响应招标文件要求，经评审认为有足够能力和资产来完成合同，满足前述各项要求而投标报价最低的投标人。

如果投标人投了一个以上的分标"合同段"时，则应与其他"合同段"一并考虑投标人对投标价格打折扣的许诺，再确定最低评标价。

34．业主有权接受任何投标和拒绝任何或所有投标（Employer's Right to Accept Any Bid and to Reject Any or All Bids）

业主在签订合同前，有权接受或拒绝任何投标，宣布投标程序无效或拒绝所有投标。对因此而受到影响的投标人不负任何责任，也没有义务向投标人说明原因。

35．授予合同的通知（Notification of Award）

在投标有效期期满之前，业主应以电报或电传通知中标人，并用挂号信寄出正式的中标函。中标函中应明确合同价格。中标函将成为合同的组成部分。

36．签订协议（Signing the Agreement）

业主向中标人寄发中标函的同时，也应寄去招标文件中所提供的合同协议书格式。中标人应在收到上述文件后在规定时间（如28天）内派出全权代表与业主签署合同协议书，并提交履约保证。

当中标人与业主签订了合同，并提交了履约保证之后，业主应迅速通知其他未中标的投标人，并应尽快退还他们的投标保函。

37．履约保证（Performance Security）

按合同规定，中标人在收到中标通知后的一段时间（如28天）内应向业主提交一份履约保证。履约保证的格式可采用招标文件中所附的格式或业主同意的其他格式。

提供履约保函的银行或提供履约担保的公司均须经业主同意。

如果中标人未能按业主的规定提交履约保证，则业主有权取消其中标资格，没收其投标保证金，而考虑与另一投标人签订合同或重新招标。

38．争端审查委员会（Disputes Review Board，DRB）

在"招标资料表"中规定了争端解决的办法。如采用DRB或争端审议专家（Disputes Review Expert，DRE），业主方指定的人选将在"招标资料表"中明确，如投标人不同意，可在投标文件中指出。如双方不能就最初的两个委员的任命达成一致，则任一方可要求专用合同条件中指定的"任命机构"（Appointing Authority）作出此项任命。

39．腐败或欺诈行为（Corrupt or Fraudulent）

世行要求世行贷款合同下的借款人（包括受益人（Beneficiaries））、投标人、供货人及承包商在合同采购及实施过程中保持最高的道德标准。

（1）银行为以下术语定义：

1）腐败行为：指在采购或合同实施过程中引诱性地提供、给予、接受或索取任何有价值的物品及影响公务人员的行为。

2）欺诈行为：指为影响采购或合同实施而隐瞒事实，包括投标人之间相互串通以使投标价格没有竞争性，从而损害借款人利益的行为。

（2）如世行认定被推荐的投标人介入了腐败或欺诈行为，则将拒绝授予合同。

世行将宣布此类公司在一个无限期或定期期限内为不合格的公司。

三、招标资料表（Bidding Data）

招标资料表将由业主方在发售招标文件之前对应投标人须知中有关各条进行编写，为投标人提供具体资料、数据、要求和规定。

投标人须知的文字和规定是不允许修改的，业主方只能针对具体项目在招标资料表中对之进行补充和修改。招标资料表中的内容与投标人须知不一致则以招标资料表（表3-2）为准。

招 标 资 料 表　　　　　　　　　　　　　　　表 3-2

投标人须知中各条序号	内　　　容
1.1	工程概述〖填入工程简介，本项目同其他合同关系，如该工程分为几个标段招标，应介绍所包括的所有标段。〗
1.1	业主的名称和地址
1.2	竣工期限
2.1	借款人名称〖说明借款人同业主关系，填写内容须与投标邀请书一致。〗
2.1	项目名称及描述，世行贷款金额及类型
5.1	需更新的[以前提供的]资格预审资料
12.1	投标语言
13.2	说明本合同是否与其他分标标段以"组合标"（Slice and Package）形式同时招标
14.4	说明本合同是否进行价格调整〖工期超过18月必须进行调价〗
15.1	说明投标货币是采用第15条的选择方案A或B
15.2	业主国别
15.2	业主国币种
16.1	投标有效期
16.3	外币部分调价的年百分比〖以预计的国际价格年上涨幅度为基础〗 当地币部分调价的年百分比〖以业主国在所涉及的期限内项目的物价涨幅为基础〗
17.1	投标保函金额
18.1	投标时施工工期可在至少_____天和最多_____天之间选择，评标办法见（本表中）31.2(e)。中标人提出的竣工期应为合同竣工期
19.1	标前会议及组织现场考察的地点、时间和日期
20.1	投标文件副本的份数
21.2	递交投标文件的地点
21.2	合同编号
22.1	投标截止日期
25.1	开标的地点、时间和日期

投标人须知中各条序号	内　　容
30.2	为换算为通用货币而选择的货币〖或当地币,或一种可兑换货币,如美元〗。 汇率来源〖如通用货币为当地币以外的一种货币(如美元),应指明一种国际刊物(如金融时报),以报上的汇率作为换算外币汇率;如通用货币选择当地币,应明确业主国中央银行或商业银行〗 汇率日期〖在投标截止日前第28天和投标有效期截止日之间选择〗
31.2(e)	选择竣工期的报价评审方法〖如评标时考虑不同竣工期,应在此说明评审方法。例如可规定一个"标准"或最迟竣工期,给出每延长一周工期的金额。但该金额不应超过投标书附录中规定的误期损害赔偿费金额〗
32.1	说明评标时国内承包商是否享受优惠
37	业主可接受的履约保函的格式和金额
38	争端解决方式〖如为"争端审议委员会"或"争端审议专家",填入业主方建议人员名单及个人简历〗

四、合同条件第一部分——合同通用条件

合同条件一般也称合同条款,但它是合同各方必须遵守的"条件",故称为合同条件较好。它是合同中商务条款的重要组成部分。合同条件主要是论述在合同执行过程中,当事人双方的职责范围、权利和义务,监理工程师的职责和授权范围,遇到各类问题(如工期、进度、质量、支付、索赔、争议等)时,各方应遵守的原则及采取的措施等。

目前在国际上,由于承发包双方的需要,根据多年积累的经验,已编写了许多合同条件,在这些合同条件中有许多通用条件几乎已经标准化、国际化,不论在何处施工,都能适应承发包双方的需要。

国际上通用的合同条件一般分为两大部分,即"通用条件(General Conditions)"和"专用条件(Conditions for Particular Application)"。前者不分具体工程项目,不论项目所在国别均可使用,具有国际普遍适应性;而后者则是针对某一特定工程项目合同的有关具体规定,用以将通用条件加以具体化,对通用条件进行某些修改和补充。这种将合同条件分为两部分的做法,既可以节省招标人编写招标文件的工作量,又方便投标人投标,因为投标人一般都对通用条件比较熟悉,对其中规定的各方的权利、义务、风险、责任都有所了解,因而投标时只需重点研究"专用条件"即可以了。

国际上最通用的土木工程施工合同条件的标准形式有三种:

英国"土木工程师协会(Institution of Civil Engineers,简称 ICE)"编写的合同条件(ICE Conditions of Contract)。

美国建筑师协会(The American Institute of Architects,简称 AIA)编写的"施工合同通用条件(General Conditions of The Contract for Construction, AIA Document A201)"。

国际咨询工程师联合会(FIDIC)编写的"土木工程施工合同条件"(Conditions of Contract for Works of Civil Engineering Construction)。国际上通称"红皮书"。这个合同条件脱胎于 ICE 合同条件,曾吸收许多国际承包商协会参与讨论修改,为世界各国所普遍采用,世

行、亚行、非行等金融组织也都采用。关于 FIDIC 的组织，FIDIC 编制的合同条件将在第 4 章中详细介绍。

世行工程采购标准招标文件中全文采用 FIDIC"红皮书"的通用条件，不允许作任何修改。需修改处应全部放在合同专用条件中。

采用国际通用的合同条件的主要好处是能够比较好地平衡业主和承包商之间的权利和义务，条款易为各方接受，节省投标准备和投标审查费用，从而创造更多的经济效益。

五、合同条件第二部分——合同专用条件

合同专用条件是针对某一具体工程项目的需要，业主方对合同通用条件进行具体化、修改和补充，以使整个合同条件更加完整、具体和适用。

世行目前采用的工程采购标准招标文件（SBDW）是 1995 年 1 月编制的，采用的合同条件是 FIDIC"土木工程施工合同条件"（第 4 版 1992 年版），在采用时对其"通用条件"进行了不少修改和补充，这些修改和补充均放在"专用条件"中。由于本书编写时，FIDIC 已出版了"新红皮书"（1999 年版），该书由编写方法到具体内容上对第 4 版均作了不少改动，估计世行将在近几年内采用"新红皮书"（1999 年版），并将会对其中某些内容进行改动（也将放在"专用条件"内）。请读者在使用世行新范本时注意研究这些改动。

本书第四章将介绍 FIDIC 的"新红皮书"——"施工合同条件"（1999 年第 1 版）。

六、技术规范（Technical Specifications）

技术规范也叫技术规程或简称规范（以下用规范）。每一类工程（如房屋建筑、水利、港口、铁道等）都有专门的技术要求，而每一个项目又有其特定的技术规定。规范和图纸两者均为招标文件中非常重要的组成部分，反映了招标单位对工程项目的技术要求，严格地按规范和图纸施工与验收才能保证最终获得一项合格的工程。

规范、图纸和工程量表三者同时又是投标人在投标时必不可少的资料。因为依据这些资料，投标人才能拟定施工规划，包括施工方案、施工进度、施工工艺等，并据之进行工程估价和确定投标报价。因此业主及其咨询工程师在拟定规范时，既要满足设计和施工要求，保证工程质量，又不能过于苛刻，因为太苛刻的技术要求必然导致投标人提高投标价格。对国际工程而言，过于苛刻的技术要求往往会影响本国的承包商参加投标的兴趣和竞争力。

编写规范时一般可引用本国有关各部门正式颁布的规范。国际工程也可引用国际上权威性的外国规范，但一定要结合本工程项目的具体环境和要求选用，同时往往还要由咨询工程师再编制一部分具体适用于本工程的技术要求和规定。合同签定之后，承包商必须遵循合同中的规范要求施工。监理工程师也应按订入合同中的技术要求来检查和验收承包商的工作质量。如在施工过程中承包商建议采用某些实质上等同或优于合同规范规定的一些规范或标准，必须得到工程师批准。编写规范时应做到用语准确而清晰，这样不仅有利于承包商响应招标文件的要求，平等地竞标，也有利于评标。如果由业主方提供工程设备或材料也应有明确的技术说明。

规范一般包含下列六个方面内容：工程的全面描述；工程所采用材料的技术要求；施工质量要求；工程记录；计量方法；验收标准和规定；以及其他不可预见因素的规定。规范可分为总体规定和技术规范两部分。

（一）总体规定

总体规定（General Specifications）通常包括工程范围及说明，水文气象条件，工地内外交

通,承包商提供的材料质量要求,技术标准,工地内供水、排水、临建工程、安全、测量工程、环境卫生、仓库及车间等。下面就某些内容作一些说明。

1. 工程范围和说明。包括工程总体介绍,分标情况,本合同工作范围,其他承包商完成的工作范围。分配给各承包商使用的施工场地,生活区和交通道路等。

2. 技术标准。即已选定适用于本工程的技术规范。在总体规定中应列出编制规范的部门或是选用国外规范的国家,机构和规范代号。如美国材料实验学会(ASTM);英国国家标准(BS)等。一般应尽量选用公制。要注意的是,在国内涉外工程中如采用国外标准时一定要与我国实际情况和条件相结合。如鲁布革工程中采用了美国有关标准,这些标准大都采用英制,如混凝土骨料,砂子筛分及混凝土强度均用英制,而且用的圆筛孔,但我国采用公制和方筛孔,只有由承包商引进实验设备,工程师参加实验,以监督保证质量。

3. 一般现场设施。如施工现场道路的等级,对外交通,桥梁设计;工地供电电压范围和供电质量;供水;生活及服务设施;工地保卫,照明通讯,环保要求等。应明确业主提供的条件及承包商负责的工作,并应规定现场某些设施(如供电、供水等)的收费标准。

4. 安全防护设施。明确工地安全应由承包商负责。对承包商在工地应采取的安全措施做出具体规定,安全措施包括安全规程的考核和执行,安全拦网的设置,防火、照明、信号等有关安全措施以及对安全管理人员的要求等。

5. 水土保持与环境。由于工程的大量土石方开挖,破坏了植被,影响了环境的美化,施工中也经常破坏环境,为此应提出有关水土保持和环境保护的要求。

6. 测量。工程师应向承包商提供水准基点、测量基线以及适当比例的地形图等,并应对这些资料的正确性负责。日常测量、放样均由承包商承担,承包商应对现场测量放样精度、现场控制点的设置与保护、人员、设备配备等负责。规范中应说明有关测量的费用不单独支付,应包括在合同价内。

7. 试验室与试验设备,按照国际惯例,土建工程的试验工作(包括材料试验等)多由承包商承担,因此在规范中对要求进行试验的项目、内容及要求等应做出明确的规定。并对试验室的仪器设备等提出要求,以便投标人在投标报价中考虑到这一笔费用。

试验地点一般在工地承包商的试验室,某些有特殊要求的试验,可指定其他单位的试验室。

(二) 技术规范

工程技术规范大体上相当于我国的施工技术规范的内容,由咨询工程师参照国家的范本和国际上通用规范并结合每一个具体工程项目的自然地理条件和使用要求来拟定,因而也可以说它体现了设计意图和施工要求,更加具体化,针对性更强。

根据设计要求,技术规范应对工程每一个部位和工种的材料和施工工艺提出明确的要求。

技术规范一般按照施工工种内容和性质来划分,例如一般土建工程包括土方工程、基础处理、模板、钢筋、混凝土工程、砌体结构、金属结构、装修工程等;水利工程还包括施工导流、灌浆、隧洞开挖等;港口工程则有基床工程、沉箱预制、板桩工程等。

技术规范中应对计量要求做出明确规定,以避免和减少在实施阶段计算工程量与支付时的争议。

(三) 备选的技术建议(Alternative technical proposals)

在"投标人须知"中提到投标人可提出备选的技术建议,为便于业主进行全面评价,这些技术建议均应包含详细的技术资料,如图纸、计算书,规范,价格分析以及施工方案等。

七、投标书格式,投标书附录和投标保函

投标书格式、投标书附录和投标保函这三个文件是投标阶段的重要文件,其中的投标书附录不仅是投标人在投标时要首先认真阅读的文件,而且对整个合同实施期都有约束和指导作用,因而应该仔细研究和填写。下面分别介绍和讨论这三个文件。

(一) 投标书格式(Form of Bid)

投标书格式是业主在招标文件中为投标人拟定好统一固定格式的,以投标人名义写给业主的一封信,其目的是避免投标人在单独编写投标书时漏掉重要内容和承诺,并防止投标人采用一些含糊的用语,从而导致事后容易产生歧义和争端。

在此要提请注意的是:"投标书"(Bid 或 Tender)不等于投标人的全部投标报价资料。"投标书"被认为是正式合同文件之一,而投标人的投标报价资料,除合同协议书中列明者外,均不属于合同文件。世行拟定的投标书格式附在下面(表 3-3)。

表 3-3

投标书格式

合同名称:_____

致:_____(填入业主名称)

先生们:

1. 根据实施上述工程的合同条件、规范、图纸、工程量表以及第_____号补遗,我们,(以下的签字人)将遵照合同条件、规范、图纸、工程量表及各项补遗去建造和安装此工程,并修补其中的任何缺陷,我们的报价为_____【以数字和文字填入金额】_____【以投标书附录中说明的或根据合同条件确定的其他金额】。

2. 我们确认投标书附录构成投标书的一部分。

3. 如果我们的投标书被接受,我们保证在收到工程师的开工通知后尽快开工,并在投标书附录规定的时间内完成合同规定的全部工程。

4. 我们同意在_____(填入日期)之前遵循本投标书的各项条件,在该日期之前,投标书对我们一直有约束力并且我方可随时接受中标。

5. 在正式的协议书签署和实施之前,本投标书连同你方的书面中标函将构成我们双方之间的有约束力的合同。

6. 我们理解,你方没有义务接受所收到的报价最低的投标书或任何投标书。

7. 如果我方被授予合同,下面列出我方向本投标书与合同实施有关的代理人已支付或须支付的佣金或赏金(如果有)(如没有,填写无)

代理人名称地址　　金额和货币　　佣金或赏金目的

_____

_____

日期:_____年_____月_____日

以_____资格,经授权并代表_____签署投标书。(以正体大写字母填写或打印)

地址:_____

证人:_____

地址:_____

职务:_____

（二）投标书附录（Appendix to Bid）

投标书附录是一个十分重要的合同文件，业主对承包商的许多要求和规定都列在此附录中，还有一部分内容要求承包商填写，投标书附录上面的要求、规定和填入的内容，一经合同双方签字后即在整个合同实施期中有约束力。

下面分别介绍投标书附录中要求业主填写的部分以及要求投标人填写的部分（填写天数时要求填入 7 的倍数）。内中合同条款号均指 FIDIC"红皮书"（1987 年第 4 版 1992 年订正版）。在右半页"内容"中（　）内为说明。

1. 投标书附录（业主填写有关要求和规定的部分），见表 3-4。

表 3-4

项　目	合同条款号	内　容
定　义	1.1(*a*)，69.6	"银行"和/或"世界银行"包括 IBRD、IDA
	1.1(*a*)(ⅰ)	业主_____（填写名称）
	1.1(*a*)(ⅳ)	工程师_____（填写名称）
工程师发出变更的权限	2.1(*d*)(ⅱ)	合同价的百分比_____
语言和法律	5.1(*a*)	语言为_____（英语、法语或西班牙语）
	5.1(*b*)	有效法律为_____（填写国家名称）的法律
履约保证	10.1	履约保证的形式_____（填写"有条件银行保函"或"无条件银行保函"、或"履约担保"），其金额为合同价的百分之_____（填入相应数字）
现场视查	11.1	根据 11.1 款规定，业主提供的资料在：_____（填入地址）
须提交的施工进度计划	14.1	_____天（一般为中标通知后 14 到 15 天）
现金流量估算	14.3	_____天（一般为中标通知后 14 到 15 天）
业主所属国	16.4	业主所属国（填入国家名称）
第三方保险的最低金额	23.2	每次_____，次数不限
发出开工令的时间	41.1	_____天
竣工时间	43.1 48.2(*a*)	_____天（或填入日期）（如有区段竣工时要求，可列入）
误期损害赔偿费	47.1	每天_____（如工程分区段时，可填入各区段误期损害赔偿费）
误期损害赔偿费限额	47.1	最终合同价的百分比_____
提前竣工奖金	47.3	每天_____（如专用条件有此规定时）
奖金限额	47.3	合同价的百分之_____
缺陷责任期	49.1	_____天（或_____年）
期中支付证书最低金额	60.2	_____
保留金	60.5	期中支付证书的百分之_____（通常为 5%～10%）
保留金限额	60.5	最终合同价的百分比_____（通常为 5%）

57

项　　目	合同条款号	内　　容
预付款的最大金额	60.7	合同价的百分之_____（通常为合同价的 10% ~15%，特殊情况可高达 20%）
开始偿还预付款	60.7	在支付百分之_____的合同价之后（通常金额为 20% 左右）
预付款月偿还	60.7	月期中付款证书金额的百分之_____（应计算月预付款偿还占每个月期中付款证书金额的百分比，以便在完成支付 80% 的合同价之前，收回全部预付款）
竣工报表份数	60.10	_____份
争端解决程序	67	争端解决程序是_____（填入解决方案）
	67.1	任命机构是_____（如采用 FIDIC 第 67 款，删除此款）
给业主和工程师的通知	68.2	业主的地址为：_____ 工程师的地址为：_____

2. 投标书附录（要求投标人在投标时填写的部分），见表 3-5。

表 3-5

项　　目	合同条款号	内　　容
月支付所需货币比率	60.1 72.2	分别按方案 A 或方案 B 填入有关外币及其汇率。
材料和工程设备的原产地	60.3(a)(∨) 60.3(d)	
业主未按时付款时的利率	60.8	当地货币为百分之_____，其他外币按伦敦同业银行拆借利率（LIBOR）加上 2%。
用于价格调整的权重和指数	70.3 70.4	在业主给出权重范围内填写当地币和外币的有关指数来源和权重

关于价格调整公式及有关指数、权重的详细介绍在第 5 节。

投标人还需填写"分包商一览表"，包括分包项目名称、分包项目估计金额、分包商名称、地址以及该分包商施工过的同类工程的介绍。

3. 投标保函格式，见表 3-6。

表 3-6

投标保证格式（银行保函）

　　鉴于：_____（投标人名称，以下称"投标人"）于_____（日期）为实施_____（合同名称）提交了投标书（以下称"投标书"）。

　　兹宣布，我们，即：在_____地点设有注册办公室的_____（国家名称）的_____（银行名称，以下称为"银行"）向_____（业主的名称，以下称"业主"）负责，立约担保支付_____（以文字和数字填写保证金额）的保证金。银行保证自己、其继任者和受让人根据本文件向业主完全真诚地支付这笔款项。

于_____年_____月_____日银行加盖其公章

遵循本支付义务的条件如下:

(1) 如果投标人在投标书格式中规定的投标有效期内撤回其投标书;或

(2) 如果投标人拒绝接受对其投标书中错误的更正;或

(3) 如果业主在投标有效期内已通知投标人中标,而投标人

(*a*) 在被要求时没有或拒绝按照投标人须知签署协议书格式,或

(*b*) 没有或拒绝按照投标人须知提交履约保证;

则,在收到业主的第一次书面要求时,我们即支付给业主上述金额,业主不必为其要求提供任何理由。但是,业主须在他的要求中注明,他要求应付给他的金额是由于发生上述一种或两种情况,并将发生的情况详细说明。本投标保函的有效期截止到提交投标书的截止日期之后的第 28 天(包括第 28 天当天),提交投标书的截止日期按投标人须知中的规定①,业主可对该有效期延长,并不必将延期通知给银行。将有关本保证书的索付要求通知给银行的时间不得迟于上述日期。

日期_____   银行签字_____

证人_____   盖章_____

【签字、姓名和地址】

---

① 笔者认为原文此处有错,应改为"投标保函有效期截止到投标有效期的截止日期之后第 28 天(包括第 28 天当天),投标有效期的截止日期按投标人须知中的规定……"。(可参见投标人须知 17.2 条)

八、工程量表(Bill of Quantities)

工程量表(可简写为 BOQ)就是对合同规定要实施的工程的全部项目和内容按工程部位、性质或工序列在一系列表内。每个表中既有工程部位和该部位需实施的各个项目,又有每个项目的工程量和计价要求,以及每个项目的报价和每个表的总计等,后两个栏目留给投标人投标时去填写。

BOQ 的用途之一是为投标人(承包商或分包商)报价用,为所有投标人提供了一个共同的竞争性投标的基础。投标人根据施工图纸和技术规范的要求以及拟定的施工方法,通过单价分析并参照本公司以往的经验,对表中各栏目进行报价,并逐项汇总为各部位以及整个工程的投标报价;用途之二是在工程实施过程中,每月结算时可按照表中序号、已实施的项目、单价或价格来计算应付给承包商的款项;用途之三是在工程变更增加新项目时或处理索赔时,可以选用或参照工程量表中的单价来确定新项目或索赔项目的单价和价格。

BOQ 和招标文件中的图纸一样,是随着设计进度和深度的不同而有粗细程度的不同,当施工详图已完成时,就可以编得比较细致。

BOQ 中的计价办法一般分为两类:一类是按"单价"(Unit Price 或 Rate)计价的项目,如模板每平方米多少钱,土方开挖每立方米多少钱等。另一类是按"项"(Item)总价包干(Sum 或 Lump sum,L.S.)计价的项目,如工程保险费,竣工时场地清理费等,也有将某一项设备的采购和安装作为一"项"计价的。如闸门采购与安装(包括闸门的采购与运输、预埋件、启闭设备、电气操纵设备及仪表等的采购、安装和调试)。编写这类项目时要在括号内把有关项目写全,最好将所采用的图纸号也注明,以方便投标人报价。

BOQ 一般包括:前言;工作项目;计日工表和汇总表。

(一) 前言

前言中应说明下述有关问题：

(1) 应将工程量表与投标人须知、合同条件、技术规范、图纸等资料综合起来阅读。

(2) 工程量表中的工程量是估算的，只能作为投标报价时的依据，付款的依据是实际完成的工程量和订合同时工程量表中最后确定的费率。

(3) 除合同另有规定外，工程量表中提供的单价必须包括全部施工设备、劳力、管理、燃料、材料、运输、安装、维修、保险、利润、税收以及风险费等，所有上述费用均应分摊入单价内。

(4) 每一行的项目内容中，不论写入工程数量与否，投标人均应填入单价或价格，如果漏填，则认为此项目的单价或价格已被包含在其他项目之中。

(5) 规范和图纸上有关工程和材料的说明一般不必在工程量表中重复和强调。当计算工程量表中每个项目的价格时应参考合同文件中有关章节对有关项目的描述，但也有的招标文件在工程量表的总则中对计算各类工程量(如土方开挖、回填、混凝土、模板、钢结构、油漆等)时应包含什么内容和注意什么问题进行了说明，以避免日后的纠纷。

(6) 测量已完成的工程数量用以计算价格时，应根据业主选定的工程测量标准计量方法或以工程量表前所规定的计量方法为准。所有计价支付的工程量均为完工后测量的净值。

(7) BOQ 中的暂定金额，为业主方的备用金，按照合同条件的规定使用和支付。

(8) 计量单位。建议使用表 3-7 中所列的计量单位和缩写词(除非在业主所属国有强制性的标准)。

计量单词和缩写词　　　　　　　　　　　　　　　　　　　　表 3-7

单　　位	缩写词	单　　位	缩写词
立方米(cubic meter)	m³ 或 cum	毫米(millimeter)	mm
公顷(hectare)	ha	月(month)	mon
小时(hour)	h	数目(number)	nr
千克(kilogram)	kg	平方米(square meter)	m² 或 sqm
总价	sum	平方毫米(square millimeter)	mm² 或 sqmm
米(meter)	m	周(week)	wk
公制吨(1000kg)(metric ton)	t		

(二) 立项的原则

编制工程量表时要注意将不同等级要求的工程区分开；将同一性质但不属于同一部位的工作区分开；将情况不同，可能要进行不同报价的项目区分开。

编制工程量表划分"项目"时要做到简单明了，善于概括。使表中所列的项目既具有高度的概括性，条目简明，又不漏掉项目和应该计价的内容。例如港口工程中的沉箱预制，是一件混凝土方量很大的项目，在沉箱预制中有一些小的预埋件，如小块铁板、塑料管等，在编工程量表时不须单列，而应包含在混凝土中，如沉箱混凝土浇注(包含××号图纸中列举的所有预埋件)。一份善于概括的工程量表既不影响报价和结算，又大大地节省了编制工程量表，计算标底、投标报价、复核报价书，特别是工程实施过程中每月结算和最终工程结算时的工作量。

（三）工程量表示例

工程量表有两种方式：使用较多的是以作业内容来列表，叫作业顺序工程量表(Operational BOQ)，如下面示例；另一种是以工种内容列表，叫工种工程量表(Trade BOQ)，使用较少。

下面给出工程量表（一般项目）（表3-8）和一个工程（土方工程）的工程量表（表3-9）示例。

工程量表（一般项目）　表3-8

序　号	内　　容	单　位	数　量	费率	总　额
101	履约保证	总　价	项		
102	工程保险	总　价	项		
103	施工设备保险	总　价	项		
104	第三方保险	总　价	项		
105	竣工后12个月的工程维修费	月	12		
106	其他				
112	提供工程师办公室和配备设施	个	2		
113	维修工程师办公室和服务	月	24		
114	其他				
121	提供分支道路	总　价	项		
122	分支道路交通管理及维修	月	24		
123	其他				
132	竣工时进行现场管理	总　价	项		
总　　计					

工程量表（土方工程）　表3-9

序号	内　　容	单　位	数　量	费率	总　额
201	开挖表土(最深25cm)废弃不用	m³	50000		
202	开挖表土(25～50cm)储存备用，最远运距1km	m³	45000		
206	从批准的取土场开挖土料用于回填，最远运距1km	m³	258000		
207	岩石开挖(任何深度)，弃渣	m³	15000		
208	其他				

（四）计日工(Day Work)

计日工也称为按日计工，是指在工程实施过程中，业主有一些临时性的或新增加的项目需要按计日(或计时)使用劳务、材料或施工设备时，按承包商投标时在表中填写的费率计价。在招标文件中一般列有劳务、材料和施工设备三个计日工表。在工程实施过程中任何项目如需采用计日工计价，必须依据工程师的书面指令。

按照有关合同条款规定，计日工一般均由暂定金额(Provisional Sums)中开支，暂定金额是业主的备用金，暂定金额的开支又分为两类：一类叫"规定的暂定金额"(Specified provisional sums)，即某些明确规定由暂定金额开支的项目单列在一张表中并加以小计，然后和工程量表汇总在一起；另一类叫"用于不可预见用款的暂定金额"(provisional sums for contingency allowance)。

有的招标文件不将计日工价格计入总价,这样承包商可以将计日工价格填得很高,一旦使用计日工时,业主需支付高昂的代价。因此,最好在编制计日工表时,估计一下使用劳务、材料和施工机械的数量。这个估计的数量称为"名义工程量"(Nominal Quantity),投标人在填入计日工单价后再乘以"名义工程量",然后将汇总的计日工总价加入投标总报价中,以限制投标人随意提高计日工价。项目实施过程中支付计日工的数量根据实际使用数量商定,不受名义工程量的限制。这样就使计日工表的填写也符合竞争性投标的要求。

下面分别讨论一下三类计日工表。

1. 劳务计日工表

在编制劳务计日工表时需对这个表中的工作费用应该包含哪些内容,以及如何计算时间做出说明和规定。例如劳务工时计算是由到达工作地点开始指定的工作算起至回到出发地点为止的时间,但不包括用餐和工间休息时间。

劳务计日工费用包括两部分:

(1) 劳务的基本费率(Basic Rates),包括承包商应向劳务直接支付的工资,路途时间和工作时间补助、生活补助以及根据当地法律应支付的社会福利补贴。基本费率只能用当地币支付。

(2) 承包商还有权按基本费率的某一百分比得到承包商的利润、上级管理费、劳务监管费、保险费以及各项杂费等费用,这些费用可要求用外币及当地币支付。有时计日工表中利润、上级管理费等不单列,而统一包含在各工种的费率之中。下面列出一份劳务的计日工表,见表3-10。

计日工表(劳务)

表 3-10

项目编号	说　　　　明	单　位	名义工作量	费　率	总　额
D100	工长	h	500		
D101	普工	h	5000		
D102	砌砖工	h	500		
D103	抹灰工	h	500		
D104	木工	h	500		
D113	10t 卡车司机	h	1000		
D115	推土机或松土机司机	h	500		
⋮					
D122	承包商的上级管理费、利润等(为总计的百分率)				
合　　计					

2. 材料计日工表

材料计日工费用包括两部分:

(1) 材料的基本费率是根据发票的价格加上运费(运至现场仓库)、保险费、装卸费、损耗费等。用当地货币报价,但也可依据票据的实际情况用多种货币支付。

(2) 按照某一百分比得到利润、上级管理费等费用。用当地货币支付,对以计日工支付的工地内运送材料费用项目,按劳务与施工设备的计日工表支付。

3. 施工设备计日工表

（1）施工设备计日工表中的费率包括设备的折旧费、利息、保险、维修及燃料等消耗品以及有关上级管理费、利润等费用，但机械驾驶员和其助手应依劳务计日工表中的费率单独计价。

（2）一般施工设备是按在现场实际工作的工时数支付。如工程师同意，施工设备由存放处到工地现场的往返时间也可计入支付的工时数内。

对施工设备的基本租赁费率应用当地币说明，但也可以用多种货币支付。

（五）汇总表（Grand summary）

将各个区段分部工程中的各类施工项目的工程量表的合计加以汇总就是整个工程项目总报价。投标人在汇总时应将"规定的暂定金额"与"用于不可预见用款的暂定金额"均计入总报价。投标人在中标并签订合同后，合同价中自然也包括这两类暂定金额。

九、协议书、履约保证和保函的格式

（一）协议书（Agreement）

投标人接到中标函后应及时与业主谈判，并随后签署协议书。协议书签署时应要求承包商提交履约保证，这时即完成了全部立约手续。也有的国家规定投标人投标书和业主发给他的中标函二者即构成合同，不需另签协议书。但世行贷款项目一般要求签协议书。

协议书的格式均由业主拟定好并附在招标文件中，下面是协议书的格式（表3-11）。

表 3-11

协 议 书

本协议书于＿＿＿年＿＿＿月＿＿＿日由＿＿＿＿＿＿＿（以下称为"业主"）为一方与作为另一方的＿＿＿＿＿＿＿（以下称为"承包商"）签订。

鉴于业主欲委托承包商实施一项工程，即：＿＿＿＿＿＿＿，并已接受了承包商为承担该项工程的实施、竣工及其缺陷的维修而提交的投标。

兹就以下事项达成本协议：

1. 本协议书中的措词和用语具有的含义与下文提及的合同条件中分别赋予给它们的含义相同。

2. 下列文件被认为构成本协议书的一部分，并应作为其组成部分来阅读和理解：

（a）中标函；

（b）投标书和投标书附录；

（c）合同条件（第二部分）；

（d）合同条件（第一部分）；

（e）规范；

（f）图纸；

（g）标价的工程量表；

（h）投标书附录中所列的其他文件。

3. 鉴于业主向承包商支付下文提及的各笔款项，承包商特立此约向业主保证，在各个方面均按照合同的规定来进行工程的实施、竣工及其缺陷的维修。

4. 鉴于承包商进行的工程实施、竣工及其缺陷的维修，业主特此立约保证，按合同规定的时间和方式向承包商支付合同价格或其他应付金额。

为此，于本协议书文首所载日期，双方签署本协议书。

在＿＿＿＿＿＿在场的情况下盖＿＿＿＿＿＿的公章

或

在_____在场的情况下,由上述_____签字、盖章并交送。

业主有约束力的签字_____

承包商有约束力的签字_____

另外,合同协议书中还应列入一项"合同协议书补遗书"(Addendum);有时也叫备忘录(Memorandum)。可以将合同协议书中增加"合同协议书补遗书"这一文件。因为在招标过程中,业主方自己或根据投标人的质询,可能对招标文件进行补充和修改,在签订协议书之前的谈判中,双方都可能提出对合同文件中的某些内容进行补充和修改,这些业主方补充的和双方协商一致同意的补充和修改意见应该整理成补遗书形式附在协议书后,有的合同文件中也叫"谅解备忘录"(Memorandum of Understanding,MOU)。由于补遗书是对原有文件的补充和修改,所以应该注明补遗书中的哪一条是对原有文件第几卷第几章哪一条的补充和修改,以后遇到矛盾时,则以合同协议书补遗书为准。

(二)履约保证(Performance Security)

履约保证是承包商向业主提出的保证认真履行合同的一种经济担保,一般有两种形式,即银行保函(Bank Guarantee),或叫履约保函(Performance Guarantee)以及履约担保(Performance Bond)。我国向世界银行贷款的项目一般规定,履约保函金额为合同总价的10%,履约担保金额则为合同总价的30%。

保函或担保中的"保证金额"由保证人根据投标书附录中规定的合同价百分数折成金额填写,采用合同中的货币或业主可接受的自由兑换货币表示。

采用何种履约保证形式,各国际组织和各国的习惯有所不同。美洲习惯于采用履约担保,欧洲则采用银行保函。只有世界银行贷款项目列入了上述两种保证形式,由投标人自由选择采用其中任一种形式。亚洲开发银行则规定只用银行保函。在编制国际工程的招标文件时应注意这一背景。

1. 银行履约保函

银行保函又分为两种形式:一种是无条件(Unconditional 或 on Demand)银行保函;另一种是有条件(Conditional)银行保函。对于无条件银行保函,银行见票即付,不须业主提供任何证据。业主在任何时候提出声明,认为承包商违约,而且提出的索赔的日期和金额在保函有效期和保证金额的限额之内,银行即无条件履行保证,进行支付,承包商不能要求银行止付。当然业主也要承担由此行动引起的争端、仲裁或法律程序裁决的法律后果。对银行而言,他们愿意承担这种保函,既不承担风险,又不卷入合同双方的争端。

有条件银行保函即是银行在支付之前,业主必须提出理由,指出承包商执行合同失败、不能履行其义务或违约,并由业主和(或)工程师出示证据,提供所受损失的计算数值等,但一般来讲,银行不愿意承担这种保函,业主也不喜欢这种保函。

下面是两种履约保函格式(表3-12、表3-13)

2. 履约担保的格式

履约担保一般是由担保公司、保险公司或信托公司开出的保函。担保公司要保证整个合同的忠实履行。一旦承包商违约,业主在要求担保公司承担责任之前,必须证实承包商确已违约。这时担保公司可以采取以下措施之一：

表 3-12

履约保函(无条件)

　　致：_____(业主名称)
　　　　_____(业主地址)

　　鉴于：_____(承包商的名称、地址，以下称"承包商")根据_____(签约日期)签署的编号为_____的合同已保证实施_____(合同名称及工程简述，以下称为"合同")；

　　又鉴于：你方在上述合同中规定，承包商应向你方提交一份由被认可的银行开具的银行保函，按规定的金额作为履行其在合同中的义务的保证；

　　又鉴于：我们已同意为承包商开具此类银行保函；

　　在此我们确认：作为保证人，我们代表承包商向你方负责，保证金额最高为_____(用数字表示)_____(用文字表示)。支付这笔金额时，将采用支付合同价格所使用的货币种类和比例。一旦收到你方的第一次书面索付，我们即无争议地向你方支付总额不超过上述(保证金额)的一笔或数笔金额，你方不必为索付该笔金额给出任何证据和理由。

　　我们在此不要求你方在向我们提出索付之前必须首先向承包商提出该笔债款。

　　我们进一步同意，合同条款、依据合同条款执行的工程、或你方与承包商可能签订的任何合同文件的变动、增加、或修正，均不解除我们在本保证书中的责任。我们在此不要求你们将此类变动、增加或修正通知我们。

　　本保证书有效期截止到移交证书签发之后的第二十八天当天。

保证人签字、盖章　　银行名称_____
_____地址_____
日期_____

表 3-13

履约保函(有条件)

　　本协议于_____年_____月_____日由位于_____(银行地址)的_____(银行名称，以下称为"保证人")作为一方与位于_____(业主的地址)、作为另一方的_____(业主的名称)共同签署。

　　鉴于：

　　(1) 本协议是位于_____(承包商地址)的_____(承包商名称，以下称为"承包商")作为一方与位于_____(业主的地址)、作为另一方的业主所签署的合同的补充。根据该合同，承包商同意并保证实施_____(合同名称及工程简述)的工程，合同价格为_____(填入以合同货币表示的金额)；

　　(2) 保证人同意保证合同按下述方式恰当地履行。

　　因此，保证人特在此与业主达成如下协议：

　　(a) 如果承包商在任一方面没有实施合同或没有履行其在合同中的义务，除非按照合同的某条款、法令或具有裁决资格的法庭的裁决承包商被免除履约，否则，保证人应赔偿并支付_____(保证金额，用数字表示)_____(用文字表示)的一笔金额。支付这笔金额使用的货币种类与比例与支付合同价格使用的货币种类与比例相同。但这一做法的条件是，业主或其授权的代表已将具体情况通知给保证人，并在缺陷责任证书签发之前已向保证人提出了索赔。

　　(b) 不管保证人许可与否，也不管是在付款、时间、履约或其他方面，承包商与业主之间的某项安排、承包商义务的变动、承包商一方给予的任何宽让均不解除保证人在保函中的责任，在此明确规定，保证人不要求你们将任何此类安排、变动或宽让通知我们。

本保证书的有效期截止到移交证书签发日期之后的第二十八天当天。

兹于本保证书文首所载日期签署本保证书。

在_____(证人)在场   在_____(证人)在场

的情况下由_____的情况下由_____代

代表保证人签字   表业主签字

（1）根据原合同要求完成合同；

（2）为了按原合同条件完成合同，可以另选承包商与业主另签合同完成此工程，在原定合同价以外所增加的费用由担保公司承担，但不能超过规定的担保金额；

（3）按业主要求支付给业主款额，用以完成原订合同。但款额不超过规定的担保金额。

下面是履约担保格式（表3-14）。

表 3-14

履约担保书

本担保书规定，作为委托人的_____(承包商的名称和地址，以下称为"承包商")与作为担保人的(担保人、担保公司或保险公司的名称、法定资格、地址)坚定地向权利人_____(业主的名称和地址，以下称为"业主")立约担保，担保金额为_____(担保金额，用数字表示)_____(用文字表示)。承包商和担保人严格依据本文件，保证他们自己、各自的继承人，遗嘱执行人，遗产管理人、继任者和受让人以支付合同价格的货币类型和比例完全准确地支付这笔款项，并且各方负有连带责任。

鉴于：根据构成合同各部分的有关文件、计划、规范及其修正内容(以下统称"合同")，承包商与业主于_____年_____月_____日已为_____(合同名称)签订了协议书。

因此，特在此规定，上述支付义务的条件是：如果承包商迅速真诚地履行了上述合同(包括其任何修正内容)，本义务即告终止，否则，它将保持完全有效。一旦承包商违约或业主宣称其违约，则在业主履行了自己在合同中的义务之后，担保人应立即补偿此违约，或立即：

（1）根据合同条件完成合同；或

（2）为了按照合同条件完成合同，从合格的投标人中获取一份或几份投标，提交给业主；在业主和担保人共同确定了符合要求的最低标价的投标人之后，担保人安排该投标人与业主签订一份合同，并随着工程的进展(尽管按本段安排的一份或几份合同完成的过程中有可能出现一次或多次违约)提供足够的资金来支付合同价格余额之外的完成合同的费用；该笔费用(包括担保人可能负担的其他费用和赔偿费)不得超过本担保书第一段中规定的金额。本段中使用的"合同价格余额"一术语系指业主按照合同应支付承包商的全部金额减去业主已合理支付给承包商的款项后所得之余额；或

（3）支付业主根据合同条件完成合同所需的费用，但总额不得超过本担保书规定的金额。

担保人对大于本担保书规定的赔偿费不承担责任。

本担保书下的任何索付要求必须在移交证书签发日期之后的一年内提出。

除指定的业主、其继承人、遗嘱执行人，遗产管理人、继任者和受让人之外的任何人或公司均不享有依据本担保书或对使用本担保书进行索付的权利。

为昭信守起见，于_____年_____月_____日，承包商在此签字盖章，担保人对此文件盖其公章，并由其法定代表签字，以兹证明。

在_____在场的情况下，以_____在_____在场的情况下，以_____

的资格，代表_____签字   的资格，代表_____签字

(三) 预付款保函格式

在国际招标的工程项目中,除去少数资金匮乏的业主外,大部分业主均对中标的承包商提供预付款,这是为了缓解承包商开工时需要垫付大量资金的困难。预付款额度在投标书附录中规定,一般是合同总价的 10%～15%,如果合同中机电设备采购量大则可能达到 20%。

承包商在签订合同后,应及时到业主同意的银行开一封预付款保函,业主收到此保函后才会支付预付款。关于预付款的偿还方法在本章第 5 节中讨论。下面介绍预付款保函格式(表 3-15)。

表 3-15

预付款银行保函

致:＿＿＿＿【业主名称】

＿＿＿＿【业主地址】

＿＿＿＿【合同名称】

先生们:

根据上述合同的合同条件中有关条款的规定,＿＿＿＿(承包商的名称和地址)应向＿＿＿＿(业主的名称)提交一份银行保函,以保证承包商恰当忠实地履行合同中上述条款的规定,保证金额为＿＿＿＿(保证金额,用数字表示)＿＿＿＿(用文字表示)。

我们,＿＿＿＿(银行或金融机构),按承包商的指示,作为主要义务人而不是仅仅作为担保人,无条件地且不反悔地同意保证,在接到业主的第一次要求时,不提出任何反对理由而向＿＿＿＿(业主的名称)支付一笔款项,但不得超过＿＿＿＿(保证金额,以文字表示),本金额将随着你方从合同款项中逐渐收回有关金额而依次减少。

我们进一步同意,合同条款、依据合同条款实施的工程、以及(业主的名称)与承包商的可能签订的任何合同文件的变动、增加或修正均不解除我们在本保函中的责任。我们在此不要求你们将此类变动、增加或修正通知我们。

在我们收到你方的书面通知,并告知业主上述的预付款金额已支付给承包商之前,你方不得支取本保函中的任何金额。

本保函从根据合同支付预付款日期开始,到＿＿＿＿(业主的名称)从承包商处收回全部预付款为止的这段时间内一直保持有效。

你忠实的,

签字盖章:＿＿＿＿＿＿＿＿＿＿

银行或金融机构名称:＿＿＿＿＿＿＿

地址:＿＿＿＿＿＿＿＿＿＿＿＿

日期:＿＿＿＿＿＿＿＿＿＿＿＿

十、图纸

图纸(Drawings)是招标文件和合同的重要组成部分,是投标人在拟定施工方案,确定施工方法、选用施工机械以至提出备选方案,计算投标报价时必不可少的资料。

招标文件应该提供大尺寸的图纸。如把图纸缩的太小、细节看不清楚,将影响投标人投标,特别对大型复杂的工程尤应注意。图纸的详细程度取决于设计的深度与合同的类型。详细的设计图纸能使投标人比较准确地计算报价。但实际上,常常在工程实施过程中需要陆续补充和修改图纸,这些补充和修改的图纸均须经工程师签字后正式下达,才能作为施工及结算的依据。

在国际招标项目中图纸往往都比较简单。仅仅相当于初步设计,从业主方来说,这样既可以提前招标又可以减少开工后在图纸细节上变更,可以减少承包商索赔的机会,把施工详图交给承包商去设计还可以利用承包商的经验。当然这样做必须有高水平的监理工程师把关,对图纸进行认真的检查,以防引起造价增加过多。

业主方提供的图纸中所包括的地质钻孔柱状图、探坑展视图等均为投标人的参考资料,它提供的水文、气象资料也属于参考资料。业主和工程师应对这些资料的正确性负责。而投标人应根据上述资料做出自己的分析与判断,据之拟定施工方案,确定施工方法,业主和工程师对这类分析与判断不负责任。

招标文件目录中的第 11 章解释性说明是对合同专用条件的注释;资格后审的基本要求与资格预审相同,在此不作介绍。争端解决程序见第 5 节,三。

第4节 我国利用世行贷款项目的工程采购

一、财政部"世行贷款项目招标文件范本"的特点

财政部于 1997 年 5 月正式出版发行的各类"世行贷款项目招标文件范本"(Model Bidding Documents,以下用 MBD)有以下主要特点:

(一)标准化——与国际接轨

MBD 体现了世行新版 SBDW 规定的经济性、效率性与增加透明度的原则。保留了 SDBW 中"投标人须知"和"合同通用条件",这样就保证了业主和承包商、买方与卖方之间利益与风险的平衡,增加了采购工作的透明度,对国内承包商、咨询公司及制造商熟悉了解国际惯例,参与国际市场竞争可以起到积极的推动作用。

(二)规范化

MBD 中"投标人须知"、"合同通用条件"和财政部统一编制的"标准合同专用条件"是不允许变动的。招标代理机构和项目业主单位只允许根据项目具体情况,按照 MBD 的格式,编写"招标资料表"、"投标书附录"等附表,以及"合同特殊条件"。这样就对中国境内的世行贷款项目招标文件的编制起到一个规范作用。自行编制的部分在向投标人发售前应按规定报国内有关部门和世行审查,但 MBD 的标准合同专用条件则不必报批。

(三)结合中国实际情况

MBD 结合我国实际情况修改和增加了部分条款,如履约保函、装运条件、保险、质量保证、支付、索赔、不可抗力、税费、争端解决等,而且各个文本中的履约保证、不可抗力、税费和争端解决等条款都是一致的。MBD 还规定国际招标时中国承包商如果中标可以签订中文合同。

(四)专业化

MBD 比以前的范本更加专业化,如咨询服务合同包括了四个合同文本以适应不同情况的需要。

二、MBD 土建工程国际竞争性招标文件

MBD 土建工程国际竞争性招标文件是基于世行 SBDW 文件编制的,世行要求执行的条款和规定一律保留,但经协商、结合中国情况对某些条款和规定作了补充和修改,下面将

介绍 MBD 土建工程国际竞争性招标文件的总体轮廓。

（一）MBD 土建工程国际竞争性招标文件的总体轮廓

这个范本包括以下四卷 11 章

第Ⅰ卷

  第 1 章　投标邀请书

  第 2 章　投标人须知

    A　总则

    B　招标文件

    C　投标书的编制

    D　投标书的递交

    E　开标与评标

    F　合同授予

  第 3 章　招标资料表

  第 4 章　合同通用条件

  第 5 章　合同专用条件

    A　标准合同专用条件

    B　项目专用条件

第Ⅱ卷

  第 6 章　技术规范

第Ⅲ卷

  第 7 章　投标书、投标书附录和投标保函的格式

  第 8 章　工程量表

  第 9 章　协议书格式、履约保函格式及预付款保函格式

  第 10 章　世行资助的采购中提供货物、土建和服务的合格性

第Ⅳ卷

  第 11 章　图纸

其中第 1、2、4、7、9、10 各章均与世行的 SBDW 一致。第 3、6、8、11 各章是要结合每一个工程项目的特点来编制的，编制的原则和要求也与世行的 SBDW 基本一致，这些内容前面已有详细介绍，在此不再赘述。

（二）MBD 土建工程国际竞争性招标文件与世行的工程采购 SBDW 的不同之处

MBD 对 SBDW 进行的修改主要是合同条件部分，MBD 将合同条件分为三个部分：

1. 合同通用条件：和 SBDW 一样，全文采用 FIDIC"红皮书"（1992 年订正版）。

2. 合同专用条件（Special Conditions of Contract）：分为二类：

（1）标准合同专用条件（Standard Special Conditions of Contract）。是专门用于中国的世行贷款土建工程采购的，是对合同通用条件的修改、补充和具体化。这一部分内容各贷款项目均须遵守、无权改动，如其中内容与通用合同条件有矛盾时，以此专用条件为准。

（2）项目专用条件（Conditions of Particular Application）。这一部分是针对每一个具体的工程项目，由项目单位或招标公司编制。项目专用条件可对上述二种条款进行补充和具体化，可对合同通用条件进行改动，但不能与标准合同专用条件矛盾。

标准合同专用条件结合中国情况对 FIDIC"红皮书"(第 4 版 1992 年订正版)合同通用条件的修改和补充详见财政部范本。

第 5 节 工程采购招标文件中的几个问题

一般国际工程的招标文件中均涉及到如下几个问题:价格调整问题;期中付款证书的最低金额的确定;材料和设备采购之后的支付方式:预付款的支付和偿还问题;争端审议委员会(DRB)等,这些问题将在本节中介绍和讨论。

一、价格调整问题:

工程建设的周期往往都比较长,较高层的房屋建筑需要 2~3 年,大型工业建筑项目、港口工程、高速公路往往需要 3~5 年,而大型水电站工程需要 5~10 年。在这样一个比较长的建设周期中,考虑工程造价时,都必须考虑与工程有关的各种价格的波动,主要是价格上涨,所以下面均从价格上涨角度来讨论,价格下跌时也可同样计算。

在工程招标承包时,施工期限一年左右的项目和实行固定总价合同的项目,一般均不考虑价格调整问题,以签订合同时的单价和总价为准,物价上涨的风险全部由承包商承担。但是对于建设周期比较长的工程项目,则均应考虑下列因素引起的价格变化问题:

(1) 劳务工资以及材料费用的上涨;

(2) 其他影响工程造价的因素,如运输费,燃料费,电力等价格的变化。

(3) 外币汇率的不稳定;

(4) 国家或省、市立法的改变引起的工程费用的上涨。

业主方在招标时,一方面在编制工程概(预)算,筹集资金以及考虑备用金额时,均应考虑价格变化问题。另一方面对工期较长、较大型的工程,在编制招标文件的合同条件中应明确地规定出各类费用变化的补偿办法,(一般对前两类因素用调价公式,后两类因素编制相应的合同条款)以使承包商在投标报价时不计入价格波动因素,这样便于业主在评标时对所有承包商的报价可在同一基准线上进行比较,从而优选出最理想的承包商。

(一) 价格变化的计算公式

价格变化的计算公式,一般说来有两种类型,第一类公式主要用于预估在今后若干年内由于物价上涨引起的工程费用上涨值;第二类是由业主方编入招标文件,由工程师与承包商在结算时采用的公式。现分述如下:

1. 第一类公式

$$D = \sum_{i=1}^{n} \left[d_i (1 + R_i)^{t_i/2} - d_i \right] \tag{3-1}$$

式中　D——工程价格上涨总费用估算值;

　　　d_i——标价中各分项(如某种材料等)费用调价前总值;

　　　R_i——标价中各分项费用年平均上涨率;

　　　t_i——标价中各分项的使用期或按实际情况确定的时间;

　　　n——分项费用项目数;

　　　i——$1, 2 \cdots n$。

式(3-1)主要在业主一方编制概(预)算时使用,可以取工资及主要材料、设备的历年上涨率,并假定工程实施期间物价也保持同样上涨率,估算出在工程实施期间工程价格总的上涨费用,以便在筹集资金时考虑到这一不利因素。要特别指明的是,业主一方在计算价格上涨时,使用期不仅指施工期,而应该由编制概(预)算时到预计工程完工的总时间段。

式(3-1)同时也可用于当招标文件规定在工程实施期间每月结算不考虑调价时,或总价包干合同时,承包商在投标报价时用以估算工程实施期间工程价格总的上涨费用,以便在各分项报价中加以分摊,减少或避免由于物价上涨等因素引起的风险。公式中$(1+R_i)^{t_i/2}$一项,承包商可用以在投标报价,进行各个项目的单价分析时,把物价上涨因素考虑进去。但如果业主的招标文件明确规定允许月结算调价时,则绝不能再用此公式,以免导致报价过高。

2. 第二类公式:这类公式是业主或咨询工程师在准备招标时即编入招标文件的。运用这类公式可以在施工过程中每月结算时将物价上涨因素考虑进去。

这类公式又可分别应用于工程施工时用工程所在国当地币结算,用外币结算和订购设备三种情况,现分述如下。

(1) 国内用人民币或工程所在国用当地币支付部分的价格调整公式如下:

$$P_1 = P_0\left[a + b\frac{L(1+C_s)}{L_0(1+C_{s0})} + c\frac{P_l}{P_{l0}} + d\frac{T}{T_0} + e\frac{M_1}{M_{10}} + f\frac{M_2}{M_{20}} + \cdots + r\frac{M_n}{M_{n0}}\right] \quad (3-2)$$

式中　　　　P_0——按合同价格结算应付给承包商的结算月份工程结算款总额的当地币部分;

　　　　　　P_1——价格调整后应付给承包商的结算月份工程结算款总额的当地币部分;

　　　　　　L_0——工程所在国订合同时劳务工资的基本价格指数(Base Price Index)或每小时工资;

　　　　　　L——工程所在国结算月份劳务工资的现行价格指数(Current Price Index)或每小时工资;

　　　　　C_{s0}——订合同时工程所在国公布的社会负担系数;

　　　　　　C_s——结算月份公布的现行社会负担系数;

　　　　　P_{l0}——订合同时设备的基本价格指数或价格;

　　　　　　P_l——结算月份设备的现行价格指数或价格;

　　　　　　T_0——订合同时每辆卡车的吨公里运输价;

　　　　　　T——结算月份每辆卡车的吨公里运输价;

$M_{10}, M_{20}, \cdots, M_{n0}$——订合同时各种主要材料的基本价格指数或价格;

$M_1, M_2, \cdots, M_n$——结算月份各种主要材料的现行价格指数或价格;

　　　　　　a——固定系数,代表合同支付中不能调整的部分,如管理费、利润以及预计承包商固定开支的部分;

$b, c, d, e, f, \cdots, r$——权重系数(Weightings),代表各类费用(工资,设备,运输,各种材料……)

在合同总价当地币中所占比例的估计值

$a + b + c + d + e + f + \cdots + r = 1$。

式(3-2)中方括弧[ ]内计算出的数值即是价格调整系数。

式(3-2)是业主每月为承包商结算工程支付款时,用工程所在国当地币结算时采用的。

使用的指数或价格为由业主指定的当地官方权威机关或商会发布的指数。

订合同时的基本指数或价格是指递送投标书截止日期 m 天的数值,而工程结算月份的现行价格指数或价格是指结算月份结算日前 m 天的数值。一般规定 m 为 28~50 天。如在上述时间内当地政府机关或商会未发布有关指数或价格,则可由工程师来决定暂时采用的指数或价格,待有关的政府机关或商会发布指数或价格时,再修正支付的金额。承包商既不得索取,也不支付此修正支付金额的利息。

劳务工资系指工程所在国当地政府公布的标准基本工资。不考虑各种附加成分的工资,如加班费、奖金、津贴等。如果工程所在国没有官方价格指数,则由工程师根据工程所在国劳务费用、社会福利费以及有关法律、法规的变更,定期决定劳务的费用指数,进行调价。

固定系数 a 正常的变动幅度为 10%~20%。权重系数在许多招标文件中由业主规定一个允许范围,要求承包商在投标时即确定,并在价格分析中予以论证。但也有的是由业主一方在招标文件中即规定了固定数值。为了减少结算的繁琐计算,对设备和材料,一般应选取主要设备和大宗的、价值较高的材料。如钢材、木材、水泥、砖石等。

世行 SBDW 有关条款中提出的调价公式与(3-2)式基本相同。对于变更和计日工不再另行调价。(变更时应该用当月价格计算)。

(2) 用外币支付部分的价格调整公式如下:

$$P'_1 = P'_0 \left[a' + b' \frac{L'}{L'_0} + c' \frac{P'_l}{P'_{l0}} + d' \frac{T'_m}{T'_{m0}} + e' \frac{M'_l}{M'_{10}} + \cdots + r' \frac{M'_n}{M'_{n0}} \right] \tag{3-3}$$

式中

P'_0——按合同价格结算应付给承包商的结算月份工程结算款总额的外币部分;

P'_1——价格调整后应付给承包商的结算月份工程结算款总额的外币部分;

L'_0——订合同时的外国劳务工资基本价格指数或每小时工资;

L'——结算月份外国劳务工资的现行价格指数或每小时工资;

P'_{l0}——订合同时进口设备的基本价格指数或价格;

P'_l——结算月份进口设备的现行价格指数或价格;

T'_{m0}——订合同时国际海运费用的基本价格指数;

T'_m——结算月份国际海运费用的现行价格指数;

$M'_{10}, M'_{20}, \cdots, M'_{n0}$——订合同时各种主要进口材料的基本价格指数或价格;

$M'_1, M'_2, \cdots, M'_n$——结算月份各种主要进口材料的现行价格指数或价格;

a'——含义同式(3-2)中的 a;

$b', c', d', \cdots, r'$——加权系数,代表与外币支付有关的费用在合同总价(外币部分)中所占比例的估计值,

$a' + b' + c' + \cdots + r' = 1$。

公式(3-3)是当承包商每月向业主结算工程支付款时,用工程所在国以外的外币支付时调整价格使用的。因此外籍人员的工资指数要参照外国承包商总公司所在国有关工程技术人员及工人工资费用的官方指数。

承包商应在投标书附录中提出各种外币的权重系数和价格指数来源,报工程师批准。如果由于工程实施、变更或设备、材料采购来源有变化等原因,工程师认为原先提出的权重系数不合理时,他可提出调整。基本价格指数和现行价格指数的计算日期规定同式(3-2)。

设备价格指数系指进口设备生产国及其主要部件生产国的官方价格指数。材料也是指进口材料出售国的有关官方价格指数。

如果承包商未从他在投标时在投标书有关表格中开列的国家采购设备、部件或材料,而且工程师认为这种改变没有充分的理由,则由工程师选择对业主有利的价格指数。

海运费用的价格指数应为航运工会的价格指数。如果承包商愿意选用其他海运公司运输,则在调价时选取二者中对业主有利的海运费用价格调整指数。

如果合同价格的外币部分不同于采用价格指数的那个国家的外币,则应按照合同文件中经业主批准的指定的兑换率,将合同价格的外币部分折换成实际支出所用外币。

如果有关国家颁布的价格指数不止一个或者价格指数不是由被正式认可的代理机构颁布,则这种价格指数需经业主批准。

(3) 用于大型设备订货时的价格调整公式如下:

$$P''_1 = P''_0 \left[a'' + b'' \frac{L''}{L''_0} + c'' \frac{M''}{M''_0} \right] \tag{3-4}$$

式中 P''_1——应付给供货人的价格;

P''_0——合同价格;

L''_0——特定设备加工工业人工成本的基本价格指数;

L''——合同执行期间相应人工成本的现行价格指数;

M''_0——主要原材料的基本价格指数;

M''——主要原材料现行价格指数;

a''——固定系数;

b'',c''——分别为劳务及材料的加权系数,$a'' + b'' + c'' = 1$。

一般在设备订货时多采用固定价格合同。由供货人承担物价风险,但对专门定制的大型成套设备或交货期一年以上的大型成套设备,有时可以允许进行价格调整,公式(3-4)即是为此目的而设的,式中基本价格指数的计算日期规定同(3-2)式,但现行价格指数则是采用合同中规定的货物装运前3个月时的指数或货物制造期间的平均价格指数,在招标文件中应明确规定。如有几种主要材料时可增加材料项数。

在订合同时应将上述公式中的有关系数确定下来以免结算时发生纠纷。如鲁布革水电站工程 CI 合同,对使用外币支付项目调价公式的加权系数范围作了如下规定,外籍人员工资:0.10~0.20;水泥:0.10~0.16;钢材:0.09~0.13;设备:0.35~0.48;海上运输:0.04~0.08;固定系数:0.17,并规定允许投标人在上述范围内选用加权系数。济南——青岛高速公路则在招标文件中给出固定的加权系数,固定系数 0.15;外籍人员工资 0.15;设备 0.30;沥青 0.10;水泥 0.08;木材 0.06;钢材 0.10;海上运输 0.06。价格调整公式一般不应该规定调价最高上限。

对大型工程而言,调价开始日期,一般在开工一年以后,当物价变动大时可考虑适当提前。工程如由于承包商方面的原因而延期,则在原合同规定竣工日期以后的施工期限可从原定竣工日的指数或价格和现行指数或价格中选择对业主有利者进行调价。如由于业主方面的原因使工程延期,则在延长的施工期内仍应按原有规定进行调价。

在大型工程合同中,咨询工程师在编制招标文件时应按下述步骤编制价格调整公式:①分析施工中各项成本投入,包括国内和国外投入,以决定选用一个或几个公式;②选择能代表主要投入的因素;③确定调价公式中固定系数和不同投入因素的加权系数的范围;④详细规定公式的应用范围和注意事项。

（二）文件证明法

在一些发展中国家,有时难以得到官方的确实可靠的物价指数,则无法利用调价公式。有时这些国家的劳务工资和材料价格均由政府明令规定,在这种情况下,合同价格可以根据实际的证明文件来调价。

文件证明法一般包括下列各点:

1. 投标时报价单上的单价是以工程所在国有关地区的工资、有关津贴和开支、材料设备等的基本价格为基础的,这些基本价格均应明确地填入投标书中的有关表格之中。在合同实施过程中,由于政府规定的改变、物价涨落因素的影响,则应按照有关部门发布的现行价格的有关证明文件来调整每月的支付。

2. 如果在投标书递交截止日期前若干天内(一般规定 28 天),在工程所在国,由于国颁或省颁的法令、法规、法律或有关规章及细则发生了变更,导致承包商实施合同时所需支付的各项费用有所增加或减少,则工程师在与业主和承包商协商后,在对承包商的支付中加上或减去这部分金额。

文件证明法属于实报实销性质,为了避免副作用,合同文件中应规定业主和工程师有权指令承包商选择更廉价的供应来源。

二、对支付条款和投标书附录中几个问题的讨论:

（一）期中支付证书的最低金额

此项规定的目的是为了督促承包商每个月必须达到一定的工程量,否则不予支付。可以规定一个合同总价的百分比,也可以规定一个具体金额。业主方在投标书附录中确定此最低金额时应宽严适度,一般可参照下列公式计算确定。

$$最低金额 = \frac{合同总价}{工期月数} \times (0.3 \sim 0.6) \tag{3-5}$$

（二）用于永久工程的材料和工程设备款项的支付

在国际上,对用于永久工程的材料和工程设备(指承包商负责的工程设备的定货、运输和安装)款项的支付。由于业主方的资金等原因,在合同条款和投标书附录中的规定大体可归纳为以下三种情况:

（1）工程设备订货后凭形式发票(Proforma invoice)支付 40％左右设备款,运到工地经工程师检查验收后支付 30％左右设备款,待工程设备安装、调试后支付其余款项。

（2）工程设备或材料订货时不支付,运达工地经工程师检查验收后以预支款方式支付 70％左右的款额,但这笔款在工程设备或材料用于工程时当月扣还(因此时工程设备和材料已成为永久工程的一部分,已由工程量表中有关项目支付),世行 SBDW 即采用这种支付方式。也有的合同在支付后的几个月内即扣回。

（3）工程设备或材料运达工地并安装或成为永久工程的一部分时,按工程量表支付。在此之前,不进行任何支付。

不同的支付方式可反映出业主的资金情况和合同条件的宽严程度。

（三）预付款的支付与偿还

在国际上,一般情况下,业主都在合同签订后向承包商提供一笔无息预付款作为工程开工动员费。预付款金额在投标书附录中规定,一般为合同额的(10～15)％,特殊情况(如工程设备订货采购数量大时)可为 20％、甚至更高,取决于业主的资金情况。

1. 预付款的支付

在承包商满足下列全部三个条件时,工程师应及时(一般 14 天内)发出预付款支付证书。

(1) 已签署合同协议书;

(2) 已提交了履约保证;

(3) 已由业主同意的银行按指定格式开出了无条件预付款保函。在预付款全部回收前此保函一直有效,但其中担保金额随承包商的逐步偿还而持续递减。

在合同条件中应明确业主在收到预付款支付证书后的支付期限。有些大型工程的总价合同,预付款也可分期支付,但都要在招标文件中说明。

2. 预付款的回收

预付款回收的原则是从开工后一定期限后开始到工程竣工期前的一定期限,从每月向承包商的支付款中扣回,不计利息。具体的回收方式有以下四种:

(1) 由开工后的某个月份(如第 4 个月)到竣工前的某个月份(如竣工前 3 个月),以其间月数除以预付款总额求出每月平均回收金额。一般工程合同额不大、工期不长的项目可采用此法。

(2) 由开工后累计支付额达到合同总价的某一百分数的下一个月份开始扣还,到竣工期前的某个月份扣完。这种方式不知道开始扣还日期,只能在工程实施过程中,当承包商的支付达到合同价的某一百分数时,计算由下一个月到规定的扣完月份之间的月数,每月平均扣还。FIDIC 99 年版"施工合同条件"即采用此种方式。

(3) 由开工后累计支付款达到合同总价的某一百分数的下一个月开始扣还,扣还额为每月期中支付证书总额(不包括预付款及保留金的扣还)的 25％,直到将预付款扣完为止。FIDIC 99 年版"施工合同条件"即采用此种方式。

(4) 由开工后累计支付额达到合同总价的某一百分数的月份开始扣还,一直扣到累计支付额达到合同总价的另一百分数(如 80％)扣完。用这种方法在开工时无法知道开始扣还和扣完的日期,此时可采用下列公式计算(式中各项金额均不包含调价金额):

$$R = \frac{(a-c)}{(b-c)} \times A \qquad (3\text{-}6)$$

式中 R——第 n 个月月进度付款中累计扣还的预付款总金额;

A——预付款总金额;

a——第 n 个月累计月进度支付金额占合同总价的百分比;

b——预付款扣款结束时,累计月进度支付金额占合同总价的百分比;

c——预付款扣款开始时,累计月进度支付金额占合同总价的百分比。

上式中提到的"合同总价"均应减去暂定金额。

三、争端审议委员会

争端审议委员会(Dispute Review Board,以下用 DRB)是最早在美国采用的一种解决争端的办法,由于在不少工程中取得成功,所以世行 SBDW1995 年 1 月版中正式将之列为世行贷款工程项目 5000 万美元以上的工程必须采用的争端解决办法,1000 万～5000 万美元的工程可由业主和承包商商定采用下述三个方案中的任一个:方案一,DRB;方案二,争端审议专家(Dispute Review Expert,以下用 DRE);或方案三,采用 FIDIC"红皮书"中由工程师解决争端的方法。

世行 SBDW 的第 13 章"争端解决程序"中将 DRB 和 DRE 的规则和程序作了详细的规定,在业主方招标时如欲采用 DRB 或 DRE,则应将有关方案的合同条款及相应的规则和程序正式列入"合同专用条件"。由于 DRB 和 DRE 的规则和程序绝大部分相同,下面仅对采用 DRB 的合同条款内容、规则和程序作一综合性简介。

(一) 采用 DRB 解决争端的程序

1. 审议委员的推选、批准和"接受声明"

如果业主和承包商之间由于合同或工程实施产生争端(包括任一方对工程师的决定有异议)时,应首先将争端提交 DRB。

DRB 由三位在同一类工程建设和合同文件解释方面具有经验的专家组成。业主和承包商在中标通知书签发后 28 天内各推选一名审议委员(Board Member),并征得对方批准,再由这二位委员推选第三名委员作为 DRB 的主席,但必须征得双方批准。如果在中标通知后规定时间内上述任一位委员未能被推选出或被批准,则应由投标书附录中规定的权威机构来选定。由于任何原因需要更换委员时,也基本按照上述办法进行。

审议委员在被推选并批准后,每人均应签署一份"接受声明"(Declaration of Acceptance)。主要声明二点:一是愿意为 DRB 服务并遵守有关合同条件及附件的约束;二是声明自己与业主、承包商、工程师中任一方没有经济利益和雇佣关系。实质上是对自己身份"清白"的声明和保证。审议委员应是独立的订约人(Independent Contractor)而不是业主或承包商的雇员或代理。审议委员不能将自己的工作转让或分包给他人。

2. 争端的提交和审议程序

(1) 争端的提交:如果合同一方对另一方或工程师的决定持有反对意见,则可向另一方提出一份书面的"争端通知"(Notice of Dispute),详细地说明争端的缘由,并抄送工程师。收到"争端通知"的另一方应对此加以考虑,并于收到之日的 14 天内书面给予回复。若收到此回复的一方 7 天内未以书面方式提出反对意见,则此回复将是对此事项最终、决定性的解决方式。鼓励合同双方采取进一步的努力以解决此争端。若双方仍有较大分歧,则任一方均可以书面"建议书申请报告"(Request for Recommendation)方式将此争端提交 DRB 全体委员、合同另一方和工程师。

(2) 听证会和审议:当争端交至 DRB,DRB 应决定何时举行听证会(Hearings),并要求双方在听证会前将书面文件和论点交给各委员。

在听证会期间,承包商、业主和工程师应分别有足够的机会申诉和提供证明。听证会通常在现场或其他方便的地点举行,业主、工程师和承包商的代表应有机会参加所有的听证会。听证会期间,任何审议委员不能就任一方论点的正确与否发表意见。

(3) 解决争端的建议书(以下简称建议书):听证会结束后,DRB 将单独开会并制定其建议书,会上所有审议委员的个人观点应严格保密。建议书应在 DRB 主席收到"建议书申请报告"后的 56 天内尽快以书面形式交给业主、承包商和工程师。建议书的制定应以相关的合同条款、适用的法律、法规以及与争端相关的事实为基础。DRB 应尽力达成一个一致通过的建议书。如果不可能,多数方将做出决定,持有异议的成员可准备一份书面报告交给合同各方和工程师。

(4) 双方收到 DRB 建议书后 14 天内,如均未提出要求仲裁的通知,则此建议书即成为对合同双方均有约束力的最终决定。如合同任一方既未提出要求仲裁的通知而又不执行建议书的有关建议,则另一方可要求仲裁。如合同任一方对建议书不满,或 DRB 主席收到申请报告后 56 天内未能签发建议书时,合同任一方均可在此后 14 天内向另一方提出争端仲裁意向通知书并通知工程师,否则不能予以仲裁。

只要合同未被解除或终止,承包商均应认真努力地进行施工。

(5) 仲裁:当任何 DRB 的建议书未能成为最终决定和具有约束力时,则应采用仲裁解决争端。

1) 如争端发生在业主和工程所在国承包商之间时,可以按双方同意的仲裁委员会及其规则和程序解决;

2) 如发生在业主和外国承包商之间时,应依据联合国国际贸易法委员会(UNCITRAL)的仲裁条例,选择国际仲裁机构进行裁决。仲裁机构名称、仲裁地点、仲裁语言等均应在投标书附录中注明。合同中任一方及工程师在仲裁过程中均不受以前向 DRB 提供证据的限制。仲裁过程中,审议委员均可作为证人或提供证据。仲裁可在工程竣工之前或之后进行,但在工程进行过程中,业主、承包商、工程师和 DRB 各自的义务不得因仲裁而改变。仲裁裁决对合同双方都是最终裁决,一般仲裁费由败诉方承担。

(二) 有关 DRB 的其他规定

1. 报酬

(1) 月聘请费:等于"解决投资争端国际中心(ICSID)管理和财务规则"不定期制定的仲裁员日薪的三倍,或业主和承包商以书面形式商定的其他聘请费。此聘请费包括出席听证会,参加现场考察和会议以及办公费等。

(2) 日薪(Daily fee):等于 ICSID 仲裁员日薪或业主和承包商可能书面商定的日薪。此日薪仅指由审议委员住地到现场或会议地点的日程(单程不超过二天)以及在现场或开会的日期应按日计付的薪金。

(3) 其他:如必要合理的旅行费、通讯费等均凭发票报销,超过 25 美元均应提供收据。

(4) 税金:偿付工程所在国对审议委员的收入征收的所有税费。

审议委员的薪金是固定的、不受物价波动影响。业主和承包商将平均承担审议委员的费用。如任一方未能支付,另一方有权代表违约方支付,并从违约方收回。任一方不按协议对审议委员支付均将构成对合同的违约。

2. 现场考察

评审委员应定期地,在施工关键时刻应合同一方书面要求进行现场考察并与各方会晤,但每 12 个月不得少于三次。现场考察将包括一次对施工状况的非正式讨论,一次工程视察和对"建议书申请报告"进行审查。考察结束应写一份报告抄送合同双方及工程师。

第 6 节 开标、评标、决标

一、开标

开标(Bid Opening)指在规定的日期、时间、地点当众宣布所有投标文件中的投标人名称和报价,使全体投标人了解各家投标价和自己在其中的顺序。招标单位当场只宣读投标价(包括投标人信函中有关报价内容及备选方案报价),但不解答任何问题。

对某些大型成套设备的采购和安装,可采用双信封投标法。

开标后任何投标人都不允许更改他的投标内容和报价,也不允许再增加优惠条件,但在业主需要时可以作一般性说明和疑点澄清。开标后即转入秘密评标阶段,这阶段工作要严格对投标人以及任何不参与评标工作的人保密。

对未按规定日期寄到的投标书,原则上均应视为废标而予以原封退回,但如果迟到日期不长,延误并非由于投标人的过失(如邮政、罢工等原因),招标单位也可以考虑接受该迟到的投标书。

二、评标

(一)评标组织

评标(Bid Evaluation)委员会一般由招标单位负责组织。为了保证评标工作的科学性和公正性,评标委员会必须具有权威性。一般均由建设单位、咨询设计单位、工程监理单位、资金提供单位、上级领导单位以及邀请的各有关方面(技术、经济、法律、合同等)的专家组成。评标委员会的成员不代表各自的单位或组织,也不应受任何个人或单位的干扰。

(二)土建工程项目的评标

土建工程的评标一般可分为审查投标文件和正式评标两个步骤

1. 对投标文件的初步审核:主要包括投标文件的符合性检验和投标报价的核对。

所谓符合性检验(Substantial Responsiveness),有时也叫实质性响应。即是要检查投标文件是否符合招标文件的要求。一般包括下列内容:(1)投标书是否按要求填写上报;(2)对投标书附件有无实质性修改;(3)是否按规定的格式和数额提交了投标保证金;(4)是否提交了承包商的法人资格证书及对投标负责人的授权委托证书;(5)如是联营体,是否提交了合格的联营体协议书以及对投标负责人的授权委托证书;(6)是否提交了外汇需求表;(7)是否提交了已标价的工程量表;(8)如招标文件有要求时,是否提供了单价分析表;(9)是否提交了计日工表;(10)投标文件是否齐全,并按规定签了名;(11)当前有无介入诉讼案件;(12)是否按要求填写了各种有关报表(如投标书附录等);(13)是否提出了招标单位无法接受的或违背招标文件的保留条件等。

上述有关要求均在招标文件的"投标人须知"中作出了明确的规定,如果投标文件的内容及实质与招标文件不符,或者某些特殊要求和保留条款事先未得到招标单位的同意,则这类投标书将被视作废标。

对投标人的投标报价在评标时应进行认真细致的核对,当数字金额与大写金额有差异时,以大写金额为准;当单价与数量相乘的总和与投标书的总价不符时,以单价乘数量的总和为准(除非评标小组确认是由于小数点错误所致)。所有发现的计算错误均应通知投标人,并以投标人书面确认的投标价为准。如果投标人不接受经校核后的正确投标价格,则其投标书可被拒绝,并可没收其投标保证金。

2. 正式评标。如果由于某些原因,事先未进行资格预审,则在评标时同时要进行资格后审,内容包括财务状况、以往经验与履约情况等。

评标内容一般包含下面五个方面:

(1)价格比较。既要比较总价,也要分析单价、计日工单价等。

对于国际招标,首先要按"投标人须知"中的规定将投标货币折成同一种货币,即对每份投标文件的报价,按某一选择方案规定的办法和招标资料表中规定的汇率日期折算成一种货币,来进行比较。

世界银行贷款项目规定如果公开招标的土木工程是将工程分为几段同时招标,而投标人又通过了这几段工程的资格预审,则可以投其中的几段或全部,即组合投标(Combinations of Bids)。这时投标人可能会许诺有条件的折扣(如所投的三个标全中标时可降价3%),谓之交叉折扣(Crossdiscounts),这时,业主方在评标时除了要注意投标人的能力等因素外,应以总合同包成本最低的原则选择授标的最佳组合。如果投标人是本国公司或者是与本国公司联营的公司,并符合有关规定,还可以享受到7.5%的优惠。把各种货币折算成当地币或某种外币,并将享受优惠的"评标价"计算出来之后,即可按照"评标价"排队,对于"评标价"最低的3~5家进行评标。

世行评标文件中还提出一个偏差折价(Priced Deviations),即虽然投标文件总体符合招标文件要求,但在个别地方有不合理要求(如要求推迟竣工日期),但业主方还可以考虑接受,对此偏差应在评标时折价计入评标价。

(2) 施工方案比较。对每一份投标文件所叙述的施工方法、技术特点、施工设备和施工进度等进行评议,对所列的施工设备清单进行审核,审查其施工设备的数量是否满足施工进度的要求,以及施工方法是否先进、合理,施工进度是否符合招标文件要求等。

(3) 对该项目主要管理人员及工程技术人员的数量及其经历的比较。拥有一定数量有资历、有丰富工程经验的管理人员和技术人员,是中标的一个重要因素。至于投标人的经历和财力,因在资格预审时已获通过,故在评标时一般可不作为评比的条件。

(4) 商务、法律方面。评判在此方面是否符合招标文件中合同条件、支付条件、外汇兑换条件等方面的要求。

(5) 有关优惠条件等其他条件。如软贷款、施工设备赠给、技术协作、专利转让,以及雇用当地劳务等。

在根据以上各点进行评标过程中,必然会发现投标人在其投标文件中有许多问题没有阐述清楚,评标委员会可分别约见每一个投标人,要求予以澄清。并在评标委员会规定时间内提交书面的、正式的答复,澄清和确认的问题必须由授权代表正式签字,并应声明这个书面的正式答复将作为投标文件的正式组成部分。但澄清问题的书面文件不允许对原投标文件作实质上的修改,除纠正在核对价格时发生的错误外,不允许变更投标价格。澄清时一般只限于提问和回答,评标委员在会上不宜对投标人的回答作任何评论或表态。

在以上工作的基础上,即可最后评定中标者,评定的方法既可采用讨论协商的方法,也可以采用评分的方法。评分的方法即是由评标委员会在开始评标前事先拟定一个评分标准,在对有关投标文件分析、讨论和澄清问题的基础上,由每一个委员采用不记名打分,最后统计打分结果的方式得出建议的中标者。用评分法评标时,评分的项目一般包括:投标价、工期、采用的施工方案、对业主动员预付款的要求等。

世行贷款项目的评标不允许采用在标底上下定一个范围,入围者才能中标的办法。

三、决标与废标

(一) 决标(Award of Contract)

决标即最后决定将合同授于某一个投标人。评标委员会作出建议的授标决定后,业主方还要与中标者进行合同谈判。合同谈判以招标文件为基础,双方提出的修改补充意见均应写入合同协议书补遗书并作为正式的合同文件。

双方在合同协议书上签字,同时承包商应提交履约保证,才算正式决定了中标人,至此招标工作方告一段落。业主应及时通知所有未中标的投标人,并退还所有的投标保证。

(二)废标(Rejection of all Bids)

在招标文件中一般均规定业主方有权废标,一般在下列三种情况下才考虑废标:

(1)所有的投标文件都不符合招标文件要求。

(2)所有的投标报价与概算相比,都高的不合理。

(3)所有的投标人均不合格。

但按国际惯例,不允许为了压低报价而废标。如要重新招标,应对招标文件有关内容如合同范围、合同条件、设计、图纸、规范等重新审订修改后才能重新招标。

思 考 题

1. 为什么要重视研究招标文件? 它与合同文件有什么关系?

2. 工程分标的原则是什么? 要考虑哪些因素?

3. 资格预审的主要审查内容是什么?

4. 世行贷款项目工程采购标准招标文件包含的 10 个主要部分的要点是什么?

5. "投标人须知"是不是合同文件的一部分? 在什么文件中可以对"投标人须知"进行补充和修改?

6. 为什么说投标书附录是一个重要的合同文件? 从投标书附录内业主方规定的各项指标和数据中可以看出什么问题?

7. 什么形式的计日工表符合竞争性投标要求?

8. 履约保证有几种形式? 各有何特点?

9. 财政部编写的招标文件范本有哪些特殊要求和规定?

10. 使用公式(3-2)时应注意什么问题?

11. DRB 有什么优点? 在什么条件下采用? 采用 DRB 解决争端的程序是什么?

12. 工程采购评标的内容有哪些? 什么是中标的关键因素?

第4章 国际工程合同条件

合同条件是合同文件最为重要的组成部分之一。本章首先介绍合同条件的概念和几种国际上比较通用的合同条件标准格式,而后重点介绍 FIDIC 及其编制的合同条件的特点,随后详细介绍其中最常用的 FIDIC《施工合同条件》(1999 年第一版),最后简要介绍 FIDIC 1999 年新编制的其他几种合同条件。通过对上述内容的学习,可以对 FIDIC 合同条件的主要内容和编制国际工程合同条件的思路有一个全面的了解。

第1节 合同条件概述

一、合同条件的概念和作用

对于国际工程项目,在业主颁发的招标文件以及随后签订的合同中,合同条件都是最为重要的组成部分之一。它规定了业主和承包商的职责、义务和权利以及监理工程师(条款中均用"工程师"一词,下同)在根据业主和承包商之间签订的合同执行对工程的监理任务时的职责和权限。

在工程实施过程中,业主和承包商首先应受工程所在国的法律和法规的约束。但这些法律和法规不可能反映出业主和承包商之间围绕一个工程项目的某些具体约定。合同条件则试图对合同实施过程中每一个可以设想到的细节和每一种可能出现的情况都尽量做出具体的规定,以达到在执行过程中每一步操作都有"法"可依的目的。

二、国际工程合同条件的标准格式

合同条件涉及的内容十分广泛,其中又处处牵扯到种种复杂的利益关系,因此绝大部分国际工程项目的合同条件都是在参照世界知名的专业组织出版的合同条件标准格式的基础上,结合工程项目的具体要求编制出来的。目前国际上较通用的合同条件标准格式有:国际咨询工程师联合会编制的 FIDIC 合同条件,英国土木工程师学会(The Institution of Civil Engineers)编制的 ICE 合同条件,英国皇家建筑师学会(The Royal Institute of British Architects)编制的 RIBA 合同条件和英国合同审定联合会(Joint Contracts Tribunal)编制的 JCT 合同条件,美国建筑师学会(The American Institute of Architects)编制的 AIA 合同条件等。

下面首先简要地介绍 ICE 合同条件和 AIA 合同条件,从第3节开始详细地介绍 FIDIC 合同条件。

(一) ICE 合同条件

英国土木工程师学会在土木工程建设合同方面具有高度的权威性。它编制的《ICE 土木工程合同条件》在英联邦和原英国殖民地国家的土木工程界有着广泛的影响。

ICE 合同条件属于单价合同形式,以实际完成的工程量和投标书中的单价来控制工程项目的总造价。同 ICE 合同条件配套使用的有《ICE 分包合同标准格式》,规定了总承包商与分包商签订分包合同时可采用的标准格式。FIDIC《土木施工合同条件》的最早版本即来源于 ICE 合同条件,因此可以发现二者有很多相似之处。

ICE 还为设计—建造模式制定了专门的合同条件。

(二) AIA 合同条件

美国建筑师学会制定的 AIA 合同条件主要用于私营的房屋建筑工程,在美国及美洲各国应用甚广,影响很大。

AIA 合同文件的计价方式主要有总价、成本补偿及最高限定价格法。

针对不同的工程项目管理模式及不同的合同类型有多种形式的 AIA 合同条件,分为 A、B、C、D、G 等系列,具体内容如下:

A 系列——用于业主与承包商之间的各种标准合同文件,不仅包括合同条件,还包括承包商资格申报表,保证标准格式等。

B 系列——用于业主与建筑师之间的标准合同文件,其中包括专门用于建筑设计,室内装修工程等特定情况的标准合同文件。

C 系列——用于建筑师与专业咨询机构之间的标准合同文件。

D 系列——建筑师行业内部使用的文件。

G 系列——建筑师企业及项目管理中使用的文件。

其中最为核心的是"通用条件"(A201)。

AIA 还为包括 CM 方式在内的各种工程项目管理模式专门制定了各种协议书格式。采用不同的工程项目管理模式及不同的计价方式时,只需选用不同的"协议书格式"与 A201 "通用条件"配合在一起使用即可。

对于比较简单的小型项目,AIA 还专门编制了简短合同条件。

第 2 节 国际咨询工程师联合会简介

一、国际咨询工程师联合会

FIDIC[′fidik]是指国际咨询工程师联合会(FEDERATION INTERNATIONALE DES INGENIEURS CONSEILS),它是该联合会法语名称的字头缩写。许多国家和地区都有自己民间的咨询工程师协会,这些协会的国际联合会就是"FIDIC"。

FIDIC 最早是于 1913 年由欧洲三个国家的咨询工程师协会组成的。自 1945 年二次世界大战结束以来,已有全球各地 60 多个国家和地区的成员加入了 FIDIC,我国在 1996 年正式加入。可以说 FIDIC 代表了世界上大多数独立的咨询工程师,是最具有权威性的咨询工程师组织,它推动了全球范围的高质量的工程咨询服务业的发展。

FIDIC 有两个下属的地区成员协会:FIDIC 亚洲及太平洋地区成员协会(ASPAC)和 FIDIC 非洲成员协会集团(CAMA)。FIDIC 下设五个永久性专业委员会:业主与咨询工程师关系委员会(CCRC),合同委员会(CC),风险管理委员会(RMC),质量管理委员会(QMC),环境委员会(ENVC)。FIDIC 的各专业委员会编制了许多规范性的文件,不仅世界银行、亚洲开发银行、非洲开发银行的招标文件样本采用这些文件,还有许多国家和国际工程项目也常常采用这些文件。其中最常用的有《土木施工合同条件》,《电气和机械工程合同条件》,《业主/咨询工程师标准服务协议书》,《设计—建造与交钥匙工程合同条件》(国际上分别通称为 FIDIC"红皮书"、"黄皮书"、"白皮书"和"桔皮书")及《土木工程施工分包合同条件》。1999 年,FIDIC 又出版了最新的《施工合同条件》、《EPC/交钥匙工程合同条件》、《工程设备和设计—建造合同条件》及《合同简短格式》4 个文本。

二、FIDIC 编制的各类合同条件的特点

FIDIC 编制的合同条件具有以下特点:

(一) 国际性、通用性、权威性

FIDIC 编制的合同条件(以下简称"FIDIC 合同条件")是在总结世界各国国际工程合同管理的经验教训的基础上制定的,并且长期以来一直在根据各方意见加以修改完善。如FIDIC"红皮书"从 1957 年制定第一版以来,已经多次修订和增补。在起草第三版时,各大洲的承包商协会的代表曾参加起草工作;在第四版的编写工作中,欧洲国际承包商会(EIC)和美国总承包商协会(AGC)曾提出不少意见和建议;1999 年以"红皮书"为基础的《施工合同条件》更是在广泛采纳众多专家意见的基础上,全面修改了合同条件的结构和内容。由此可见,FIDIC 的合同条件是在总结各个地区、国家的业主、咨询工程师和承包商各方的经验的基础上编制出来的,是国际上一个高水平的通用性的文件。既可用于国际工程,稍加修改后又可用于国内工程,我国有关部委编制的合同条件或协议书范本都将 FIDIC 合同条件作为重要的参考文本。一些国际金融组织的贷款项目及一些国家和地区的国际工程项目也都采用 FIDIC 合同条件。

(二) 公正合理、职责分明

合同条件的各项规定具体体现了业主和承包商的权利、义务和职责以及工程师的职责和权限。由于 FIDIC 大量地听取了各方的意见和建议,因而其合同条件中的各项规定也体现了在业主和承包商之间风险合理分担的精神,并且在合同条件中倡导合同各方以坦诚合作的精神去完成工程。合同条件中对有关各方的职责既有明确的规定和要求,也有必要的限制,这一切对合同的实施都是非常重要的。

(三) 程序严谨、易于操作

合同条件中对处理各种问题的程序都有严谨的规定,特别强调要及时处理和解决问题,以避免由于任何一方拖拉而产生的新问题,另外还特别强调各种书面文件及证据的重要性,这些规定使各方均有规可循,并使条款中的规定易于操作和实施。

(四) 通用条件和专用条件的有机结合

FIDIC 合同条件一般都分为两个部分,第一部分是"通用条件"(General Conditions);第二部分是"特殊应用条件"(Conditions of Particular Application),也可称为"专用条件"(本书中用"专用条件")。

通用条件对某一类工程都通用,如 FIDIC《土木施工合同条件》对于各种类型的土木工程(如工业和民用房屋建筑、公路、桥梁、水利、港口、铁路等)均适用。

专用条件则是针对一个具体的工程项目,考虑到国家和地区的法律法规的不同、项目的特点和业主对合同实施的不同要求,而对通用条件进行的具体化、修改和补充。FIDIC 编制的各类合同条件的专用条件中,有许多建议性的措辞范例,业主与他聘用的咨询工程师有权决定采用这些措辞范例或另行编制自己认为合理的措辞来对通用条件进行修改和补充。在合同中凡合同条件第二部分和第一部分不同之处均以第二部分为准,第二部分的条款号与第一部分相同,这样合同条件第一部分和第二部分共同构成一个完整的合同条件。本章中主要介绍通用条件,对专用条件中的各类措辞范例读者在工作中需要时可查看原著。

三、如何运用 FIDIC 编制的合同条件

（一）国际金融组织贷款和一些国际项目直接采用

在世界各地，凡是世行、亚行、非行贷款的工程项目以及在一些国家的国际工程项目招标文件中，都全文采用 FIDIC 的某种合同条件。因而参与项目实施的各方都必须十分了解和熟悉这些合同条件，才能保证工程合同的执行，并根据合同条件行使自己的职权和保护自己的权利。

在我国，凡亚行贷款项目，都全文采用 FIDIC"红皮书"。对世行贷款项目，在财政部编制的招标文件范本中，对 FIDIC 合同条件作了一些特殊的规定和修改，请读者在使用时注意。

（二）对比分析采用

许多国家和一些工程项目都有自己编制的合同条件，这些合同条件的条目、内容和 FIDIC 编制的合同条件大同小异，只是在处理问题的程序规定以及风险分担等方面有所不同。FIDIC 合同条件在处理业主和承包商的风险分担和权利义务上是比较公正的，各项程序也是比较严谨完善的，因而在掌握了 FIDIC 合同条件之后，可以之作为一把尺子来与工作中遇到的其他合同条件逐条对比、分析和研究，由此可以发现风险因素以制定防范风险或利用风险的措施，也可以发现索赔的机遇。

（三）合同谈判时采用

因为 FIDIC 合同条件是国际上权威性的文件，在招标过程中，如果承包商认为招标文件中有些规定不合理或是不完善，可以用 FIDIC 合同条件作为"国际惯例"，在合同谈判时要求对方修改或补充某些条款。

（四）局部选择采用

当咨询工程师协助业主编制招标文件时或是总承包商编制分包项目招标文件时，可以局部选择 FIDIC 合同条件中的某些部分、某些条款、某些思路、某些程序或某些规定。也可以在项目实施过程中借助于某些思路和程序去处理遇到的问题。

总之，系统地、认真地学习 FIDIC 的各种合同条件，将会使每一位参与工程项目管理的人员的水平都大大提高一步，使我们在工程项目管理的思路上和作法上和国际接轨。

FIDIC 还对"红皮书"、"黄皮书"、"白皮书"和"桔皮书"分别编制了"应用指南"。在"应用指南"中除介绍了招标程序、合同各方及工程师的职责外，还对每一条款进行了详细的解释和讨论，对使用者深入理解合同条款很有帮助。

下文中首先比较详细地介绍 FIDIC《施工合同条件》（1999 年版），而后再简要地介绍 FIDIC 在 1999 年最新出版的其他几种合同条件。

在此要特别强调的是：如果读者在工作中要使用 FIDIC 编制的各个合同条件，应一律以正式的英文版合同条件文本为准。

第 3 节　FIDIC《施工合同条件》
（1999 年版）内容简介

在 FIDIC 编制的合同条件中，应用最广的是《土木施工合同条件》（国际上通称"红皮书"），从 1957 年其第一版正式发行至今，"红皮书"已经四次改版、十数次修订。1999 年出

版的《施工合同条件》(1999 年版)即是以原"红皮书"为基础的。在这种合同形式下,承包商一般都按照业主提供的设计进行施工。它是一种单价与子项包干混合式合同,适用于业主任命工程师监理合同的房屋建筑或各种工程的施工项目。

FIDIC《施工合同条件》(1999 年版)第一部分为通用条件,分节论述了以下 20 个方面的问题:一般规定,业主,工程师,承包商,指定分包商,职员和劳工,工程设备、材料和工艺,开工、延误和暂停,竣工检验,业主的接收,缺陷责任,测量和估价,变更和调整,合同价格和支付,业主提出终止,承包商提出暂停和终止,风险和责任,保险,不可抗力,索赔、争端和仲裁。第二部分为专用条件编写指南。上述两部分后还附有投标函、合同协议书及争端仲裁协议书的格式。本节中仅对通用条件部分进行简要的介绍和分析讨论。标题后或文字说明后括号内的数字为相应的条款号。

一、一般规定(General Provisions)

(一) 定义❶ (Definitions)(1.1)

合同用语非常严密,在任一本合同条件中,很多措辞和用语都有特定的含义,合同条件中措辞和用语的定义不仅适用于合同条件文本,而且适用于合同所包含的全部文件的相应措辞和用语,因之对它们的理解和解释一定要严格地遵守合同条件中具体给出的定义。在合同条件英文原版的句子中,凡定义的措辞和用语,第一个英文字母均为大写。

FIDIC《施工合同条件》(1999 年版)中共有 58 个措辞和用语,其中有 30 个是以往版本中没有的,现就其中 35 个基本的措辞和用语进行介绍,其他一些定义将结合具体的合同条款再作解释。方括号[　]内的文字为笔者的简要说明。

1. 有关合同(1.1.1)

(1) 合同(Contract):指合同协议书、中标函、投标书、本合同条件、规范、图纸、资料表,以及在合同协议书或中标函中列明的其他进一步的文件(如有时)。[应注意,合同是一个总称,不能将其与"合同条件"等合同文件并列起来。]

(2) 投标函(Letter of Tender)❷:指由承包商填写并签字的对业主的工程报价。

(3) 投标书(Tender):指投标函和合同中规定的承包商应随投标函一起提交的所有其他文件。

(4) 投标函附录(Appendix to Tender):名称为"投标函附录"并已填写完毕的文件,附于投标函之后并构成投标函的一部分。[用于说明业主和承包商对此合同项目的某些具体约定。]

(5) 中标函(Letter of Acceptance):指业主对投标函签署的正式接受函,包括其后所附的备忘录(由合同双方达成并签订的协议构成)。有时招投标过程中没有发中标函这个环节,则各条规定中包含的"中标函"就指合同协议书。颁发或接收中标函的日期就指双方签订合同协议书的日期。

(6) 资料表(Schedules):指由承包商填写并随投标函提交的一份合同文件,其中可能包括工程量表、数据、列表及费率和/或单价表。

(7) 规范(Specifications):指合同中具体描述工程的文件,包括根据合同的规定对其做出的增加和修改。

---

❶ 本章中的定义仅适用于《施工合同条件》(1999 年版)。

❷ 本章中的"投标函(Letter of Tender)"一词与第三章中的"投标书(Tender/Bid)"一词含义相同。

（8）图纸（Drawings）：指合同中规定的工程图纸，及由业主（或业主委托他人）根据合同颁发的对图纸的增加和修改。

2．合同各方与当事人（1.1.2）

（1）业主（Employer）：指在投标函附录中指定为业主的当事人或此当事人的合法继承人。

（2）承包商（Contractor）：指在业主收到的投标函中指明为承包商的当事人（一个或多个）及其合法继承人。

（3）工程师（Engineer）：指业主为合同之目的指定作为工程师工作并在投标函附录中指明的人员，或由业主按合同规定随时指定并通知承包商的其他人员。

（4）分包商（Subcontractor）：指合同中指明为分包商的所有人员，或为部分工程指定为分包商的人员及这些人员的合法继承人。

3．日期、检验、期限和竣工（1.1.3）

（1）基准日期（Base Date）：指提交投标书截止日前28天的当日。［因为汇率、材料单价等甚至适用的法律都是随时间变动的，所以在合同中提及上述可变因素时都要声明对应的日期。一般就以基准日期为固定的日期。］

（2）开工日期（Commencement Date）：工程师按照有关开工的条款通知承包商开工的日期。

（3）竣工时间（Time for Completion）：指在投标函附录中说明的，按照合同中对竣工时间的规定，由开工日期算起到工程或某一区段（视情况而定）完工的这一段时间（包括根据合同得到的所有延期）。

（4）竣工检验（Test on Completion）：指在业主接收工程或某一区段（视情况而定）前按照有关条款规定进行的检验，此检验可在合同中说明、或由双方协商决定、或以指示变更的形式进行。

（5）竣工后的检验（Test after Completion）：指合同中规定的，在业主接收了工程或某一区段（视情况而定）之后，按照专用条件的规定进行的检验（如有时）。

（6）缺陷通知期（Defects Notification Period）：指根据投标函附录中的规定，从接收证书中注明的工程或区段的竣工日期算起，根据合同通知工程或该区段中的缺陷的期限（包括依据有关合同条款决定的所有延期）。

4．款项与支付（1.1.4）

（1）中标的合同金额（Accepted Contract Amount）：指业主在中标函中对实施、完成和修补工程所接受的金额［即中标时的价格］。

（2）合同价格（Contract Price）："合同价格"一款中定义的价格，包括根据合同所作的调整［指合同结束时的最终的合同价格］。

（3）费用（Cost）：指承包商在现场内或现场外正当发生（或将要发生）的所有开支，包括管理费和类似支出，但不包括利润。

（4）外币（Foreign Currency）：指可用来支付部分或全部合同价格的某种货币，但不指当地货币。

5．工程和货物（1.1.5）

（1）永久工程（Permanent Works）：指将由承包商按照合同实施的永久工程［即工程竣

工后留作业主财产的那部分工程]。

(2) 临时工程(Temporary Works)：指为了实施和完成永久工程以及修补任何缺陷在现场上所需的各种类型的临时工程(承包商的设备除外)。

(3) 工程(Works)：指永久工程和临时工程，或视情况指其中之一。

(4) 区段(Sections)：指投标函附录中指明为区段的部分工程(如有时)。

(5) 工程设备(Plant)：指将构成或构成部分永久工程的机械、仪器和车辆。

(6) 承包商的设备(Contractor's Equipment)：指用于实施和完成工程以及修补缺陷所需要的全部机械、仪器、车辆和其他设备。其中不包括临时工程、业主的设备、工程设备和所有其他将构成或构成永久工程一部分的任何物品。

(7) 业主的设备(Employer's Equipment)：指规范中说明的，在实施工程的过程中，由业主提供给承包商使用的机械、仪器和车辆(如有时)；但不包括尚未被业主接收的工程设备。

(8) 货物(Goods)：指承包商的设备、材料、工程设备和临时工程，或视情况指其中之一。

(9) 材料(Materials)：指将构成或构成部分永久工程的各类物品(工程设备除外)，包括由承包商按照合同仅负责供应的材料(如有时)。

6. 其他定义(1.1.6)

(1) 工程所在国(Country)：指现场(或大部分现场)所在的国家，永久工程将在此实施。

(2) 现场(Site)：指永久工程将要实施且工程设备和材料将运达的地点，及其他合同中规定为现场一部分的地点。

(3) 承包商的文件(Contractor's Documents)：指由承包商按照合同规定提交的计算书、计算机程序及其他软件、图纸、手册、模型和其他技术性的文件(如有时)。

(4) 变更(Variation)：指按照合同条件"变更和调整"一款被指示或批准作为变更的对工程的任何变动。

(二) 解释和通讯联络(Communications)(1.2&1.3)

合同条件中多次涉及发出或颁发批准、证书、同意、决定、通知和要求，这些通讯联络都必须以书面形式进行，对任何批准、证书、同意及决定不得无理扣压或拖延。

(三) 法律和语言(Law and Language)(1.4)

合同受投标函附录中规定的国家或地区的法律的约束。

如果合同使用一种以上语言编写，以投标函附录中规定的主导语言编写的版本优先。往来信函应使用投标函附录中规定的语言。

(四) 文件的优先顺序(Priority of Documents)(1.5)

构成合同的各个合同文件应是互为说明、互为补充的，但若其相互之间出现矛盾时，应以优先顺序靠前的为准。合同文件的优先顺序排列如下：

(a) 合同协议书(如有时)，

(b) 中标函，

(c) 投标函，

(d) 专用条件，

(e) 通用条件，

(f) 规范，

(g) 图纸，和

(h) 资料表以及其他任何构成合同一部分的文件。

如果在上述文件中发现了含糊或矛盾之处,工程师应颁发必要的澄清或解释。

(五) 合同协议书(Contract Agreement)(1.6)

除非另有协议,否则双方应在承包商收到中标函(如有时)后的 28 天内签订合同协议书。其格式应以专用条件后所附的格式为基础。有关费用由业主承担。

(六) 转让(Assignment)(1.7)

没有一方的事先同意,另一方不得转让整个或部分合同,一般情况下,也不能转让根据合同应得的利益或权益,除非将其作为保证金转让给银行或金融机构。可将其按照合同对任何到期或将到期的金额所享有的权利,以银行或金融机构为受益人,作为抵押转让出去。

(七) 文件的保管、提供和使用(Care and Supply of Documents)(1.8&1.10&1.11)

1. 规范和图纸由业主保管,承包商的文件在移交给业主之前由承包商保管。但双方都要向对方提供复印件。

2. 承包商应在现场保留一份合同、规范中列出的所有文件、承包商的文件、图纸、变更以及所有按照合同收发的往来信函。

3. 如果一方在用于施工的文件中发现了技术性错误或缺陷,应立即通知另一方。

4. 业主和承包商都对自己编写的设计文件保留版权和其他知识产权。通过签订合同,双方分别给予对方复印、使用及传输上述文件的许可。但不经一方同意,另一方不得为第三方复印、使用或传输上述文件。

(八) 拖延的图纸或指示(Delayed Drawings or Instructions)(1.9)

如果因必要的图纸或指示不能及时送达承包商,从而可能引起工程延误或中断时,承包商应提前将详细情况和后果通知工程师。此后,如果因上述原因拖延了工期或增加了额外费用,承包商可以向工程师发出进一步的通知,以索赔工期、费用以及合理的利润。

(九) 保密事项(Confidential Details)(1.12)

工程师为检查承包商是否遵守了合同而提出合理要求时,承包商应透露有关的保密事项和其他情况。

(十) 遵守法律(Compliance with Laws)(1.13)

除非专用条件中另有说明,承包商在履行合同时要遵守适用的法律的规定。

业主应负责取得永久工程的规划、市区划分及规范中说明应由他获取的各类许可;承包商应负责取得法律中要求的与实施、完成工程和修补缺陷有关的各类许可和批准,并为实施、完成工程和修补缺陷之目的发出通知,支付税款、关税和费用。

(十一) 共同的与各自的责任(Joint and Several Liability)(1.14)

如果承包商是由两个或两个以上当事人组成的联营体(Joint Venture)或联合集团(Consortum)时,则:各当事人要就合同的履行向业主承担共同的和各自的责任;各当事人要将他们的负责人通知业主,此负责人有权管理联营体中的每位成员;没有业主的事先同意,承包商不得改变其组成或法律地位。

二、业主(The Employer)

(一) 业主的一般义务

1. 进入现场的权利(Right of Access to the Site)(2.1)

业主应在投标函附录规定的时间(或各时间段)内给予承包商进入和占用现场所有部分

的权利。但应注意：

（1）上述进入和占用权并非一定由订立本合同的承包商独享。

（2）如果合同要求，业主应按规范中注明的时间和方式给予承包商对基础、结构、工程设备或交通手段的占用权；但必须在承包商提交履约保证之后才给予此权利。

（3）业主应在合理时间内使承包商有权进入和占用现场，以便按进度正常开工。如果由于业主未能在规定时间内给予承包商上述权利而使其遭受了损失，承包商可索赔延长工期以及费用和合理的利润。

2．许可、执照和批准(Permits, Licences or Approvals)(2.2)

如果承包商提出要求，业主应帮助承包商获得工程所在国的法律文本，并帮助承包商申请该法律中要求的各项许可、执照和批准。

3．业主的人员(Employer's Personnel)(2.3)

业主有责任保证其人员或其他承包商配合承包商的工作，并保证上述人员遵守安全规章、注意现场安全等。

4．业主的资金安排(Employer's Financial Arrangement)(2.4)

按合同向承包商支付工程款是业主最主要的义务。业主应在收到承包商的请求后的28天内提出合理的证据，表明业主已做好了资金安排，有能力按合同要求支付合同价格的款额。如果业主打算对其资金安排作实质性变动，则要向承包商发出详细通知。

（二）业主的索赔(Employer's Claims)(2.5)

业主和承包商都有向对方索赔的权利。

当业主认为根据合同，自己有权获得缺陷通知期的延长或任何付款时，可向承包商要求索赔。索赔时，业主或工程师应向承包商发出通知并说明具体情况。但因向承包商提供水、电、气、设备、材料或其他服务而提出的支付要求无需发出通知。索赔通知要及时，要求延长缺陷通知期的通知应在相关缺陷通知期期满之前发出。

如果业主索赔的证据充足，工程师应在协商后作出延长缺陷通知期和(或)由承包商向业主支付一笔款项的决定。这笔款额将从合同价格及付款证书中扣除。

三、工程师(The Engineer)

（一）工程师的任命和撤换(3.1&3.4)

工程师由业主任命，与业主签订咨询服务协议。但如果业主要撤换工程师，必须提前42天发出通知以征得承包商的同意。

（二）工程师的职责和权力(Engineer's Duties and Authority)(3.1)

工程师应履行合同中规定的职责，行使在合同中明文规定或必然隐含的权力。如要求工程师在行使某种权力之前需获得业主的批准，必须在合同专用条件中规定。如果没有承包商的同意，业主对工程师的权力不能进一步加以限制。

应注意：

1．工程师无权修改合同。

2．工程师无权解除任何一方依照合同具有的任何职责、义务或责任。以上两条限制了工程师行事的随意性，明确了合同是判断处理一切与合同相关事务的依据。

3．工程进行过程中，承包商的图纸、施工完毕的工程、付款的要求等诸多事宜都需经工程师的审查和批准，但经工程师批准、审查、同意、检查、指示、建议、检验的任何事项如果出现了问题,承包商仍需依照合同负完全的责任。

（三）工程师的授权(Delegation by the Engineer)(3.2)

工程师职责中大量的常规性工作(不包括对合同事宜作出商定或决定)都是由工程师授权其助理完成的。工程师的助理包括一位驻地工程师(Resident Engineer)和若干名独立检验员(Independent Inspectors)。在被授权的范围内,他们可向承包商发出指示,且其批准、审查、开具证书等行为具有和工程师等同的效力。但对于任何工作、工程设备和材料,如果工程师助理未提出否定意见并不能构成批准,工程师仍可拒收;承包商对工程师助理作出的决定若有质疑,也可提交工程师,由工程师确认、否定或更改。

（四）工程师的指示(Instructions of the Engineer)(3.3)

1．工程师可按照合同的规定,随时向承包商发布指示或图纸。

2．承包商仅接受工程师和其授权的助理的指示,并且必须严格按其指示办事。

3．指示均应为书面形式。如果工程师或工程师助理发出口头指示,而在口头指示发出之后两个工作日内从承包商处收到对该指示的书面确认,如在接到此确认后两个工作日内未颁发一书面的拒绝以及(或)指示,则此确认构成工程师或他授权的助理的书面指示。

（五）决定(Determinations)(3.5)

合同条件中多处要求工程师按照合同条款对某些事宜作出某些商定或决定。这种情况下,工程师应首先与双方进行协商并力争达成一致;如果不能达成一致,再根据合同规定自行作出一个公正的决定(Fair Determination)。

业主和承包商双方都要遵守达成一致的协议或工程师作出的决定,但在执行的同时可提出索赔或仲裁。

四、承包商(The Contractor)

有关承包商的工作共分为 24 款,下面摘要地介绍其主要内容。

（一）一般义务(Contractor's General Obligations)(4.1)

1．承包商的义务一般包括:

(1) 按照合同的规定以及工程师(在合同规定范围内)的指示实施工程、修补缺陷。

(2) 提供工程所需的工程设备、承包商的文件、人员、货物等以及其他物品和服务。

2．承包商的责任范围:

(1) 承包商要对一切现场作业和施工方法的完备性、稳定性和安全性负责,并对承包商的文件、临时工程和按合同要求所做的设计负责,即使上述各项工作需由工程师批准,但如果出现错误也必须由承包商承担责任。

(2) 在本合同模式中,永久工程的设计和规范一般都由业主在招标前完成,承包商对其不负责任。

(3) 如果工程师提出要求,承包商应提交他将采用的施工方法和施工安排的详细说明。

3．如果合同中明确要求承包商设计部分永久工程,则对于该部分工程:

(1) 承包商要按合同规定的程序向工程师提交承包商的文件,文件必须符合规范和图纸的要求,使用主导语言;

(2) 承包商要对这部分永久工程负全部责任,并使其完工后适用于合同中规定的工程预期目的;

(3) 承包商必须在竣工检验以前,按照规范的规定向工程师提交详细的竣工文件以及操作和维修手册。

（二）履约保证（Performance Security）（4.2）

1. 如果投标函附录中说明了履约保证的金额,则在收到中标函后的 28 天内,承包商应在业主批准的实体,按规定的金额和货币种类,采用本条件后所附的格式,开具履约保证,并提交给业主。开具保证的费用由承包商自理。

2. 履约保证在工程实施、竣工、修补缺陷期间内持续有效。如果由于某些原因需要时,承包商应延长其有效期。

3. 下述情况下,业主有权根据履约保证提出索赔:

（1）履约保证到期时,承包商未及时延长其有效期;

（2）承包商未能及时向业主支付应付的索赔款额;

（3）承包商未能按要求及时修补缺陷;

（4）由于承包商一方的原因而使业主提出终止合同。

除上述情况外,业主不得随意没收履约保证,并应在接到履约证书的副本后 21 天内将履约保证归还承包商。

（三）承包商的代表（Contractor's Representative）（4.3）

承包商应在开工日期前任命承包商的代表,授予他所必需的一切权力,由他全权代表承包商执行合同并接受工程师的指示。承包商的代表的任命及撤换要经工程师同意。承包商的代表应以其全部时间去实施合同,他可将其权力、职责或责任委托给任何胜任的人员,并可随时撤回,但须事先通知工程师。

（四）分包（4.4&4.5）

1. 承包商不得将整个工程分包出去。

2. 责任关系:虽然分包出去的部分工程由分包商来实施,但是对分包商、分包商的代理人及其人员的行为或违约要由承包商负全部责任。

3. 要求:

（1）雇用分包商（材料供应商和合同中已注明的分包商除外）,必须经工程师事先同意;

（2）承包商要提前 28 天将分包商的开工日期通知工程师;

（3）分包合同中必须规定:如果分包商履行其分包合同义务的期限超过了本合同相应部分的缺陷通知期,承包商应将此分包合同的利益转让给业主。

（五）合作（Co-operation）（4.6）

承包商应与业主的人员、其他承包商与合法机构的人员合作,向他们提供自己的设备、临时工程和通行道路。由此引起的不可预见的费用可作为变更得到补偿。

如果按照承包商的文件中的内容,承包商要求占用某部分基础、结构、工程设备或通行手段,则承包商应向工程师提交文件加以说明。

（六）放线（Setting Out）（4.7）

承包商应根据在合同中规定的或工程师通知的原始基准点、基准线和参考标高对工程进行放线。业主应对己方提供的数据的准确性负责,但承包商在使用前,有义务对其进行校核。如果上述数据的差错造成了工程延误或增加了额外费用,而且即使一个有经验的承包商也无法合理发现这种差错并避免此类延误和费用,则承包商可提出索赔工期、费用和合理的利润。工程师在做出决定时,要考虑正常情况下此错误在多大程度上不可发现。

承包商应负责对工程各部分的正确定位,且承包商有责任校正测量工作中出现的差错。

（七）安全措施(Safety Procedures)(4.8&4.22)

承包商应遵守安全规章,注意保护现场人员安全,及时清理危险物,提供必要的安全设施(如围栏、照明等)和保证安全所需的临时工程(包括道路、人行道等)。并应阻止未经授权的人员进入现场。

（八）质量保证(Quality Assurance)(4.9)

承包商要按照合同要求,建立一套质量保证体系,并应提交工程师审查批准,以保障工程质量符合合同规定的具体要求。但实施该体系不应解除承包商履行合同规定的任何义务和责任。

（九）现场数据(Site Data)(4.10)

在基准日期前及以后,业主均应将其掌握的一切有关现场的水文、地表以下包括环境方面的数据提供给承包商。但承包商应对所有数据的解释负责。

承包商在递交投标书前,必须对现场及其周围的环境、由业主提供的数据及资料仔细审查,并明确自己是否能够接受工程的地质环境、水文气候环境、工作和供货环境、法律环境、生活环境等。递交投标书后,就不能再以未能充分了解有关情况为由提出任何要求。

（十）中标的合同金额的完备性(Sufficiency of the Accepted Contract Amount)(4.11)

在业主给承包商的中标函中,写明了中标的合同金额。这个金额是在上款中所提供的数据和经解释、视察、研究等得到的资料的基础上确定的,应包括承包商在合同中应承担的全部义务(包括根据暂定金额应承担的义务,如有时)。

承包商应被认为对此价格的合宜性和完备性已完全理解。

（十一）不可预见的外界条件(Unforeseeable Physical Conditions)(4.12)

"不可预见"指一个有经验的承包商在提交投标书那天还不能预见的。

"外界条件"是指承包商在实施工程中遇到的外界自然条件、人为的条件和其他外界障碍及污染物,包括地表以下的情况和水文条件,但不包括气候条件。

实施工程的过程中,承包商可能会遇到在承包商看来不可预见的外界条件。这时,应尽可能快地通知工程师,但应继续实施工程、采取合理措施,并应遵守工程师的指示。

如果承包商因此延长了工期和(或)导致了额外费用,可提出索赔工期和费用。工程师在考虑此事件在多大程度上不可预见后,决定对其给予一定的补偿。如果在工程的类似部分上,实际外界条件比承包商提交投标书时所合理预见的更为有利,则在对承包商进行补偿时还要适当减扣。

（十二）道路和路线(4.13&4.14&4.15)

一般情况下,业主会在开工前修筑好进入现场的主要道路。但对于承包商进入现场所需特殊的和临时的道路,由承包商负责自费修建。如果承包商要在现场以外修筑工程设施,也需自负风险和费用。

承包商不应不适当地干扰公众的方便,或使用任何公共的或他人占用下的道路和人行道。

由承包商自行选择具体的进出路线,并进行必要的保护和维护,提供必要的标志。

业主不对任何由进场路线引起的索赔负责。

（十三）货物的运输(Transport of Goods)(4.16)

承包商对工程设备及其他货物的包装、卸货、存贮和保护负完全责任；主要货物运达现场前要提前21天通知工程师；若货物在运输途中发生损失，由承包商负责向业主赔偿；由运输导致的索赔也要由承包商负责处理和支付。

（十四）承包商的设备（Contractor's Equipment）（4.17）

承包商对所有承包商的设备负责，这些设备一旦运到现场，就只能专用于该工程。没有工程师的同意，任何主要的承包商的设备不得移出现场（不包括将货物或承包商的人员运离现场的运输工具）。

（十五）环境保护（Protection of Environment）（4.18）

承包商应采取一切合理的措施保护现场内外的环境，尽量减少污染。排放的污水、污物要低于规范和适用的法律规定的数值。

（十六）电、水、气（Electricity，Water and Gas）（4.19）

为工程之目的承包商有权享用现场上供应的电、水、气及其他设施，其详细规定和价格在规范中给出。如果使用了此类设施，承包商要按工程师决定的款额向业主支付费用。

（十七）业主的设备和免费提供的材料（Employer's Equipment and Free-Issue Materials）（4.20）

1．业主的设备

业主应按规范中说明的细节、安排和价格向承包商提供业主的设备。除承包商的人员在操作、驾驶、指导或控制业主的设备时由承包商对其负责外，其余时间（如停放、维修）都由业主对其负责。

如果使用了业主的设备，承包商要按规范中注明的价格，根据工程师决定的款额向业主支付使用费。

2．免费提供的材料

对于合同中规定的"免费提供的材料"，业主应按照规范中规定的细则免费提供。业主应自担风险和自付费用，按合同规定的时间和地点将此类材料运交承包商，并对承包商经目测检查出的短缺、缺陷或损坏进行弥补。此后，此类材料归承包商照管，但业主对目测检查时未显露出的短缺、缺陷或损坏仍负有责任。

（十八）进度报告（Progress Report）（4.21）

从开工日期起至完工日期后完成要求的扫尾工作为止，承包商应在每月末后的7天内向工程师提交一式六份月进度报告，内容包括：

1．工程进展的详细情况；

2．表明制造和现场进展状况的照片；

3．主要工程设备和材料供应的详细情况；

4．现场上各级别的承包商的人员及各类型的承包商设备的数量；

5．质量保证文件、材料的检验结果及证书；

6．依据有关索赔的条款颁发的通知清单；

7．安全情况；

8．实际进度和计划进度的对比，包括可能影响合同按时完工的事件和情况，以及为减少延误而采取的措施。

（十九）承包商的现场工作（Contractor's Operation on Site）（4.23）

承包商的工作只能在现场和经工程师同意作为工作区的区域内进行,其人员、设备不得进入邻近地区。施工期间,承包商应妥善存放和处置承包商的设备及剩余材料,避免现场出现不必要的障碍物,并从现场清除残余物、垃圾和不再需要的临时工程。

在颁发接收证书后,承包商应立即清除被接收的现场和工程中的所有的承包商的设备、剩余材料、残余物、垃圾和临时工程,并保持该部分工程和现场的清洁和安全。但可在现场保留为履行缺陷通知期内的义务所需的货物。

(二十)化石(Fossils)(4.24)

在工程现场发现的具有地质或考古价值的遗迹或物品应处于业主的看管和权力之下,承包商应采取必要措施保护这些物品。

一旦发现此类物品,承包商应立即通知工程师,由工程师作出如何处理的指示。如果承包商因遵守该指示而引起了延误和招致了费用,则应进一步通知工程师,并有权索赔其损失的工期和费用。

五、指定分包商(Nominated Subcontractor)(5.1&5.2&5.3&5.4)

"指定分包商"即为合同中由业主指明的或工程师在变更时指示承包商雇用的分包商。虽然,指定分包商由业主或工程师指定,但他们与承包商直接签订合同,由承包商负责对他们的协调和管理并对之进行支付。如果有正当理由,承包商可以反对接受指定的分包商。

承包商对指定分包商的支付要依据分包合同的规定,并需经工程师证明。支付的款额作为暂定金额加入合同价格。与其他分包商相比,指定分包商在得到支付方面较有保障:当承包商无理扣留或拒绝支付时,业主有权直接向其付款,尔后从承包商处扣除这笔付款。

六、职员和劳工(Staff and Labour)

(一)职员和劳工的雇用(6.1&6.3)

承包商应自行安排他雇用的所有职员和劳工,并负责他们的报酬、食宿和交通。

承包商不得从业主的人员中为自己招收职员和劳工。

(二)对职员和劳工的待遇(6.2&6.4&6.6&6.7)

1. 承包商应遵守所有适用于其雇员的相关劳动法,向他们合理支付并保障他们享有法律规定的所有权利。另外,承包商应要求其全体雇员遵守所有与承包工作(包括安全工作)有关的法律和规章。

2. 承包商所付的工资标准及提供的劳动条件应不低于从事工作的地区同类工商业现行标准。

3. 承包商应为其人员提供和维护所有必需的食宿及福利设施。另外,承包商还应向业主的人员提供规范中规定的设施。

4. 承包商应采取合理预防措施(如配备医务人员、急救设施、病房等)以维护其雇员的健康和安全,并在现场指派安全员负责维持安全秩序及预防事故的发生。一旦发生事故,承包商应及时向工程师报告。

(三)工作时间(Working Hours)(6.5)

在投标函附录中规定的正常工作时间以外及当地公认的休息日,不得在现场进行任何工作。除非合同另有规定,或得到了工程师的批准,或是为了抢救生命财产或工程安全。

(四)承包商的监督(Contractor's Superintendence)(6.8)

在工程的整个实施期间以及此后承包商为了完成其义务所必需的时间内,承包商应按照工程师的合理要求,对计划、安排、指示、管理、检查和检验工作提供必要的监督。

（五）承包商的人员(6.9&6.11)

承包商应雇用有一定技术经验的合格人员。工程师可以要求承包商撤换他认为经常行为不轨或不认真的、或不能胜任工作的、或玩忽职守的、或不遵守合同规定的、或经常出现损害健康、安全及环境保护行为的任何人员(包括承包商的代表)。承包商随后应指定合适的替代人员。

承包商还应采取各种合理预防措施,以防止其人员非法闹事、制造事端、妨碍治安。

（六）承包商人员和设备的记录(Records of Contractor's Personnel and Equipment)(6.10)

承包商应每月向工程师提交其在现场的人员和设备的情况的报表。

七、工程设备、材料和工艺(Plant, Materials and Workmanship)

（一）实施方式(Manner of Execution)(7.1)

承包商应以合同中规定的方法,按照公认的良好惯例,以恰当、熟练和谨慎的方式,使用适当装备的设施以及安全的材料来制造工程设备、生产和制造材料及实施工程。

（二）样本(Samples)(7.2)

在使用以下材料之前,承包商要事先向工程师提交该材料的样本和有关资料(标明原产地、在工程中使用的部位),以获得同意:

1. 制造商的材料标准样本和合同中规定的样本,由承包商自费提供;

2. 工程师指示作为变更而增加的样本。

（三）检查和检验

1. 检查(Inspection)(7.3)

（1）业主的人员在一切合理时间内,有权:

1）进入所有现场和获得天然材料的场所;及

2）在生产、制造和施工期间,对材料、工艺进行检查,对工程设备及材料的生产制造进度进行检查。

（2）承包商应向业主人员提供进行上述工作的一切方便。

（3）未经工程师的检查和批准,工程的任何部分不得覆盖、掩蔽或包装。否则,工程师有权要求承包商打开这部分工程供检验并自费恢复原状。

2. 检验(Testing)(7.4)

（1）对于合同中有规定的检验(竣工后的检验除外),由承包商提供所需的一切用品和人员。检验的时间和地点由承包商和工程师商定。

（2）工程师可以通过变更改变规定的检验的位置和详细内容,或指示承包商进行附加检验。

（3）工程师应提前24小时通知承包商他将参加检验,如果工程师未能如期前往(工程师另有指示除外),承包商可以自己进行检验,工程师应确认此检验结果。

（4）承包商要及时向工程师提交具有证明的检验报告,规定的检验通过后,工程师应向承包商颁发检验证书。

（5）如果按照工程师的指示对某项工作进行检验或由于工程师的延误导致承包商遭受了工期、费用及合理的利润损失,承包商可以提出索赔。

3. 拒收(Rejecting)(7.5)

如果工程师经检查或检验发现任何工程设备、材料或工艺有缺陷或不符合合同的其他规定,可以对其拒收。承包商应立即进行修复。工程师可要求对修复后的工程设备、材料和工艺按相同条款和条件再次进行检验直到其合格为止。

4. 检查和检验的费用

(1) 在下列情况下,检查和检验的费用应由承包商一方承担:

1) 合同中有明确规定的;

2) 合同中有详细说明允许承包商可以就此项报价的;

3) 由于第一次检验不合格而需重新检验,从而导致业主开支了费用;

4) 因为承包商未按照工程师的指示对不合格工程及时补救,业主雇用他人完成此项工作时的有关费用;

5) 工程师通过变更的方式要求承包商进行检验的项目,如果检验不合格时的全部费用。

(2) 工程师通过变更要求承包商进行检验的项目如果合格,全部费用由业主承担。

(四) 补救工作(Remedial Work)(7.6)

如果工程师认为设备或材料有不符合合同规定之处,可随时指示承包商将其移走、替换或重建,而无论其是否已通过了检验或获得了检验证书。工程师还可随时指示承包商实施为保护工程安全而急需的任何工作。

若承包商未及时遵守上述指示,业主可雇用他人完成此工作并进行支付,有关金额要由承包商补偿给业主。

(五) 对工程设备和材料的所有权(Ownership of Plant and Materials)(7.7)

符合工程所在国法律规定的每项工程设备和材料在下列时间(以较早者为准)成为业主的财产:

1. 运至现场时;

2. 依据合同条件,承包商有权获得相当于工程设备和材料的价值的付款时。

(六) 矿区使用费(Royalties)(7.8)

除非规范中另有规定,承包商应为下列各项支付矿区使用费、租金或其他费用:

1. 从现场外获得的原材料;

2. 由于拆除及开挖而产生的物品和其他剩余材料的处理,除非合同中规定现场内有弃土区。

八、工程开工、延误和暂停(Commencement,Delays and Suspension)

(一) 工程的开工(Commencement of Works)(8.1)

如果专用条件中没有另行说明,开工日期一般应在承包商接到中标函后的42天内。工程师应至少提前7天将开工日期通知承包商。承包商应在开工日期后尽快开工。

(二) 竣工时间(Time for Completion)(8.2)

竣工时间指业主在合同中要求整个工程或某个区段完工的时间。竣工时间从开工日期算起。承包商应在此期间内通过竣工检验并完成合同中规定的所有工作。

(三) 进度计划(Programme)(8.3)

接到开工通知后的28天内,承包商应向工程师提交详细的进度计划,并应按照此进度计划开展工作。当进度计划与实际进度或承包商履行的义务不符时,或工程师根据合同发出通知时,承包商要修改原进度计划并提交工程师。

进度计划的内容包括:承包商计划实施工作的次序和各项工作的预期时间;每个指定分包商工作的各个阶段;合同中规定的检查和检验的次序和时间;承包商拟采用的施工方法和各主要阶段的概括性描述,以及对各个主要阶段现场所需的承包商人员和承包商设备的数量的合理估算和说明。

另外,当承包商预料到工程将受某事件或情况的不利影响时,应及时通知工程师,并按要求说明估计的合同价格的增加额及工程延误天数,并提交变更建议书。

(四) 竣工时间的延误和赶工

1. 可以索赔工期的原因(8.4&8.5):

如果因下述原因致使承包商不能按期竣工,承包商可索赔工期:

(1) 变更或合同范围内某些工程的工作量的实质性的变化(工程师已因变更对竣工时间做了调整的情况除外);

(2) 承包商遵守了合同某条款的规定,且根据该条款他有权获得延长工期(包括因无法预见的公共当局的干扰引起了延误);

(3) 异常不利的气候条件;

(4) 传染病、法律变更或其他政府行为导致承包商不能获得充足的人员或货物,而且这种短缺是不可预见的;

(5) 业主、业主人员或业主的其他承包商延误、干扰或阻碍了工程的正常进行。

2. 施工进度(Rate of Progress)(8.6)

如果并非由于上述原因而出现了进度过于缓慢,以致不可能按时竣工或实际进度落后于计划进度的情况,工程师可以要求承包商修改进度计划、加快施工并在竣工时间内完工。由此引起的风险和开支,包括由此导致业主产生的附加费用(如监理工程师的报酬等),均由承包商承担。

3. 误期损害赔偿费(Delay Damages)(8.7)

如果承包商未能在竣工时间(包括经批准的延长)内完成合同规定的义务,则工程师可要求承包商在规定时间内完工;业主可向承包商收取误期损害赔偿费,且有权终止合同。

$$误期损害赔偿费 = S \times D$$

S——投标函附录中注明的每天的误期损害赔偿费金额

D——合同中原定的竣工时间到接收证书中注明的实际竣工日期之间的天数

误期损害赔偿费最多不得超过规定的限额。

(五) 工作暂停(Suspension of Work)(8.8)

承包商应根据工程师的指示,暂停部分或全部工程,并负责保护这部分工程。

1. 承包商的权利(8.9&8.10)

如果工程师认为暂停并非由承包商的责任所致,则:

(1) 承包商有权索赔因暂停和/或复工造成的工期和费用损失;

(2) 在工程设备的有关工作或工程设备及材料的运输已被暂停28天的情况下,如果承包商已经将这些工程设备或材料标记为业主的财产,那么他有权按停工开始日时的价值获得对还未运至现场的工程设备以及/或材料的支付。

2．持续的暂停(Prolonged Suspension)(8.11)

如果暂停已延续了84天，且承包商向工程师发函提出在28天内复工的要求也未被许可，那么承包商可以：

(1) 当暂停工程仅影响到工程的局部时，通知工程师把这部分工程视为删减的工程；或

(2) 当暂停的工程影响到整个工程的进度时，承包商可要求按业主违约处理；或

(3) 不采取上述措施，继续等待工程师的复工指示。

3．复工(Resumption of Work)(8.12)

在接到继续工作的许可或指示后，承包商应和工程师一起检查受到暂停影响的工程、工程设备和材料。承包商应对上述工程、工程设备和材料在暂停期间发生的损蚀、缺陷和损失进行修复。

九、竣工检验(Tests on Completion)

(一) 承包商的义务(Contractor's Obligation)(9.1&9.3)

承包商将竣工文件及操作和维修手册提交工程师以后，应提前21天将他准备接受竣工检验的日期通知工程师。一般应在该日期后14天内工程师指定的日期进行竣工检验。

若检验通过，则承包商应向工程师提交一份有关此检验结果的证明报告；若检验未能通过，工程师可拒收工程或该区段，并责令承包商修复缺陷，修复缺陷的费用和风险由承包商自负。工程师或承包商可要求进行重新检验。

(二) 延误的检验(Delayed Tests)(9.2)

如果业主无故延误竣工检验，则承包商可根据合同中有关条款进行索赔。

如果承包商无故延误竣工检验，工程师可要求承包商在收到通知后21天内进行竣工检验。若承包商未能在21天内进行，则业主可自行进行竣工检验，其风险和费用均由承包商承担，而此竣工检验应被视为是在承包商在场的情况下进行的且其结果应被认为是准确的。

(三) 未能通过竣工检验(Failure to Pass Test on Completion)(9.4)

如果按相同条款或条件进行重新检验仍未通过，则工程师有权：

1．指示再一次进行重新检验；

2．如果不合格的工程(或区段)基本无法达到原使用或盈利的目的，业主可拒收此工程(或区段)并从承包商处得到相应的补偿；

3．若业主提出要求，也可在减扣一定的合同价格之后颁发接收证书。

竣工检验的一般程序见图4-1。

十、业主的接收(Employer's Taking Over)

(一) 对工程和区段的接收(Taking Over of the Works and Sections)(10.1&10.4)

承包商可在他认为工程(或区段)将完工并准备移交前14天内，向工程师申请颁发接收证书。

工程师在收到上述申请后，如果对检验结果满意，则应发给承包商接收证书，在其中说明工程(或区段)的竣工日期以及承包商仍需完成的扫尾工作。但也可驳回申请，要求承包商完成一些补充和完善的工作后再行申请。如在28天期限内，既未颁发接收证书，也未驳回承包商申请，而工程或区段基本符合合同要求时，应视为在28天期限的最后一天已颁发了接收证书。

如果竣工证书已经颁发且根据合同工程已经竣工，则业主应接收工程，并对工程负全部

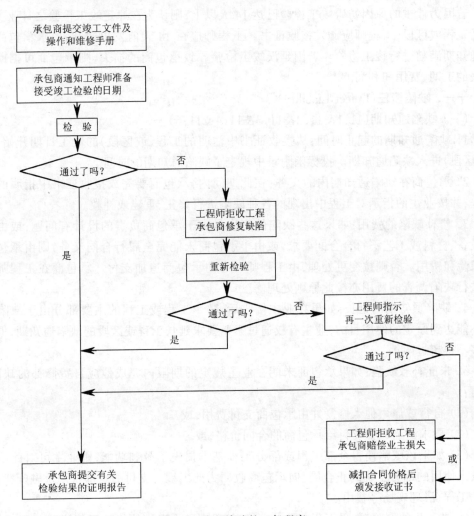

图 4-1 竣工检验的一般程序

保管责任。

承包商应在收到接收证书之前或之后将地表恢复原状。

(二) 对部分工程的接收(Taking Over of Parts of the Works)(10.2)

这里所说的"部分"(Part)指合同中已规定的区段中的一个部分。只要业主同意,工程师就可对永久工程的任何部分颁发接收证书。

除非合同中另有规定或合同双方有协议,在工程师颁发包括某部分工程的接收证书之前,业主不得使用该部分。否则,一经使用:

1. 则可认为业主接收了该部分工程,对该部分要承担照管责任;

2. 如果承包商要求,工程师应为此部分颁发接收证书;

3. 如果因此给承包商招致了费用,承包商有权索赔这笔费用及合理的利润。

若对工程或某区段中的一部分颁发了接收证书,则该工程或该区段剩余部分的误期损害赔偿费的日费率将按相应比例减小,但最大限额不变。

（三）对竣工检验的干扰（Interference with Tests on Completion）（10.3）

若因为业主的原因妨碍竣工检验已达14天以上，则认为在原定竣工检验之日业主已接收了工程或区段，工程师应颁发接收证书。工程师应在14天前发出通知，要求承包商在缺陷通知期满前进行竣工检验。若因延误竣工检验导致承包商的损失，则承包商可据此索赔损失的工期、费用和利润。

十一、缺陷责任（Defect Liability）

（一）缺陷通知期（11.1&11.2&11.3&11.4&11.6）

1. 缺陷通知期的起止时间：从接收证书中注明的工程（或区段）的竣工日期开始，工程（或区段）进入缺陷通知期。投标函附录中规定了缺陷通知期的时间。

2. 承包商在缺陷通知期内的义务：在此期间内，承包商要完成接收证书中指明的扫尾工作，并按业主的指示对工程中出现的各种缺陷进行修正、重建或补救。

3. 修补缺陷的费用：如果这些缺陷的产生是由于承包商负责的设计有问题，或由于工程设备、材料或工艺不符合合同要求，或由于承包商未能完全履行合同义务，则由承包商自担风险和费用。否则按变更处理，由工程师考虑向承包商追加支付。承包商在工程师要求下进行缺陷调查的费用亦按此原则处理。

4. 缺陷通知期的延长：如果在业主接收后，整个工程或工程的主要部分由于缺陷或损坏不能达到原定的使用目的，业主有权通过索赔要求延长工程或区段的缺陷通知期，但延长最多不得超过两年。

5. 未能补救缺陷：如果承包商未能在业主规定的期限内完成他应自费修补的缺陷，业主可：

（1）自行或雇用他人修复并由承包商支付费用；或

（2）要求适当减少支付给承包商的合同价格；或

（3）如果该缺陷使得全部工程或部分工程基本损失了盈利功能，则业主可对此不能按期投入使用的部分工程终止合同，向承包商收回为此工程已支付的全部费用及融资费，以及拆除工程、清理现场等费用。

6. 进一步的检验：如果工程师认为承包商对缺陷或损坏的修补可能影响工程运行时，可要求按原检验条件重新进行检验。由责任方承担检验的风险和费用及修补工作的费用。

（二）履约证书（Performance Certificate）（11.9）

在最后一个区段的缺陷通知期期满后的28天内，或承包商提供了全部承包商文件并完成和通过了对全部工程（包括修补所有的缺陷）的检验后，工程师应向承包商颁发履约证书，以说明承包商已履行了合同义务并达到了令工程师满意的程度。

注意：只有颁发履约证书才代表对工程的批准和接受。

履约证书颁发后，每一方仍应负责完成届时尚未完成的义务。

（三）现场的清理（Clearance of Site）（11.11）

在接到履约证书后28天内，承包商应清理现场，运走他的设备、剩余材料、垃圾等。否则业主可自行出售或处理留下的物品，并扣下所花费的费用，如有余额应归还承包商。

施工合同中主要事件的典型过程如图4-2所示。

十二、测量和估价（Measurement and Evaluation）

（一）测量（12.1&12.2）

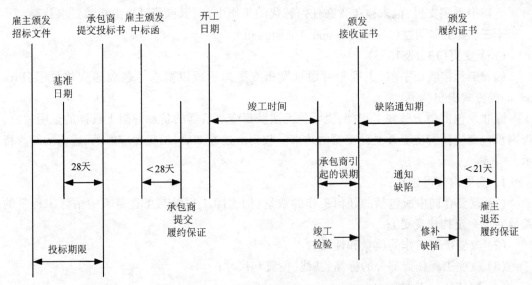

图 4-2　施工合同中主要事件的典型过程

工程量表中的工程量都是根据图纸和规范估算出来的,必须通过测量来核实实际完成的工程量以计算应付给承包商的款额。

1. 工程师测量时应通知承包商一方派人参加。如果承包商一方未能参加测量,他应承认工程师的测量结果。

2. 有时永久工程的工程量要通过记录来计算,工程师应负责准备这些记录。承包商应按照要求对记录进行审查。如承包商审查后不同意上述记录,则应通知工程师,工程师在复查后应予以确认或修改。如承包商在被要求审查记录14天后未发出不同意的通知,则认为已接受。

3. 测量方法应事先在合同中作出规定。如果合同中没有特别规定,均测量实际净值。

(二) 估价(Evaluation)(12.3)

1. 对于每一项工作,用上述通过测量得到的工程量乘以相应的费率或价格即得到该项工作的估价。工程师根据所有各项工作的总和来决定合同价格。对于每项工作所适用的费率或价格,应该取合同中对该项工作所规定的值或对类似工作规定的值。

2. 在以下两种情况时,应对费率或价格作出合理调整,若无可参照的费率或价格,则应在考虑有关事项的基础上,将实施工作的合理费用和合理利润相加以规定新的费率或价格:

(1) 对于不是合同中的"固定费率"项目,且满足下列全部三个条件的工作:

1) 其实际测量得到的工程量比工程量表或其他报表中规定的工程量增多或减少了10%以上;

2) 该项工作工作量的变化与相应费率的乘积超过了中标的合同金额的0.01%;且

3) 此工程量的变化直接造成该项工作每单位工程量成本(cost)的变动超过1%;或

(2) 此项工作是根据变更指示进行,合同中对此项工作未规定费率或价格,也没有适用的可参照的费率或价格。

(三) 删减(Omission)(12.4)

如果因为删减了合同中的某项原定工作,而使承包商发生的费用不能被包括在中标的合同金额中得到支付,也未被包含在任何替代的工作中,则承包商可提出索赔要求补偿。

十三、变更和调整(Variations and Adjustment)

(一) 变更(13.1&13.3)

颁发工程接收证书前,工程师可通过发布变更指示或以要求承包商递交建议书(Proposal)的方式提出变更。

除非承包商马上通知工程师,说明他无法获得变更所需的货物并附上具体的证明材料,否则承包商应执行变更并受此变更的约束。收到上述通知后,工程师应取消、确认或修改指示。

1. 变更内容可包括:

(1) 改变合同中所包括的任何工作的数量(但实际工程量与工程量表中估计工程量的差异并不一定构成变更);

(2) 改变任何工作的质量和性质;

(3) 改变工程任何部分的标高、基线、位置和尺寸;

(4) 删减任何工作;

(5) 任何永久工程需要的附加工作、工程设备、材料或服务;

(6) 改动工程的施工顺序或时间安排。

注意:只有工程师有权提出变更。没有工程师的指示或同意,承包商必须完全按合同规定施工,不得擅自进行任何改动。

2. 变更程序:

如果工程师在发布变更指示之前要求承包商提交建议书,则承包商应尽快:

(1) 提交将要进行的工作的说明书及进度计划、对总体工程的进度计划和竣工时间作出必要修改的建议书、对变更估价的建议书;或

(2) 说明理由为何不能遵守该指示。

工程师收到上述建议后,应尽快予以答复,说明批准与否或提出意见。在等待答复期间,承包商不应延误任何工作。

工程师应向承包商颁发每一项实施变更的指示,并要求其记录费用。每项变更都应按合同中有关测量和估价的规定进行估价。

(二) 价值工程(Value Engineering)(13.2)

如果承包商认为采用某建议可加速完工,对业主而言能降低实施、维护或运行工程的费用,提高竣工工程的效率或价值,或带来其他利益,则承包商可随时向工程师提交书面建议书。此建议书由承包商自费支付,并应包括在承包商对变更的建议书的条目中。

如果工程师批准的建议书导致部分永久工程设计的改变,一般均由承包商进行此设计,具体要求参照承包商一般义务中有关规定执行。

(三) 暂定金额(Provisional Sums)(13.5)

暂定金额是在招标文件中规定的作为业主的备用金的一笔固定金额。每个投标人必须在自己的投标报价中加上此笔金额。中标的合同金额包含暂定金额。

暂定金额只有在工程师的指示下才能动用。工程师可要求:

1. 承包商自行实施工作,按变更进行估价和支付;

2. 承包商从指定分包商或他人处购买工程设备、材料或服务,这时要支付给承包商其实际支出的款额加上管理费和利润。

（四）计日工(Daywork)(13.6)

对于数量少的零散工作,工程师可以变更的形示指示承包商实施,并按合同中包括的计日工表进行估价和支付。

承包商应每日向工程师提交报表,表中包括前一天工作中使用的承包商的人员、设备、材料及临时工程的详细情况,以得到工程师的同意和签字。在承包商向工程师提交以上各资源的价格报表后,此日报表可作为申请期中付款的依据。

（五）调整(Adjustment)(13.7&13.8)

如果基准日期后工程所在国的法律(包括对此法律的解释)发生了变化,设立了新的法律和废除或修改了原有的法律,从而导致承包商受到了工期或费用上的损失,承包商可提出索赔。

另外,如果投标函附录中附有数据调整表而且在合同中包含关于费用涨落进行补偿的条款,则每个月内支付给承包商的款额都要根据物价变化作相应调整。(关于调价公式,在上一章中已有详细介绍。)

十四、合同价格和支付(Contract Price and Payment)

（一）合同价格(The Contract Price)(14.1)

合同价格要通过对实际完工工程量的测量和估价来商定或决定,并且包括因法规变化、物价变化等原因对其进行的调整。承包商应支付根据合同他应付的各类关税和税费,合同价格不因此类费用而调整(但法规变化引起的调整除外)。

开工日期开始后 28 天内,承包商应向工程师提交资料表中每个包干项目的价格分解表,供工程师在支付时参考。

（二）预付款(Advance Payment)(14.2)

预付款是业主对承包商开工时的工作提供的一笔无息贷款。投标函附录中规定了其总额、支付的次数和时间等细节问题。预付款保函格式见第 3 章,第 3 节,九,(三)。预付款的偿还有多种方式。本合同条件的规定见第 3 章,第 5 节,二,(三),2,(3)。

（三）支付

1. 期中支付证书的申请(Application for Interim Payment Certificates)(14.3&14.4)

承包商在每个月末之后要向工程师提交一式六份报表,详细地说明他认为自己到该月末有权得到的款额(以应付合同价格的各类货币表示),同时提交证明文件(包括月进度报表),作为对期中支付证书的申请。此报表中应包括:

(1) 截至到该月末已实施的工程及完成的承包商的文件的估算合同价值(包括变更);

(2) 由于法规变化和费用涨落应增加和减扣的款额;

(3) 作为保留金减扣的款额;

(4) 作为预支款的支付和偿还应增加和减扣的款额;

(5) 根据合同规定,作为永久工程的设备和材料的预支款应增加和减扣的款额;

(6) 根据合同或其他规定(包括对索赔的规定),应增加和减扣的款额;

(7) 对以前所有的支付证书中已经证明的款额的扣除。

如果合同中包括支付表(Schedule of Payment),规定了支付合同价格的分期付款数额,则(1)中所述估算合同价值即为支付表中对应的分期付款额,并且不拨付工程设备和材料运抵工地的预支款。如果实际进度落后于支付表中分期支付所依据的进度,则工程师可根据落后的情况决定修正分期支付款。

2. 用于工程的工程设备与材料(Plant and Materials intended for the Works)的预支款(14.5)

当为永久工程配套的工程设备和材料已运至现场且符合合同具体规定时,当月的期中支付证书中应加入一笔预支款;当此类工程设备和材料已构成永久工程时,则应在期中支付证书中将此预支款扣除。预支款为该工程设备和材料的费用(包括将其运至现场的费用)的80%。

3. 保留金的扣留和支付(14.3&14.9)

(1) 保留金的扣留:保留金(Retention Money)一般按投标函附录中规定的百分比从每月支付证书中扣除,一直扣到规定的保留金限额为止(一般为中标的合同金额的5%)。

每月扣留的保留金=

保留金百分比×(截止该月末已实施的工作估算价值 + 因法规和费用变化所作的调整) - 以前各月扣留的保留金的累计值

(2) 保留金的首次退还:

在颁发整个工程、某区段或某部分工程的接收证书时,应将一定比例的保留金退还给承包商。

1) 对整个工程,

$$退还金额 = 保留金总额 \times 50\%$$

2) 对区段或部分工程,

$$第一次退还金额 = \left(\frac{区段或部分工程的估算合同价值}{整个工程的估算的最终合同价格} \times 保留金总额 \right) \times 40\%$$

(3) 保留金的后续退还:

在某区段的缺陷责任期到期后,应再次退还保留金

$$第二次退还金额 = \left(\frac{区段工程的估算合同价值}{整个工程的估算的最终合同价格} \times 保留金总额 \right) \times 40\%$$

当工程所有各区段的缺陷责任期都到期后,剩余的保留金应全部立即退还给承包商。

在计算上述金额时,不考虑法规和费用变化引起的任何调整。

如果在缺陷通知期期满时仍有扫尾工作未完成,工程师可扣留相应的保留金。

4. 期中支付证书的颁发(Issue of Payment Certificate)(14.6)

(1) 只有在业主收到并批准了承包商提交的履约保证之后,工程师才能为任何付款开具支付证书,付款才能得到支付;

(2) 在收到承包商的报表和证明文件后的28天内,工程师应向业主签发期中支付证书,列出他认为应支付给承包商的金额,并提交详细证明材料。

(3) 在颁发工程的接收证书之前,若该月应付的净金额(扣除保留金和其他应扣款额之后)少于投标函附录中对支付证书的最低限额的规定,工程师可暂不开具支付证书,而将此金额累计至下月应付金额中:

(4) 若工程师认为承包商的工作或提供的货物不完全符合合同要求,可以从应付款项

中扣留用于修理或替换的费用,直至修理或替换完毕,但不得因此而扣发期中支付证书;

(5) 工程师可在任何支付证书中对以前的证书作出修改。支付证书不代表工程师对工程的接受、批准、同意或满意。

5. 支付(Payment)(14.7&14.15)

(1) 支付期限

1) 对于首次分期预付款:中标函颁发之日起42天之内,或业主收到履约保证及预付款保函之日起的21天之内,取二者中较晚者;

2) 对期中支付证书中开具的款额:工程师收到报表及证明文件之日起56天之内;

3) 对最终支付证书中开具的款额:业主收到最终支付证书之日起的56天之内。

(2) 支付的货币

合同价格应以投标函附录中指定的一种或几种货币进行支付。具体规定如下:

1) 如果中标的合同金额仅以当地币表示,则支付当地币与外币的比例与数额以及计算时使用的固定汇率都应取投标函附录中规定的数值(双方另有协议的情况除外);

2) 承包商支付给业主的其他款项应采用业主进行支付时采用的货币种类,或双方协议使用的货币种类;

3) 如果承包商应以某种特殊货币向业主进行支付的金额,超过了业主以同种货币应向承包商进行支付的金额,则业主可以其他货币进行支付以弥补上述金额的余额;

4) 若投标函附录中未注明汇率,则应采用工程所在国中央银行规定的在基准日期通行的汇率。

6. 延误的支付(Delayed Payment)(14.8)

如果承包商未能在合同规定的期限内收到首期预付款、期中支付证书或最终支付证书中开具的款额,则承包商有权对业主拖欠的款额每月按复利收取延误期的融资费。无论期中支付证书何时颁发,延误期都从合同中规定的支付日期算起。除非在专用条件中另有规定,此融资费应以年利率为支付货币所在国中央银行的贴现率加上3%计算。

7. 竣工报表(Statement at Completion)(14.10)

在收到整个工程的移交证书之后的84天内,承包商应向工程师提交一式六份按其批准的格式编制的竣工报表及证明文件,以详细说明:

(1) 到工程的接收证书注明的日期为止,他根据合同所完成的所有工作的价值;

(2) 承包商认为应进一步支付给他的任何款项(如所要求的索赔款等);

(3) 承包商认为根据合同今后将应支付给他的任何其他估算款额(指留待缺陷责任期内实施的扫尾工作及还未经工程师审核批准的应付金额),并在竣工报表中单独列出。

工程师应根据对竣工工程量的核算及对承包商所要求支付款项的审核,确定应支付而尚未支付的金额,并开具期中支付证书。

8. 最终报表和结清单(14.11&14.12)

在颁发履约证书后56天内,承包商应向工程师提交一式六份按其批准的格式编制的最终报表(Final Statement)草案及证明文件,以详细说明:

(1) 根据合同所完成的所有工作的价值;以及

(2) 承包商认为根据合同或其他规定还应支付给他的其他款项(如索赔款等)。

如果承包商和工程师之间达成了一致,则承包商可向工程师提交正式的最终报表。如果双方经讨论后仍明显存在争议,则工程师可对其中没有争议的部分向业主签发期中支付证书,争议提交争端裁决委员会,必要时提交仲裁解决。承包商根据争端解决的结果编制一份最终报表交业主。

提交最终报表时,承包商应提交一份书面结清单(Discharge),以进一步证实最终报表的总额是根据合同应支付给他的全部款额和最终的结算额。

9. 最终支付证书(Final Payment Statement)(14.13)

在收到最终报表和书面结清单之后的 28 天之内,工程师应向业主签发最终支付证书,以说明:

(1) 业主最终应支付给承包商的款额;以及

(2) 业主和承包商之间所有应支付的和应得到的款额的差额(如有时)。

图 4-3 为期中支付和最终支付的典型过程。

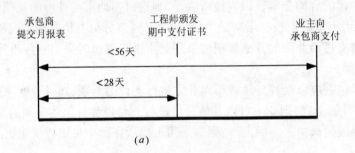

(a)

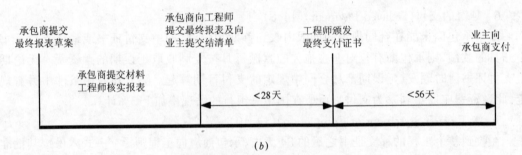

(b)

图 4-3　工程支付的典型过程

(a)每月(或其他)期中支付;(b)最终支付

10. 业主责任的终止(Cessation of Employer's Liability)(14.14)

除非承包商在最终报表和竣工报表中提出了有关的索赔事宜,对由于工程实施引起的或与之相关的任何问题,业主不对承包商负有责任。但此款不限定业主的损害赔偿义务,或业主对其欺诈、违约或渎职行为造成的后果承担责任。

十五、业主提出终止(Termination by Employer)

(一) 通知改正(Notice to Correct)(15.1)

如果承包商未根据合同履行义务,工程师可通知承包商,要求他在一规定的合理时间内改正。

(二) 业主提出终止合同(Termination by Employer)(15.2)

承包商违约是指承包商在实施合同过程中无能力继续执行合同或有意地不执行合同。承包商的违约行为具体包括(但不限于):

1．未能按要求及时提交履约保证或按照工程师的通知改正过失；

2．不愿继续履行合同义务；

3．无正当理由不按时开工、拖延工期或不及时拆除、移走、重建不合格的工程设备、材料或工艺缺陷，或实施补救工作；

4．擅自将整个工程分包出去或转让合同；

5．经济上无力执行合同，根据法律规定，无力到期偿还债务，如破产、停业清理等；

6．各种贿赂行为。

如果承包商违约，则业主可在向承包商发出通知14天后终止本合同，将承包商逐出现场，后两种情况下可立即终止合同。尔后由业主自行或雇用他人完成此工程。业主和他雇用的人员有权使用承包商的任何货物和设计等文件。承包商的设备和临时工程可由业主出售以弥补承包商对业主的欠款（如有时），但多余的款额应退还承包商。承包商要自负风险和费用安排上述设备和临时工程的撤离，不得拖延。

（三）终止合同情况下的估价和支付

1．终止日的估价（Valuation at Date of Termination）(15.3)

业主终止对承包商的雇用后，工程师应尽快对合同终止日的工程、货物和承包商的文件的价值作出估价，并决定承包商所有应得的款项。

2．终止后的支付（Payment after Termination）(15.4)

终止通知生效后，业主可：

（1）要求索赔；

（2）在确定施工、竣工和修补工程缺陷的费用、误期损害赔偿费及自己花费的所有其他费用之前，停止对承包商的一切支付；

（3）从工程师估算的合同终止日承包商所有应得款项中扣除因承包商违约对业主造成的损失、损害赔偿费和完成工程所需的额外费用后，余额应支付给承包商。

（四）业主终止合同的权利（Employer's Entitlement of Termination）(15.5)

只要不是为了自己实施工程或安排其他承包商实施工程，业主认为适宜时，有权随时向承包商发出终止合同的通知。此终止以1）承包商收到终止通知日期，或2）业主退还履约保证日期，二者中较晚者之后28天生效。在这种情况下，应按照不可抗力持续84天或停工累计超过140天终止合同的情况进行估价和支付。

十六、承包商提出暂停或终止（Suspension and Termination by Contractor）

（一）承包商暂停工作的权利（Contractor's Entitlement to Suspend Work）(16.1)

如果工程师未能按合同规定开具支付证书；或业主在收到承包商的请求后，未能在42天内提出资金安排的证据或未能按合同规定及时足额支付。

此时，承包商可以在发出通知21天后，暂停工作或降低工作速度，并对造成的拖期和额外费用进行索赔；但在发出终止通知之前，一旦收到了有关证书、证明或支付，应尽快恢复工作。

上述暂停或放慢进度不影响承包商按照合同规定对到期未付的部分收取利息及提出终止合同。

（二）承包商提出终止（16.2&16.4）

如果：

1．业主在收到承包商暂停工作的通知后的 42 天内,仍未提供合理的资金证明;

2．工程师在收到报表和证明文件后的 56 天内,仍未颁发相应的支付证书;

3．应付款额在规定的支付时间期满后 42 天以上未付;

4．业主基本未履行合同义务;

5．业主未在承包商收到中标函后的 28 天内与其签订合同协议书,或擅自转让了合同;

6．由于非承包商的原因,工程暂停持续了 84 天以上,或停工累计超过 140 天,且影响到了整个工程;或

7．业主在经济上无力执行合同,无力到期偿还债务,或停业清理,或破产等。

则承包商可在发出通知 14 天后终止合同(后两种情况下可立即终止)。而业主应尽快退还履约保证,向承包商进行支付并赔偿其由于终止合同遭受的利润损失和其他损失。

(三) 停止工作及承包商设备的撤离(Cessation of Work and Removal of Contractor's Equipment)(16.3)

业主或承包商提出终止的通知生效后,或由于不可抗力导致合同终止后,承包商应尽快:

1．停止一切工作,但仍应进行工程师为保护生命财产和工程安全而指示其进行的工作;

2．移交他已得到付款的承包商文件、工程设备、材料及其他工作;

3．撤离现场上所有其他的货物(为保护安全必要的货物除外),尔后离开现场。

十七、风险和责任(Risk and Responsibility)

(一) 保障(Indemnities)(17.1)

如果因工程的实施引起的人员伤亡、疾病或物资财产的损坏以及承包商及其雇用的人员的违约、渎职、违法行为导致了索赔、损失和其他花费,承包商要保障业主、业主的人员及他们各自的代理人免受追究。

如果承包商的人员伤亡或其他事故是由于业主、业主的人员及他们各自的代理人引起或因合同中规定的保险范围以外的原因而引起,则业主应保障承包商及其人员免于承担由之导致的索赔损失和开支。

(二) 承包商对工程的照管(Contractor's Care of the Works)(17.2)

1．从工程开工之日起到对工程、工程的某区段或某部分颁发(或认为颁发)接收证书之日止,承包商对工程、该区段或该部分负全部照管责任。颁发接收证书后,照管工程的责任移交给业主。

2．照管责任移交给业主后,承包商仍有责任照管接收证书上注明的扫尾工作。

3．在承包商负责照管期间,如果由于不属于业主的风险的原因使工程、货物或承包商的文件发生了任何损失和损害,承包商应自担风险和费用进行弥补,以保证工程、货物或承包商的文件符合合同要求。

4．在接收证书颁发后,承包商还应对由于他的行为导致的损失或损害负责。如果因颁发接收证书前承包商的责任导致的任何损失或损害,承包商也要负责。

(三) 业主的风险及其造成的后果(17.3&17.4)

1．业主的风险(Employer's Risk),包括:

(1) 战争、敌对行动(不论宣战与否)、入侵、外敌行动。

(2) 工程所在国内部的叛乱、恐怖活动、革命、暴动、军事政变或篡夺政权,或内战。

（3）暴乱、骚乱或混乱，但完全局限于承包商的人员以及承包商和分包商的其他雇员中的事件除外。

（4）军火、炸药、离子辐射或放射性污染，由于承包商使用此类辐射或放射性物质的情况除外。

（5）以音速或超音速飞行的飞机或其他飞行装置产生的压力波。

（6）业主使用或占用永久工程的任何部分，合同中另有规定的除外。

（7）因工程任何部分设计不当而造成的，而此类设计是由业主的人员提供的，或由业主所负责的其他人员提供的，以及

（8）一个有经验的承包商不可预见且无法合理防范的自然力的作用。

2．如果因业主的风险导致了工程、货物或承包商文件的损失或损害，则承包商应：

（1）尽快通知工程师，并按工程师的要求弥补此类损失或修复损害；

（2）进一步通知工程师，索赔延误的工期和（或）花费的费用和利润。

（四）知识产权和工业产权（Intellectual and Industrial Property Rights）（17.5）

1．在本款中，"侵权"指对与工程有关的任何专利权，已注册的设计、版权、商标、商品名称、商业秘密或其他知识产权的侵权。"索赔"指声称侵权而导致的索赔。

2．业主应保障承包商免遭下列因声称侵权而起的索赔：

（1）承包商遵循合同而引起的必然结果；或

（2）业主为并非合同中指明或可合理推论出的目的使用工程，或将承包商实施的工程与非承包商提供的物品联合使用（除非在基准日期前双方已经商定）。

3．承包商应保障业主免遭下列因侵权而起的索赔：

（1）任何货物的制造、使用、出售或进口；或

（2）承包商负责的设计。

4．如果一方收到了侵权有关的索赔，而这一索赔又应受到对方的保障，则一定要在收到索赔后的28天内通知对方。否则即认为放弃得到保障的一切权利。

5．保障方可以为解决索赔进行谈判、提起诉讼或仲裁，费用自负。被保障方应协助保障方对此类索赔进行争辩。

（五）责任限度（Limitation of Liability）（17.6）

任何一方均不向另一方负责赔偿另一方可能遭受的与合同有关的工程的任何部分的使用损失、利润损失或任何其他合同的损失或损害，或任何间接的或由之引起的损失或损害。但双方根据合同应保障对方免遭责任的情况和因业主违约终止合同的情况除外。

承包商根据合同对业主应负的全部责任，不应超过专用条件中注明的金额，如果无此规定，则不应超过中标的合同金额。但承包商使用现场的水、电、气及其他设施；使用业主的设备和业主免费提供的材料；以及根据合同对业主的保障不受此限制。

违约方因欺诈、恶意违约或渎职所导致的责任不受此限制。

十八、保险（Insurance）

（一）有关保险的总体要求（General Requirements for Insurance）（18.1）

1．"投保方"（Insuring Party）指根据合同的相关条款投保各类保险并保持其有效的一方。

中标函颁发前达成的条件中规定了承包商应投保的险种、承保人（Insurer）和保险条件。

专用条件后所附的说明中则规定了如果业主作为投保方时的承保人和保险条件。

2．如果要求某一保险单对联合的被保险人进行保险，则该保险应适用于每一个单独的保险人，其效用同向每一个保险人颁发了一张单独的保险单一样。

如果某保险单保障的联合被保险人包括了本条款规定以外的被保险人，则

（1）承包商应代表此另外的联合保险人根据保险单行动；

（2）此另外的联合被保险人无权从承保人处直接获得支付，也无权与承保人办理任何业务；且

（3）投保方应要求他们遵守保险单规定的条件。

3．办理的每份保险单都应规定，进行补偿的货币种类应与修复损失或损害所需的货币种类一致。

4．投保方应按投标函附录中规定的期限向另一方提交保险生效的证明及"工程和承包商的设备的保险"和"人员伤亡和财产损害的保险"的保险单的副本。投保方在支付每一笔保险费后，应将支付证明提交给另一方，并通知工程师。

5．若投保方未能按合同要求办理保险或未能提供生效证明和保险单的副本，则另一方可办理相应保险并缴保险费，合同价格将由此作相应调整。

6．合同双方都应遵守每份保险单规定的条件。投保方应将工程实施过程中发生的任何有关的变动都通知给承保人，并确保承保条件与本条的规定一致。

7．没有对方的事先批准，另一方不得对保险条款作实质性的变动。

8．任何未保险或未能从承保人处收回的款额，应由承包商和（或）业主按照其各自根据合同应负的义务、职责和责任分别承担。若投保方未能按合同要求办理保险并使之保持有效（且该保险是可以办理的），而另一方没有批准删减此项保险，也没有自行办理该保险，则任何通过此类保险本可收回的款项由投保方支付给另一方。

9．一方向另一方的支付要受合同中有关索赔的条款的约束。

（二）几项保险（18.2&18.3&18.4）

合同中一般要求进行投保的险别有：工程和承包商的设备的保险、人员伤亡和财产损害的保险及工人的保险。表4-1对合同中关于这几项保险的规定做了简要说明。

本条款中所规定的几项保险的简要说明　　　　　　　　　表4-1

序号	险别	投保方	被保险人	保 险 标 的	最低限额	有 效 期
1	工程保险	承包商①	合同双方	工程、工程设备、材料和承包商的文件	全部复原成本	自提交保险证明之日至颁发工程的接收证书之日
2	承包商的设备保险	承包商①	合同双方	承包商的设备	全部重置价值	每项承包商的设备运往现场的过程中及停留在附近期间，直至其不再被作为承包商的设备使用为止
3	人员伤亡和财产损害的保险（第三方保险）	承包商①	合同双方	为履行合同引起的任何物资财产的损失或损害，及任何人员伤亡引起的任一方的责任（序号1、2的保险标的内容除外）	投标函附录中规定的数额	履约证书颁发之前

序号	险别	投保方	被保险人	保 险 标 的	最低限额	有 效 期
4	承包商的保险	承包商①	合同双方	承包商或承包商的人员雇用的任何人员的伤亡所导致的损失和索赔	—	标的人员提供服务的整个期间
5	分包商的保险	分包商	分包商及合同双方	分包商或分包商的人员雇用的任何人员的伤亡所导致的损失和索赔	—	标的人员提供服务的整个期间

① 除非合同条件中另有规定,投保方为承包商。

十九、不可抗力(Force Majeure)

(一) 不可抗力的定义(Definition of Force Majeure)(19.1)

1. 一个事件或情况只有在同时满足下列四个条件时,才能称为不可抗力:1)一方无法控制;2)在签订合同前该方无法合理防范;3)情况发生时,该方无法合理回避或克服;且4)主要不是由另一方造成。

2. 不可抗力一般包括(但不限于):

(1) 战争、敌对行动、入侵、外敌行动;

(2) 叛乱、恐怖活动、革命、暴动、军事政变、篡夺政权或政变,或内战;

(3) 暴乱、骚乱、混乱、罢工或停业,但不包括完全发生在承包商和分包商的人员内部的此类行为;

(4) 军火、炸药、离子辐射或放射性污染,但不包括因承包商的使用造成的此类事件;

(5) 自然灾害,如地震、飓风、台风或火山爆发。

(二) 不可抗力的通知(Notice of Force Majeure)(19.2)

如果由于不可抗力,一方已经或将要无法履行其合同义务,那么在该方注意到此事件后的14天内,应通知另一方有关情况,并详细说明他已经或将要无法履行的义务和工作。此后,该方可在此不可抗力持续期间,免去履行此类义务(支付义务除外)。当不可抗力的影响终止时,该方也应通知另一方。

(三) 减少延误的责任(Duty to Minimize Delay)(19.3)

任何情况下,合同双方都应在合理范围内作出一切努力,以减少不可抗力引起的延误。

(四) 不可抗力引起的后果(Consequences of the Force Majeure)(19.4)

如果由于不可抗力,承包商无法履行其合同义务,并且已经按照前述要求通知了业主,则承包商有权索赔由不可抗力遭受的工期和费用损失。

(五) 影响分包商的不可抗力(Force Majeure Affecting Subcontractor)(19.5)

如果附加的或超出本款规定范围之外的其他不可抗力事件发生时,根据有关工程的任何合同或协议,分包商被豁免了义务,此时承包商应继续工作,他无权根据本款解除履约义务。

(六) 可选择的终止、支付和返回(Optional Termination,Payment and Release)(19.6)

如果由于不可抗力,导致整个工程已经持续84天无法施工,或停工时间累计已经超过了140天,则任一方可向对方发出终止合同的通知,通知发出7天后终止即生效。承包商按照对合同终止时的规定撤离现场。

如果因不可抗力合同终止,工程师应估算已完成的工作的价值,并向承包商颁发支付证书。支付证书中应包括:承包商完成的合同中有关工作的款额、定购的且已交付给承包商或由承包商负责收货的工程设备和材料的费用(业主付款后此设备和材料即成为业主的财产)、承包商为完成工程而合理导致的其他费用或负债、将临时工程和承包商的设备撤回本国设备基地的合理费用及人员遣返费。

(七)根据法律解除履约(Release from Performance under the Law)(19.7)

如果出现了合同双方无法控制的事件或情况(包括,但不限于不可抗力)使得一方或双方履行合同义务成为不可能或非法;或根据本合同的适用法律,双方均被解除了进一步的履约,那么在任一方发出通知的情况下:

1. 合同双方应被解除进一步的履约,但是在涉及到任何以前的违约时,不影响任一方享有的权力;且

2. 业主支付给承包商的金额与在不可抗力影响下终止合同时包括的项目相同。

二十、索赔、争端和仲裁(Claims,Disputes and Arbutrition)

(一)承包商的索赔(Contractor's Claims)(20.1)

1. 索赔通知

如果承包商根据本合同条件或其他规定企图对某一事件进行索赔,他必须在注意到(或应注意到)此事件后的 28 天内通知工程师,并提交合同要求的其他通知和详细证明报告。

2. 保持同期记录

承包商应随时记录并保持有关索赔事件的同期记录(Contemporary Records)。工程师在收到索赔通知后可监督并指示承包商保持进一步的记录及审查承包商所作的记录,并可指示承包商提供复印件。

3. 索赔证明

在承包商注意到(或应注意到)引起索赔的事件之日起的 42 天内(或由承包商提议经工程师批准的其他时间段内),承包商应向工程师提交详细的索赔报告,说明承包商索赔的依据和要求索赔的工期和金额,并附以完整的证明报告。

如果引起索赔的事件有连续影响,承包商应:在提交第一份索赔报告之后按月陆续提交进一步的期中索赔报告,说明他索赔的累计工期和累计金额;在索赔事件产生的影响结束后28 天(或在由承包商建议并经工程师批准的时间段)内,提交一份最终索赔报告。

4. 工程师的批准

收到承包商的索赔报告及其证明报告后的 42 天(或在由工程师建议且经承包商批准的时间段)内,工程师应作出批准或不批准的决定,也可要求承包商提交进一步的详细报告,但一定要在这段时间内就处理索赔的原则作出反应。

5. 索赔的支付

在工程师核实了承包商的索赔报告、同期记录和其他有关资料之后,应根据合同规定决定承包商有权获得的延期和附加金额。

经证实的索赔款额应在该月的期中支付证书中给予支付。如果承包商提供的报告不足以证实全部索赔,则已经证实的部分应被支付,不应将索赔款额全部拖到工程结束后再支付。

如果承包商未遵守合同中有关索赔的各项规定,则在决定给予承包商延长竣工时间和

额外付款时,要考虑其行为影响索赔调查的程度。

（二）争端的解决

争端解决的程序是首先将争端提交争端裁决委员会（Disputs Adjudication Board,DAB),由 DAB 作出裁决,如果争端双方同意则执行,否则一方可要求提交仲裁,再经过56天的期限争取友好解决,如未能友好解决则开始仲裁。争端解决的程序见图4-4。

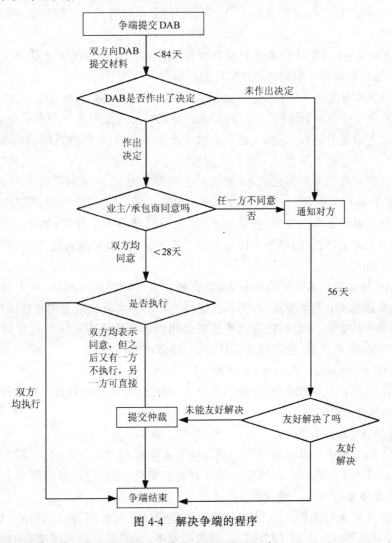

图 4-4 解决争端的程序

1. 争端裁决委员会(DAB)的委任和终止(20.2&20.3)

（1）委任（Appointment）:合同双方应在投标函附录规定的日期内任命 DAB 成员。根据投标函附录中的规定,DAB 由一人或三人组成。若 DAB 成员为三位,则合同双方应各提名一位成员供对方批准,并共同确定第三位成员作为主席。如果合同中有 DAB 成员的意向性名单,则必须从该名单中进行选择。如果在上述规定的日期内,不论由于任何原因,合同双方未能就 DAB 成员的任命或替换达成一致,即应由专用条件中指定的机构或官方在与双方适当协商后确定 DAB 成员的最后名单。

合同双方与 DAB 成员的协议应编入附在通用条件后的争端裁决协议书中。由合同双方共同商定对 DAB 成员的支付条件,并各支付酬金的一半。

合同双方可以共同将某事项提交给 DAB 以征得其意见,任一方都不得就任何事宜向 DAB 单独征求建议。

(2) 替换:除非合同双方另有协议,只要某一成员拒绝履行其职责或由于死亡、伤残、辞职或其委任终止而不能尽其职责,合同双方即可任命合格的人选替代 DAB 的任何成员。如果发生了上述情况,而没有可替换的人员,委任替换人员的方式与上述任命或商定被替换人员的方式相同。

(3) 委任终止:任何成员的委任只有在合同双方都同意的情况下才能终止。除非双方另有协议,在结清单即将生效时,DAB 成员的任期即告期满。

2. 获得 DAB 的决定(Obtaining Dispute Adjudication Board's Decision)(20.4)

(1) 如果合同双方由于合同、工程的实施或与之相关的任何事宜产生了争端,包括对工程师的任何证书的签发、决定、指示、意见或估价产生了争端,任一方可以书面形式将争端提交 DAB 裁定,同时将副本送交另一方和工程师。

(2) DAB 应在收到书面报告后 84 天内对争端作出决定,并说明理由。

(3) 如果合同双方中任一方对 DAB 作出的决定不满,他应在收到该决定的通知后的 28 天内向对方发出表示不满的通知,并说明理由,表明他准备提请仲裁;如果 DAB 未能在 84 天内对争端作出决定,则合同双方中任一方都可在上述 84 天期满后的 28 天内向对方发出要求仲裁的通知。

如果 DAB 将其决定通知了合同双方,而合同双方在收到此通知后 28 天内都未就此决定向对方提出上述表示不满的通知,则该决定成为对双方都有约束力的最终决定。

只要合同尚未终止,承包商就有义务按照合同继续实施工程。未通过友好解决或仲裁改变 DAB 作出的决定之前,合同双方应执行 DAB 作出的决定。

3. 友好解决(Amicable Settlement)(20.5)

在一方发出表示不满的通知后,必须经过 56 天之后才能开始仲裁。这段时间是留给合同双方友好解决争端的。

4. 仲裁(Arbitrition)(20.6)

如果一方发出表示不满的通知 56 天后,争端未能通过友好方式解决,那么此类争端应提交国际仲裁机构作最终裁决。除非合同双方另有协议,仲裁应按照国际商会的仲裁规则进行,并按照此规则指定三位仲裁人。

仲裁人应有充分的权力公开、审查和修改工程师的任何证书、决定、指示、意见或估价,以及 DAB 对争端事宜作出的任何决定。仲裁过程中,合同双方都可提交新的证据和论据。工程师可被传为证人并可提交证据,DAB 的决定可作为一项证据。

工程竣工之前和竣工之后,均可开始仲裁。在工程进行过程中,合同双方、工程师以及 DAB 均应正常履行各自的义务。

5. 未能遵守 DAB 的决定 (Failure to Comply with Dispute Adjudication Board's Decision)(20.7)

当 DAB 对争端作出决定之后,如果一方既未在 28 天内提出表示不满的通知,尔后又不遵守此决定,则另一方可不经友好解决阶段直接将此不执行决定的行为提请仲裁。

6. DAB 委任期满(Expiry of Dispute Adjudication Board's Appointment)(20.8)

如果双方产生争端时已不存在 DAB(无论是任命期满或其他原因)，则该争端应直接通过仲裁最终解决。

第 4 节　FIDIC 1999 年出版的其他合同条件

除在上节中介绍的《施工合同条件》外，1999 年 FIDIC 还编写出版了另外三本合同条件，在本节中分别作一简介。

一、FIDIC《EPC/交钥匙项目合同条件》(1999 年版)简介

《EPC/交钥匙项目合同条件(Conditions of Contract for EPC/Turnkey Projects)》，适用于在交钥匙的基础上进行的工程项目的设计和施工，这类项目：(1) 对最终价格和施工时间的确定性要求较高，(2) 承包商完全负责项目的设计和施工，业主基本不参与工作。

《EPC/交钥匙工程项目合同条件》有下列特点：

(一) 工作范围

承包商要负责实施所有的设计、采购和建造工作：即在"交钥匙"时，要提供一个设施配备完整、可以投产运行的项目。

(二) 价格方式

EPC 采取总价合同方式。只有在某些特定风险出现时，业主才会花费超过合同价格的款额，如果业主认为实际支付的最终合同价格的确定性(有时还包括工程竣工日期的确定性)十分重要，可以采取这种合同，不过其合同价格往往要高于采用传统的单价与子项包干混合式合同。

(三) 管理方式

在 EPC 合同形式下，没有独立的"工程师"这一角色，由业主的代表管理合同。他代表着业主的利益。与《施工合同条件》模式下的"工程师"相比，其权力较小，有关延期和追加费用方面的问题一般由业主来决定。也不像要求"工程师"那样，在合同中明文规定要"公正无偏"地作出决定。

(四) 风险管理

和《施工合同条件》相比，承包商要承担较大的风险，如不利或不可预见的地质条件的风险以及业主在"业主的要求"中说明的风险。因此在签订合同前，承包商一定要充分考虑相关情况，并将风险费计入合同价格中。不过仍有一部分特定的风险由业主承担，如战争、不可抗力等等。至于还有哪些其他的风险应由业主承担，合同双方最好在签订合同前作出协议。

(五) 质量管理

这种合同对工程质量的控制是通过对工程的检验来进行的，包括：施工期间的检验、竣工检验和竣工后的检验。其中竣工后的检验是 EPC 合同中的一种特殊要求。为了证实承包商提供的工程设备和仪器的性能及其可靠性，"竣工检验"通常会持续相当长的一段时间，只有当竣工检验都顺利完成时业主才会接收工程。

如果业主采用这种合同形式，则仅需在"业主的要求"中原则性地提出对项目的基本要求。由投标人对一切有关情况和数据进行证实并进行必要的调查后，再结合其自身的经验提出最合适的详细设计方案。因此，投标人和业主必须在投标过程中就一些技术和商务方面的问题进行谈判，谈判达成的协议构成签订的合同的一部分。

签订合同后,只要其最终结果达到了业主制定的标准,承包商就可自主地以自己选择的方式实施工程。而业主对承包商的控制是有限的,一般情况下,不应干涉承包商的工作。当然,业主应有权对工程进度、工程质量等进行检查监督,以保证工程满足"业主的要求"。

合同条件也分通用条件和专用条件两部分。通用条件包括 20 条,分别讨论了:一般规定,业主,业主的管理,承包商,设计,职员和劳工,设备、材料和工艺,开工、延误和暂停,竣工检验,业主的接收,缺陷责任,竣工后的检验,变更和调整,合同价格和支付,业主提出终止,承包商提出暂停和终止,风险和责任,保险,不可抗力,索赔、争端和仲裁。其中业主的管理、设计、职员和劳工、竣工检验、竣工后的检验各条与《施工合同条件》中的规定差异较大。

二、FIDIC《工程设备和设计—建造合同条件》(1999 年版)简介

工程设备和设计—建造合同条件(Conditions of Contract for Plant and Design-Build),适用于由承包商做绝大部分设计的工程项目,特别是电力和/或机械工程项目。

(一) 工作范围

承包商要按照业主的要求进行设计、提供设备以及建造其他工程(可能包括由土木、机械、电力、工程的组合)。

(二) 价格方式

同 EPC 合同,这种合同也是一种总价合同方式。如果工程的任何部分要根据提供的工程量或实际完成的工作来进行支付,其测量和估价的方法应在专用条件中规定。但如果法规或费用发生变化,合同价格将随之作出调整。

(三) 管理方式

其合同管理模式与《施工合同条件》下由独立的"工程师"管理合同的模式基本相同,而与 EPC 合同形式完全不同。

(四) 风险管理

合同双方间风险的分摊也与《施工合同条件》中的规定基本类似,而与 EPC 合同形式有很大不同。

(五) 质量管理

与 EPC 合同形式相似,这种合同对工程质量的控制也是通过施工期间的检验、竣工检验和竣工后的检验进行的。在进行竣工检验时,承包商要先依次进行试车前的测试(Pre-commissionTests)、试车测试(Commission Tests)、试运行(Trial Operation),而后才能通知工程师进行性能测试(Performance Tests)以确认工程是否符合"业主的要求"及"保证书"(Schedule of Guarantee)的规定。

如果采用这种合同方式,业主要在"业主的要求"(Employer's Requirement)中说明工程的目的、范围和设计以及其他技术标准。开工后一定期限内,承包商要对"业主的要求"进行审查,若发现错误或不妥之处要通知工程师,如果工程师决定修改"业主的要求",则按变更处理,竣工时间和合同价格都将随之调整。否则,承包商应按"业主的要求"进行设计。此后如果出现设计错误,承包商必须自费改正其设计文件和工程,而无论此设计是否已经过工程师的批准或同意。

该合同条件也分通用条件和专用条件两部分。通用条件包括 20 条,分别讨论了:一般规定,业主,工程师,承包商,设计,职员和劳工,设备、材料和工艺,开工、延误和暂停,竣工检验,业主的接收,缺陷责任,竣工后的检验,变更和调整,合同价格和支付,业主提出终止,承包商提出暂停和终止,风险和责任,保险,不可抗力,索赔、争端和仲裁。其中设计和竣工后的检验两条是与《施工合同条件》差异最大之处。

三、FIDIC《合同简短格式》(1999 年版)简介

合同的简短格式(Short Form of Contract)适用于投资相对较低的、一般不需要分包的建筑或工程设施,但是对于投资较高的工程,如果其工作内容简单、重复,或建设周期较短,此格式也同样适用。

(一) 工作范围

既可由业主或其代表——工程师提供设计,也可由承包商提供部分或全部设计。

(二) 价格方式

此合同条件没有规定计价的方式,到底采用总价方式、单价方式还是其他方式应在附录中列明。

(三) 管理方式

其合同管理模式与 EPC 形式下由业主的代表管理合同的模式基本相同。

(四) 风险管理

在这种合同形式下,业主承担了较大的风险。除《施工合同条件》第 17.3 款"业主的风险"中规定的风险外,如果采用这种合同格式,业主承担的风险还包括:不可抗力、工程暂停(除非由承包商的行为失误引起)、业主的任何行为失误、除气候条件外的不利地质条件(有经验的承包商无法合理预见,且在施工现场遇到后,承包商立即通知了业主)、由变更引起的一切延误和干扰、协议中规定的合同适用法律在承包商报价日期后的改变。

在这种合同方式中,业主必须在规范和图纸中清楚地表示出工程的哪些部分将由承包商设计以及对工程的整体要求。

此合同条件的通用条件包括 15 条,分别讨论了:一般规定,业主,业主的代表,承包商,承包商进行的设计,业主的责任,竣工时间,接收,修补缺陷,竣工后的检验,变更和索赔,合同价格和支付,违约,风险和责任,保险,争端的解决。

此合同条件没有专用条件部分,只是在备注(Notes)中提供了一些在特殊情况下可选用的范例措辞。所有必要的附加规定、要求和资料都应在附录(Appendix)中给出。当然,考虑到项目的实际情况,如果要修改或增加某些条款,用户可自行编制"专用条件"部分。

思 考 题

1. 简述合同条件的概念。目前国际上比较通用的合同条件的标准格式有哪几种?

2. FIDIC 编制的各类合同条件有何特点? 在工作中应如何运用这些合同条件?

3. FIDIC 编制的合同条件为什么分为"通用条件"和"专用条件"? 这两个部分之间有什么关系?

4. 简述《施工合同条件》(FIDIC 1999 年版)中有哪些典型事件。

5. 《施工合同条件》(FIDIC 1999 年版)中一般分包商与指定分包商有什么不同?

6. 什么叫不可抗力? 遇到不可抗力时,承包商可得到的支付条件与业主违约、承包商有权提出终止时的支付条件有何不同?

7. 变更时的费用应如何确定?

8. FIDIC 对解决争端的规定与世行有关 DRB 的规定有何异同?

9. 简述 FIDIC 1999 年新出版的四本合同条件在工作范围、价格方式、管理方式、风险管理、质量管理五个方面有什么特点? 应该如何针对项目管理模式选用合同条件?

第 5 章 国际工程投标

本章首先讨论了招投标决策这一重要概念以及如何为投标决策进行前期调研，接着介绍了一个项目投标的影响因素和分析方法。阐述了投标班子的组成以及如何组建联营体，比较详细地介绍了工程项目投标时应注意的事项、投标的技巧和辅助中标的手段。

第 1 节 投标的决策和组织

投标(Tender,Bid)有时也叫报价(Offer)，即承包商作为卖方(Seller)，根据业主的招标条件，以报价的形式参与国际工程市场竞争，争取拿到承包项目的过程。工程施工的招标又分为承包工程投标报价和提供劳务的投标报价。后者比较简单，只需根据业主要求，参照当地情况，报出单位时间单位人员费用，订好劳务合同。而承包工程投标则是一件十分复杂并且充满风险的工作。在本章及下一章主要研究与国际工程承包投标与报价的有关问题。

下面首先对工程项目施工投标过程作一简单介绍。

(1) 投标的决策。国外国内都有许多招标项目，面对众多的招标承包项目，究竟应该如何确定投标的对象呢？一个公司在某一个阶段参不参加投标，对某一个范围的工程投哪一个工程的标，投高标价还是投低标价，这就是投标决策(Make Policy)。投标决策是放在公司经理面前的第一个课题。

当初步作出对某一个项目投标的决定后，即应购买资格预审文件，填报资格预审文件的过程也是深入研究项目招标内容的过程，此时应确定承包方法(本公司独自承包或与其他公司合作)，提出意见供公司领导进一步决策。

(2) 投标的准备。当确定对一个工程投标之后，需要做大量的准备工作，确定投标组织和人员，进行现场考察。同时还应该了解、研究有关竞争对手的情报。

(3) 制定施工方案，研究备选方案，估算工程成本，确定利润目标，计算投标报价，编制投标文件等。

(4) 最后的投标决策与递交投标书。当计算出工程成本，提出投标报价方案后，公司领导要根据当时的具体情况，包括了解到的竞争对手情况，作出最后的投标报价决策，然后按规定时间、地点及业主的投标要求递送投标书。

一、投标的决策

一个企业的领导在经营工作中，必须要目光长远，有战略管理的思想。战略管理指的是要从企业的整体和长远利益出发，就企业的经营目标、内部条件、外部环境等方面的问题进行谋划和决策，并依据企业内部的各种资源和条件以实施这些谋划和决策的一系列动态过程。对于从事国际工程承包的企业，在从事由投标到承包经营的每一项活动中，都必须要有战略管理思想，因为承包工程的经营策略是一门科学，是要研究如何用最小的代价来取得最大的、长远的经济效益。

投标竞争,实质上是各个承包商之间实力、经验、信誉,以及投标策略和技巧的竞争,特别是国际竞争性投标,不仅是一项经济活动,而且受到政治、法律、资金、商务、工程技术等多方面因素的影响,是一项复杂的综合经营活动,因此投标各阶段的准备工作,特别是情报工作是十分重要的。

一般谈到投标的准备是指购买招标文件后的各项调查研究及准备工作。笔者认为,一个具有战略管理思想的领导者,应该把投标前的准备工作分为两个阶段,即为投标决策进行前期调查研究的阶段和买到招标文件后进行项目投标的准备工作阶段。

(一) 为投标决策进行前期调研阶段的工作

这一阶段是为投标决策做准备。如果公司准备去某个地区或对某一类工程投标,或准备到国外去开拓市场,绝不能等见到招标广告之后才去开始准备工作,而应较早地进入准备投标的市场去开始调查研究,作一些准备工作。在这方面预支一些经费是为了今后节省大量经费,为了使今后的投标报价建立在大量可靠的信息基础之上,使之既有竞争力,又可以提高承包效益,因而是完全必要的。

下面按到国外去开拓市场为投标决策作前期准备(即不针对一个投标项目)来列举需要调查研究的一些问题。

1. 政治方面

(1) 项目所在国国内的政治和经济形势是否稳定? 党派斗争的情况,军队的情况,民众对政府的依赖程度,有无发生暴动、战争或政变的可能?

(2) 项目所在国与项目所在地相邻近的国家之间政治关系如何? 有无发生相互封锁或战争的可能?

(3) 项目所在地政府和人民对我国的政治态度如何? 有无发生排斥、歧视、经济上的不平等待遇,甚至出现打击、抢劫等事件的可能?

2. 法律方面

(1) 项目所在国的民法规定,尤其是有关民事权利主体的法律地位、权利能力和行为能力的规定。

(2) 项目所在国的经济法规,尤其是有关建筑法、公司法、劳动法、环境保护法、税收法、合同法、会计法、海关法以及仲裁法等方面的法律规定。

(3) 项目所在国有关各涉外法律的规定。

(4) 项目所在国有关的其他具体规定,如:劳动力的雇佣、设备材料的进出口、运输方面的有关法令、规定等。

以上各项应尽可能找到最新颁布的原文文件。

3. 市场方面

市场方面的调研非常重要,因为这方面的内容很多,所以调查研究的工作量很大,诸如:

(1) 当地施工用料供应情况和市场价格,特别是当地砂、石等地方建筑材料货源和价格,有无可能自己开采,是否征收开采时的矿山使用费等。

(2) 当地机、电设备采购条件、租赁费用、零配件供应和机械修理能力等。

(3) 当地生活用品供应情况,食品供应及价格水平。

(4) 当地劳务的技术水平、劳动态度、雇用价格及雇用当地劳务的手续、途径等。

(5) 当地运输情况,车辆租赁价格,汽车零配件供应情况,油料价格及供应情况,公路、桥梁管理的有关规定,当地司机水平、雇用价格等。

(6) 有关海关、航空港及铁路的装卸能力,费用以及管理的有关规定等。

(7) 当地近三年的物价指数变化情况等。

4. 金融情况

收集该国主要银行的有关外币汇率、计息办法,工程付款确认办法,保险公司的有关规定,开具保函办法等。

5. 收集其他公司过去的投标报价资料

这是一件非常困难的工作,因涉及到每个公司的切身利益,因此这种情报都是互相保密的,但并非不可能。例如可找一些代理人、一些当地商人讨论分包或合营,找信息公司或找不同行的本国公司,调查已实施的工程价格等。

6. 了解该国或相关项目业主的情况

该国有无自己编制的工程合同条款,条款内容与国际通用合同条款有哪些出入,有哪些特殊规定和要求,对承包商承包工程有哪些特殊要求等。

在国外收集上述资料的方法可以通过:1)大使馆经参处和有关中国公司;2)外国公司或承包商、当地承包商;3)信息咨询公司;4)出售机、电设备、工具和材料的商人;5)雇员、代理人或当地合伙公司。

但切忌只找一个公司或商人打听,以免上当受骗。

第一次打入某一国际市场可以担任分包或与当地承包商合伙投标,然后一面工作,一面下功夫收集资料。

(二) 项目投标时的决策影响因素

为了有选择地进行投标,一个企业在进行决策之前,必须要从分析企业外部环境、企业内部条件入手。企业的外部环境包括机遇和风险,即外部的有利和不利条件。企业的内部环境即企业的优势和劣势。应该把内、外部环境的有利、不利条件具体化,列出若干项需要考虑判断的指标,采用一种固定的分析方法,在每一次投标前都围绕这些指标进行分析,以便客观地、科学地决策,同时不断积累资料,以利于今后的决策。

项目投标决策时一般考虑以下几个方面的因素:

1. 投标人方面的因素,包括主观条件因素,即有无完成此项目的实力以及对本公司目前和今后的影响。

(1) 本公司的施工能力和特点。

(2) 本公司的设备和机械,特别是临近地区有无可供调用的设备和机械。

(3) 有无从事过类似工程的经验。

(4) 有无垫付资金的来源。

(5) 投标项目对本公司今后业务发展的影响。

2. 工程方面的因素,包括以下内容:

(1) 工程性质、规模、复杂程度以及自然条件(水文、气象、地质……)。

(2) 工程现场工作条件,特别是道路交通、电力和水源。

(3) 工程的材料供应条件。

(4) 工期要求。

3. 业主方面的因素,这些因素包括:

(1) 业主信誉,特别是项目资金来源是否可靠,工程款项支付能力等。

(2) 是否要求承包商带资承包、延期支付等。

(3) 业主所在国政治、经济形势,货币币值稳定性。

(4) 机械、设备人员进出该国有无困难。该国法律对外商的限制程度等。

在实际投标过程中,影响因素是很多的,投标人应该从战略角度全面地对各种因素进行权衡之后再进行决策。

(三) 项目投标决策的分析方法

决策理论有许多分析方法,下面介绍根据竞争性投标理论进行投标决策时比较适用的分析方法——专家评分比较法(Expert Scoring Method)。

一般可根据下列 10 项指标来判断是否应该参加投标。

1. 管理的条件:指能否抽出足够的、水平相应的管理工程的人员(包括工地项目经理和组织施工的工程师等)参加该工程。

2. 工人的条件:指工人的技术水平和工人的工种、人数能否满足该工程的要求。

3. 设计人员条件:视该工程对设计及出图的要求而定。

4. 机械设备条件:指该工程需要的施工机械设备的品种、数量能否满足要求。

5. 工程项目条件:对该项目有关情况的熟悉程度,包含对项目本身、业主和监理情况、当地市场情况、工期要求、交工条件等。

6. 同类工程的经验:以往实施同类工程的经验。

7. 业主的资金条件:过去的支付信誉,本项目的资金是否落实等。

8. 合同条件:是否苛刻等。

9. 竞争对手的情况:包括竞争对手的数量、实力等。

10. 今后的机会:对公司今后在该地区带来的影响和机会。

按照上述 10 条,用专家评分比较法分析决策的步骤如下:

第一步,按照 10 项指标各自对企业完成该招标项目的相对重要性,分别确定权数。

第二步,用 10 项指标对项目进行权衡,按照模糊数学概念,将各标准划分为好、较好、一般、较差、差五个等级,各等级赋予定量数值,如可按 1.0、0.8、0.6、0.4、0.2 打分。例如企业的劳动力条件足以完成本工程便将标准打 1.0 分。竞争对手愈多则打分愈低。

第三步,将每项指标权数与等级分相乘,求出该指标得分。10 项指标之和即为此工程投标机会总分。

第四步,将总得分与过去其他投标情况进行比较或和公司事先确定的准备接受的最低分数相比较,来决定是否参加投标。

表 5-1 是用此方法评价投标机会的一个例子。该方法可以用于两种情况:

一是对某一个招标项目投标机会作出评价,即利用本公司过去的经验,确定一个 $\sum WC$ 值,例如在 0.60 以上即可投标,则上例属于可投标的范畴,但也不能单纯看 $\sum WC$ 值,还要分析一下权数大的几个项目,也就是要分析主要指标的等级,如果太低,也不宜投标。

二是可以用于比较若干个同时正准备考虑投标的项目,看哪一个 $\sum WC$ 最高,即可考虑优先投标。

投标考虑的指标	权数（W）	等级(C)					WC
		好 1.0	较好 0.8	一般 0.6	较差 0.4	差 0.2	
1. 管理的条件	0.15		√				0.12
2. 工人的条件	0.10	√					0.10
3. 设计人员的条件	0.05	√					0.05
4. 机械设备条件	0.10			√			0.06
5. 工程项目条件	0.15			√			0.09
6. 同类工程经验	0.05	√					0.05
7. 业主资金条件	0.15		√				0.12
8. 合同条件	0.10			√			0.06
9. 竞争对手情况	0.10				√		0.04
10. 今后机会	0.05					√	0.01
						$\sum WC = 0.70$	

注：√表示等级的取值。

二、投标的组织

如果是一个公司单独投标,投标的组织是指对投标班子成员的要求和组成。如果是几个公司联合投标,则有一个联营体的组织形式问题。

（一）投标班子的组成和要求

当公司决策要参加某工程项目投标之后,第一位的、最主要的工作即是组成一个干练的投标班子。对参加投标的人员要经过认真挑选,应该由具备以下基本条件的人员组成：

（1）熟悉了解有关外文招标文件。对投标、合同谈判和合同签约有丰富的经验。

（2）对该国有关经济合同方面的法律和法规有一定的了解。

（3）不仅需要有丰富的工程经验,熟悉施工的施工工程师,还要有具有设计经验的设计工程师参加,因为从设计或施工的角度,对招标文件的设计图纸提出改进方案或备选方案,以节省投资和加快工程进度是投标人中标的重要条件。

（4）最好还有熟悉物资采购的人员参加,因为一个工程的材料、设备开支往往占工程造价的一半以上。

（5）有精通工程报价的经济师或会计师参加。

（6）国际工程需要工程翻译,但参与投标的人员也应该有较高的外语水平,这样可以取长补短,避免由于翻译不懂技术和合同管理出现失误。投标人员中还应有通晓项目所在国官方语言的翻译。例如去中东地区就应有阿拉伯语翻译。

总之,投标班子最好由多方面的人才组成。

一个公司应该有一个按专业或承包地区分组的、稳定的投标班子,但应避免把投标人员和实施人员完全分开的做法,部分投标人员必须参加所投标的工程的实施,这样才能减少工程实施中的失误和损失,不断地总结经验,提高投标人员的水平和公司的总体投标水平。

（二）联营体

联营体(Joint Venture, JV)是在国际工程承包和咨询时经常采用的一种组织形式,JV

是针对一个工程项目的招标,由一个国家或几个国家的一些公司组成一个临时合伙式的组织去参与投标,并在中标后共同实施项目。一般如果投标不中标,则 JV 即解散。在以后其他项目投标和实施需要时再自由组织,不受上一个 JV 的约束和影响。

组建联营体的主要优点是可以优势互补,例如可以弥补技术力量的不足,有助于通过资格预审和在项目实施时取长补短;又如可以加大融资能力,对大型项目而言,周转资金不足不但无法承担工程实施所需资金,甚至开出履约保函也有困难,参加 JV 则可减轻每一个公司在这方面的负担;参加 JV 的另一个优点就是可以分散风险;在投标报价时可以互相检查,合作提出备选方案,也有助于工程的顺利实施。当然 JV 也有一些缺点,因为是临时性的合伙,彼此不易搞好协作,有时难以迅速决策。这就需要在签订 JV 协议时,明确各方的职责、权利和义务,组成一个强有力的领导班子。

对我国公司而言,去国外承包大型项目时,为了借助外国大公司的名牌、经验、技术力量或资金优势,要尽可能地与他们组成 JV,而不要成为他们的分包商,因为作为 JV 成员是以平等的伙伴身份参与项目,其资历和经验可得到世行、亚行等国际组织贷款项目资格预审时的承认,而分包是得不到直接承认的。与国外大公司组建 JV,除了借助他们的优势外,另一点重要的因素即是要学习他们的经验,不但是技术方面,更重要的是工程项目管理方面的经验,要选派一批外语好、公关能力强的工程师参与各个部门及现场的领导,通过参加 JV,不但要做好项目,赢得利润,更主要的是要培养一批人才。

在国外参与承包项目也有时与当地公司结成 JV,可以利用当地公司的人力资源和有利条件。但在选择当地 JV 伙伴时,一定要注意了解该公司的信誉和资源情况,包括资金、技术力量、设备力量、是否有足够的能力履行对项目的责任等。因业主方一般均要求 JV 中各成员承担个别的和共同的责任。

如果在国内与外国大公司组建 JV,或在国外与当地公司组建 JV,以参与世行或亚行贷款项目的投标时,除了上述注意事项外,还要研究如何符合世行、亚行贷款项目评标的优惠条件,以有利于中标。

在组建 JV 时,订好 JV 协议非常重要,有关签订 JV 协议的详细内容请参考《国际工程合同与合同管理》一书第 9 章第 1 节。

第 2 节 投 标 的 技 巧

国际工程承包市场是一个竞争日趋激烈的市场,一方面有许多有经验的、发达国家的大中型公司,他们既有自己的传统的市场,又有开拓和占领新市场的能力;另一方面有大批发展中国家的公司投入这个市场。过去发达国家的工程公司主要竞争技术密集型工程,而今发展中国家的一部分公司也参与了技术密集型工程项目的竞争。另外,许多国家的地方保护壁垒加厚。在这种激烈竞争的形势下,除了组织一个强有力的投标班子,加强市场调研,做好各项准备工作之外,对于如何进行投标、投标中应注意哪些事项、投标的技巧和辅助中标手段等问题都应该进行认真的分析和研究。

一、工程项目投标中应该注意的事项

在前面投标的决策有关内容中提到了许多注意事项,这里主要指购买到招标文件之后,在准备投标和投标过程中应该注意的事项,和投标决策时的思路是一致的。

（一）企业的基本条件

从投标企业本身条件、能力、近期和长远的目标出发来进行投标决策非常重要。

对一个企业，首先要从战略眼光出发，投标中既要看到近期利益，更要看到长远目标，承揽当前工程要为以后的市场开拓创造机会和条件，也可先进行分包或联合承包为今后打入某一市场创造条件。

对企业自身特点要注意扬长避短，发扬长处才能提高利润，创造效益。要考虑企业本身完成任务的能力。

当然，盈利是投标的目的，要对风险和问题有充分的估计，要力争保证盈利。在绝大多数情况下，不能投"亏本标"，即不能在投标计算时不惜血本，为打入市场而不考虑利润，因为一个公司如果拿到较多的"亏本标"项目意味着企业将承受巨大的风险。

（二）业主的条件和心理分析

首先要了解业主的资金来源是本国自筹、外国或国际组织贷款、还是兼而有之；或是要求投标人垫资。因为资金牵扯到支付条件，是现金支付（其中外币与本地币比例），延期付款，还是实物支付……。这一切和投标人的利益密切相关，资金来源可靠，支付条件好的可投低标。

还要进行业主心理分析，了解业主的主要着眼点：如业主资金紧缺者一般考虑最低投标价中标；业主资金富裕者则多半要求技术先进，如机电产品要求名牌厂家，虽然标价高一些也不在乎；工程急需者，则投标时可以标价稍高，但要在工期上尽量提前。总之要对业主情况进行全面细致的调查分析。

（三）质询问题时的策略

在投标有效期内，投标人找业主澄清问题时要注意质询的策略和技巧，注意礼貌，不要让业主为难，不要让对手摸底。

1. 对招标文件中对投标人有利之处或含糊不清的条款，不要轻易提请澄清。

2. 不要让竞争对手从我方提出的问题中窥探出我方的各种设想和施工方案。

3. 对含糊不清的重要合同条款、工程范围不清楚、招标文件和图纸相互矛盾、技术规范中明显不合理等，均可要求业主澄清解释，但不要提出修改合同条件或修改技术标准，以防引起误会。

4. 请业主或咨询工程师对问题所作的答复发出书面文件，并宣布与招标文件具有同样效力。或是由投标人整理一份谈话记录送交业主，由业主确认签字盖章送回。

千万不能以口头答复为依据来修改投标报价。

（四）采用工程报价宏观审核指标的方法进行分析判断

投标价编好后，是否合理，有无可能中标，要采用某一两种宏观审核方法来校核，如果发现相差较远则需重新全面检查，看是否有漏投或重投的部分并及时纠正。

（五）编制施工进度表时的注意事项

投标文件的施工进度表，实质上是向业主明确竣工时间。在安排施工进度表时要特别注意的几点是：

1. 施工准备工作。一般人员进场时间较易掌握，但对机械进场时间要看具体情况，如由邻近工地调入机械则比较容易，如由国外订购机械，则要充分估计机械进场时间。

2. 要有一个合理的施工作业顺序。如对水利工程要特别注意施工导流和基础处理，要充分考虑雨季和洪水对施工的影响。

3. 要估计到尾工的复杂性。工程进入尾期,场地窄、多工种交叉作业,有时不易机械化施工,机电设备的安装调试也需较多时间,所以在工期上要留有充分的余地。

4. 工期中应包括竣工验收时间:

工期问题是一个敏感的问题,缩短工期有利于中标,但工期过短,到时候不能完工则要进行赔偿,所以要认真研究,留有余地。如无特殊要求,一般按招标文件要求的竣工时间完工即可。

(六) 注意工程量表中的说明

投标时,对招标文件工程量表中各项目的含义要弄清楚,以避免在工程开始后每月结账时产生麻烦,特别在国外承包工程时,更要注意工程量表中各个项目的外文含义,如有含糊不清处可找业主澄清。

例如某挡水坝工程招标文件中坝体混凝土心墙的直立模板,在工程量表中是这样写的"心墙直立平面模板包括垂直接缝处的模板"(Vertical Plane formwork to corewall including formwork for vertical joints),这句话是指上、下游的直立模板和两端垂直接缝处的直立模板均为同一单价呢? 还是说接缝处模板的单价已包含在上、下游的直立模板单价中而不再单独付款呢? 在结算时承包商与监理工程师发生了争执,最后承包商以接缝处模板施工比上、下游模板施工更困难,更费材料,说服了监理工程师,使他同意将接缝处模板按实际施工面积付款。

(七) 分包商的选择

总承包商选择分包商一般有两个原因:一是将一部分不是本公司业务专长的工程部位分包出去,以达到既能保证工程质量和工期又能降低造价的目的;二是分散风险,即将某些风险比较大的,施工困难的工程部位分包出去,以减少自己可能承担的风险。还有另一种叫"指定的分包商",这是指在签订合同时或签订合同后由业主指定的分包商,这个问题已在第4章中介绍。

选择分包商,可在投标过程中或中标以后,中标以后选择分包商要经监理工程师同意。下面主要介绍在投标过程中选择分包商。

在投标过程中选择分包商有两种做法:一种是要求分包商就某一工程部位进行报价,双方就价格、实施要求等达成一致意见后,签订一个协议书。总承包商承诺在中标后不找其他分包商承担这部分工程,分包商承诺不再抬价等。有时总承包商还要求分包商向总承包商提交一份投标保函,而分包商则要求总承包商在投标文件中向业主写明该分包商的名称,并许诺在与业主就该分包部位讨论价格变动时,应征得分包商的同意,这种方式对双方均有约束性。另一种即是总承包商找几个分包商询价后,投标时自己确定这部分工程的价格,中标后再最后确定由哪一家分包,签订分包协议。这样双方均不受约束,但也都承担着风险,如分包商很少时,总承包商可能要遇到分包商提高报价的风险,反之,如分包商很多,分包商可能要面临总承包商进一步压低价格的风险。

所以一般对于大型的、技术复杂的工程,总承包商都愿意事先确定分包商。

二、投标的技巧

投标的技巧(Know-how)指在投标报价中采用什么手法,既使业主可以接受,而中标又能获得更多的利润。

（一）研究招标项目的整体特点

投标时，既要考虑自己公司的优势和劣势，也要分析招标项目的整体特点，按照工程的类别，施工条件等考虑报价策略。

1．一般来说下列情况下报价可高一些：(1)施工条件差(如场地狭窄、地处闹市)的工程；(2)专业要求高的技术密集型工程，而本公司这方面有专长，声望也高时；(3)总价低的小工程，以及自己不愿意做而被邀请投标时，不得不投标的工程；(4)特殊的工程，如港口码头工程、地下开挖工程等；(5)业主对于工期要求急的；(6)投标对手少的；(7)支付条件不理想的。

2．下述情况下报价应低一些：(1)施工条件好的工程，工作简单、工程量大而一般公司都可以做的工程，如大量的土方工程，一般房建工程等；(2)本公司目前急于打入某一市场、某一地区，或虽已在某地区经营多年，但即将面临没有工程的情况(某些国家规定，在该国注册公司一年内没有经营项目时，就要撤消营业执照)，机械设备等无工地转移时；(3)附近有工程而本项目可利用该项工程的设备、劳务或有条件短期突击完成的；(4)投标对手多，竞争力强时；(5)非急需工程；(6)支付条件好，如现汇支付。

（二）不平衡报价法(Unbalanced Bids)

不平衡报价法也叫前重后轻法(Front loaded)。不平衡报价法是指一个工程项目的投标报价，在总价基本确定后，如何调整内部各个子项目的报价，以期既不提高总价，不影响中标，又能在结算时得到更理想的经济效益。一般可以在以下几个方面考虑采用不平衡报价法。

1．能够早日结账收款的子项目(如开办费、基础工程、土方开挖、桩基等)可以报得较高，以利资金周转，后期工程子项目(如机电设备安装，装饰，油漆等)可适当降低。

2．经过工程量核算，预计今后工程量会增加的子项目，单价适当提高，这样在最终结算时可多赚钱，而将工程量完不成的子项目单价降低，工程结算时损失不大。

但是上述1)、2)两点要统筹考虑，即对于工程量有错误的早期子项目，如果经过核对分析不可能完成工程量表中的数量，则不能盲目抬高单价，要具体分析比较后再定。

3．设计图纸不明确，估计修改后工程量要增加的，可以提高单价，而工程内容说不清楚的，则可降低一些单价。

4．暂定项目(Optional Items)。暂定项目又叫任意项目或选择项目，对这类项目要具体分析，因这一类子项目要开工后再由业主研究决定是否实施，由哪一家承包商实施。如果工程不分标，只由一家承包商施工，则其中肯定要做的暂定项目单价可高些，不一定做的则应低些。如果工程分标，该暂定项目也可能由其他承包商施工，则不宜报高价，以免抬高总报价。

5．在单价包干混合式合同中，有某些子项目业主要求采用包干报价时，宜报高价。一则这类子项目多半有风险，二则这类子项目在完成后可全部按报价结账，即可以全部结算回来。而其余单价项目则可适当降低。

但不平衡报价一定要建立在对工程量仔细核对分析的基础上，特别是对于单价报得太低的子项目，如这类子项目实施过程中工程量增加很多将对承包商造成重大损失。不平衡报价一定要控制在合理幅度内(一般可在10%左右)，以免引起业主反对，甚至导致废标。如果不注意这一点，有时业主会挑选出报价过高的项目，要求投标人进行单价分析，而围绕单价分析中过高的内容压价,以致承包商得不偿失。

（三）计日工的报价

如果是单纯报计日工的报价,可以高一些,以便在日后业主用工或使用机械时可以多盈利。但如果采用"名义工程量"时,则需具体分析是否报高价,以免抬高总报价。总之,要分析业主在开工后可能使用的计日工数量确定报价方针。

（四）多方案报价法

对于一些招标文件,如果发现工程范围不很明确,条款不清楚或很不公正,或技术规范要求过于苛刻时,则要在充分估计投标风险的基础上,按多方案报价法处理。即是按原招标文件报一个价,然后再提出:"如某条款(如某规范规定)作某些变动,报价可降低多少……",报一个较低的价。这样可以降低总价,吸引业主。

或是对某些部分工程提出按"成本补偿合同"方式处理。其余部分报一个总价。

（五）增加备选方案（Alternatives）

有时招标文件中规定,可以提一个备选方案,即是可以部分或全部修改原设计方案,提出投标人的方案。

投标人这时应组织一批有经验的设计和施工工程师,对原招标文件的设计和施工方案仔细研究,提出更合理的方案以吸引业主,促成自己的方案中标。这种新的备选方案必须有一定的优势;如可以降低总造价;或提前竣工;或使工程运用更合理。但要注意的是对原招标方案一定也要报价,以供业主比较。

如某沉沙池工程,按照业主原方案施工,将推迟水库蓄水以及推迟向灌渠送水时间半年之久,我方提出的新方案,虽然工程造价增加了,但可提前半年向灌渠送水,最后业主同意以我方方案为基础进行谈判,并签订了合同。

增加备选方案时,不要将方案写得太具体,要保留方案的技术关键,以防止业主将此方案交给其他承包商实施。同时要强调的是,备选方案一定要比较成熟,或过去有这方面的实践经验。因为投标时间不长,如果仅为中标而匆忙提出一些没有把握的备选方案,可能会引起很多后患。

（六）突然降价法

报价是一件保密的工作,但是对手往往通过各种渠道、手段来刺探情况,因之在报价时可以采取迷惑对方的手法。即先按一般情况报价或表现出自己对该工程兴趣不大,到投标快截止时,再突然降价。如鲁布革水电站引水系统工程招标时,日本大成公司知道他的主要竞争对手是前田公司,因而在临近开标前把总报价突然降低8.04%,取得最低标,为以后中标打下基础。

采用这种方法时,一定要在准备投标报价的过程中考虑好降价的幅度,在临近投标截止日期前,根据情报信息与分析判断,再做最后决策。

如果由于采用突然降价法而中标,因为开标只降总价,在签订合同后可采用不平衡报价的思想调整工程量表内的各项单价或价格,以期取得更高的效益。

（七）先亏后盈法

有的承包商,为了打进某一地区,依靠国家、某财团或自身的雄厚资本实力,而采取一种不惜代价,只求中标的低价投标方案。应用这种手法的承包商必须有较好的资信条件,并且提出的施工方案也先进可行,同时要加强对公司情况的宣传,否则即使报价再低,业主也不一定选定。

如果其他承包商遇到这种情况,不一定和这类承包商硬拼,而力争第二、第三标,再依靠自己的经验和信誉争取中标。

（八）联合保标法

在竞争对手众多的情况下,可以采取几家实力雄厚的承包商联合起来控制标价,一家出面争取中标,再将其中部分项目转让给其他承包商分包,或轮流相互保标。在国际上这种做法很常见,但是一旦被业主发现,则有可能被取消投标资格。

（九）有二期工程的项目

对大型分期建设工程,如卫星城、灌溉工程等,在第一期工程投标时,可以将部分间接费分摊到第二期工程中去,少计利润以争取中标。这样在第二期工程招标时,凭借第一期工程的经验、临时设施,以及创立的信誉,比较容易拿到第二期工程。

但应注意分析第二期工程实现的可能性,如开发前景不明确,后续资金来源不明确,实施第二期工程遥遥无期时,则不可以这样考虑。

（十）关于材料和设备

材料、设备在工程造价中常常占一半以上,对报价影响很大,因而在报价阶段对材料设备供应(特别是大宗材料和大件设备)要十分谨慎。

1.询价时最好直接找生产厂家或当地直接受委托的代理,在当地询价后,可用电传向厂家询价,加以比较后再确定如何订货。

2.国际市场各国货币币值在不断变化,要注意选择货币贬值国家的机械设备。

3.建筑材料价格波动很大,因而在报价时不能只看眼前的建筑材料价格,而应调查了解和分析过去二三年内建材价格变化的趋势,决定采取几年平均单价或当时单价,以减少未来可能的价格波动引起的损失。

（十一）如何填"单价分析表"

有的招标文件要求投标人对工程量大的项目报"单价分析表"。投标时可将单价分析表中的人工费及机械设备费报得较高,而材料费算得较低。这主要是为了在今后补充项目报价时可以参考选用已填报过的"单价分析表"中较高的人工费或机械设备费,而材料则往往采用市场价,因而可以获得较高的收益。

三、辅助中标手段

承包商对工程项目进行投标时,主要应该在先进合理的技术方案和较低的投标价格上下功夫,以争取中标,但是还有其他一些手段对中标有辅助性的作用,现在介绍如下:

（1）许诺优惠条件。投标报价附带优惠条件是行之有效的一种手段。招标单位评标时,除了主要考虑报价和技术方案外,还要分析别的条件,如工期、支付条件等。所以在投标时主动提出提前竣工、低息贷款、赠给施工设备,免费转让新技术或某种技术专利、免费技术协作、代为培训人员等,均是吸引业主、利于中标的辅助手段。

（2）聘请当地代理人。当地代理人可起到投标人耳目、喉舌和顾问的作用。

（3）与当地公司联合投标。借助当地公司力量也是争取中标的一种有效手段,有利于超越"地区保护主义",并可分享当地公司的优惠待遇,一般当地公司与官方及其他本国经济集团关系密切,与之联合可为中标疏通渠道。

（4）与发达国家联合投标。我国公司在国外承包工程有较好的信誉,劳动力也比较便宜。但是西方和日本公司的机、电等技术装备比较先进,所以对一些技术密集型大型工程,我们与西方或日本公司联合投标可以更容易赢得业主的信任而中标。

(5) 外交活动。一些大型工程招标,往往政府官员也来"参战",要充分利用政府官员的地位、关系和影响,为本国公司中标而活动,凡重大项目招标无不伴随着外交活动。

(6) 幕后活动。在有些资本主义国家,以及某些第三世界国家行贿受贿方式多种多样,在某些国家、地区,招标投标已流于形式,如何对待这类问题,很值得研究。

思 考 题

1. 什么叫投标决策? 试论述其重要性。

2. 为什么要把投标前的准备工作分为两个阶段? 这样做有什么好处?

3. 你会用"专家评分比较法"对投标机会进行评价吗?

4. 采用联营体(JV)形式投标和实施项目要注意些什么问题?

5. 投标时应注意哪些事项?

6. 什么叫"不平衡报价"? 为什么采用不当时,反而会弄巧成拙?

7. 什么叫"备选方案"? 提出备选方案时要注意什么问题?

第6章 投 标 报 价

投标报价是国际工程承包过程中的一个决定性的环节,因为业主方在评标时,投标的施工规划方案合理,价格合宜是可能中标的主要指标。本章首先介绍了投标报价七个步骤中的工作和注意事项,然后详细介绍了国际工程投标报价各项费用的计算,结合一个算例介绍了如何进行单价分析。最后介绍了一个实际的国际工程项目的投标报价案例。

第1节 投标报价的步骤

承包商通过资格预审后,即有资格在业主出售招标文件时,购买全套招标文件,根据工程项目的性质,工程量大小,组织一个经验丰富,决策强有力的投标报价班子,进行投标报价。投标报价是一项十分细致而又紧张辛苦的工作,它要求投标人员有高度的责任心,广阔的知识面,丰富的施工经验和投标经验。

国际工程承包招标有多种合同形式,对不同的合同形式,计算报价方式是有差别的。具有代表性且比较常见的是单价合同形式,其投标报价主要分以下 7 个步骤:①现场考察;②研究招标文件;③复核工程量;④制定总体施工方案;⑤计算确定工、料、机单价;⑥计算确定间接费率;⑦做分项单价分析表确定工程量表的分项单价;⑧填工程量表和编制投标书。

一、现场考察

现场考察是整个投标报价中的一项重要活动,对于考虑施工方案和合理计算报价具有重要意义。因此,现场考察是实现正确报价的手段。决定对某一项目投标并已购买招标文件后,往往业主方给出的报价时间都比较紧张,因此现场考察时应采取有针对性的调查。如:工程所在地区的自然条件,施工条件,业主的情况,竞争对手的情况等等。

现场考察的一般程序和做法是:现场考察组应由报价人员、准备在中标后实施工程的项目经理和公司领导决策人员组成,根据对招标文件研究和投标报价的需要,制定考察提纲,考察后应提供实事求是和包含比较准确可靠数据的考察报告,以供投标报价使用。

现场考察时注意收集的资料和信息包括以下内容:

(一)自然地理条件

1. 气象资料:年平均气温,年最高气温;风玫瑰图,最大风速,风压值;年平均湿度,最高、最低湿度;室内计算温度、湿度。

2. 水文资料:流域面积、年降水量、河流流量等。对于港口工程,还应调查潮汐、风流、台风等。

3. 地质情况:地质构造及特征;承载能力,地基是否是大孔土、膨胀土(需用钻孔或探坑等手段查明);地震及其设防等级。

4. 上述问题对施工的影响。

(二)施工材料

1. 地方材料的供应品种：如水泥、钢材、木材、砖、砂、石料及商品混凝土的生产和供应。

2. 装修材料的品种和供应，如瓷砖、水磨石、大理石、墙纸、木板材、吊顶喷涂材料、各类门窗材料、水电器材、空调等的产地和质量，各种材料器材的价格、样本。

3. 第三者采购的渠道及当地代理情况。

4. 实地参观访问当地材料的成品及半成品等的生产厂、加工厂及制作场地。

（三）施工机具

1. 该国施工设备和机具的生产、购置和租赁；转口机具和设备材料的供应及价格；有关设备机具的维修和配件供应。

2. 当地的机具维修和加工能力。

（四）交通运输

1. 空运、海运、河运和陆地运输情况。

2. 主要运输工具购置和租赁价格。

（五）商务问题

1. 所在国国家对承包商征税的有关费率。

2. 所在国近几年通货膨胀和货币贬值情况。

3. 进出口材料和设备的关税费率。

4. 银行保函手续费，贷款利率，保险公司有关工程保险费率。

5. 所在国代理人的有关规定，一般收费费率。

6. 人工工资及附加费，当地工人工效以及同我国工人的工效比，招募当地工人手续。

7. 临建工程的标准和收费。

8. 当地及国际市场材料、机械设备价格的变动；运输费和税率的变动。

（六）规划设计和施工现场

1. 工程的地形、地物、地貌：城市坐标，用地范围；工程周围的道路、管线位置、标高、管径、压力；市政管网设施等。

2. 市政给排水设施：废水、污水处理方式；市政雨水排放设施；市政消防供水管道管径、压力。

3. 当地供电方式、电压、供电方位、距离。

4. 电视和通讯线路的铺设。

5. 政府有关部门对现场管理的一般要求，特殊要求及规定。

6. 施工现场的三通一平（通水、通电、通路和场地平整）情况。

7. 当地施工方法及注意事项。

8. 当地建筑物的结构特征和习惯做法；建筑形式、色调、装饰、装修、细部处理、所在国的建筑风格。

9. 重点参观了解当地有代表性的著名建筑物和现代化建筑。

（七）业主和竞争对手情况

1. 业主情况。

2. 工程资金来源。

3. 竞争对手情况。

（八）工程所在国的政治、经济情况，有关法规、条例及市场开拓前景

1．掌握该国的一般政治、经济情况，与邻国的关系，与我国的关系。

2．了解我国外交部、外经贸部对该国的评价，请我驻外使馆介绍有关情况。

3．了解该国关于外国承包公司注册设点的程序性规定；需要递交资料的详细内容。

4．搜集或购买所在国工程设计规范、施工技术规范、招标投标法、合同法等法律和法规以及工程审查与验收制度。

以上只是调查的一般要求，还应针对工程具体情况而增删，考察后要写出简洁明了的考察报告，附有参考资料、结论和建议，使报价人员和公司领导看后一目了然，把握要领。一个高质量的考察报告，对研究投标报价策略和提高中标率有着十分重要的意义。

二、研究招标文件

承包商在派人对现场进行考察之前和整个投标报价期间，均应组织参加投标报价的人员认真细致地阅读招标文件，必要时还要把招标文件译成中文，在动手计算投标价格之前，首先要弄清楚招标文件的要求和报价内容。

（1）承包的工作范围、责任和报价范围，以避免在报价中发生任何遗漏。

（2）各项技术要求，以便确定经济适用而又可能缩短工期的施工方案。

（3）工程中需使用的特殊材料和设备，以便在计算报价之前调查了解价格，避免因盲目估价而失误。另外，应整理出招标文件中含糊不清的问题，有一些问题应及时书面提请业主或咨询工程师予以澄清。

为进一步制定施工方案、进度计划，计算标价，投标人还应该从以下几个主要方面研究招标文件：

（一）投标人须知与合同条件

投标人须知与合同条件是国际工程招标文件十分重要的组成部分，其目的在于使承包商明确中标后应享受的权利和所要承担的义务和责任，以便在报价时考虑这些因素。

1．工期。包括对开工日期的规定、施工期限，以及是否有分区段、分批竣工的要求。

2．误期损害赔偿费有关规定。这对施工计划安排和拖期的风险大小有影响。

3．缺陷责任期的有关规定。这对何时可收回工程"尾款"、承包商的资金利息和保函费用计算有影响。

4．保函的要求。保函包括投标保函、履约保函、预付款保函、临时进口施工机具税收保函以及缺陷责任期保函等。保函数值的要求和有效期的规定，允许开保函的银行限制。这对于投标人计算保函手续费和用于银行开保函所需占用的抵押资金具有重要关系。

5．保险。是否指定了保险公司、保险的种类（例如工程一切保险、第三方责任保险、施工设备保险、现场人员的人身事故和医疗保险等）和最低保险金额。这将影响保险费用的计算。

6．付款条件。是否有预付款，如何扣还，材料设备到达现场并检验合格后是否可以获得部分材料设备预支款。其中付款方法、付款比例、保留金比例、保留金最高限额、退回保留金的时间和方法，拖延付款的利息支付等，每次期中支付证书有无最低金额限制，业主付款的时间限制等等，都是影响承包商计算流动资金及其利息费用的重要因素。

7．调价公式的要求。如有调价公式条款，价格计算是否仍需考虑通货膨胀影响因素。

8．税收。是否免税或部分免税，可免何种税收，可否临时进口施工机具设备而不收海关关税，可否用银行保函形式办理临时免税进口。这些将严重影响施工设备的价格计算。

9．货币。支付和结算的货币规定，外汇兑换和汇率的规定，向国外订购的材料设备需用外汇的申请和支付办法。

10．劳务国籍的限制。这影响到劳务成本计算。

11．战争和自然灾害等人力不可抗拒因素造成损害后的补偿办法和规定，暂时停工的处理办法和补救措施等。

12．有无提前竣工的奖励。

13．争议的解决办法、仲裁或诉诸法律的规定。

以上各项有关要求，一般在"投标人须知"或"投标书附录"中作出说明和规定，在某些招标文件中，这些要求放在"合同条件"的第二部分中具体规定。

（二）技术规范

研究招标文件中所附的施工技术规范，特别是注意研究该规范是参照或采用英国规范、美国规范或是其他国际技术规范，本公司对此技术规范的熟悉程度，有无特殊施工技术要求和有无特殊材料设备技术要求，有关选择代用材料、设备的规定，以便采用相应的定额，计算有特殊要求的项目价格。

（三）报价要求

1．应当注意合同种类是属于总价合同、单价合同、成本补偿合同、"交钥匙"合同或是单价与包干混合制合同。例如有的住房项目招标文件，对其中的房屋部分要求采用总价合同方式；而对室外工程部分，由于设计较为粗略，有些土石方和挡土墙等难以估算出准确的工程量项目，因而要求采用单价合同。对承包商来说，在总价合同中承担着工程量方面的风险，应该仔细根据图纸校核工程量，并对每一分项工程工程的单价作出详尽细致的分析和综合。

2．应当仔细研究招标文件中的工程量表的编制体系和方法。例如是否将施工详图设计、勘察、临时工程、机具设备、进场道路、临时水电设施和人员设备调遣等列入工程量表。对于单价合同方式特别要认真研究工程量的分类方法，以及每一分项工程工程的具体含义和内容。

要研究永久性工程之外的项目有何报价要求。例如对旧建筑物和构筑物的拆除、监理工程师现场办公室和各项开支（包括他们使用的家具、车辆、水电、试验仪器、服务设施和杂务费用等）、模型、广告、工程照片和会议费用等，招标文件有何具体规定，以便考虑如何将之列入到工程总价中去。弄清一切费用纳入工程总报价的方法，不得有任何遗漏或归类的错误。

对某些部位的工程或设备提供，是否必须由业主确定"指定的分包商"进行分包。文件规定总包商应为指定分包商提供何种条件，承担何种责任，以及文件是否规定对指定分包商的计价方法。

（四）承包商风险

认真研究招标文件中，对承包商不利，需承担很大风险的各种规定和条款，例如有些合同中，业主有这样一个条款"承包商不得以任何理由索取合同价格以外的补偿"，那么承包商就得考虑适当加大风险费。有关承包商的风险管理，详见第7章。

三、复核工程量

招标文件中通常均附有工程量表，投标人应根据图纸仔细核算工程量，当发现相差较大时,投标人不能随便改动工程量,应致函或直接找业主澄清。对于总价固定合同要特别引起重视,如果投标前业主方不予更正,而且是对投标人不利的情况,投标人在投标时要附上声明:工程量表中某项工程量有错误,施工结算应按实际完成量计算。有时可按不平衡报价的思路报价。有时招标文件中没有工程量表,需要投标人根据设计图纸自行计算,按国际承包工程中的惯例形式分项列出工程量表。

不论是复核工程量还是计算工程量,都要求尽可能准确无误。这是因为工程量大小直接影响投标价的高低。对于总价合同来说,工程量的漏算或错算有可能带来无法弥补的经济损失。目前一般采用的工程量划分方法和计算方法,项目划分很细,计算十分繁琐,对于这种情况,投标人可以按自己习惯采用的办法合并和归纳,以简化计算和复核。因此,承包商在核算工程量时,应当结合招标文件中的技术规范弄清工程量中每一细目的具体内容,才不致在计算单位工程量价格时搞错。如果招标的工程是一个大型项目,而且投标时间又比较短,要在较短的时间内核算工程数量,将是十分困难的。这时,投标人至少也应核算那些工程量大和价格高的项目。

在核算完全部工程量表中的细目后,投标人可按大项分类汇总主要工程总量,以便对这个工程项目的施工规模有一个全面和清楚的概念,并用以研究采用合适的施工方法,选择经济适用的施工机具设备。对于一般土建工程项目主要工程量汇总的分类大致如下:

1．建筑面积。国外没有计算建筑面积的规定,通常也不用建筑面积作为计价单位。因此,这一汇总只是为了我们内部进行分析比较,可以按照我国国内的规定计算。

2．土方工程。包括总挖方量、填方量和余、缺土方量,如果可能的话,可分别列出石方、一般土方和软土或淤泥方量。还要特别注意的一点是在土方工程中,要弄清业主付款是按实方还是按虚方丈量。

3．钢筋混凝土工程。可分别汇总统计现浇素混凝土和钢筋混凝土以及预制钢筋混凝土构件数量并汇总钢筋、模板数量。

4．砌筑工程。可按石砌体、空心砖砌体和粘土砖砌体统计汇总。

5．钢结构工程。可按主体承重结构和零星非承重结构(如栏杆、扶手等)的吨位统计汇总。

6．门窗工程。按钢门窗和铝门窗以件数和面积统计。

7．木作工程。包括木结构、木屋面、木地面、木装饰等,可以面积统计。

8．装修工程。包括各类地面、墙面、吊顶装饰,以面积计算。

9．设备及安装工程。包括电梯、自动扶梯、各类工艺设备等,以台件和安装总吨位统计。

10．管道安装工程。包括各类供排水、通风、空气调节及工业管道,以延长米计。

11．电气安装工程。各类电缆、电线以延长米计,各类电器设备以台、件计。

12．室外工程。包括围墙、地面砖铺砌、市政工程和绿化等。

四、制定总体施工规划

招标文件中要求投标人在报价的同时要附上其施工规划(Construction Planning)。施工规划内容一般包括施工技术方案、施工进度计划、施工机械设备和劳动力计划安排以及临建设施规划。制定施工规划的依据是工程内容、设计图纸、技术规范、工程量大小、现场施工条件以及开工、竣工日期。

投标时的施工规划将作为业主评价投标人是否采取合理和有效的技术措施,能否保证按工期、质量要求完成工程的一个重要依据。另外施工规划对投标人自己也是十分重要的,这是因为施工方案的优化可行性和进度计划的合理安排对工程报价有着密切的关系,编制一个好的施工规划可以大大降低标价,提高竞争力。

因此,制定施工规划的原则是在保证工程质量和工期的前提下,尽可能使工程成本降低和投标价格合理。在这个原则下,投标人要采用对比和综合分析的方法寻求最佳方案,避免孤立地、片面地看问题。应根据现场施工条件、工期要求、机械设备来源和劳动力的来源等,全面考虑采用何种方案。

(一) 工程进度计划

在投标阶段,编制的工程进度计划不是工程施工计划,可以粗略一些,一般用横道图(如招标文件有要求则应采用网络图)做计划即可,但应考虑和满足以下要求:

1. 总工期符合招标文件的要求,如果合同要求分期分批竣工交付使用,应标明分期交付的时间和分批交付的工程项目和数量。

2. 表示各项主要工程(例如土方工程、基础工程、混凝土结构工程、屋面工程、装修工程、水电安装工程等等)的开始和结束时间。

3. 合理安排各主要工序,体现出相互衔接。

4. 有利于合理均衡安排劳动力,尽可能避免现场劳动力数量急剧起落,这样可以提高工效和节省临时设施(如工人居住营地、临时性建筑等)。

5. 有利于充分有效地利用机械设备,减少机械设备占用周期。例如,尽可能将土方工程集中在一定时间内完成,以减少推土机、挖掘机、铲运机等大型机具设备占用周期。这样就可以降低机械设备使用费,或是考虑施工分包。

6. 制定的计划要便于编制资金流动计划,有利于降低流动资金占用量,节省贷款资金利息。

可以看出,进度计划安排是否合理,关系到工程成本和投标价格。

(二) 施工方案

弄清工程分项的内容和工程量,考虑制定工程进度计划的各项要求,即研究和拟定合理施工方法。但是也要注意投标时拟定的施工方案一定要合理和现实,不能只为降低投标价争取中标,而造成在实施中很难实现甚至不能实现的局面,由此引起不得不加大成本或采取新的施工方案,往往会使施工陷于被动。因此,编制施工方案时要比较细致地研究技术规范要求,现场考察时,对施工条件要充分了解清楚。制定施工方案要服从工期要求、技术可能性、保证质量、保证安全、降低成本等方面的综合考虑。

1. 根据分类汇总的工程数量,工程进度计划中该类工程的施工周期,技术规范要求以及施工条件和其他情况,选择和确定每项工程的主要施工方法。例如土方工程,对于大面积开挖,根据地质水文情况,需降低地下水位施工,是采用井点降水,还是地下截水墙方案;在混凝土工程中,根据工程量大小是采用商品混凝土还是自建混凝土搅拌站;在混凝土构件安装工程中根据施工条件,是采用移动式吊车方案还是固定式塔吊方案等。对各种不同施工方法应当从保证完成计划目标、保证工程质量和施工安全、节约设备费用、降低劳务成本等多方面综合比较,选定最适用的、经济的施工方案。

2. 根据上述各类工程的施工方法,选择相应的机具设备,并计算所需数量和使用周期;

研究确定是采购新设备,或调进现有设备,或在当地租赁设备。

3. 研究确定哪些工程由自己组织施工,哪些分包,提出寻求分包的条件设想,以便询价。

4. 用概略指标估算直接参与生产的劳务数量,考虑其来源及进场时间安排。如果当地有限制外籍劳务的规定,则应提出当地劳务和外籍劳务的工种分配。另外,从所需直接劳务的数量,可参照自己的经验,估算所需间接劳务和管理人员的数量,并估算出生活用临时设施的数量和标准等。

5. 用概略指标估算主要和大宗的建筑材料的需用量,考虑其来源和分批进场的时间安排,从而可以估算现场用于存储、加工的临时设施(例如仓库、露天堆放场、加工场地、车间或工棚等等)。如果有些地方建筑材料(如砂石等)拟自行开采,则应了解当地是否征收矿区使用费,估计采砂、采石场的设备、人员,并计算出自行开采砂石的单位成本价格。如有些构件(如预制混凝土构件、钢构件等)拟在现场自制,应确定相应的设备、人员和场地面积,并计算自制构件的成本价格。

6. 根据现场设备、高峰人数和一切生产和生活方面的需要,估计现场用水、用电量,确定临时供电和供水、排水设施。

7. 考虑外部和内部材料供应的运输方式,估计运输和交通车辆的需要和来源。

8. 考虑其他临时工程的需要和建设方案。例如进场道路、停车场地等。

9. 提出某些特殊条件下保证正常施工的措施。例如排除或降低地下水位以保证地面以下工程施工的措施;冬季、雨季施工措施等。

10. 其他必须的临时设施安排。例如现场保卫设施,包括临时围墙或围篱,警卫设备、夜间照明等;现场临时通讯联络设施等。

应当注意,上述施工方案中各种数字,都是按汇总工程量和概略定额指标估算的,在计算投标价过程中,需要按陆续计算得出的详细计算数字予以修改、补充和更正。

五、计算单价

在投标报价中,要按照招标文件工程量表(或叫报价单)中的格式填写报价价格,一般是按分项工程中每一个分项工程的内容填写单价和总价。这种报价方式不同于中国的工程项目和投标报价编制方法中将直接费、间接费及各类措施费、利润分别计算的方法,而是按分项工程的分项工程报价。今后业主付款,是按此单价乘以承包商完成的工程数量进行支付。而不管其中有多少用于人工费,多少用于材料和工程设备费,多少用于承包商的施工机械以及间接费和利润。

按照国际工程的这种报价方式,我们可以分解每一个工程项目的单价,其组成为:

人工费——分项工程中每一个分项工程的用工量(以工日计)×工日基础单价;

材料费——分项工程中每一个分项工程的材料消耗量×材料单位基础价格;

施工机械设备费——分项工程中每一个分项工程的所需机械设备台班数×台班单价;

各种管理费和其他一切间接费用——分别摊入每一分项工程工程单价中;

风险费和利润——根据承包商的实际情况,确定其风险费和计划利润,分别计入每个分项工程工程的单价中。

因此工程单价要从基本价格,确定定额和间接费、风险费和利润摊入系数三个方面入手。

1．基本价格，即人工、材料、施工机具的价格。

（1）人工单价。是指工人每个工作日的平均工资。如果该工程拟部分或全部使用中国工人，由于我国目前对待出国劳务人员的报酬和支付方式十分繁琐，致使工日基价的计算也极为复杂，而且各个人员派遣单位索要的费用名目繁多，难于制订统一的标准。如果整个工程是雇用当地工人，只需按当地建筑工人的月工资，适当加入应由雇用人支付的各类法定的津贴费、招募开支（分摊到每月）等，除以每月平均工作天数，即为工日基价。若当地有工资上涨的趋势，可再适当乘以预计上涨率。

（2）材料和工程设备的基价。前面谈到的材料和设备的询价，由于供货来源不同、付款条件及交货方式不一，供货商所报价格的表现形式可能也是多种多样的。但是，为了便于进行工程投标价的计算，应当全部换算为材料和工程设备到达施工现场的价格，作为算标的基价，并将基价列表备用。至于一些施工过程中使用的零星材料，可以不必详列，而在进行工程单价计算时，根据经验加入一定百分比（例如 1%～5%）即可。

（3）施工机具台班单价。施工机具设备费用以何种方式计入工程报价中，取决于招标文件的规定。有些招标文件规定，应当列出该工程的施工机具设备费总数，业主甚至可以在工程初期验证承包商的机具设备确定进入现场后，即可支付一定比例的该项费用。这类招标项目多数是一些使用大型施工机具设备，而且是机具设备费占的比重很大的项目（比如港口工程等）。大多数招标文件不单列施工机具设备费用栏目，这时，投标人应当将这笔费用分摊到各个分项工程单价中。至于分摊的方法，则由投标人自己确定。

人工、材料和施工设备机具费用的计算详见下节。

2．工程定额的选用。即人工定额、材料消耗定额、施工机械台班定额的选用。国外工程究竟怎样选用工程定额，是一个很难决定的问题。工程定额水平太低，标价肯定会提高，有可能使这一报价完全失去竞争力；定额水平太高，虽然报价可以降下来，但在实施过程中达不到这个定额要求时，可能导致亏损。如何选择比较合适的工程定额，在标价计算时应当慎重考虑。

影响工程定额的因素很多，其中较主要的是：施工人员的技术水平和管理水平，机械化程度，施工技术条件，施工中各方面的协调和配合；材料和半成品的加工性和装配性，自然条件对施工的影响等等。应仔细分析国外工程的具体特点，研究其影响工程定额的有利因素和不利因素。在没有现成的国外工程定额可供使用的情况下，可以利用国内的工程定额，并考虑国外工程各种有利和不利因素的影响而适当加以修正。

如果打算调高工程的定额，应考虑以下几方面的因素：

（1）一般来说，从国内派往国外的施工人员都经过适当挑选，其技术水平和熟练程度高于国内平均水平，身体条件也较好，因而劳动效率有可能高于国内工程。如果雇用当地工人施工，因雇用的人员素质差别甚大，则需进行具体分析。

（2）国外工程施工的机械化程度一般都较高，特别是大中型工程，不可能大量使用人工劳动力，应尽可能提高机械化程度，以提高劳动生产率。

（3）国外工程使用的材料，可以要求供货商所供材料货物达到直接用于工程的状态，从而可以减少再加工和辅助劳动。例如砂石供应，可以要求砂石供应商按工程实际所需砂石规格供货到现场，从而可以减少现场筛选、冲洗等辅助工序。国外许多供应商为提高其货物的竞争力，销售服务较佳，他们往往可以完全按承包商的要求供货。例如保证零部件配套，甚至部分组装状态交货等等,这就有助于承包商提高现场的施工效率,甚至可以减少国内工程定额项目中的某些现场工作内容。

(4) 国外施工的组织管理比较严密,监理比较严格。但杂事干扰较少,工时利用率相对增大,而国内工程定额一般都偏于保守,适当提高定额是可能的。

国外工程也有妨碍工效的因素:

(1) 我国工人初到国外时,对国外的技术标准、材料性能和施工要求不熟悉,一时难以适应。因此,一般都是初期的工效较低,待熟练后才能提高效率。

(2) 国外工程的监理制度极为严格,工序之间的质量检查频繁,有些项目甚至要求每道工序都须由监理工程师检查认可,才能进行下一道工序。如果管理协调不当,将严重影响工作效率。

(3) 自然条件和气候恶劣(例如中东的高温和潮湿等),也可能影响工效。

根据我国公司在国外的实际施工经验,一般认为,国外的工程定额可以比国内高一些,但也要根据不同的工程内容进行具体分析。

3. 间接费。国际承包工程间接费一般约占整个报价的20%～30%,对投标价格的高低影响很大,间接费的计算详见下节。

有了前面所述的人工、材料和机械设备的基础价格,选定了工程定额,可计算出工程直接费。再计算出各项间接费,确定间接费与直接费比率,以及上级单位管理费、利润和风险费,就可以对工程量表中每个单个项目做出单价分析,从而得出每个分项工程的单价。

六、确定投标价格

前面计算出的工程单价,是包含人、材、机单价和除合同工程量表单列项目以外的上级单位管理费、间接费、利润、风险费等的工程分项单价,乘上工程量,再加上工程量表中单列的包干项目费用,即可得出工程总价,但是,这样汇总起来的工程总价还不能作为投标价格,因为按照上述方法算出的工程总价和根据经验预测的可能中标价格,或通过某些渠道掌握的竞争对手或业主的“标底”相比,往往有出入,有时还可能相差甚大。组成总价的各部分费用间的比例也有可能不尽合理。再深究一下的话,造成这种“价差”的原因常常是计算过程中可能发生的对某些费用预估的偏差、重复计算或漏算等等。因此,必须对工程总价作出某些必要的调整。

调整投标总价应当建立在对工程的盈亏预测的基础上。盈亏预测应当用多种方法从多种角度进行。用类比方法,可以把工程的全部人工费、材料费、机械费、间接费分别汇总,计算出各种费用占总价的比例,或者算平方米、延米造价,和以往类似工程相比,从中发现问题。用分析的方法,可以把工、料、机单价,分项工程基本单价和间接费互相对照,看是否有漏算或重复计算的项目,然后分析费用的各个组成部分,看哪些地方还可以通过采取某些措施降低成本、增加盈利。

考虑标价高低和盈亏时,应仔细研究利润这个关键因素。在研究报价、确定利润时,应当坚持“既能够中标、又有利可图”的原则,既考虑第一次投标成败的得失,同时又应着眼于长远发展目标,来确定最后的投标报价。

七、编制投标文件

在作出投标决策、确定报价策略后,承包商应重新修正投标价格,按招标文件的要求正确填写,并在规定的投标日期和时间内报送投标文件。投标文件除提供有报价的工程量表以外,承包商还应按招标文件中的要求格式,附上投标函和填写必要的数据和签字。例如确认投标人完全愿意按招标文件中的规定承担工程施工、建成、移交和维修任务,并写明自己的总报价金额;确认投标人接受的开工日期和整个施工期限;确认在本投标被接受后,愿意提供履约保证等。

如果承包商认为需要时,可写一封详细的致函,对自己的投标报价作必要的说明,如降价的决定等,说明编完报价单后考虑到同业主友好的长远合作的诚意,决定按报价单的汇总价格无条件地降低某一个百分比,总价降到多少金额(应用大写和数字两种写法),并愿意以这一降低后的价格签订合同。

如果招标文件允许备选方案,且承包商又制定了备选方案,可以说明备选方案的技术和价格优点,明确如果采用备选方案,可能降低或增加的标价。还应包括比较重要的一点即说明愿意在评标时,同业主进行进一步会谈讨论,使价格更为合理。

总之,这封投标书以外的致函应本着吸引业主、咨询工程师和评标委员会对这份投标书和承包商感兴趣和有信心。

对于工程量表,一般要求在招标文件所附的工程量表原件上填写单价和总价,每页均有小计,并有最后的汇总价。工程量表的每一数字均需认真校核,并签字确认。

如果招标文件有要求,对原招标文件的合同条件、技术说明和图纸,须每页签字一并交回,每页的签字是表示投标人已阅读过,并认可了这些文件。

对于银行出具的投标保函,要按招标文件中所附的格式由承包商业务银行开出。银行保函可用单独的信封密封,在投标致函内也可以附一份复印件,并在复印件上注明"原件密封在专用信封内,与本投标文件一并递交。"

投标时还要注意以下问题:

1. 投标文件中的每一要求填写的空格都必须填写,不能空着不填。

2. 填报文件应当反复校对,保证分项和汇总计算均无错误。

3. 递交的全部文件每面均需签字,如填写中有错误而不得不进行修改,应在修改处签字。

4. 最好是用打字方式填写投标文件,或者用钢笔书写。

5. 投标文件应当保持整洁,纸张统一,字迹清楚,装订美观大方,不要给评审人员一种"该公司不重视质量"的印象。

6. 应当按规定对投标文件进行分装和密封,按规定的日期和时间,在检查投标文件的完整性后一次递交。

总之,要避免由于工作上的疏漏和技术上的缺陷而导致投标书无效的问题。

第2节　投标报价的各项费用计算

承包商在投标前研究了招标文件,对现场做了考察,从而进入实质的估算价格阶段,承包商根据自己的经验和习惯,采用一套算标的方法和程序,其基本内容包括计算人工、材料、机械的基本单价,选定适当的定额,计算分项工程直接费,再计算间接费,并确定比率系数,然后通过单价分析确定分项工程中各个分项的单价,填写工程量表,合计工程总报价。

下面首先用图6-1来表示国际工程报价项目的基本组成,再分项详细讨论。

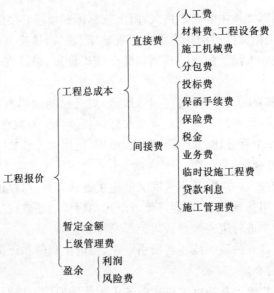

图 6-1　国际工程报价项目组成表

一、人工单价的计算

这是指国内派出工人和当地雇用工人(包括外籍和当地工人)平均工资单价的计算。一般地说,在分别计算出这两类工人的工资单价后,再考虑工效和其他一些有关因素,就可以原则上确定在工程总用工量中这两类工人完成工日所占的比重。进而用加权平均的方法算出平均工资单价:

平均工资单价=国内派出工人工资单价×国内派出工人工日占总工日的百分比+当地雇用工人工资单价×当地工人工日占总工日的百分比

需要进一步说明的是,往往有这种情况:当地雇用工人的工效很低,而当地政府又规定承包商必须雇用部分当地工人,这时,计算工资单价还应当把工效考虑进去。具体方法是将已经掌握的当地雇用工人的工效同国内派出工人的工效作一比较,确定一个大致的工效比(通常为小于 1 的数字),并改用下式计算:

考虑工效的平均工资单价=国内派出工人工资单价×国内派出工人工日占总工日的百分比+当地雇用工人工资单价×当地工人工日占总工日的百分比/工效比

国内派出工人工资单价和当地工人工资单价计算如下:

1. 国内派出工人工资单价=一个工人出国期间的费用/出国工作天数。出国期间的费用应当包括从工人出国准备到回国休整结束后的全部费用。主要包括:

(1)国内工资:标准工资一般可按建安工人平均 4.5 级计算。

(2)派出工人的企业收取的管理费:目前的一般做法是根据项目所需工人情况经双方商定。

(3)置装费:按热带、温带、寒带等不同地区标准发放。

(4)国内旅费:包括工人出国和回国时往返于国内工作地点与集中地点之间的旅费。

(5)国际旅费:包括开工前出国、完工后回国及中间回国探亲所开支的旅费。

(6)国外零用费:按外经贸部现行规定计算。

(7)国外伙食费:按我国驻当地使馆规定计算。

（8）人身意外保险费和税金:不同保险公司收取的费用不同。如业主没有规定投保公司时,应争取在国内办理保险。发生在个人身上的税收一般即个人所得税,按当地规定计算。

上述费用中,有些是一次性发生的,有些是逐月发生的。因此,需要预先估算出出国工作期限才能得出一个工人出国期间的费用。出国工作期限应当以工期为基础,考虑多数或大多数工人在该工程的工作时间来确定。显然,如果出国工人期限较长,上述一次性费用(如机票费)在工资单价中的比重就较低,将有利于竞争。

出国工作期限确定后,不难算出总费用。同时,扣除出国工作期间的节、假日(包括国内法定节日和当地主要节日)、病假和因天气影响的停工日,就可得出出国工作天数,进而算出国内派出工人的工资单价。

目前,中国一些对外承包公司已经或正在开始对工人实行国外工资制,从而简化人工费的计算。

2. 当地雇用工人工资单价。当地雇用工人工资单价计算相对比较简单,计算时主要应包括下列费用:

（1）日基本工资。

（2）带薪法定假日、带薪休假日工资。

（3）夜间施工或加班应增加的工资。

（4）按规定应由雇主支付的税金、保险费。

（5）招募费和解雇时须支付的解雇费。

（6）上下班交通费。

经过上述计算,得出的国内派出工人工资单价和当地雇用工人工资单价可能相差甚远,还应当进行综合考虑和调整,当国内派出工人工资单价低于当地雇用工人工资单价时,固然是竞争的有利因素,但若采用比较低的工资单价,就会减少收益,从长远考虑更是不利,因为以后通过单价分析报价时不便提高人工费,故应向上调整。调整后的工资单价以低于当地工人工资单价 5%～10% 为宜。当国内派出工人工资单价高于当地工人时,则需要具体分析。假如在考虑了当地工人的工效、技术水平等因素后,国内派出工人工资单价仍有竞争力,就勿需调整;反之应向下调,调整的幅度可根据具体情况确定。但如果调整后国内派出工人的工资单价较贵,就考虑不派或基本不派国内工人。

总之,国际承包工程的人工费有时占到总造价的 20%～25% 左右,大大高于国内工程的比率。确定一个合适的工资单价,对于以后做出有竞争能力的报价是十分重要的。

二、材料、工程设备单价的计算

国际承包工程中材料、设备的来源有三条渠道,即当地采购、国内采购和第三国采购。在实际工作中,采用哪一种采购方式要根据材料、设备的价格、质量,供货条件及当地有关规定等确定。国外采购物资的特点是供应商多,商业竞争性强,价格差别大。投标人应多方询价,货比三家,确定自己的材料设备单价。

在当地、国内和第三国采购这三种方式中,后两种方式的价格计算方法类似。现分别介绍如下:

1. 当地采购的材料、工程设备的单价计算。如果由当地材料商供货到现场,可直接用材料商的报价加上现场保管费作为材料或工程设备单价;如果自行采购,可用下列公式计算：

材料(或工程设备)单价＝市场价＋运杂费＋运输保管损耗的费用

2. 国内和第三国采购材料、设备单价，可用以下公式计算：

材料(或工程设备)单价＝到岸价＋海关税＋港口费＋运杂费＋保管费＋运输保管损耗的费用＋其他费用

上述各项费用如果细算，包括海运费、海运保险费、港口装卸、提货、清关、商检、进口许可证、关税、其他附加税、港口至工地的运输装卸、保险和临时仓储费、银行信用证手续费，以及材料设备的采购费、样品费、试验费等。

目前从国内采购材料，也要从材料的货源、质量、价格、运输等方面与国外采购进行比较。但从长远看，利用开展国际工程承包带动材料设备出口的大方向是对的，材料、设备出口可以为国家增加外汇收入，推动国内建材、机电工业的发展。

三、施工机械台班单价计算

国外承包工程施工机械除了承包企业自行调遣和购买外，有些还可以从当地租赁。如果决定租赁机械，台班单价就可以根据事先调查的市场和租赁价格来确定。

自行调遣和购买机械的使用费用构成包括：

1. 基本折旧费(Depreciation charge)。如果是新购设备，则应考虑拟在本工程中摊销的折旧比率。对于大型施工机具，通常可按 5 年摊销完，如果本工程工期为两至三年，则可从直线折旧法，余值递减折旧法等多种折旧方法中选择一种计算。对于一般的中小型机具，或价值折旧较低而又易损设备、二手设备以及在工程上使用台班较多的机具或车辆等，可以一次性折旧完。

2. 安装拆卸费。对于需要拆卸安装的设备，例如混凝土搅拌站等，可根据施工方案，按可能发生的费用计算。至于设备在本工程完工后需拆卸运到其他工地所需的拆卸和运杂费用，一般计入下一个工程的机具设备费中，但也可列入本次工程中，由承包商根据情况决定。

3. 维修费。可参照国内的定额估算，工程实施期间的维修、配件、工具和辅助材料消耗等，可按定额中规定的比率计算。

4. 机械保险费。指施工机械设备保险费。

5. 燃料动力费。按当地的燃料和动力基价与消耗定额乘积计算。

6. 机上人工费。一般指司机按工日基价与操作人员数的乘积计算。

以上几种费用中，前四项可按实际采用的设备总数计算；后两项则按台班计算。

在实际计算中，有的投标人把机械费用分摊到每个分项工程单价中。这种算法对投标人有些不利，因为一般来说，大量使用机械的分项工程多在施工前期，若每个分项工程都有分摊，就会推迟收回机械使用费，较为合理的算法是先算出台班单价，然后根据分项工程使用机械的实际情况分摊机械使用费。台班单价的计算方法如下：

台班单价＝(基本折旧费＋安装拆卸费＋维修费＋机械保险费)/(总台班数)＋机上人工费＋燃料动力费

基本折旧费＝(机械原值－余值)×折旧率

如果是轮胎式施工机械，机械原值中应包括在施工期间可能损耗的轮胎数量及其价值。

总台班数，即折旧期限内机械工作总台班数，根据不同机械可按每年 200～250 台班计算。

需要进一步强调的是:基本折旧费中的"余值"(Salvage Value,Remaining Value)不可按国内的规定计算,而要根据当时当地的实际情况确定,甚至可以不考虑"余值"回收。此外,国际工程承包中机械的"折旧率"要比国内规定的大,一般考虑4~5年折完,大型工期长的工程一次折完。因此也就不再计算大修费用。

四、分项工程的直接费

有了人工、材料、设备和机械台班的基本单价,根据施工技术方案、人工、施工机械工效水平和材料消耗水平确定单位分项工程中工、料、机的消耗定额,就可计算出分项工程的直接费:

确定单位分项工程中工、料、机的消耗定额,要弄清楚业主划定的分项工程中的工作内容,并结合施工规划中选用的施工工艺、施工方法、施工机具来考虑,具体计算时,可以用国内相同或相似的分项消耗定额作基础,再根据实际情况加以修正,切不可完全照搬国内定额。

计算分项工程的直接费,还需要注意以下几点:

1. 要注意把业主在工程量表中未列出的工作内容及其单价考虑进去,不可漏算。例如,招标文件工程量表中习惯上都不列脚手架工程(并不是不需要)。投标人就应当把脚手架工程的全部工、料、机费用分摊到相关分项工程如砌筑、框架混凝土工程单价中去。

2. 分项工程单价受到市场价格波动影响,并随不同的施工工艺而变化。因此,分项工程单价必须在每次报价时进行调整,不可任何工程都套用同一单价。

有了分项工程的直接费就可计算出整个工程的直接费用。

五、间接费

国际承包工程间接费的特点是费用项目多、费率变化大,整个标价的高低在很大程度上取决于间接费的取费水平。在计算间接费之前,应注意研究招标文件中是否单列了有关费用,如拆迁费,临时道路费、调遣费和保险费等,如果列了就不要再计入间接费。间接费用的项目、费率多少,也不可能有统一的模式。这里仅把一般工程中可能发生的间接费用分述如下:

(一) 投标期间开支的费用

这项费用包括购买招标文件费、投标期间差旅费、投标文件编制费。把这笔费用单列出来,有利于积累投标费用方面的数据。

1. 购买招标文件费。包括购买招标文件正、副本及其附件的费用。

2. 投标期间差旅费。指派人到工程所在地进行现场勘察、投标、参加开标和在此之前的投标准备工作所开支的船票、机票、食宿费等。

3. 投标文件编制费。包括编制投标文件过程中发生的人工费、办公费(包括复印、电报电话、购买资料、办公用品等开支)。

投标期开支的费用在作标价时大都已经发生,可据实计算。

(二) 保函手续费

除了投标保函以外,承包工程出具的还有履约保函、预付款保函、维修保函等。银行在为承包商出具这些保函时,都要以保函金额的2‰~5‰收取手续费。不足一年按一年计。确定了投保银行后,按照业主要求的保函金额和保函期,就可算出保函手续费。

(三) 保险费

承包工程中的保险项目一般有工程一切险、第三方责任险、人身意外险、材料设备运输险、施工机械险等,其中后三项保险的费用已计入工、料、机单价。

1. 工程保险。为了保证在工程建设和维修期间,因自然灾害和意外事故对工程造成破坏而带来的损失能够得到补偿,一般招标文件均要求进行工程保险。中国人民保险公司又将工程保险分为建设工程险和安装工程险,投标人可根据工程实际情况投保其中的一项。投保额度可以按总投标价计。

2. 第三方责任险。在工程建设过程中可能对第三方造成财产损失和人身伤害,为免除赔偿责任,应投保第三方责任险。一般的招标文件都规定了第三方责任险的最低投保额度。保险费的计算公式:

保险费=投保额度×保险费率

在某些情况下,如若干个独立的承包商受雇于同一工程,或涉及到分阶段移交工程,则可由业主负责工程保险与第三方保险,在招标文件中应向投标人说明有关情况和细节。承包商可以根据他的需要,办理其他附加保险,并将有关费用计入间接费中。

关于工程保险详见第十章。

(四)税金

不同的国家对外国承包企业课税的项目和税率很不相同,常见的课税项目有:①合同税;②利润所得税;③营业税;④买卖税;⑤产业税;⑥地方政府开征的特种税;⑦社会福利税;⑧社会安全税;⑨养路和车辆牌照税等。其中以利润所得税、营业税的税率较高,有的国家分别达到30%和10%以上。

还有一些税种,如关税、转口税等,可直接列入相关材料、设备和施工机械价格中。

有些国家对某些国有重点项目或特殊项目,对承包商实行免征部分或全部税收,这些必须在订合同时明确说明并经有关部门认可。

(五)业务费

这部分费用包括监理工程师费,代理人佣金、法律顾问费等。

1. 监理工程师费。监理工程师是受业主聘用的,聘用费用应由业主直接支付,此处所说的监理工程师费用指承包商为监理工程师创造现场工作、生活条件而开支的费用,主要包括办公、居住用房(包括室内的全部设施和用具)、交通车辆等的费用。有的招标文件对监理工程师费的具体开支项目有明确规定,投标人可照章计算并在标价汇总表里把这笔费用单列。一般情况下,是把这笔费用计入业务费。

2. 代理费。作为承包商,特别是在外国开展业务,往往需要在当地寻找一家代理,主要是为承包商投标、中标提供信息和有关资料。在项目实施阶段协助承包商解决有关与当地政府、业主、海关等部门出现的问题。

3. 法律顾问费。承包商往往需要雇用懂得当地法律、对承包工程业务又比较了解的人担任自己的法律顾问,以指导进行涉及当地法律和索赔的工作。承包商一般为法律顾问支付固定月工资,当受理重大法律事务时,还需增加一定数量的酬金。

(六)临时设施费

临时设施包括全部生产、生活、办公设施,施工区内的道路、围墙及水、电、通讯设施等。具体项目及数量应在做施工规划时提出。同国内施工临时设施相比,仓库、住房面积可适当减少,雇用当地工人可以不考虑住房。但国外临时设施的标准要高一些,计费时应注意。承包国外一般建筑工程,临时设施费约占到直接费的2%～8%,对于大型或特殊项目,最好按施工组织设计的要求——列项计算。

有的招标文件中要求将临时设施作为一个独立的工程项目计入总价。这对承包商是有利的,因为在临时设施使用完毕后可部分收回费用。

（七）贷款利息

承包商支付贷款利息有两种情况。一是承包商本身资金不足,要用银行贷款组织施工;另一种情况是业主一时缺乏资金,要求承包商先垫付部分或全部工程款,在工程完工后的若干年内(一般为三、五年)由业主逐步还清。由承包商垫付的工程款,业主也应付给承包商一定的利息,但往往都低于承包商从银行贷款的利息。因此,在作价时就要把这个利息差额考虑进去。在垫付部分或全部工程款时,还应要求业主方给承包商开具支付保函。

（八）施工管理费

这部分费用包括的项目多、费用额度也较大,一般要占到总价的8%～10%以上。项目包括:

1. 管理人员和后勤人员工资。可参考已算出的人工工资单价确定。这部分人员的数量应控制在生产工人的8%左右。

2. 办公费。包括复印、打字、通讯设备、文具纸张、电报电话费、水电费等。

3. 计算机管理费。如要求采用计算机及某种指定软件管理项目时,发生的有关费用。

4. 差旅交通费。指出差、从生产现场到驻地发生的交通等费用。

5. 医疗费。包括全部人员在施工期内的医药费。

6. 劳动保护费。购置大型劳保用品以及安全网等发生的费用。个人劳保用品可计入此项,也可计在人工费里。

7. 生活用品购置费。生活用品指全部人员所需的卧具、餐具、炊具、家具等。

8. 固定资产使用费。这里的固定资产指办公、生活用车,电视机、空调机等。

9. 公关交际费。从投标开始到完工都会发生这笔费用,可根据当地在这方面的特殊情况,以总价的1%左右计入。

（九）其他

六、分包费

分包费对业主单位是不需要单列的,但对承包商来说,在投标报价时,有的将分包商的报价直接列入直接费中,也就是说考虑间接费时包含对分包的管理费。另一种方式是将分包费和直接费、间接费平行,单列一项,这样承包商估算的直接费和间接费就仅仅是自己施工部分的工程总成本,在估算分包费时适当加入对分包商的管理费即可。总之,工程报价的总成本中应包括分包费用。

国际上惯用的分包方式有三种:一种是由业主直接将工程划分为若干部分,由业主将这些部分分别发包给若干个承包商。这时工地往往有一家总承包商负责向其他承包商提供必要的工作条件(如供水、供电)以及协调施工进度等,这家主要的承包商可向业主收取一定的管理费,或是向其他承包商收取管理费及人工物料费,这要视业主的招标文件如何规定。严格地说,除总承包商之外另外几家也是承包商,不是分包商,但主要的承包商在向其他几家收费时可按照向分包商收费一样考虑。

另一种是由一家承包商总包整个工程,其他分包商不与业主发生合同关系,只由总承包商向业主负责。这时总承包商在投标报价时就存在一个向分包商询价的问题。总承包商在拿到招标文件之后，首先应该研究工程的哪些部分由自己承担组织施工，哪些部分由于自己力量不足或不是自己公司的特长或由于价格问题而计划分包出去。然后将准备分包的工程范围、有关图纸和规范资料以及分包合同条件等准备好，选定若干个分包商，请他们按照规定的日期和要求报价，最后比较分包商们的报价和其他条件(特别是技术水平和资信)，选定分包商，并确定报价时的分包费用。

第三种即所谓"指定的分包商"，这是指由业主或工程师指定的、或在订合同时规定的分包商，他们将负责某一部分工程的实施，提供材料、设备或其他货物，进行某些服务工作等。这类分包商的费用可经工程师批准在暂定金额中支付或是由承包商支付。

分包费用包含预计要支付给分包商的费用以及分包管理费。分包管理费指在施工过程中对分包商管理所需的费用。分包商使用承包商的有关设施，如使用承包商的临时工程(如混凝土拌和楼)，生活设施(如食堂、保健站)，办公设施，实验室，仓库，水，电和其他动力以及管理，均应另行支付费用。

七、上级单位管理费、利润和风险

上级单位管理费(Overhead)。是指上级管理部门或公司总部对现场施工单位收取的管理费，但不包括工地现场的施工管理费。视工程大小，一般为工程报价的 3%～5%。

利润(Profit)和风险费(Risk)。利润在业主来说就是允许的利润，对投标人而言则是计算利润(Calculated profit)。风险费对承包商来说是个未定数，如果预计的风险没有全部发生，则可能预计的风险费有剩余，和计划利润加在一起就是盈余(Margin)；如果风险费估计不足，则只有由计划利润来贴补，盈余自然就减少以至成为负值。如果亏损很厉害就不可能向上级交管理费以及上级要帮助承担亏损了。据对部分投标资料统计，风险费约为工程总成本的 4%～8%。投标时，应根据该工程规模及工程所在国实际情况，由有经验的投标人对可能的风险因素进行逐项分析后确定一个比较合理的百分数。分析方法参见第 7 章第 3 节。

国外有的将上级单位管理费、利润和风险费三项合在一起称为"Mark-up"，这个词的含义是成本加成，或毛利。指工程总成本之外增加的一笔费用，也有译成"标高金"的。

国际工程承包市场上的利润随市场需求变化很大，在 70 年代到 80 年代初期，利润率可达 10%～15%，甚至更多。但 80 年代中后期和 90 年代，国际工程承包市场疲软，竞争激烈，利润率下降。为了提高竞争能力，本着"微利，保本"的原则，一般利润率可考虑在 5%～8%左右。

八、暂定金额

暂定金额(Provisional Sums)，有时也叫待定金额或备用金。这是业主在招标文件中明确规定了数额的一笔金额，实际上是业主在筹集资金时考虑的一笔备用金，每个承包商在投标报价时均应将此暂定金额数计入工程总报价，因而在签订合同后，合同金额包含暂定金额，但承包商无权作主使用此金额。暂定金额可用于规定的开支(如计日工)或其他意外开支，但均需按照工程师的指令，也就是说只有工程师才有权决定这笔款项在何种情况下全部或部分动用，也可以完全不用。

九、确定工程单价

有了各个分项工程的直接费，然后相加汇总即得出整个工程项目的直接费。前面也已计算出了整个工程项目的间接费总额，从而可以确定该项目间接费与直接费的比率。间接费和直接费比率确定后，再进行单价分析，把间接管理费按分项工程摊入。当然这只是平均摊入法。在实际投标报价中，一般要根据投标情况确定如何摊入，如早期摊入、递减摊入、递增摊入、平均摊入等。最后就可确定每个分项工程单价，填入工程量表，再计算出每个分部工程价格和整个工程项目的总价。

第3节 单 价 分 析

单价是决定投标价的重要因素，与投标的成败休戚相关。在投标前对每个价值高的或工程量大的分项工程进行单价分析是十分必要的。

一、单价分析方法

单价分析(Breakdown of Prices)也可称为单价分解，就是对工程量表上所列分项工程的单价进行分析、计算和确定，或者说是研究如何计算不同分项工程的直接费和分摊其间接费、利润和风险费等之后得出每个分项工程的单价。

有的招标文件要求投标人对部分分项工程要递交单价分析表，而一般的招标文件不要求报单价分析。但是投标人自己在投标时，除去对于很有经验的、有把握的分项工程以外，必须对工程量大的，对工程成本影响很大的，没有经验的和特殊的分项工程进行单价分析，以使投标报价建立在一个可靠的基础上。一旦中标也是项目实施过程中成本核算和控制的基础资料。

（一）单价分析的步骤和方法

单价分析一般列表进行，这里先对分部工程（如一座楼的基础工程，一个水闸的闸墩等）中的一个分项工程的费用计算作一说明。

1．直接费 A，包括：

（1）人工费 a_1。有时分为普工、技术工和工长三项，有时也可不分。根据人工定额即可求出完成此分项工程所需总的工时数，乘以每工时的单价即可得到人工费总计，每工时人工费单价的详细分项计算如前所述。

（2）材料费 a_2。根据技术规范和施工要求，可以确定所需材料品种及材料消耗定额，再根据每一种材料的单价即可求出每种材料的总价及全部材料的总价。

（3）工程设备费 a_3。根据招标文件中对有关工程设备的套数、规格等要求，同时要计入运输、安装、调试以及备件等费用。

（4）施工机械费 a_4。列出所需的各种施工机械，并参照本公司的施工机械使用定额即可求出总的机械台时数，再分别乘以机械台时单价，即可得到每种机械的总价和全部施工机械的总价。

$$直接费 A = a_1 + a_2 + a_3 + a_4$$

与工程设备有关的项目如每套水轮发电机组（包含采购、安装、调试）的单价分析，直接费中包括 a_3。而绝大多数与永久设备无关的项目，如每立方米土方开挖单价，每立方米混凝土浇注单价，则不含 a_3。

2．间接费 B。间接费的详细计算应该按照前一节列举的一个工程项目全部间接管理费项目的总和 ΣI，与所有分部工程的直接费（每个分部工程的直接费由其全部分项工程的直接费构成)总和 ΣA 相比,先得出间接费比率系数 b。

$$b = \Sigma I / \Sigma A$$

如果是一个十分有经验的公司,也可以根据本公司过去在某一国家或地区承包工程的经验,直接确定一个间接费比率系数 b。然后用 b 乘以直接费来求出间接费。

$$B = A \times b$$

3．每个分项工程的总成本 W。可按下式计算。

$$W = A + B$$

4．利润、风险费和上级管理费之和 M。

设利润、风险费以及上级管理费三者之和 M 是工程总成本 W 的一个百分数 $m\%$,则:

$$M = W \times m\%$$

这个费率 $m\%$ 的变化范围很大,利润和风险是根据公司本身的管理水平、承包市场战略、地区政治经济形式、竞争对手、工程难易程度等许多因素来确定的,利润、风险费再加上上级管理费三者之和大体上可在工程总成本的 $10\% \sim 18\%$ 间考虑。

5．每个分项工程的单价 U。

$$U = (W + M) / 该分项工程的工程量$$

按照上述计算方法的单价分析案例见表 6-1。

挡土墙混凝土浇筑单价分析表　　　　　　　　　　　　　表 6-1

分项工程	挡土墙　　混凝土浇注				总工程量 21860m³	
费　用　说　明		单　位	数　量	单价(D)	合价(D)	定　额
人　工	综　合	工时	120230	1.5	180345	5.5 工时/m³
材　料	水　泥	t	6798.46	42	285535	0.311t/m³
	砂	m³	13553.2	10	135532	0.62m³/m³
	碎　石	m³	16613.6	11	182750	0.76m³/m³
	水	m³	3410.16	0.01	34	0.156m³/m³
机械装置	混凝土搅拌站	小时	364.33	30.22	11010	60m³/h
	混凝土运输车	小时	910.83	15.2	13845	24m³/h
	混凝土泵车	小时	728.67	40	29147	30m³/h
	其他设备费				15325	
直接费 A					853523	
间接费 $B = A \times 25\%$					213381	
工程总成本 $W = A + B$					1066904	
上级管理费、风险费及利润 $M = W \times 12\%$					128028	
总报价 $T = W + P$					1194932	
挡土墙混凝土浇注单价 $U = 1194932/21860 = 54.63D/m³$						

注:式中 D 为某国货币单位,定额中 m³ 代表每立方米混凝土,h 代表每小时。

本章后附投标报价案例中利润、风险费及上级管理费是按照工程总报价的百分比计算的,百分比要比 $m\%$ 适当降低。上述两种算法都可以,依据公司及投标人的习惯而定。

（二）关于确定间接费的比率系数 b 的讨论

根据前面介绍可知,分项工程总成本为

$$W = A + B = (1+b)A$$

比率系数 b 是一个很重要的数值,应该在充分调查和掌握工程本身情况及其所在国的经济、法律、物价、税收、银行、海关、港口、运输、水电、保险、气候以及本公司的人员素质、施工组织能力等情况的基础上,进行认真地分析研究才能确定。对于情况生疏的地区或国家,特别是对大中型工程,要慎重计算后确定,切忌盲目套用他人资料或选用过时的数据。

对于国外工程,比率系数 b 没有任何规定,由承包商自己确定。国内外间接费组成内容不尽相同,两者不能攀比,在国外工程的间接费中,投标费、保函手续费、税金、工程师设施费、公关活动费、贷款利息等比例较大,要区别情况,据实核算。

二、单价分析案例(见表 6-1)

三、投标报价案例

本案例主要介绍投标报价的步骤和方法,文中计算数字,无引用价值。

(一)工程简介

A 国近郊建两个容积为 750 万加仑的钢筋混凝土蓄水池,包括阀室、计量台、2km 长的铸铁管线以及水池库区内的市政工程、围墙工程等。钢筋均为环氧树脂涂层,水池底板、顶板和外墙的施工缝和伸缩缝防水采用橡胶止水带、止水帽及密封膏。工期 20 个月。

(二)投标文件概要

政府投资,国际公开招标,采用 FIDIC 土木工程施工合同条件和英国 BS 技术规范。监理为英国咨询工程师。

(三)现场调查

该国政治稳定,其经济主要依靠石油工业,比较富裕,硬通货币,可自由兑换;气候干燥,沙漠地带,地下水位高;海洋性气候,空气中含硫和氯,混凝土易腐蚀。

(四)复核施工规划

对照图纸复核招标文件工程量表中的工程量,基本无出入。

(五)制定施工规划

1. 主要是钢筋混凝土工程量,共 3.5 万 m³ 混凝土量,且钢筋带涂层。钢筋混凝土底板尺寸 5m×5m×1m,共计 704 块,水池尺寸长 110m,宽 82m。因此平面吊装是个关键问题,为了降低报价,拟采用凹字型倒退安装方案,只租赁一段时间的 50t 汽车吊车就可解决,避免了长期租用或购买大型塔吊而可能花费的比较昂贵的费用。

2. 水池周边钢筋混凝土底板下部有三根斜桩、三根直桩、桩均为钢筋混凝土灌注桩,考虑地质比较硬,桩数不多,调国内打桩队伍不经济,决定分包给当地公司。

3. 鉴于地下水位较高,水池基础开挖的降水也分包给当地公司。

4. 由于该国商品混凝土业比较发达,且价格较低,采用购买混凝土方式,可省去建搅拌站和一部分管理及操作人员。

5. 考虑市场上各种施工机械设备都能买到或租到,工期较短,大型施工设备基本采用当地租赁。

6. 市场上外籍劳工比较充裕,且适应当地情况、能吃苦、技术比较高、价格低,基本考虑在当地雇用工人。

(六)计算工、料、机单价

1．人工单价。全部采用当地外籍劳工，按当地一般熟练工月工资为 250 美元，施工机械司机工资为 350 美元(计入施工机械台班费)。考虑到施工期间(20 个月)工资上升系数10%，招募费、保险费、各类规定的附加费和津贴、劳动保护等，增加一个 15% 的系数，故工日基价为：

一般熟练工 $\qquad$ $250 \times 1.25 \div 25 = 12.5$ 美元／工日

按照施工进度计划计算用工数，折成熟练工 154560 人。

2．材料单价。根据考察，钢筋、防水材料、铸铁管需要进口，其他建材都可从当地市场采购。不论什么来源，统一转换计算为施工现场价格，并分项列出材料单价表。

3．施工机械台班单价。项目大部分设备，如反铲、装载机、25t 汽车吊、叉车、切割机、弯曲机等是从本公司其他工地转过来的，考虑到都是用过多年的设备，决定一次摊销机械设备的台班费，计算公式为：

台班单价 ＝ (基本折旧费 ＋ 安装拆卸费 ＋ 维修费 ＋ 机械保险费)/(总台班数) ＋ 机上人工费 ＋ 燃料动力费

基本折旧费 ＝ (机械设备原值 － 余值) × 折旧率

由于考虑一次摊销完，余值为零，则折旧率 100%，因此，基本折旧费 ＝ 机械设备原值安装拆卸费按实际从公司其他工地调遣过来所需要花的费用计算，如装卸费、运输费等等。

维修费 ＝ 机械设备值 × 年维修基金率 × 工期/12

机械设备保险费 ＝ 机械原值 × 设备投保比例 × 年保险费率 × 保险期限(按规定年保险)

机上人工费 ＝ 定员 × 月劳务费 × 工期 ＝ 定员 × 350 × 1.25 × 工期

燃料动力费 ＝ 设备额定功率 × 燃料额定值 × 油耗利用系数 × 燃料油价值

台班费中各项参数取值，各公司有自己的取值数，本例中：

(1) 机械设备余值为 0。

(2) 年维修基金率 10%。

(3) 年工作台班数：一年 12 个月每月按 25.5 天计，每天工作 1 班，机械利用率为 80%，则有：

$12 \times 25.5 \times 1 \times 0.8 = 244.8$ 天，按 250 台班／每年计。

(4) 机械设备投保比例取 50%。

(5) 年保险费率为 1%。

(6) 油耗利用系数 0.5。

有些短期使用的大型吊车、推土机等当地租赁设备，台班费适当加管理费(如 5%)就是报价中所用的台班费。

(七) 计算分项工程直接费

算出了人工、材料、设备单价后，根据当地施工经验，参照国内相关定额调高 30%(30% 是个经验数，具体项目还要按照施工队伍管理水平、技术水平具体分析)，然后按招标文件中工程量表，分项目计算，汇总得出自己施工项目直接费。

(八) 分包价格计算

根据当地情况和经验，部分专业施工项目分包给当地承包公司比较合适。本案例中有以下项目分包，价格是用实际分包商报价乘上管理系数 1.1。

1. 打桩工程——钢筋混凝土灌注桩；

2. 仓库装修；

3. 无线电工程；

4. 临时道路；

5. 市政工程。

（九）计算间接费

根据当地情况和间接费内容分项一一计算。

1. 投标开支费用，包括：购买招标文件费，实际开支 1200 美元；投标差旅费，投标时国内派出 10 人次共 3 个星期在当地考察做标，按每人开支 1000 美元，1000×10 人＝10000 美元；投标文件编制费，实际计算开支 2000 美元。

2. 保函手续费。招标文件规定，投标保函为投标报价的 2%；履约保函为合同价的 10%（两年）；维修保函为合同价的 5%（1 年）；招标文件规定没有预付款。

A 国为自由海关，临时进口设备，关税保函只交少量手续费 2000 美元，初步估算合同总值为 1800 万美元，银行开保函的手续费按 0.35% 计。保函手续费总值为 18000000×（2%＋10%＋5%）×0.35%＋2000＝12717 美元。

3. 保险费。招标文件要求承包商要投保工程一切险，要求第三者责任保险的投保金额为 100 万美元，当地保险费率为 0.24%。

$$（18000000＋1000000）×0.24%＝45600 \text{ 美元}$$

4. 税金。根据当地税收要求合同税金

$$18000000×3.3%＝594000 \text{ 美元}$$

5. 经营业务费，包括以下一些。

（1）代理佣金，按合同签订的代理合同条款支付合同总价的 1.5%，应支付 18000000×1.5%＝270000 美元

（2）业主和咨询工程师费用：

建现场办公室，247800 美元；

现场人员 4 名，平均每人每月开销 3000 美元（包括加班费、办公费、水电、汽油等）。

$$3000×4×20＝240000 \text{ 美元}$$

（3）法律顾问费。本公司当地办事处常年雇用一名律师，每月支付 800 美元，考虑到打官司不会太多，出庭再按标准付费。由于办事处有三个项目，每个项目按 1/3 分摊

$$800×1/3×20＝5333 \text{ 美元}$$

出庭费 5000 美元，合计支付法律顾问费 10333 美元

6. 临时设施费。临时设施包括住房、办公室、食堂、会议室等，共需 20 栋活动房屋，平均每栋 2000 美元，折旧 50%，使用费为 1000 美元

$$1000×20＝20000 \text{ 美元}$$

仓库、车间等 1 万 m²，按每平方米 5 美元计算共计 5 万美元。

7. 贷款利息。周转资金向总部借贷 250 万美元，年利率 12%，贷款期限 20 个月

$$2500000×12%÷12×20＝500000 \text{ 美元}$$

（十）施工管理费

1. 管理人员和后勤人员工资，共 26 人。每人按 20 个月计算，国内工资为每人每月

26.137 美元,基本工资

$$26.137 \times 26 \times 20 = 13591 \text{ 美元}$$

置装费,每人 117 美元

$$117 \times 26 = 3042 \text{ 美元}$$

往返机票,每人 1727 美元

$$1726 \times 26 = 44876 \text{ 美元}$$

国外固定工资(公司采用国外工资制,分 A.B.C……共六个级别)

A 级 1 人　250×1=250 美元/月

B 级 3 人　235×3=705 美元/月

C 级 10 人　225×10=2250 美元/月

D 级 9 人　205×9=1845 美元/月

E 级 1 人　200×1=200 美元/月

F 级 2 人　130×2=260 美元/月

合计 26 人

$$5510 \times 20 = 110200 \text{ 美元}$$

国外加班费,平均每人每月 40 美元

$$40 \times 26 \times 20 = 20800 \text{ 美元}$$

现场津贴,每人每天 2 美元

$$2 \times 25.5 \times 26 \times 20 = 26520 \text{ 美元}$$

奖金,每人每月平均 50 美元

$$50 \times 26 \times 20 = 26000 \text{ 美元}$$

2. 人员其他费用。

集体签证费,包括劳动局、移民局申请费用,每人 38 美元

$$38 \times 26 = 988 \text{ 美元}$$

入境手续费,包括体检、劳动合同、劳工卡、居住证等,每人 72 美元

$$72 \times 26 = 1872 \text{ 美元}$$

离境手续费,包括有关手续费每人 27.4 美元

$$27.4 \times 26 = 712 \text{ 美元}$$

出国前办护照费,每人 4 美元

$$4 \times 26 = 104 \text{ 美元}$$

3. 办公费,包括各种办公用品、日常用文具、信封、纸张等,共计 8240 美元。

4. 通讯水电费,包括通讯费:23240 美元;水电费:17786 美元。

5. 差旅交通费,共计 130000 美元。

6. 医疗费,每人按 110 美元计

$$110 \times 26 = 2860 \text{ 美元}$$

7. 劳动保护,包括:

高温补贴,每人每月 14.7 美元

$$14.7 \times 26 \times 20 = 7644 \text{ 美元}$$

劳动工作服、鞋,每人按 30 美元计

$$30 \times 26 = 780 \text{ 美元}$$

8．生活用品购置费,包括炊具、卧具、冰箱、卫生间用品等共计20320美元。

9．固定资产使用费,统一折旧取50%,维修费率为20%。

（1）车辆5部,每部原值10000美元,使用费

$$5 \times 10000 \times 0.7 = 35000 \text{ 美元}$$

（2）生活和管理设施,包括复印机、计算机、空调、办公桌椅、电视、录像机等共计30900美元。

10．交际费,取合同总价的2%

$$18000000 \times 2\% = 360000 \text{ 美元}$$

合计:施工管理费为85475美元。

综合以上,计算出直接费 $A =$ 自营直接费 + 分包费 = 13015270.9 美元。

间接费 $B = 2641318$ 美元。

得出间接费率 $b = B/A = 2641318/13015270 = 20.29\%$。

（十一）上级管理费,按公司规定上缴4%,即688204美元。

（十二）盈余

盈余是考虑风险费(不可预见费)和预计利润。

由于公司的发展经营策略是要力争拿下此项目。其原因是利用临近地点已完成的工程剩余下来的机械设备和管理人员,以及考虑继续占领该市场,并考虑到由于竞争非常激烈,施工风险又不是很大,因此决定此费率只取5%(一般应取7%～15%)。

（十三）单价分析

对招标文件工程量表中每一个子项逐项做单价分析表,算出每一分项工程的价格,然后进行单价分析研究,主要是从采用的定额是否合理;每个分项工程工程算出的单价,是否符合当地情况,是否具有竞争力进行分析研究。

（十四）汇总投标价

将上述所有单位估价表中的价格汇总,即可得出首轮的总标价。用这个总价再复算各项间接费的待摊费用。特别是对那些与总价关系较大的待摊费用要进行复算。例如:保险费率、佣金、税收、贷款利息以及不可预见费和预计利润等等。送投标书前再根据各方面得到的具体情况,对待摊比例进行调整。

（十五）标价分析

为使公司的决策者拍板确定最终投标价格,报价小组要整理出供领导决策使用的工程标价构成表(见附表)。

向决策者汇报时,还要对材料取费、机械设备取费、竞争对手情况进行分析,以便把投标价最后确认下来。

附表:

工程投标价构成表

工程投标价构成内容	金额(美元)	比重(%)
一、人工费	1932000	11.23
二、材料费	8774705	51.00
三、施工机械费	799475	4.65

其中:自有机械费	666268	
当地租赁费	133207	
四、分包费	1509090.9	8.77
其中:打桩工程	330136	
仓库装修	59726	
无线电工程	61917	
临时道路	4274	
市政工程	1053037.9	
五、直接费小计:	13015270.9	
六、间接费合计	2641318	15.35
其中:投标开支费用	13200	
保险手续费	12710	
保险费	45600	
税金	594000	
经营业务费	520333	
临时设施	70000	
贷款利息	500000	
施工管理	885475	
七、上级管理费及代理费	688204	4
八、风险和利润	860255	5
九、工程总报价	17205048	100

思 考 题

1. 试论述投标报价各个步骤中的重点注意事项。

2. 制定施工规划包括什么内容? 与投标报价有什么密切关系?

3. 试列表说明投标报价包括哪些费用?

4. 招募当地劳务与由国内派出工人费用有什么不一样? 什么条件下应主要招募当地劳务?

5. 联系第 7 章中有关内容论述应该如何确定风险费?

6. 在什么条件下要求进行单价分析?

7. 论述单价分析的步骤和方法。

第7章 国际工程项目的合同管理

本章首先对"合同管理"的概念进行了讨论,指出合同管理应从合同签订前的准备工作、合同实施阶段的工作以及协作精神三个方面来完整地理解,然后比较详细地从业主方和承包商方的角度对合同管理的各阶段的工作内容包括风险管理和索赔管理进行了讨论。对项目实施阶段业主、工程师和承包商的主要职责进行了分析和比较,最后讨论了争端产生的原因及如何正确地对待和处理争端。

第1节 合同管理概论

一、合同管理的概念

(一) 合同

合同是一个契约。国际工程合同是指有关法人之间为了实现在某个国际工程项目中的特定目的而签订的确定相互权利和义务关系的协议。合同文件包括在合同协议书中指明的全部文件;一般包括合同协议书及其附件、中标函、投标函、补遗、合同条件、规范、图纸、已完成的资料表以及其他列入合同协议书中的文件(如 FIDIC"桔皮书"中还包括业主的要求,承包商的建议书,附录等)。

AIA 编制的 A201 合同条件中还规定合同实施后所发出的修改命令(包括由各方签署的对合同的书面补充;变更命令;施工变更指示;由建筑师发布的书面的次要工程变更等)也属于合同文件。

总之,工程合同包括工程项目的全部合同文件以及这些文件包含的内容。

(二) 合同管理

合同管理指参与项目各方均应在合同实施过程中自觉地、认真地、严格地遵守所签订的合同的各项规定和要求,按照各自的职责,行使各自的权力、履行各自的义务、维护各方的权利,发扬协作精神,处理好"伙伴关系",做好各项管理工作,使项目目标得到完整的体现。

虽然合同是有关双方的一个协议,包括若干合同文件,但合同管理的深层含义,应该引伸到合同协议签订之前,从下面三个方面来理解合同管理,才能做好合同管理工作:

1. 做好合同签订前的各项准备工作

虽然合同尚未签订,但合同签订前各方的准备工作对做好合同管理至关重要。这些准备工作包括合同文件草案的准备、各项招标工作的准备,做好招标、投标、评标工作,特别是要做好合同签订前的谈判和合同文稿的最终定稿。

在合同中既要体现出在商务上和技术上的要求、有严谨明确的项目实施程序,又要明确合同双方的义务和权利。对风险的管理要按照合理分担的精神体现到合同条件中去。

业主方的一项重要准备工作即是选择好咨询工程师(或业主代表,CM 经理等)。咨询工程师(以下简称工程师)可以由进行工程前期各项工作的咨询设计公司选派,也可以由另一家咨询公司选派,最好能提前选定工程师,以使他们能够参与合同的制定(包括谈判,签约等)过程,依据他们的经验,提出合理化建议,使合同的各项规定更为完善。

承包商一方在合同签订前的准备工作主要是制定投标战略,做好市场调研,在买到招标文件之后,要认真细心地分析研究招标文件,能够比较好地理解业主方的招标要求。在此基础上,一方面可以对招标文件中不完善以至错误之处向业主方提出建议,另一方面也必须做好风险分析,对招标文件中不合理的规定提出自己的建议,并力争在合同谈判中对这些规定进行适当的修改。

2. 合同实施阶段

这一阶段是实现合同内容的重要阶段,也是一个相当长的时期。在这个阶段中合同管理的具体内容十分丰富,将在以下两节中比较详细地分析讨论。

3. 提倡协作精神

合同实施过程中应该提倡项目中各方的协作精神,共同实现合同的既定目标。在合同条件中,合同双方的权利和义务有时表现为相互间存在矛盾,相互制约的关系,但实际上,实现合同标的必然是一个相互协作解决矛盾的过程,在这个过程中工程师起着十分重要的协调作用。一个成功的项目,必定是业主、承包商以及工程师按照一种项目伙伴关系(Partnership),以协作的团队精神(Team Spirit)和"双赢"(Win-Win)的思想来共同努力完成项目,目前国外在国际工程合同管理中,非常注意提倡这些精神。

二、本章的主要内容

由于合同双方的职责,权利和义务是不同的,本章中首先对业主方的合同管理作一简介,再介绍承包商方在合同管理中各个阶段的工作内容,包括风险管理和索赔管理。然后对在项目实施阶段合同各方(业主、工程师、承包商)的主要职责进行分析和比较,同时讨论争端产生的主要原因以及如何减少争端、如何处理"伙伴关系",以使项目顺利完成。

本章以世界银行国际招标的工程采购项目、单价与子项包干混合式合同、业主聘用工程师、采用FIDIC"施工合同条件"进行合同管理的模式为主线进行论述。

第2节 业主的合同管理

一、业主方对项目前期的管理

(一) 项目前期管理工作的重要性

一个国际工程在项目前期阶段(有时称投资前阶段)的各项管理工作十分重要。项目前期阶段的工作内容一般包括地区开发、行业发展规划、项目选定阶段的机会研究、预可行性研究以及可行性研究,最后通过项目评估来确定项目,这些工作对于把握住投资机会,对项目进行科学地、实事求是地分析和评估,从而正确地立项十分重要。因为如果立项错误则会对项目实施过程中的合同管理特别是投产运行造成极大的困难和损失。

做好上述工作的关键有两点:一是选择一家高水平的咨询公司来从事这些投资前的各项工作,以便能得到一份符合客观实际的可行性研究报告;二是业主应该客观地、实事求是地根据评估的结果和自己融资能力来决定项目是否立项。

(二) 选择高水平的咨询公司

在国外,业主对一个工程项目的研究、决策与管理主要依靠咨询公司。国外的咨询服务业是一个十分兴旺发达的产业。咨询服务是以信息为基础,依靠专家的知识、经验和技能对客户委托的问题进行分析和研究,提出建议、方案和措施,并在需要时协助实施的一种高层次、智力密集型的服务。由于投资前阶段各项工作的重要性,国外业主在选择咨询公司时首先考虑的是咨询公司的能力、经验和信誉,而不是报价。国外有许多咨询公司专门为业主服务,有的甚至公司名称就是"业主服务"(Owner Services),其服务内容范围广泛,可提供单项咨询服务,也可作为业主代理人为项目开发和实施的全过程进行工作。

(三) 选定项目的实施方式

在第一章中对项目的多种实施方式已有介绍,业主在确定项目立项时,也应请咨询公司提出方案,经分析比较后确定项目实施模式。

项目立项后的实施工作可由原来承担前期咨询工作的公司继续承担,这种方式的优点是咨询公司对项目的各项资料比较熟悉,工作思路连贯,进度可以加快,总的报价可以稍低。如果咨询公司事先知道只由该公司承担立项前的工作,则可能因这阶段工作费用较低而不愿意接受;第二种方式是将立项后的工作交另一家咨询公司承担,这种方式的优点是可由第二家公司对立项前的咨询报告进行客观的评价,提出改进方案,收到集思广益的效果,但缺点是进度可能稍慢,费用可能稍高。在实践中采用哪种方式主要看业主一方对咨询公司的了解和信任程度,咨询工作的质量以及咨询公司的信誉,而费用往往不是决定性的因素。

(四) 办理批准手续

在项目通过评估立项,已确定项目地点之后,应办理与工程建设项目有关的规划、法律、地方法规规定的各项批准手续。

二、业主方对项目实施期的管理

(一) 业主方管理的一般职责

一个工程项目在评估立项之后,即进入实施期,实施期一般指项目的勘测、设计、专题研究,招标投标,施工设备采购、安装,直至调试竣工验收,在这个阶段业主方对项目管理应负的职责主要包括:

1. 设计阶段

(1) 委托咨询设计公司进行工程设计,包括有关的勘测及专题研究工作。

(2) 对咨询设计公司提出的设计方案进行审查,选择和确定。

(3) 对咨询设计公司编制的招标文件进行审查和批准。

(4) 选择在项目施工期实行的施工管理方式、选定监理公司(或 CM 经理,或业主代表)等。

(5) 采用招标或议标方式,进行项目施工前期的各项准备工作,如征地拆迁、进场道路修建、水和电的供应等。

在设计阶段业主一方要特别注意的问题是:

● 地基勘测工作及地基设计方案的正确性。基础是任何建筑最重要的部位,如果地基勘探资料数据不正确,可导致建筑物基础部位设计的错误,危及整个建筑物的安全。

● 设计方案选定后,应要求咨询设计公司精心设计,尽可能避免和减少在招标之后,在工程已开工的情况下进行设计变更。

地基勘探的失误以及开工后设计图纸的变更将为承包商提供极好的索赔机会,从而影响业主一方的投资控制和进度控制。因此业主一方在进行设计阶段的合同管理时,重点要抓地基勘测和设计的质量。可以组织专家或其他咨询公司认真地进行审查,也可组织专家采用价值工程方法对设计方案进行改进。总之,宁可在设计阶段放慢一点进度,工作做细致一些,以避免开工后的变更和索赔。尽管出现了大的设计问题时可依据咨询合同向咨询公司或保险公司索赔,但很难弥补对业主造成的损害。

2. 施工阶段

当一个工程开工之后,现场具体的监督和管理工作全部都交给工程师负责了,但是业主也应指定业主代表负责与工程师和承包商的联系,处理执行合同中的有关具体事宜。对一些重要的问题,如工程的变更、支付、工期的延长等,均应由业主负责审批。

下面介绍在施工阶段业主一方的职责:

(1) 将任命的业主代表和工程师(必要时可撤换)以书面形式通知承包商,如系国际贷款项目还应该通知贷款方。

(2) 继续抓紧完成施工开始前未完成的工程用地征用手续以及移民等工作。

(3) 批准承包商转让部分工程权益的申请(如有时),批准履约保证和承保人,批准承包商提交的保险单和保险公司。

(4) 负责项目的融资以保证工程项目的顺利实施。

(5) 在承包商有关手续齐备后,及时向承包商拨付有关款项。如工程预付款,设备和材料预支款,每月的月结算,最终结算等。这是业主最主要的义务。

(6) 及时签发工程变更命令(包括批准由工程师与承包商协商的这些变更的单价和总价)。

(7) 批准经工程师研究后提出建议并上报的工程延期报告。

(8) 负责为承包商开证明信,以便承包商为工程的进口材料、工程设备以及承包商的施工装备等办理海关、税收等有关手续。

(9) 协助承包商(特别是外国承包商)解决生活物资供应、材料供应、运输等问题。

(10) 对承包商的信函及时给予答复。

(11) 负责编制并向上级及外资贷款单位送报财务年度用款计划,财务结算及各种统计报表等。

(12) 负责组成验收委员会进行各区段和整个工程的初步验收和最终竣工验收,签发有关证书。

(13) 解决合同中的纠纷、如需对合同条款进行必要的变动和修改,需要和承包商协商。

(14) 如果承包商违约,业主有权终止合同并授权其他人去完成合同。

(二) 工程师在合同管理中的地位与职责

工程师即 FIDIC"施工合同条件"中的工程师。工程师受业主聘用为其监理工程,进行合同管理,他是业主和承包商合同之外的第三方,是独立的法人单位。

工程师对合同的监督管理与承包商在实施工程时的管理的方法和要求都不一样。承包商是工程的具体实施者,他需要制定详细的施工进度和施工方法,研究人力、机械的配合和调度,安排各个部位施工的先后次序以及按照合同要求进行质量管理,以保证高速优质地完成工程。工程师则不去具体地安排施工和研究如何保证质量的具体措施,而是宏观上控制施工进度,按承包商在开工时提交的施工进度计划以及月计划、周计划进行检查督促,对施工质量则是按照合同中技术规范,图纸内的要求去进行检查验收。工程师可以向承包商提出建议,但并不对如何保证质量负责,工程师提出的建议是否采纳,由承包商自己决定,因为他要对工程质量和进度负责。对于成本问题,承包商要精心研究如何去降低成本,提高利润率。而工程师主要是按照合同规定,特别是工程量表的规定,严格为业主把住支付这一关,并且防止承包商的不合理的索赔要求,工程师的具体职责是在合同条件中规定的,如果业主要对工程师的某些职权作出限制,他应在合同专用条件中作出明确规定。

1. 工程师的职责综述

工程师的职责也可以概括为进行合同管理,负责进行工程的进度控制、质量控制、投资控制以及做好协调工作。具体的职责如下:

(1) 协助业主评审投标文件,提出决标建议,并协助业主与中标者谈判,商签承包合同。

(2) 在工程合同实施过程中,按照合同要求,全面负责对工程的监督、管理和检查,协调现场各承包商之间的关系,负责对合同文件的解释和说明,处理矛盾,以确保合同的圆满执行。

(3) 审查承包商申请的分包报告,并要求承包商在所订的分包合同中应包括合同条件中规定的保护业主利益的条件。但分包商的工作应由承包商进行直接的管理,对工程质量等有关重要问题验收时应得到工程师的批准。

(4) 进度控制。监督检查承包商的施工进度,审查承包商的施工组织设计,施工方案和施工进度实施计划以及工程各阶段或各分部工程的进度实施计划并监督实施,督促承包商按期或提前完成工程。按照合同条件主动处理工期延长问题,或接受承包商的申请,处理有关工期延长问题。审批承包商报送的各分部工程的施工方案,特殊技术措施和安全措施。必要时发出暂停施工命令和复工命令并处理由此而引起的问题。但承包商对工程进度(除业主方原因引起的拖延之外)负责。

下面三条主要是技术管理和质量控制。

(5) 帮助承包商正确理解设计意图,负责有关工程图纸的解释、变更和说明,发出图纸变更命令,提供新的补充的图纸,在现场解决施工期间出现的设计问题。根据合同要求承包商进行部分永久工程的设计或要求承包商提交施工详图,对这些图纸工程师均应审核批准。处理因设计图纸供应不及时或修改引起的拖延工期及索赔等问题。

负责提供原始基准点、基准线和参考标高,审核检查并批准承包商的测量放样结果。

(6) 监督承包商认真贯彻执行合同中的技术规范、施工要求和图纸上的规定,以确保工程质量能满足合同要求。制定各类对承包商进行施工质量检查的补充规定,或审查、修改和批准由承包商提交的质量检查要求和规定。及时检查工程质量,特别是基础工程和隐蔽工程。指定试验单位或批准承包商申报的试验单位,检查批准承包商的各项实验室及现场试验成果。及时签发现场或其他有关试验的验收合格证书。

(7) 严格检查材料、设备质量。批准、检查承包商的定货(包括厂家,货物样品、规格等),指定或批准材料检验单位,检查或抽查进场材料和设备(包括配件,半成品的数量和质量)。

(8) 投资控制。负责审核承包商提交的每月完成的工程量及相应的月结算财务报表,处理价格调整中有关问题并审查签署月支付证书,及时报业主审核、支付。

(9) 处理好索赔是投资控制的另一个重要方面,当承包商违约时,代表业主向承包商索赔,同时处理承包商提出的各类索赔。索赔问题均应与业主和承包商协商后,提出处理意见。如果业主或承包商中的任一方对工程师的决定不满意,可以提交争端裁决委员会(DAB)。

(10)人员考核。承包商派去工地管理工程的施工项目经理,须经工程师批准。工程师有权考察承包商进场人员的素质,包括技术水平、工作能力、工作态度等。工程师有权随时撤换不称职的施工项目经理和不听从管理的工作人员。

(11)审核承包商。要求将有关设备、施工机械、材料等物品进、出海关的报告,并及时向业主发出要求办理海关手续的公函,督促业主及时向海关发出有关公函。

(12)工程师应记录监理日记,保存一份质量检查记录,以作为每月结算及日后查核时用。工程师并应根据积累的工程资料,整理工程档案(如监理合同有该项要求时)。

(13)在工程快结束时,核实竣工工程量,以便进行工程的最终支付。参加竣工验收或受业主委托负责组织并参加竣工验收。

(14)签发合同条款中规定的各类证书与报表。

(15)定期向业主提供工程情况报告(一般每月一次)并根据工地发生的实际情况及时向业主呈报工程变更报告,以便业主签发变更命令。

(16)协助调解业主和承包商之间的各种矛盾。当承包商或业主违约时,按合同条款的规定,处理各类有关问题。

(17)处理施工中的各种意外事件(如不可预见的自然灾害等)引起的问题。

2. 工程师及其助理

在FIDIC"红皮书"(第4版)中将工程师监理人员分为三个层次,即工程师、工程师代表和助理。

工程师是指少数级别比较高、合同管理经验比较丰富的人组成的委员会或小组,行使合同中规定的工程师的职权。工程师一般不常驻工地,只是不定期地去工地考察处理重要问题及审批工程师代表呈报的报告,和业主研究决定重要事宜。这些事宜包括:签发工程开工令;同意主合同分包;撤换不称职的承包商工地经理;签发各类有关证书;批准承包商的设计和图纸变更;对各类付款证书、变更报告、索赔报告、工程延期报告等签署意见报业主审批后再签发给承包商;处理业主方违约和承包商违约以及不可抗力等引起的特殊问题;协调和处理解决各类争端等。

工程师代表(Representative of Engineer)指工程师委派常驻工地,对某一区段或某一类专业问题行使工程师委托的职权的人员,常称为"驻地工程师"(Resident Engineer)。工程师可将除前述的重要职责之外,在合同条件中规定由工程师行使的许多职责委托给工程师代表行使,如发出补充图纸和有关指示,解释图纸;在工程进度拖延时向承包商发赶工令;现场质量检查验收;主持工地会议等等。详见合同条件。

助理(Assistant)指工程师或工程师代表指派协助在现场或设备加工厂工作的人员,一般是指在现场进行质量管理的人员。我国的工程监理人员基本上是参照上述模式,分为总监理工程师、驻地监理工程师和监理员三个层次。各类工程中这三个层次的人员的职责不尽相同,但与FIDIC"红皮书"中的职责大体相似。

1999年9月新出版的"施工合同条件"中将工程监理人员仅分为工程师、工程师的助理两个层次,工程师的助理包括一位驻地工程师和若干名独立检察员。具体的职责分工见第4章第3节。

三、业主方的风险管理

关于国际工程的风险管理在"国际工程管理教学丛书"中有专著论述,在这里仅从业主方合同管理的角度,对项目决策阶段(立项实施前)和项目实施阶段两个阶段的风险进行简要地分析。

(一) 风险管理概述

1. 风险的概念

"风险"是一种可以通过分析,推算出其概率分布的不确定性事件,其结果可能是产生损失或收益。用函数式表示如下:

风险 = f(事件发生的概率分布,事件可能产生的损失或收益)

2. 风险管理的一般特点

(1) 风险管理的对象是指对那些可以求出其概率分布的事件。

(2) 风险的普遍性。一个工程项目在实施中的风险往往是客观存在的。项目各方都可能遇到风险,也都应该合理地承担一部分风险。

(3) 风险贯穿在项目实施的全过程之中,通过风险管理有的风险可以减少或不造成损失、而在项目实施过程中又可能出现新的风险、因而风险管理应该贯穿在项目实施的全过程。

(4) 风险一般会造成损失,但如风险管理成功也可能有所收益,即所谓风险利用(或叫投机风险),但无论合同哪一方都不愿把自己的效益建立在投机风险上,而只是在管理风险过程中应该有意识地研究利用风险。

下面我们谈到的风险管理主要从防止风险造成的损失这一角度来分析。

3. 风险管理的内容

风险管理一般包括下列几个步骤:

(1) 风险辨识(Risk Identification)。即按照某一种风险分类的方法、将可能发生的风险因素列出、进行初步的归纳分析。

(2) 风险评估(Risk Evaluation)。即采用适当的理论方法、结合过去类似风险发生的信息、分析发生损失的概率分布、还应争取定量评估风险可能造成的损失。

为做好风险评估,应收集足够数量的历史资料,或通过向相关领域的专家进行问卷调查等方法来获取信息,建立风险评估模型,再对风险进行综合评估。

(3) 风险的控制与管理(Risk Control and Management)。包括:主动控制风险、降低风险发生的可能性,减弱风险带来损失,进行风险防范、采用规避或转移风险的措施或自留部分风险等。

下文主要是对各阶段业主方的风险辨识和风险控制与管理进行简要的讨论。风险评估应结合具体项目、采用相应的评估方法。

(二) 风险因素分析

风险因素就是指那些有可能发生的潜在的危险,从而可能导致经济损失和时间损失的因素。分析风险因素是风险管理的第一步,一个善于驾驭风险的管理者必须对一个项目所可能遇到的风险因素有一个比较全面的、深刻的认识。

1. 项目决策阶段业主方的风险因素分析

从提高项目的效益、避免和减少失误来看、项目决策阶段的风险管理比实施阶段更为重要。业主方在项目决策阶段一般可能遇到下列一些风险因素：

（1）投资环境风险，包括：投资所在国政治环境稳定与否；当地政府有关外国投资的法律、法规、各项政策的健全与否以及稳定性；当地政府的投资导向意图；当地政府是否腐化；投资国基础设施是否落后。

（2）市场风险，包括：项目建成后的效益，影响效益的因素；国际和国内市场发展趋势，产品销售前景；同类产品的竞争。

（3）融资风险，包括：投资估算不准确；融资方案不可靠，资金不落实；融资方案中的外汇风险，包括汇率变化，项目所在国外汇政策变化（如汇出限制等）；物价上涨引起投资膨胀。

（4）设计与技术风险，包括：设计单位的水平、能否达到所要求的技术水平；要求采用的新技术、新工艺、新设备是否与项目所在国的生产和管理水平相匹配、是否适合当地国情；当地的原材料供应（包括数量和质量）是否能满足新技术和新工艺的要求。如果必须采用进口原料，相应带来的各种风险。

（5）资源风险，包括：地质资源储量未探明；地质资源的质量达不到设计要求。

（6）地质风险，包括：地质勘探的面积和取样不足；地质情况复杂地区的各种意外变化。

（7）布局安全风险，包括：项目本身防火、防尘、防毒、防辐射、防噪声、防污染、防爆炸等方面的风险；项目周围环境的不安全和干扰因素。

（8）不可抗力风险，包括：天灾；战争、入侵、禁运等；革命、暴动、军事政变等；核爆炸、暴乱、骚乱等。

（9）其他风险。

2．项目实施阶段业主方的风险因素分析

（1）业主方管理水平低、不能按照合同及时地、恰当地处理工程实施过程中发生的各类问题。如不能及时办理批准手续、不能按时征地拆迁及做好开工前的准备工作等，均将导致承包商索赔。

（2）业主方选择监理失误，包括：工程师不胜任项目管理工作，不能按照合同及时地、恰当地处理工程实施中发生的各类问题；工程师渎职、不负责任造成的各种损失；少数工程师以权谋私、行为腐败，或被承包商拉拢腐蚀所造成的损失和风险。

（3）设计引起的各种风险，包括：设计依据的有关基础资料（包括地质、水文、气象等方面）不正确、引起开工后的大量变更、导致承包商的大量索赔；设计图纸（包括图纸变更）供应不及时、使工程实施停工待图、导致承包商的工期及其他索赔、使工程竣工延误。

虽然上述管理方或设计方造成重大失误时，业主方可根据协议要求补偿或事先进行责任保险、但补偿和保险都很难弥补对业主一方所造成的损失。

（4）融资风险，包括：在项目实施阶段资金不落实，原承诺贷款单位或上级单位由于各种原因不能及时提供资金；在国外投资时，手中外汇贬值；贷款后不能及时归还引起的问题。

（5）业主方负责供应的设备和材料的风险，包括：设备、材料质量不合格；设备、材料未能按计划运达工地；设备未能及时配套供应。

（6）承包商水平低引起的风险，包括：不能保证工程质量；工期拖期。

虽然业主可采取没收履约保证、驱逐承包商的工地项目经理以至按承包商违约驱逐承包商、另找一家承包商施工等措施，但业主方将在工期和费用方面蒙受重大损失。

（7）承包商及供货商的各种索赔。具体的索赔内容详见下一节。

(8) 通货膨胀的风险。

(9) 不可抗力风险(内容如同前述)。

(三) 业主方的风险管理措施

业主方的风险管理是很重要的,只有通过风险管理才能为项目的实施创造一个稳定的环境,最大限度地减少或消除对项目实施的干扰,降低工程的总成本,保证质量和工期,使项目按要求竣工,不但保证项目产生良好的效益,且能使效益得到稳定的增长。

业主方在风险管理中要依靠咨询、设计和工程师,但业主本身一定要有比较强烈的风险意识,特别是在重大决策时注意分析风险因素,确定并采取防范措施,这样才能正确地管理风险。

业主方的风险管理应由前期抓起,即由投资机会研究、可行性研究和设计抓起,在这个阶段完善财务和工程进度计划,在项目开始阶段"风险控制/成本"率最高,即花费较低的成本,能对项目风险进行较好的控制。

业主方的风险管理措施包括风险预防、风险降低、风险转移和风险自留四方面,分述如下:

1. 风险预防(Risk Prevention)

主要指业主方在工程项目立项决策时,认真分析风险,对于风险发生频率高、可能造成严重损失的项目不予批准,或采用其他替代方案。对已发现的风险苗头采取及时的预防措施。

2. 风险降低

可以通过修改原设计方案,或是增加合作者和入股人来降低和分散风险。

3. 风险转移

对于不易控制的风险,业主方一般可采用两种转移方法:

(1) 通过签订协议书或合同将风险转移给设计方或承包商,但是如果对方有经验时,可能导致较高的报价。

(2) 保险,即对可能遇见的风险去投保,这是防范风险最主要的方式。对于咨询、设计或监理公司,可要求他们去投职业责任保险(Professional Liability Insurance),在这些公司由于疏忽或工作中的错误(如设计错误)而引起损失时,由保险公司进行赔偿。对承包商,可要求他们去投保工程一切险,第三方保险等。

目前在国际上,比较提倡由业主去办理保险,因为由各个承包商去分别投保有以下缺点:

1) 各个承包商投保保单包括的范围不统一,既可能重复,又可能漏保。

2) 保险费大幅度增加。当分开保险,且每一个保单涉及的范围较小时,保险人谈判时的地位就比较弱,此时保险费会大幅度增加。

3) 分散投保时,各承包商缺乏讨价还价能力,因而就可能接受比较高的免赔额。

4) 业主不能控制索赔。在发生索赔事件时,由承包商和保险公司去谈判,业主不能控制。

由于以上原因,特别是大型复杂的工程项目,常采用由业主控制工程总保险的方法,即保单以业主和所有参与工程项目各承包商的联合名义投保。这样由于保险额大,保险公司就愿意接受低保险费,规定比较优惠的免赔额,也可以避免某些项目漏保,减少索赔时同保险公司之间的争执。业主一方保险可使处理索赔问题只面对一个公司。业主一方在工程开工前就知道工程的总保险费用和保险条件,对防范有关的风险做到心中有数。

此外,对于一个大型的复杂的、风险大的工程项目,往往由保险公司组成联合体进行保险,以分散每家保险公司的风险,此时,往往一个工程项目只能安排总体保险方式。

4.风险自留:即使对风险进行了认真的分析与研究,但总是有一部分风险是不可预见的,因而业主方对这种自留风险只有采用在预算中自留风险费的方法,以应付不测事件。

四、业主方的索赔管理

(一)索赔管理概述

1.索赔的定义和概念

Longman 辞典对索赔(claim)一词所下的定义为:作为合法的所有者,根据自己权利提出的有关某一资格、财产、金钱等方面的要求。

美国 AIA 文件 A201"土木工程施工合同通用条件"(1997 年版)中4.3 款对索赔的定义为:索赔是由某一方为维护其权利而提出的要求或主张,以期对合同条款进行调整或解释,进行支付,延长工期或对合同条款其他方面的放宽。"索赔"亦指业主与承包商之间由合同引起的或与合同有关的其他争议及问题。

claim 一词也可译为权利要求、权利主张、债权、所有权等。在工程项目管理中,索赔的概念不是指一般的权利要求,而是指合同一方由于尽了比合同中规定的义务之外更多的义务,或是自身的权益受到损害时,向合同另一方提出的对自身权利的补偿要求。也就是说,不包括完成原合同规定的义务所得到的权利。

根据上述定义与概念,当业主和承包商中的任一方多尽了义务或自身的权益受到损害时,均可向对方提出索赔。由之可见,索赔一词不仅适用于承包商对业主,也适用于业主对承包商。对于业主向承包商的索赔,在国内外有两类提法:一类把业主对承包商的索赔称作"反索赔"(Counter claim 或 Defence against claim),英文原意是"逆向索赔"、"防范索赔",实际是指当承包商向业主提出索赔时,业主方对承包商索赔的策略性反措施,或曰防范措施,包括向承包商进行的交叉索赔,反索赔也指在承包商未向业主提出索赔的情况下,当业主利益受到承包商损害时可对之进行索赔;另一类是不论承包商对业主或业主对承包商提出自己权利补偿要求时,均称为索赔,FIDIC 及 AIA 编写的各类合同条件中均采用此提法。本书中一般采用后一提法。

2.索赔的特点

(1)索赔作为具有法律意义的权利主张,在工程承包活动中,其主体是双向的或多向的。业主与订合同的若干承包商之间,承包商与分包商,供应商之间,均存在相互间索赔的可能性。

(2)索赔必须以法律和合同为依据。工程承包合同和合同所应适用的准据法规定了工程承包合同当事人之间的权利义务关系。只有一方违约或者违法,才可能构成对他方法律权利和经济利益的损害,因而受到损害的一方也才有可能向违约方提出索赔要求。

(3)索赔必须建立在违约事实和损害后果都已经客观存在的基础上,违约事实可以表现为违约方的作为或不作为,而其后果是给守约方造成了明确的经济利益上的损害或时间的损失,以虚拟的损害事实提出索赔要求是不能成立的。

(4)索赔应当采用明示的方式。即索赔应该反映在书面文件上,索赔的内容和要求的范围应该是明确而又肯定的,不能含糊其辞,模棱两可。

(5) 索赔的结果一般是索赔方应获得付款或者其他形式的赔偿。

(二) 索赔的依据和程序

1. 索赔的依据

在发生违约事实和损害后果的情况下,受损害的当事人一方应该有充分的根据。才能通过索赔的方式取得赔偿。在实践中,无论是索赔,还是反索赔,基本上都是围绕着违约事实是否存在这一前提进行的。索赔的依据包括:

(1) 合同和合同文件。工程承包合同是工程承包当事人间最基本的约定文件。应当指出,不论国内有关部委的合同示范文本,或是国际上权威性组织的合同文件范本,只有正式编入有关工程项目合同的条款才能作为索赔的依据。

(2) 施工文件和有关资料。施工文件有一部分是属于合同文件的,如图纸、技术规范等。有一些虽然不是正式的合同文件,但它客观地反映了工程施工活动的记录,也是索赔的重要依据。主要包括:

1) 施工前与施工过程中编制的工程进度表;

2) 每周的施工计划和每日的各项施工记录;

3) 会议记录,重要事件应根据会议内容写成会议纪要,由双方签字确认;

4) 由承包方提出的各类施工备忘录;

5) 来往信函;

6) 由工程师检查签字批准的各类工程检查记录和竣工验收报告;

7) 工程施工录像和照相资料;

8) 各类财务单据,包括工资单据,发票,收据等;

9) 现场气象记录;

10) 市场信息资料;

11) 其他资料。

从法律上讲,施工文件得到工程师或工程师代表和承包商的确认,才能构成索赔的依据。

(3) 前期索赔文件。前期索赔主要是研究和解决在招标过程中,投标人投标后至签订承包合同前这一期间所发生的索赔问题。一方面业主在投标人中标后,可能会提出超出原招标文件范围的要求,或者要求增加不合理的合同条款,致使双方无法签订或迟延签订工程承包合同,给中标方造成经济损失。另一方面,投标人在投标有效期内可能要求撤消投标,或提出严重背离招标文件的要求,拒签合同,单方毁标,给招标单位造成损害。这些事实都会构成前期索赔,而与之有关的招标与投标文件(包括补遗)以及招标所应适用的法律是前期索赔的依据。

(4) 法律与法规。一般来说,业主往往依循本国法律的规定,要求在工程承包合同中确认本国有关的民商法律和法规作为合同的准据法,并据以对合同进行解释。此外,工程项目所在国的公司法、海关法、税法、劳动法、环境保护法等法律都会直接影响工程承包活动。当任一方违背这些法律或法规时,或在某一规定日期之后发生的法律或法规变更,均可引起索赔。

2. 索赔的程序

索赔是承包工程实施过程中经常发生的问题,过去常常拖到引起索赔的事件发生后很长时期甚至拖到工程结束后才讨论索赔,依据的记录和资料也不完整,因而很容易产生分歧和争论不休,为此 FIDIC 在"施工合同条件"中规定了一套对业主和承包商都有利的关于索赔的程序。这个规定的程序是用于承包商向业主方要求索赔的,在第四章第三节、二十中已有详细介绍,此处不再赘述。

业主方向承包商一方索赔的程序则相对比较简单,或直接由向承包商的支付中扣除(如误期损害赔偿费),或在扣除前由工程师与承包商协商并在决定后书面通知承包商(如要求承包商赶工时的工程师加班费)。

(三)业主方的索赔管理措施

业主方的索赔管理应该前伸到项目的勘测设计、招投标和合同谈判与签订阶段,这一阶段工作中要有明确的防范风险、减少承包商索赔机会的思路,做到防患于未然。

1. 加强合同管理工作,防止和减少承包商的索赔

"加强合同管理工作"应理解为包括做好咨询、设计和招标文件的准备等各项前期工作,因为合同文件的前期准备工作对管好索赔至关重要。

(1)把好勘测设计关,尽量减少开工后的设计变更。勘测工作的充分性和正确性对搞好设计和预防开工后的索赔十分重要。在合同条件中一般均明确规定,业主方应对提供的水文地质等原始资料的正确性负责。如果原始资料有错,必然会给施工造成困难和延误,使承包商有机会索赔。在进行设计工作时,首先要认真审查工程项目的设计方案,包括类型和尺寸;其次是工程的质量标准,要规定的合理而明确;第三就是工程的数量,施工顺序和时间安排,总之在将设计图纸和规范等编入招标文件之后,就不宜作大的变更,任何设计变更都将为承包商提供极好的索赔机遇。在国外一般招标时仅提供初步设计,而将详细设计交由承包商去做,因而在初步设计中就要把好上述三方面的关口。

(2)编好招标文件,招标文件是签订合同的基础,在进行设计工作的同时,编好招标文件十分重要。这里仅从索赔管理的角度再强调以下几点。

1)合同中各个文件的内容要一致,尽量避免和减少相互之间矛盾处以减少索赔事由。

2)文件用语要推敲,要严谨,以便在产生争端时易于判断。

3)要注意资料可靠,能详细,客观地反映实际情况。

4)要注意比较公正地处理业主和承包商的利益、风险合理分担。只有在十分必要时才加上限制索赔条款(Disclaimer clauses),如在合同条件中规定"业主对地质资料的准确性不负责任,承包商认为必要时可自行勘察",这样就将风险转移给承包商。但这类条款的增多势必引起承包商在投标时加大风险费,抬高报价。

5)对于价值高及工程量大的项目可要求承包商投标时提交"单价分析表",以备评标和日后处理索赔时用。

(3)做好评标,签订好合同:

1)评标时要对"特低标"慎重处理,特低标似乎可为业主节省投资,但也往往是引起索赔的一个原因。在评标时可利用"单价分析表"等对报价进行仔细的分析,如某一投标人大部分报价不合理,则不应被选中标。

2)在合同谈判时防止承包商修改合同条款的要求。承包商在投标时发现的招标文件的某些问题往往在合同谈判时提出要求修改,此时业主方应由索赔管理角度进行仔细的分析,当然对合理的建议也应采纳。

（4）慎重选择业主自营项目。除非业主自营时可以大量节约投资，保证质量，一般不应确定过多的业主自营项目。对自营项目要加强管理，因为自营项目在供货时间、质量、设备配套等方面任一个环节出问题均会给承包商造成索赔机会。

（5）保险。应尽可能依靠保险转移风险，如业主方负责保险时，在工程变更时要补办保险，以便在发生投保范围内的风险时可向保险公司索赔。

2．业主要善于依靠工程师来处理索赔

工程师是受业主之托管理合同的，业主方在索赔管理中也应善于依靠工程师。

（1）工程师为业主管理索赔，处理承包商要求的索赔和代表业主向承包商索赔，在这里我们先讨论如何处理承包商要求的索赔。

工程师在处理索赔时，起到一个咨询顾问作用。一般说来，工程咨询只有建议权而无决策权，但是业主可以而且应该在确定工程师的职责权限时，考虑将某一限定款额或工期以下的索赔授权工程师作出决定，这个权限应在合同条件的专用条件中明确规定，使承包商在投标时即知晓，而对较大的款数或工期索赔，工程师在处理索赔时一方面调查事实和证据，另一方面倾听业主和承包商双方的意见，起到一个缓冲和协调的作用，避免和减少业主和承包商之间面对面的冲突。一般工程师在充分调研的基础上，总是先和业主商定可以给予承包商索赔的限额，再去和承包商谈判，如在限额之内，即可作出决定，否则，再在双方之间协调。

（2）工程师应及时地向业主递交如何处理承包商的索赔的建议书。建议书内容一般包括：

1）承包商申请索赔内容的摘要：包括要求索赔的事由、金额、时间、依据等。

2）处理该索赔事项有关的合同依据（列出有关条款序号和内容）和法律依据，有关证据和材料。

3）与承包商的索赔要求相对应的工程师的计算方案，计算方法和数据，并列表对比。

4）工程师对该项索赔的处理方案的正式建议。

5）各种附件，主要是承包商的索赔申请报告和依据以及其他证明材料等。

如果业主在合同专用条件中规定了工程师可作决定的索赔数额，在作出处理后也应参照上述建议书向业主备案。

（3）在为业主进行索赔管理时，工程师应做到以下几点：

1）要有防范风险意识，防患于未然。要分析合同，列出承包商可能要求索赔的各种可能性，在管理中注意防范，如督促设计人员及时提供图纸，尽量减少变更等。

2）加强责任心，做好现场记录和监理日记。以便在承包商提出索赔时有自己的记录和依据。

3）要认真学习和研究合同文件，特别是合同条件。在出现索赔事件之后，要及时进行调研，弄清事实，保存证据，才有可能根据合同提出有理有据、公正合理的建议。

总之，处理承包商的索赔，是工程师的一项日常的重要工作，也是对工程师素质和水平的一个考验。业主一方面要依靠工程师，另一方面也应对工程师提出明确具体的要求。如能采用计算机项目管理软件管理索赔则可大大提高管理水平。

（四）业主方向承包商索赔的内容和有关条款

在承包商未按照合同要求实施工程时，除了工程师可向承包商发出批评或警告，要求承包商及时改正外，在许多情况下工程师可代表业主根据合同向承包商提出索赔。

1. 业主方向承包商索赔的内容

在发生下列承包商未按合同要求实施工程,损害业主权益或违约的情况时,业主可索赔费用和(或)利润。

(1) 工程进度太慢,要求承包商赶工时,索赔工程师的加班费。

(2) 合同工期已到而未完工,索赔误期损害赔偿费。

(3) 质量不满足合同要求时,如:

1) 不按工程师的指示拆除不合格的工程和材料,不进行返工时;

2) 不按工程师的指示在缺陷责任期内修复缺陷时;

此时业主可找另一家公司完成此类工作,而向承包商索赔成本及利润用以支付。

3) 由于工程不合格被拒绝接受,在承包商自费修复后,业主可索赔重新检验费。

(4) 未按合同要求办理保险:如在合同中要求承包商办理保险时,有两种支付办法:一种是在工程量表中列明办理各种保险时的保险费;另一种是不在工程量表中列明,此时不言而喻承包商应将保险费列入间接费。在承包商未按合同要求办理保险,且在工程量表中未列明保险费时,业主可在下面两种情况下索赔:

1) 由业主去办理在合同中要求承包商办理的保险;

2) 由于合同变更或其他原因造成工程施工的性质、范围或进度计划等方面发生变化,承包商未按合同要求去及时办理保险,由此造成的损失或损害。

(5) 未按合同条件要求采取合理措施,造成运输道路、桥梁的破坏。

(6) 未按合同条件要求无故不向指定分包商支付时。

(7) 由于变更等原因,最终结算价超过合同价的某一百分比(如15%),而又给予了承包商合理的工期补偿时。

(8) 严重违背合同(如进度一拖再拖,质量经常不合格等),工程师一再警告而没有明显改进时,业主可没收履约保函(但此时业主方一定要有确切的事实依据和证据,否则承包商可起诉)。

(9) 当承包商在签订分包合同时,未按合同条件中的要求写入保护业主权益的条款,致使业主权益受到损害时。

2. 业主方向承包商索赔的有关条款与方式

索赔可采取由工程师通知承包商或直接扣款的方式,下面参照FIDIC"施工合同条件"(1999年第1版),将业主方可依据向承包商索赔的条款号,索赔内容列入表7-1中。

业主方可向承包商索赔的有关条款表 表7-1

序 号	条款号	索 赔 内 容			序 号	条款号	索 赔 内 容		
		工 期	费 用	利 润			工 期	费 用	利 润
1	1.8		√	√	7	7.5		√	
2	4.2		√		8	7.6		√	√
3	4.18		√		9	8.6		√	√
4	4.19		√	√	10	8.7		√	
5	4.20		√	√	11	9.3		√	
6	5.4		√		12	9.4		√	√

序 号	条款号	索 赔 内 容			序 号	条款号	索 赔 内 容		
		工 期	费 用	利 润			工 期	费 用	利 润
13	11.3	✓			19	15.4		✓	
14	11.4		✓	✓	20	17.1		✓	
15	11.11		✓		21	17.5		✓	
16	13.7		✓		22	18.1		✓	
17	13.8		✓		23	18.2		✓	
18	15.2		✓						

第3节 承包商的合同管理

在本节中,首先介绍承包商一方在合同签订前的准备工作,然后重点介绍在合同实施阶段承包商的合同管理,之后对风险管理和索赔管理两个问题从承包商合同管理的角度进行了讨论。

一、承包商方在合同签订前的准备工作

承包商一方在合同签订前的两项主要任务是:争取中标和通过谈判签订一份比较理想的合同,这两项任务均非易事。下面主要从签订一份比较理想的合同的角度出发,讨论几个问题。

(一) 投标阶段

又可分为两个阶段。

1. 资格预审阶段

能否通过资格预审是承包商能否参与投标的第一关,从承包商的角度申报资格预审时的注意事项如下:

(1) 注意积累资料。资格预审的内容实际上即是公司的现实情况,特别是财务能力和工程经验,因而应在平日即建立一个供资格预审专用的小信息库,将有关资料存储在内并及时补充完善。到填写某个项目的资格预审文件时,将基本信息调出来,再针对业主的要求加以修改补充即可。

(2) 在投标决策阶段,即在进行市场开发调研阶段,要注意搜索信息,如发现合适的项目,应及早动手作资格预审准备,并应及早针对该类项目的一般资格预审要求,参照一般的资格预审评分办法(如亚洲开发银行的办法)给自己公司评分,这样可以提前发现问题,研究对策。如发现财务能力不足或施工经验不够,可及早动手寻找联营体伙伴;又如施工机械力量不足则可考虑寻找施工机械力量强的分包商或联营体伙伴或采购新机械等。

(3) 做好递交资格预审表后的跟踪工作,可通过代理人或当地联营体伙伴公司跟踪,特大项目还可依靠大使馆的力量跟踪,以便及时发现问题,补充资料。

(4) 资格预审时,对如果投标中标后要采取的措施(如派往工地的管理人员、投入的施工机械等)能达到要求即可,不宜作过高、过多、不切实际的承诺。

2. 投标报价阶段

以下从承包商的合同管理角度讨论投标时应注意的事项：

（1）写一份投标备忘录。在投标过程中,投标小组必定要对招标文件进行反复细致而深入的研究,这时应将发现的问题归纳分为三大类：

第一类问题是在投标过程中必须要求业主澄清的。如总价包干合同中工程量表漏项或某些工程量偏少,或某些问题含糊不清。这些情况可能导致开工后的风险,对投标人明显不利,必须在投标过程中及时质询,要求书面澄清。

第二类问题是某些合同条件或规范要求过于苛刻或不合理,投标人希望能够修改这些不合理的规定,以便在合同实施阶段使自己处于比较有利的地位。

第三类问题是可以在投标时加以利用的或在合同实施阶段可以用来索赔的,这类问题一般在投标时是不提的。

投标小组组长应将小组成员发现的问题归纳后单独写成一份备忘。第一类问题应及时书面质询;第二类问题留到合同谈判时用;第三类问题留给负责工程实施的工地经理参考。

（2）订好JV协议。如果和外国公司或国内公司组成JV投标时,一定要事先认真订好JV协议,包括JV各方的职责、权限、权利、义务等。要注意的是我方公司人员一定要担任最高领导层和各执行部门的领导职务(不论正手或副手)并且要有职有权,这对我国公司学习外国公司的管理经验十分重要。千万不能只提供职员和劳务。订好JV协议对于谈判签订合同和执行合同十分重要。JV协议的副本要交给业主。

（3）要设立专门的小组仔细研究招标文件中技术规范及图纸等方面的技术问题,包括业主提供的原始技术资料、数据是否够用,是否正确,技术要求是否合理,本公司的技术水平能否满足要求,有哪些技术方面的风险等,据之才能制定出切实可行的施工规划和施工方法。

还要吸收有设计经验的工程师参加投标,以便准备备选方案,要做到方案有特色,为业主节约投资,能提前投产或改善使用条件,这对中标非常有帮助。但技术绝窍不能泄露,防止他人利用。

（4）投标时要有专人或聘请当地律师研究项目所在国有关法律,如合同法、税法、海关法、劳务法、外汇管理法、仲裁法等。这不但对确定合理的投标报价很重要,也为以后的合同实施(包括索赔)打下基础。

（5）投标报价时一般不能投"赔本标",不能随意设想"靠低价中标、靠索赔赚钱"因为靠索赔赚钱是一件很不容易的事,它必须具备很多条件。如项目所在国法制比较健全,业主资金来源比较可靠,工程师比较公正,而最重要的是承包商有一个很强的项目管理班子(下面还要详述)。所以投标时绝不能轻易地投赔本标,在采用不平衡报价时也不要轻易把某些子项做成赔本项目。

（6）投标时一定要有物资管理专家参加。因为一个工程项目中,物资采购占费用的很大份额,物资管理专家参加可保证物资的供应并在物资采购这一重要环节中大量节约成本提高效益。

（7）如未中标,及时索回投标保证。

（二）合同谈判阶段

这一阶段一般是在投标人收到中标函后,此时由合同谈判小组在签订合同前就上述投标备忘录中的第二类问题与业主谈判。

谈判时应一个一个问题地谈判,要准备好几种谈判方案,要学会控制谈判进程和谈判气氛,还要准备回答业主方提出的问题。谈判时要根据实际情况(如一、二标之间报价的差距、业主的态度等)预先确定出哪些问题是可以让步的,哪些问题是宁可冒丢失投标保证金的风险也要坚持的。总之,制定谈判策略非常重要。如果谈判时业主方提出对招标文件内容进行修改,承包商方可以作为谈判的筹码。

二、承包商方在项目实施阶段的合同管理

在合同实施阶段,承包商的中心任务就是按照合同的要求,认真负责地、保证质量地按规定的工期完成工程并负责维修。具体到承包商一方的施工管理,又大体上分为两个方面,一方面是承包商施工现场机构内部的各项管理;另一方面是按合同要求组织项目实施的各项管理。当然,这两方面不可能截然分开。

承包商施工现场机构内部的各项管理指的是承包商的现场施工项目经理可以自己作出决定并进行管理的事宜,如现场组织机构的设置和管理;人力资源和其他资源的配置和调度;承包商内部的财务管理,包括成本核算管理;工程施工质量保证体系的确定和管理等。除非涉及到执行合同事宜,业主和工程师不应也不宜干预这些内部管理,当然可以对承包商提出建议,但应由承包商作出决策。

另一方面指按合同要求组织项目实施有关的管理,我们在这里叫做承包商的合同管理,本节只从合同管理角度对承包商在项目实施阶段的职责作一概括性的介绍和讨论。

(一)按时提交各类保证

如履约保证(有时在签订合同时即要求提交)、预付款保函等。

(二)按时开工

应根据工程师的开工命令或合同条件规定的日期按时开工,否则会构成违约。

(三)提交施工进度实施计划

按合同的工作范围、技术规范、图纸要求,在开工后规定的时间内应呈交施工进度实施计划,并须经工程师同意,根据此计划负责组织现场施工,每月的施工进度计划亦须事先报工程师同意。

每周在工程师召开的会议上汇报工程进展情况及存在问题,提出解决办法经工程师同意执行。

如果工程师根据此施工进度实施计划进行检查后认为承包商的工程进度太慢,不符合施工期限要求时,工程师有权下令承包商赶工,由此引起的各种开支由承包商承担。如果承包商无视工程师的书面警告或不采取相应措施时,业主可认为承包商违约。

(四)保证工程质量

检验工程质量的标准是合同中的规范和图纸中的规定,承包商应制定各种有效措施保证工程质量,并且在需要时,根据工程师的指示,提出有关质量检查办法的建议,经工程师批准执行。承包商应负责按工程进度及工艺要求进行各项有关现场及实验室的试验,所有试验成果均须报工程师审核批准,但承包商应对试验成果的正确性负责。承包商应负责施工放样及测量。所有测量原始数据、图纸均须经工程师检查并签字批准,但承包商应对测量数据和图纸的正确性负责。

在订购材料之前,如工程师认为需要时,应将材料样品送工程师审核,或将材料送工程师指定的试验室进行检验,检验成果报请工程师审核批准。对进场材料承包商应随时抽样检验质量。

承包商应按合同要求,负责工程设备的采购检验、运输、验收、安装调试以及试运行。

如果工程师认为材料或工程设备有缺陷或不符合合同规定时,可拒收并要求承包商采取措施纠正;工程师也有权要求将不合格的材料或设备运走并用合格产品替换,或要求将之拆除并适当地重新施工。如果承包商拒不执行这些要求将构成违约。

(五) 设计

承包商应根据合同规定或工程师的要求,进行全部(采用设计/建造与交钥匙合同时)或部分永久工程的设计或绘制施工详图,报工程师批准后实施,但承包商应对所设计的永久工程负责。

如果工程按批准的设计图纸施工后暴露出设计中的问题,在工程师要求时,承包商应拆除并重新施工,否则会构成违约。

(六) 协调、分包与联营体

1. 协调:如果承包商是工地中主要的承包商时,则应按合同规定和工程师的要求为其他承包商及分包商提供方便和服务,但可以收取相应的费用。

2. 分包:按照合同规定,不得将整个工程分包出去,在开工后进行工程分包之前,一定要取得工程师(或业主代表)的同意,否则将构成违约。

在签订分包合同时,承包商应将合同条件中规定的,要求在签订分包合同时写入的保护业主权益的条款包括在分包合同中,否则所造成的对业主权益的损害由承包商负责补偿。

3. 联营体(JV):如采用JV形式承包工程时,要写明JV中各成员共同的责任和各自的责任。

(七) 保险

承包商应按合同条件中的要求及时办理保险(包括对自己的工作人员和施工机械的保险)。在工程条件发生变化(如延期、增加新项目等)时,也应及时去补办保险以免造成意外的损失。

(八) 安全

承包商应按合同要求和工程师批准的安全计划,全面负责工地的安全工作,包括安装各种安全设施,采取安全措施等。同时要在移交证书颁发前保护工程、材料和未安装的工程设备。

(九) 其他

1. 报表:

(1) 根据工程师的要求,每月报送进、出场机械设备的数量和型号、报送材料进场量和耗用量以及报送进、出场人员数。

(2) 按工程所在国有关主管单位(包括海关、项目所在州、省有关机构),业主或工程师的要求,按时报送各类报表,办理各种手续。

2. 维修:负责施工机械的维护、保养和检修,以保证工程施工正常进行。

三、承包商的风险管理

(一) 概述

国际工程承包是一项充满风险的事业。在国际承包市场上,承包商以报价的形式争取中标,拿到项目的过程竞争激烈。一个承包商,如果拿不到项目,就无利润可谈,如果仅仅拿到项目,但标价过低,或招标文件中有许多对承包商不利的条款,或投标时计算失误,或由于其他原因导致经营管理失败而亏损,久之则会导致承包商破产倒闭。有人称国际工程市场为"风险库"并不过分。据统计,国外的承包企业每年约有10%～15%破产倒闭,因而对每一个承包商来说,投标和经营管理的成败,也可以说是生死存亡之争。

但国际工程市场对各国家承包商仍然有着极大的吸引力,因为在国际工程承包中,风险和利润是并存的,没有脱离风险的纯利润,也不可能有无利润的纯风险。关键在于承包商能不能在投标和经营的过程中,善于识别、管理和控制风险。

一般从理论上说、业主方在编制招标文件时应努力做到风险合理分担,但实际上能做到这一点的业主很少。因此,承包商在中标承包后将承担大部分风险,风险管理的任务很重。

关于风险概念、风险管理的一般特色和内容在上一节中"业主方的风险管理"中已有阐述。下面着重分析一下承包商方可能遇到的风险因素,风险分析方法和风险管理措施。

(二) 风险因素分析

国际工程和国内工程相比,风险要大得多。由于国外承包工程涉及到工程所在国的政治和经济形势,有关进口、出口、资金和劳务的政策和法律法规以及外汇管制办法等等,而且还可能遇到不熟悉的地理和气候条件、不同的技术要求和规范以及与当地政府部门的关系等问题,这就使国际承包商常常处于纷繁复杂且变化多端的环境中。因此可能产生风险的因素也极为广泛。

风险因素范围很广,内容很多。

从风险严峻程度来分,大致分为两类:第一类是特殊风险,也可以称之为非常风险。这主要是指业主所在国的政治风险,即由于内战、革命、暴动、军事政变或篡夺政权等原因,引起了政权更迭,从而有可能使项目合同作废,甚至没收承包商的财产等。虽然在合同条件中一般都规定这类风险属于业主应承担的风险,但政权更迭后,原有的政府被推翻,由原政府签订的一切合同均有可能被废除,因而承包商无处索赔。这类风险一般是"致命风险",对承包商打击巨大,几乎是无法弥补的。第二类是特殊风险以外的各类风险,这些风险因素尽管有的可能造成较严重的危害,有的可能造成一般危害,但只要小心谨慎,采取必要的措施,有一些风险是可以转移、避免和防范的。

本节仅就特殊风险之外的风险,按风险的来源性质分为政治风险、经济风险、技术风险、商务及公共关系风险和管理方面风险五个方面来分析讨论国际工程承包中承包商方可能遇到的各种风险因素。

1. 政治风险

政治风险是指在承包市场所处的不稳定的国家和地区的政治背景可能给承包商带来的严重损失。一般政治动乱都是有先兆的,承包商在投标决策阶段就应加强调查研究。政治风险大致有以下几个方面:

(1) 战争和内乱。工程所在国发生局部短暂的战争或内乱,造成国内动乱、政权更迭、国内政治经济情况恶化、建设项目可能被终止或毁约;建设现场直接、间接遭到战争的破坏;或不得不中止施工,施工期限被迫拖延,成本增大;在骚乱期间,承包商为保护其生命财产而撤退回国或转移他处,从而被迫支付许多额外开支等。这些情况常使业主和承包商都遭到极大损失,承包商有时只得到极少的赔偿,有时甚至得不到赔偿。

(2) 国有化,没收与征用。业主国家根据本国政治和经济需要,颁发国有化政策,强行将承包工程收归国有,且不代替原项目业主履行义务,导致承包商无处申诉。有时可能对外国公司强收差别税,禁止汇出利润或采取歧视政策。

(3) 拒付债务。某些国家在财力枯竭情况下,对政府项目简单地废弃合同,拒付债务。有此政府可以使用主权豁免理论,使自己免受任何诉讼。

有些工程所在国政局发生根本性变化,原来执政对立面推翻旧政府,掌握政权,宣布不承认前政府的一切债务,致使承包商无法收取已完工而尚未支付的应付款额。

(4) 制裁与禁运,某些国际组织、西方大国对工程所在国家实行制裁与禁运,可能对工程造成很大影响。

(5) 对外关系。业主国家与邻国关系好坏,其边境安全稳定与否,是否潜藏战争危险;业主国家与我国关系好坏,中国政府与工程所在国是否有某些涉及工程承包的协议。

(6) 业主国家社会管理、社会风气等方面。业主国家政府办事效率高低,政府官员廉洁与否,当地劳务素质,当地劳务的工会组织对外国公司的态度,是否常用罢工手段向雇主提出各种要求等,都将直接或间接地影响工程能否正常进行。

如某公司在 A 国承包一项工程,使用当地劳务,该国国内实行高福利政策,工人的工资待遇高。工程进行期间,该国物价上涨,工人通过罢工等手段,迫使承包商数次提高工资,而业主又不给予合理补偿。在与 A 国劳工部门交涉过程中,该部门往往偏袒劳工,频繁的罢工和涨工资给承包商造成很多困难和损失。

2. 经济风险

经济风险主要指承包市场所处的经济形势和项目所在国的经济实力及解决经济问题的能力,主要表现在付款方面。有些经济风险并不随具体工程项目而产生,但是一般均给承包商带来损失。经济风险主要有以下几个方面:

(1) 通货膨胀。通货膨胀是一个全球性问题,在某些发展中国家最为严重。如果合同中没有调价条款或调价条款笼统,必然会给承包商带来风险。

(2) 外汇风险。外汇风险涉及到一个很大的范围,工程承包中常遇到的外汇问题有:工程所在国外汇管制严格,限制承包商汇出外币;外汇浮动,当地币贬值;有的业主对外币延期付款,而利率很低,但承包商向银行贷款利率较高,因而倒贴利率差;有时订合同时所订的外汇比例太低,不够使用;或是订合同时选定的外汇贬值等。

为了保护自己,承包商通常要求工程付款应以某种较稳定的外汇硬通货计价或签合同时即固定汇率。如果难以获得业主同意,应有适当的保值条款。

下面介绍一个利用汇率波动,把风险转为利润的案例。E 公司在北非某国投标某电站工程,总报价为 1.2 亿第纳尔,外汇支付比例为 40%,以美元支付。美元与第纳尔按固定比值 1 美元=5 第纳尔,外汇支付额为 960 万美元。在谈判中,业主要求 E 公司降价 5%,即降至 1.14 亿第纳尔。该公司经研究接受业主要求,但要求增加 8% 的外汇比例,业主接受了新报价。施工期间,当地第纳尔与美元比值急剧下降,由原来 1:5 贬至 1:25。E 公司便从第二次报价增加的 134.4 万美元中拿出 51 万美元抛入市场,按 1 美元=25 第纳尔比率换取 1275 万第纳尔用于工程,实得收益为 1043.4 万美元,7203 万第纳尔,比第一次报价多得 83.4 万美元和 3 万第纳尔。该公司经过对当地金融市场进行深入研究,判定当地第纳尔将可能大幅度贬值,因此采取降低总价而提高外汇支付比例的方法,取得成功。

(3) 保护主义。有些国家,特别是发展中国家,制订了保护其本国利益的措施(包括一些法律和规定）。概括起来有以下几个方面：

1）规定合资公司中对外资股份的限制，以保证大部分利益归本国。

2）对本国和外国公司招标条件不一视同仁。对外国公司的劳务、材料、设备的进入也附加种种限制。

3）有些国家对本国和外国公司实行差别税收。

为了得标，外国承包商有时不得不屈从其规定，这就潜伏着经济风险。

（4）税收歧视。国际承包商到外国承包工程，必然被列为该工程所在国的义务纳税人，因此必须遵守所在国的税收法令、法规。但承包商经常面对的是工程所在国对外国承包商所实行的种种歧视政策。常常被索要税法规定以外的费用或种种摊派。

以上四类风险是与工程所在国及当时国际政治经济环境密切相关的，它们并不针对某一具体项目，而是对所有项目都产生影响，需要承包商对国际市场作全面深入而系统的分析研究。

下列风险是与承包工程项目各方工作有直接关系，但经济损失与收益的机遇并存，包括：

（5）物价上涨与价格调整风险。有的招标文件中虽有价格调整公式，但是包含的因素不全，或有关价格指数不能如实反映情况或有限制性规定等。

（6）业主支付能力差，拖延付款。业主资金不足，支付能力差，以各种形式拖欠支付，如拖延每月支付而合同中未订有拖延支付如何处理的规定；或虽然有业主拖延支付时应支付利息的规定，但利率很低；或业主找借口拖延签发变更命令而使新增项目得不到支付；或业主在工程末期拖延支付最终结算工程款与发还保留金等。

（7）工程师的拖延或减扣。由于工程师工作效率低，拖延签署支付；或是工程师过于苛刻，有意拖延支付，或以各种借口减扣应支付的工程款。

（8）海关清关手续繁杂。有时承包商在合同执行过程中，大量物资需从国外进口，一方面，有的承包商不了解当地法规、政策；另一方面有些国家清关手续繁杂，海关办事效率低，工作人员作风不廉洁，以致造成物资供应不及时，影响工程施工，甚至造成工程拖期。

（9）分包。分包风险应从两方面分析：即作为承包商选择分包商可能出现的风险与作为分包商被总包商雇用时可能出现的风险。

承包商作为总包商选择分包商时，可能会遇到分包商违约，不能按时完成分包工程而使整个工程进展受到影响的风险，或者对分包商协调、组织工作做得不好而影响全局。特别是我国承包商常把工程某部分分包给国内有关施工单位，合同协议职责不清，风险责任不清，容易相互推委，有时分包单位派出人员从领导干部到工人的素质无法审查，也是造成经营管理不善的主要原因。

如果一个工程的分包商比较多，则容易引起许多干扰和连锁反应。如分包商工序的不合理搭接和配合；个别分包商违约或破产，从而使局部工程影响到整个工程等；

相反，如果作为分包商承揽分包合同，常遇到总包商盲目压价，转嫁合同风险或提出各类不合理的苛刻的条件要求分包商接受，使分包商处于被动地位。

（10）没收保函。这方面承包商可能遇到的风险有：

1）业主无理凭保函取款。这类风险通常发生在履约保函和维修保函上。如由于业主方面原因而造成承包商无法正常履约，而业主却找借口向银行无理提取保函款。又如，一些工程完工后,由于设计或是业主方面的原因,运行结果未能达到标准,业主又借此向银行提取维修保函款。

以在中东 K 国搞承包为例。中方在 K 国承揽的分包工程和劳务合同无一例外需要向总包商开具无条件保函。这种无条件保函带来的风险是无底洞,原因有以下几点:①无条件保函的受益人不需要任何理由就可随意没收和部分提取保函金额;②受益人多是当地总包商(由于法律不健全,多偏袒当地承包商),总包商常常单纯从本身经济利益出发而不顾信誉;③受益人部分提取保函款后,15 天内投保方必须补齐保函金额,总包商可再次提取,分包商须再次补齐。

如业主使用无条件保函,在订合同时,可以根据情况,争取加入以下条文"业主在发现承包商有任何违约时,应在根据保函提出索赔之前给他一个补救的机会",以此来限制业主权利,保护承包商的利益。

2)失效的保函在未归还前,承包商仍面临风险。在一些中东国家,对保函有效期的认识模糊,尽管保函规定期限已到,但业主不及时归还,还可能使承包商遭到损失。

(11)带资承包的风险。有些合同中,业主明确要求承包商带资承包,即采用先贷款,再支付的办法。但到工程开工后,业主拖延或无力支付,致使承包商不能及时收回资金。

有些业主要求垫付资金情况下,承包商一定要做到两条:

1)要求业主为承包商的垫付资金开出银行担保。这样,如果业主赖账,承包商可以向担保银行提出索赔。

2)确认业主的项目资金确有保证。在多数国家,这类工程发包时,银行都出具资金保证证明。承包商切记不要轻信业主的口头许诺或解释。

(12)实物支付。有些合同中,业主提出以实物代替现金支付承包商工程款,这种实物通常在双方谈判期间确定价格和数量,这样对承包商来讲,就要承担实物销售换取现汇抵偿工程成本的风险,特别是在盛产石油的中东阿拉伯国家,以石油替代现汇支付的项目较多;一般承接此类项目就要作充分市场调查,预测石油行市,考虑销售手段和途径,寻找可靠销售代理人,并对项目所在国业主、出口及市场等一系列渠道加以调查和研究。

3.技术风险

(1)地质地基条件。一般业主提供一定数量的地质和地基条件资料,但不负责解释和分析,因而这方面的风险很大,如在施工过程中发现现场地质条件与设计出入很大,施工中遇到大量岩崩坍方等引起的超挖超填工作量和工期拖延等。

(2)水文气候条件。这包括两方面,一方面指对工程所在国的自然气候条件估计不足所产生的问题,如严寒、酷暑、多雨等对施工的影响;另一方面是当地出现的异常气候,如特大暴雨、洪水、泥石流、坍方等。虽然按照一般的合同条件,后一类异常气候造成的工期拖延可以得以补偿,但财产损失很难全部得到补偿。

(3)材料供应。一是质量不合格,没有质量检验证明,工程师不验收,因而引起返工或由于更换材料拖延工期。二是材料供应不及时(包含业主提供的材料或承包商自己采购的材料),因而引起停工、窝工,有时甚至引起连锁反应。

(4)设备供应。除了同样有质量不合格和供应不及时两个问题外,还有一个设备不配套的问题,如供货时缺件,或是未能按照安装顺序按期供货,或是机械设备运行状况不佳等。

(5)技术规范。技术规范要求不合理或过于苛刻,工程量表中说明不明确或投标时未发现。

如某公司在中东某国承包某工程时,技术规范要求混凝土入仓温度为23℃,由于投标时间短促,未发现此问题。实际上该国每年5月~10月天气异常炎热,一般室外温度可达45℃以上,承包商经多方努力(如大量采购人造冰、以冰水拌和混凝土、晚间预冷骨料等)增加了不少成本,也只能达到28℃,后经过对工程师做工作,取得工程师的谅解,把入仓温度改为不超过30℃。

(6) 提供设计图纸不及时。如由于咨询设计工程师工作的问题,提供图纸不及时,导致施工进度延误,以至窝工,而合同条件中又没有相应的补偿规定。

(7) 工程变更。包括设计变更和工程量变更两个方面。变更常影响承包商原有的施工计划和安排,带来一系列新的问题。如果处理的好,在执行变更命令过程中,可向业主要求索赔,把风险转化为利润。如果遇到不讲理的业主或工程师,则会受到损失。

(8) 运输问题。对于陆上运输要选择可靠的运输公司,订好运输合同,防止因材料或设备未按时运到工地而影响施工进度。对于海上运输,由于港口压船、卸货、海关验关等很容易引起时间耽误,影响施工。

(9) 外文条款翻译引起的问题。由于翻译不懂专业、合同和招标文件所产生的各种翻译错误而又未被发现。

4．公共关系等方面的风险

(1) 与业主的关系。如业主工作效率低下,延误办理承包商的各种材料、设备、人员的进关手续,延误支付,拖延签发各种证书等。

(2) 与工程师的关系。如不按进度计划要求发放施工图纸、已完工的工程得不到及时的确认或验收、或不及时确认进场材料等。

(3) 联营体内各方的关系。联营体内的各家公司是临时性伙伴,彼此不了解,很容易产生公司之间或人员之间的矛盾,影响配合,影响施工。联营体协议订的不好,如职责、权利、义务等不明确,也会影响合作,联营体负责公司的工作作风和水平也影响工作。

(4) 与工程所在国地方部门的关系。这里主要指工程所在地区的有关政府职能部门,如劳动局、税务局、统计局以至警察局等,如果关系处理不好也会招致麻烦和风险。

5．管理方面的风险

(1) 工地领导班子不胜任,不团结,项目经理不称职,不能及时解决所遇到的各类问题,不具备和业主、工程师打交道的能力。

(2) 工人效率。特别是到一个生疏的国家和地区,雇用当地工人施工时,对当地工人的技术水平、工效以至当地的劳动法等,都应有仔细的调查了解。

(3) 开工时的准备工作。由于订购的施工机械或材料未能及时运到工地,工地内通水、通电、交通等准备工作未做好引起的问题。

(4) 施工机械维修条件。依赖当地维修条件,但不能满足要求,或备用件购置困难等。

(5) 不了解的国家和地区可能引起的麻烦。在投标时因时间紧迫而未及细致考察工地以外的各种外部条件,如生活物品供应、运输、通讯等条件,而到开工后才发现,往往需要增加许多开支。

上述的种种风险因素很难全面概括国际承包工程中可能遇到的各类风险。值得再一次强调的是国际工程承包的每一位管理人员头脑中一定要有风险意识,要能及时发现风险苗头,力争防患于未然。

（三）承包商方的风险管理措施

在对风险进行分析和评价之后,对于风险极其严重的项目,多数承包商会主动放弃投标;对于潜伏严重风险的项目,除非能找到有效的回避措施,应采取谨慎的态度;而对于存在一般风险的项目,承包商应从工程实施全过程,全面地、认真地研究风险因素和可以采用的减轻、转移风险、控制损失的方法。

1. 风险的分析和防范必须贯穿在项目全过程

（1）投标阶段。这一阶段如果细分还可分为资格预审阶段、研究投标报价阶段和递送投标文件阶段。

资格预审阶段只能根据对该国、该项目的粗略了解,对风险因素进行初步分析。将一些不清楚的风险因素作为投标时要重点调查研究的问题。

在投标报价阶段可以采用一种比较简明适用的方法——专家评分比较法来分析一个项目的风险,该方法主要找出各种潜在的风险并对风险后果作出定性估计,评价风险的后果及大小。

采用"专家评分比较法"分析风险的具体步骤如下:

第一步,由投标小组成员、有投标和工程施工经验的专家,最好还有去项目所在国工作过的工程师以及负责该项目的成员组成专家小组,共同就某一项目可能遇到的风险因素进行分析、讨论、分类、排序,并分别为各个因素确定权数,以表征其对项目风险的影响程度。

第二步,将每个风险因素分为出现的可能性很大、比较大、中等、不大、较小这五个等级,并赋与各等级一个定量数值（如 1.0、0.8、0.6、0.4 和 0.2）,由专家小组每个成员对风险因素出现可能性打分。

第三步,将每项风险因素的权数与等级分相乘,求出该项风险因素的得分。若干项风险因素得分之和即为此工程项目风险因素的总分。显然,总分越高说明风险越大。表 7-2 为用专家评分比较法对风险进行分析的示例,表中并未列出全部风险因素。

专家评分比较法分析风险　　　　　　　　　　　　　　表 7-2

可能发生的风险因素	权数（W）	风险发生的可能性 C					WC
		很 大 1.0	比较大 0.8	中 等 0.6	不 大 0.4	较 小 0.2	
1. 物价上涨	0.15		✓				0.12
2. 业主支付能力	0.10			✓			0.06 ⋮
⋮	0.10			✓			0.06
10. 海洋运输问题							

$\Sigma WC = 0.52$

ΣWC 叫风险度,表示一个项目的风险程度。由 $\Sigma WC = 0.52$,说明某一专家小组成员的评分结果认为该项目的风险属于中等水平,是一个可以投标的项目,风险费可以取中等水平。

根据专家小组全体成员打分后求出的风险度加以平均,即可对风险进行分析,确定工程估价中风险费的高低,决定总报价,同时将对风险的分析送交项目投标决策人,以便研究决定是否递送投标文件。

（2）合同谈判阶段。这一阶段要力争将风险因素发生的可能性减小，增加限制业主的条款，并且采用保险、分散风险等方法来减少风险。

（3）合同实施阶段：项目经理及主要领导干部要经常对投标时开列的风险因素进行分析，特别是权数大，发生可能性大的因素，以主动防范风险的发生，同时注意研究投标时未估计到的风险，不断提高风险分析和防范的水平。

（4）合同实施结束时，要专门对风险问题进行总结，以便不断提高本公司风险管理的水平。

2. 正确判断和确定风险因素

一个工程在投标时可能会发现许多类似风险的因素和问题，究竟哪一些是属于风险因素？哪一些不属于风险因素？这是进行风险分析时必须首先研究解决的问题。

能够正确地估计和确认风险因素，首先在于深入细致地调查研究，包括对项目所在国和地区的政治形势、经济形势、业主资信、物资供应、交通运输、自然条件等方面的调查研究。其次是依赖投标人员的实践经验和知识面。因为一个项目投标牵涉到招标承包、工程技术、物资管理、合同、法律、金融、保险、贸易等许多方面的问题，因此，要有各方面的有经验的专家来参加分析研究。国外一些公司，对重要项目的风险评价，都要在由总经理主持的公司专门会议上，审议认可后才能实施。

在项目投标阶段会发现许多不确定因素，凡通过调查研究可以排除的或是根据合同条款可以在问题发生后通过索赔解决的，一般都不列为风险因素，例如图纸变更，工作范围变更引起的费用增加，都是可以根据合同条件向业主提出索赔的，都不应列为风险因素。

3. 风险的管理和防范措施

当一个公司在经过细致的调研和慎重的分析研究后，如果认为该国家或该项目存在"致命风险"时，可以不参加投标，或在某些情况下故意投"高标"以体面地退出竞争，避免风险。

下面讨论的均指参加正常投标签订合同情况下的风险管理和防范，主要可以从以下几个方面入手。

（1）风险的回避

1）充分利用合同条款。在投标阶段及时发现招标文件中可能招致风险的问题，争取在合同谈判阶段，通过修改、补充合同中有关规定或条款来解决。

例如，业主的招标文件中仅仅规定了月支付证书在工程师签字后业主应支付的期限，而未说明到期不支付怎么办，合同谈判时就应该加上如到期不支付应该支付利息的规定以及较高的利率。

增设风险防范条款。在工程承包合同中写进风险合同条款尤为重要。通常国际工程承包合同中都有不可抗力条款。但对于不可抗力的含义，各国的解释不同。例如，专制行为（如政府规定的全面性增加税收、物价上涨），在许多国家不被视为风险因素，但承包商又必须执行。如果不针对这类风险写入相应的补偿措施，承包商必然要受重大损失。一般来讲，关于人力不可抗拒和特殊风险，FIDIC编制的有关条款是公正合理的，得到各国业主和承包商的普遍接受，可以作为增设风险防范条款时的参考。

增设有关支付条款。例如，招标文件未列入调价公式，则应主动争取列入；对于签订合同后政府法令政策改变而引起的费用增加，可以要求业主按实际情况给予补偿等。

2) 外汇风险的回避。外汇风险主要表现在两方面,一是外汇收支过程中的汇兑损失,二是企业所持有的流动外汇现金的保值。为避免在这两方面遭受损失,应在签订合同前,考虑以下几种方法:

增设保值条款。在订合同时,如果合同用当地币计价,支付一定比例的外币,最好采用固定汇率以防范外汇风险。

选择有利的外币计价结算。一是要选择国际金融市场上可自由兑换的货币,如美元、日元、英镑、德国马克等。这些货币一旦出现汇率风险可以立即兑换成另一种货币。二是要在可自由兑换货币中争取硬通货币;即汇价稳定或趋于上浮的货币。

使用多种货币计价结算。国际工程承包合同中有时采用几种货币组合支付的形式,这种做法能减轻双方的汇率风险,特别是只采用单一货币带来的风险。例如,80年代初中国某工程公司与意大利某公司签订了一项为期10年的工程承包合同,该合同采用美元、原西德马克和意大利里拉计价结算,其中美元占40%,原西德马克占50%,意大利里拉占10%,实质上使用了当时软(里拉)、中(马克)、硬(美元)三种货币,由于软硬货币的搭配使用,双方都达到不同程度的避免或减轻外汇风险的目的。

参加汇率保险。向保险公司投保汇率是一种可行的方法。虽然这样做要缴纳一笔保险费,但却可以避免因汇率剧降而吃大亏。采购机械设备时也可采用向不同国家采购,采用多种货币支付以分散和减少风险。

3) 减少承包商资金的垫付。承包商在开工时一般都要购置一定的施工机械及修建临建工程。这笔费用越少越好,一旦遇到风险,可以进退自如。这笔投资如能控制在工程总价的15%以下,正常情况下不会有太大风险。因为工程总价中所含利润、风险费及设备折旧费往往不低于15%;反之,如果超过30%,则风险必将加大。一般情况下,承包商除使用公司原有施工机械外,还可以采用在当地租赁,指令分包商自带设备等措施来减少自身资金的垫付。

(2) 风险的分散和转移。向分包商转移风险,这是国际承包商常用的转移风险方式。在分包合同中,通常要求分包商接受主合同文件中的各项合同条款,使分包商分担一部分风险。有的承包商直接把风险比较大的部分分包出去,将业主规定的误期损害赔偿费如数订入分包合同,将这项风险转移给分包商。一般国际通用的分包合同范本中均有明确规定,熟悉国际惯例的分包商,都能接受这类条件。

(3) 风险自留和控制风险损失。在投标报价中要考虑一定比例的风险费,在国内也叫不可预见费。这笔费用是对那些潜在风险的处理预备费,一般在工程总成本的4%～8%之间,对于一个工程而言,是取高限还是取低限,取决于风险分析的结果。

善于索赔也是避免风险损失的重要措施之一。

四、承包商的索赔管理

承包商的索赔管理是一件十分重要的工作,它关系到承包商的经济效益,进度和质量管理,甚至项目的成败。一个承包商既面对业主方,又面对众多的分包商,供应商,彼此之间都有一个向对方索赔和研究处理对方要求索赔的问题,因而索赔管理从一开始就应列入重要议事日程,使全体管理人员都具有索赔意识。

关于索赔的定义、概念、特点以及索赔的依据和程序,都在上一节中"业主方的索赔管理"一部分进行了讨论。下面着重分析承包商索赔管理中的几个问题。

(一) 承包商的索赔管理措施

1. 建立精干而稳定的索赔管理小组

对一个工程项目来说，索赔是一件自始自终(往往延续到工程竣工之后)都不可中断的工作，一定要在组织上落实一个索赔管理小组，一般可设在合同管理部门内。

索赔管理小组的人员要精干而稳定，不能经常调动，以便系统地进行该项工作并积累经验，对索赔管理小组人员的素质要求包括：

(1) 知识结构方面：要熟悉合同文件，有一定的法律基础知识，和一定的施工经验，懂得工程成本分析计算方法。

(2) 外语水平方面：要能熟练地阅读理解外文合同文件和有关信函，有较高的口语水平，最好具有书写外文索赔函件的能力。

(3) 对一个索赔管理人员的思想素质要求。此处援引一位英国皇家工程师协会会员，资深年高的工程师的谈话。一个索赔管理人员：

1) 要敏感(sensitive)。有强烈的索赔意识，犹如足球前锋临门一脚那样的意识，一有机遇就要抓住。

2) 要深入(thorough)。唯有掌握事情的始末才能主动出击，对外可据理力争，对内可驾驭监督，如果事实不清楚，只能等待上帝恩赐。

3) 要耐心(patient)。要有韧性，一次不行，改天再谈，坚毅不拔，绝不气馁。

4) 要机智(tactful)。索赔涉及到合同双方，需要协商，要懂得适当让步，适可而止，要选择有利时机，懂得国际惯例，本着合作和解精神，让大家都保持体面地达成协议。

2. 组织全体管理人员学习合同文件，使每一个人都建立索赔意识

(1) 一个工程的管理主要是依据合同进行管理，因而工地施工项目经理组织各个部门的管理人员学习合同文件十分重要。学习的目的一方面是为了承包商自己认真执行合同，另一方面则是要培养每一个管理人员的索赔意识，使他们会依据合同抓住每一个索赔的机遇。

合同条件中有一些是明示的可以索赔的条款，如工程师未能按承包商通知书中的要求日期交给承包商有关图纸，从而造成施工延误及招致费用时，应给予承包商以工期和费用补偿。另一些合同条件隐含着可以索赔的机遇，如在一般情况下，承包商应按照合同条件中规定的"合同文件的优先次序"处理合同文件之间有矛盾的问题，但如果在某一些部位，工程师的指示违背了合同文件的优先顺序并给承包商造成工期和费用损失时，承包商可提出索赔。

因而在学习合同文件时，要深入而细致的理解合同条件中隐含的意思，从而可防止风险并抓住许多索赔机遇。

(2) 虽然索赔工作应由索赔管理小组统一管理，但每一个管理部门(如进度管理、成本管理、质量管理、物资管理、设计等部门)均应与索赔管理小组密切配合，提出索赔机会，研究索赔策略，进行索赔计算，以使通过索赔避免不必要的损失并增加效益成为整个工地各个部门的重要工作。

3. 加强文档管理注意保存索赔资料和证据

索赔工作成败的关键之一是索赔的依据，有关索赔的资料和证据包含的详细内容在"业主方的索赔管理"一部分内已有详细介绍。在这里要强调的是文档保管的重要性。

一方面是项目组整个文档保管要有专人负责，从项目一开工即加强这方面的管理，另一

方面则是索赔小组和各个有关部门对索赔依据的资料和证据都要专门建档保管,对与业主方和与各个分包商供应商的有关索赔资料都应分别建档,同时应采用合同管理信息系统进行辅助管理。

4. 抓住索赔机遇,及时申请索赔

在认真学习合同文件,提高每一个部门每一个人索赔意识的基础上,凡是发现的索赔机遇就应及时报索赔管理小组,经与有关领导研究后,及时提出。最好的索赔机遇就是业主方要求变更以及按照合同规定进行价格调整(当然还有许多其他的机遇)。下面讨论几个认识问题。

(1) 早提索赔还是晚提索赔。FIDIC 编制的合同条件都要求在可索赔事件发生后 28天内及时递交索赔申请意向书,以便工程师及时调查和处理。承包商一方不应顾虑害怕索赔会影响双方友好合作的气氛,只要是索赔确有证据即可。应该索赔的问题不要求索赔反而会被对方认为是管理水平低下无能的表现。

(2) 分散还是集中提交索赔报告。一般分散提交为好,以免业主方感到索赔额度过多。最好分散提出并督促业主方及时解决。

(3) 大额索赔与小额索赔。大额索赔肯定是要提的,对小额索赔可以采取如下策略:如合同条件规定了提交索赔报告期限,仍应及时提交;如未规定提交期限,则可几个月集中提一次,以便成批处理。如果总额度很大时可将小额索赔作为索赔谈判时的筹码,即放弃小的保大的,以使对方得到一些满足。

5. 写好索赔报告,重视索赔额计算和证据

写好索赔报告的原则是实事求是,以事实和合同规定为依据,抓住主要矛盾,说理性强。

索赔报告中关于费用和时间索赔计算要认真准确,一般采用合同工程量表中的单价,如需采用其他单价或价格,一定要有依据(如当地权威机构发布的或发票上的价格等)。关于工程量或工期计算也应实事求是。

支持索赔报告的各种证据要靠平日积累,发现索赔机遇时,应有意识地进行记录和收集资料。

6. 注意索赔谈判的策略和技巧

组织精干的,包括有关方面专家的谈判小组,谈判前做好谈判的思想准备、方案准备和资料准备,掌握好谈判进程,注意原则性和灵活性,协调谈判气氛,镇定自若、保持冷静的头脑,心平气和地据理力争,避免不礼貌的提问,将会上谈判与会下公关活动相结合。关于谈判的详细论述参见《国际工程谈判》一书。

(二) 承包商方索赔应注意的事项

1. 认真履行合同,按时保质地完成工程

这一点对于在业主和工程师心目中树立承包商的良好形象十分重要,因为每一阶段按时并保证质量地完成工程的最大的受益人是业主。承包商对合同中规定的义务的认真履行可以为索赔打下一个良好的基础。即使在索赔谈判中遇到麻烦,只要不构成业主违约,承包商也应坚持正常施工。

2. 索赔工作中要依靠律师

最好本公司或项目组有律师能够长期参加索赔工作,否则应聘请当地律师定期来工地考察了解情况,协助审定有关合同、索赔信函等重要文件,以保证这些文件符合当地法律。

千万不能等问题积累成堆时才找律师。

3．必要时应聘请高水平的索赔专家

如果索赔数额大，而业主和工程师一方处理问题不通情达理时，则应考虑聘请高水平的索赔专家。在国外有一些公司和专家在这方面很有经验，一般索赔专家聘用费都很高，但是往往索赔专家能依据他们对法律和合同的理解及索赔经验，为承包商索赔的成功做出重要贡献。国外的许多承包商常常聘请索赔专家协助进行索赔。

4．注意平日和业主、工程师建立友谊

在上述认真履行合同的基础上，平日应注意和业主、监理工程师建立个人间的友谊，这将十分有利于解决索赔和争端，可以把一些"谈判"变成个人之间的意见交换，使彼此的观点接近，再在正式谈判中确认。

（三）承包商方向业主索赔的内容和有关条款

1．承包商方向业主索赔的内容

当发生业主方要求增加工作内容、损害承包商权益或业主方违约时，承包商可视不同情况要求工期、费用和利润方面的索赔。这些情况可概括为以下一些方面：

（1）工程变更。变更可引起索赔的内容一般包括工程项目或工程量的增加，工程性质、质量或类型的改变，工程标高、尺寸和位置的变化，各种附加工作以及规定的施工顺序和时间安排的改变，以上一般会引起工程费用增加和工期延长，可以据实要求索赔，在变更指令要求删减某些项目或工作量时，如造成承包商人员窝工和设备的积压时同样也可要求索赔。

（2）国家或州、省的法令、法规，政令或法律在某一规定日期后发生变更，影响到承包商的成本计算或外汇使用或汇出受到限制时，均可索赔。

（3）物价上涨。一般可按照价格调整公式或合同中的有关其他规定在每次支付时索赔。

（4）工期因素的影响。

1）非承包商方的原因造成的竣工期限的延长。如额外或附加的工作；合同条件中提到的误期原因；异常恶劣的气候条件；业主造成的任何延误、干扰或阻碍等，这些因素不但可导致承包商的工期索赔，而且视具体情况可以索赔费用和利润。

2）工程暂停所造成的承包商的工期、费用和利润损失。

3）业主方要求承包商加速施工（Acceleration）时，承包商应与业主谈判加速施工的索赔补偿条件并用书面文字确定下来。

（5）工程师的指示。工程师的指示大多是按照合同规定发布的，也可能有一些是未按照合同规定发布的，不论哪一类指示，均有可能为承包商提供索赔机遇，如：

1）要求补充图纸或补充进行合同中未规定的设计时；

2）提供的测量原始数据有错误或地质水文资料有错误时；

3）要求附加打孔或钻探工作时；

4）要求采取措施保护化石和文物时；

5）当咨询工程师的设计侵犯专利权时；

6）要求剥露或开孔检查质量而检查后工程质量合格时；

7）要求进行合同规定之外的检验时；

8）工程师纠正工程师代表的错误指示时；

9) 其他(如关于指示违背合同优先顺序和图纸延误等,前已提及)。

以上指示造成承包商增加工作量,延误工期或导致其他损害后果,承包商均可索赔。

(6) 业主方未尽到应尽的义务。如土地规划未获批准,未能提供招标时许诺的开工准备工作,未及时给出施工场地及通道等,导致承包商的损失。

(7) 有经验的承包商不可预见的各种问题,现场施工条件的变化。

(8) 属于业主风险或特殊风险范围给承包商造成的损失。

(9) 业主违约造成的各种不良后果。

(10) 其他:如工程保险中未能从保险公司得到的补偿,业主雇用的其他承包商的干扰等。

2. 承包商可向业主索赔的有关条款

下面参照 FIDIC"施工合同条件"(1999 年第 1 版)将承包商可依据向业主索赔的条款号及索赔内容列入表 7-3 中。

承包商可向业主索赔的有关条款 表 7-3

序 号	条款号	工 期	费 用	利 润	序 号	条款号	工 期	费 用	利 润
1	1.3	✓	✓	✓	28	9.2	✓	✓	✓
2	1.5	✓	✓	✓	29	10.2		✓	✓
3	1.8	✓	✓	✓	30	10.3		✓	✓
4	1.9	✓	✓	✓	31	11.2		✓	✓
5	1.13	✓	✓	✓	32	11.6		✓	✓
6	2.1	✓	✓	✓	33	11.8		✓	✓
7	2.3	✓	✓		34	12.1		✓	✓
8	3.2	✓	✓	✓	35	12.3		✓	✓
9	3.3	✓	✓	✓	36	12.4		✓	✓
10	4.2	✓			37	13.1 13.3	✓	✓	✓
11	4.6	✓	✓	✓	38	13.2		✓	✓
12	4.7	✓	✓	✓	39	13.5		✓	✓
13	4.10	✓	✓		40	13.6		✓	
14	4.12	✓	✓		41	13.7		✓	✓
15	4.20	✓	✓	✓	42	13.8		✓	
16	4.24	✓	✓		43	14.8		✓	
17	5.2	✓	✓		44	14.10		✓	✓
18	7.2	✓	✓	✓	45	15.5		✓	✓
19	7.3	✓	✓	✓	46	16.1	✓	✓	✓
20	7.4	✓	✓		47	16.2 16.4		✓	✓
21	8.1	✓			48	17.1		✓	
22	8.3	✓	✓	✓	49	17.3 17.4	✓	✓	✓
23	8.4	✓			50	17.5		✓	✓
24	8.5	✓			51	18.1		✓	
25	8.9	✓	✓		52	19.4	✓	✓	
26	8.11	✓	✓		53	19.6		✓	
27	8.12	✓	✓		54	19.7		✓	

（四）承包商方可索赔的费用

承包商方可索赔的费用一般应该基于工程投标报价所包括的内容，但也有一些不包含在内的，现将可索赔的费用内容简述如下：

1. 直接费：包括额外发生的（包括加速施工）人工费、材料费、机械折旧费及机械购置费、分包商费等。

2. 间接费：包括工地管理费、保函费、保险费、税金、贷款利息、业务费、临时工地设施费等。

3. 上级单位管理费。

4. 业主方原因延长工期的间接费等。

5. 业主拖延付款利息。

6. 交涉索赔发生的费用。

7. 利润。

8. 其他。

第4节 项目实施阶段合同有关各方的关系

项目实施阶段是一个相当长的时期，这个期间合同有关各方如何根据合同的要求，尽到自己一方的主要职责和义务，如何正确地处理与其他各方的关系，减少矛盾与冲突，加强相互之间的理解，配合和协作，对于顺利地实施合同管理，高质量地按期完成工程项目并且成功地进行投资控制与成本管理，是十分重要的，这也是本节要讨论的问题。

一、业主、工程师和承包商在项目实施阶段合同管理中的主要职责

业主和承包商是合同的双方，而工程师则是受业主雇用来按照业主和承包商的合同进行项目管理的。从合同管理的角度看，各方的职责和义务是不同的，但目标又是一致的，下面对业主、工程师和承包商在合同管理中的主要职责采用列表形式进行对比分析，如表7-4。

业主、工程师、承包商在合同管理中的主要职责对比表 表 7-4

序号	合同内容	业　主	监理工程师	承　包　商
1	总的要求	□ 项目的立项、选定、融资和施工前期准备 □ 项目的合同方式与组织（选承包商，监理等） □ 决定监理职责权限	□ 受业主聘用，按业主和承包商签订的合同中授予的职责、权限对合同实施监督管理	□ 按合同要求，全面负责工程项目的具体实施、竣工和维修
2	进度管理	□ 进度管理主要依靠监理，但对开工、暂停、复工特别是延期和工期索赔要审批 □ 可将较短的工期变更和工期索赔交由监理决定，报业主备案	□ 按承包商开工后送交的总进度计划，以及季、月、周进度计划，检查督促 □ 下开工令，下令暂停、复工、延期，对工期索赔提出具体建议报业主审批	□ 制定具体进度计划，研究各工程部位的施工安排，工种、机械的配合调度以保证施工进度 □ 根据实际情况提交工期索赔报告

序号	合同内容	业　主	监理工程师	承　包　商
3	质量管理	□　定期了解检查工程质量,对重大事故进行研究 □　平日主要依靠监理管理和检查工程质量	□　审查承包商的重大施工方案并可提出建议,但保证质量措施由承包商决定 □　拟定或批准质量检查办法 □　对每道工序、部位和设备,材料的质量,严格地进行检查和检验,不合格的下令返工	□　按规范要求拟定具体施工方案和措施,保证工程质量,对质量问题全面负责
4	造价管理	□　审批监理审核后上报的支付表 □　与监理讨论并批复有关索赔问题 □　可将较小数额的支付或索赔交由监理决定,报业主备案	□　按照合同规定特别是工程量表的规定严把支付关,审核后报业主审批 □　研究索赔内容、有关索赔计算和数额上报业主审批	□　拟定具体措施从人工、材料采购、机械使用以及内部管理等方面采取措施降低成本,提高利润率 □　设立索赔组适时申报索赔
5	风险管理	□　注意研究重大风险的防范	□　替业主把好风险关,进行经常性的风险分析,研究防范措施	□　注意风险管理,做好索赔工作
6	变　更	□　加强前期设计管理,尽量减少变更 □　慎重确定必要的变更项目以及研究变更对工期、价格的影响	□　提出或审批变更建议,计算出对工期、价格的影响,报业主审批	□　认为需要时,向工程师业主提出变更建议 □　执行工程师的变更命令 □　抓紧变更时的索赔

二、工程实施中的矛盾与争端

(一) 矛盾的普遍性

国际工程是一项跨国性的经济活动,参与方往往来自不止一个国家,彼此之间的文化背景不同,社会体制不同,民族习惯不同,在项目中所处的地位和经济利益也不同,因而合同中有关各方相互之间的矛盾和争端是时有发生的,如何处理好这些矛盾与争端就成为项目能否成功的关键因素,合同有关各方概莫能外。

要正确处理和解决矛盾首先要正确认识矛盾。矛盾是普遍存在的,是绝对的,它存在于事物发展的过程中,又贯穿于一切过程的始终。如果我们认识到矛盾的普遍性和绝对性,又认识到国际工程合同有关各方有许多不同的背景,则对于从事这样一个风险的事业并敢于迎接挑战就会有充分的思想准备,并且应该潜心研究如何解决遇到的矛盾和争端。

(二) 施工中产生争端的原因

根据美国建筑行业协会的争端预防与解决研究小组 1991 年对 191 个单位(业主与承包商约各半)的调查,总结出项目施工阶段中产生争端的十大原因如下:

1. 不切实际地和不公正地将风险转移给那些尚无准备或无力承担此类风险的当事人的合同条款。

2. 将不切实际的希望寄托于那些没有足够财力去完成他们目标的当事人(一般指业主)。

3．模糊不清的合同条件。

4．承包商的投标价过低。

5．项目有关各方之间交流太少。

6．总承包商的管理、监督与协作不力。

7．项目参与各方不愿意及时地处理变更和意外情况。

8．项目参与各方缺少团队精神(Team Spirit)。

9．项目中某些或全部当事人之间有敌对关系倾向。

10．合同管理者想避免做出棘手的决定而将问题转给组织内部更高的权力机构或律师，而不是在项目这一级范围内主动解决问题。

这些原因在国际工程实施中具有普遍性。

三、如何正确认识与解决合同管理中的矛盾与争端

(一) 合同有关各方对解决矛盾和争端应有正确的认识

如何解决这些矛盾与争端，笔者认为各方最重要的应解决以下几个认识问题：

1．业主方

(1) 为了减少和解决好矛盾和争端，业主必须准备一份高水平的招标文件(相当于合同草案)，除了要做到系统、完整、准确、明了以及在文件中各方职责分明、程序严谨外，最主要的即是要做到风险合理分担，也就是将项目风险分配给最有能力管理或控制风险的一方。合同条款要避免含混不清，特别是有关职责，义务和风险分担的条款应尽可能明确具体，以便实际操作。

合同中还应该有激励措施。

(2) 业主应该认识到，承包商虽然是为自己服务的，但在合同面前应是平等的伙伴，双方都必须按合同规定办事。

(3) 业主应该恪守自己的职责，尽到自己的义务，其中最主要的义务即是按时地、合情合理地向承包商支付(包括索赔支付)。

(4) 业主应该主动协调自己与承包商的关系，在合理范围内，积极支持承包商的工作，应该认识到承包商按时保质地完成项目的最大受益者是业主；如果双方之间矛盾重重致使项目质量不好或延误竣工时间，损失最大的也将是业主。

2．承包商

(1)承包商在投标阶段要认真细致地调查市场情况，研究招标文件有关的各种资料以及现场情况，使自己的投标基于在投标价格范围内能够完成项目任务的基础上。

(2) 承包商在投标时要认真地进行风险分析，首先要研究业主方的项目资金来源是否可靠，研究合同中的各项支付条款是否合理、合同中有关风险分配是否合理，是否明确，有哪些隐含的风险，以便确定风险度以及考虑风险费和其他风险管理措施。

(3) 承包商应该认识到自己的最重要的义务即是按时(或提前)向业主交付一个质量符合合同要求的工程，也就是要想尽一切办法以确保工期和质量。这也是取得业主和工程师的信任并和他们建立良好关系的基础。

(4) 影响承包商、业主及工程师关系的因素除了认真地完成工程之外，就是如何处理索赔。索赔是承包商维护自己权益的一种措施，也是一种权利，但小题大作，漫天要价甚至欺骗式的索赔会损害自己的形象，影响与业主和工程师的关系，这将导致彼此之间缺乏信任

感,也必将影响以后的索赔工作。因此应提倡依照合同,注意证据,实事求是的索赔。

3. 工程师

(1) 工程师受聘于业主,但工程师在受业主之托进行项目管理时,主要依据的是法律以及业主和承包商之间的合同。工程师应在合同规定的职责和权限范围之内尽职尽责地做好工作。

(2) 工程师不属于业主和承包商合同中的任一方,而是独立的、公正的第三方。独立的含义是独立于业主和承包商之外的独立法人单位,也不能和承包商、分包商、供应商等合同实施单位有任何经济关系。公正指的是在处理一切问题的时候应该严肃认真地按照有关法律和合同中的各项规定,根据实际情况,在充分听取业主和承包商双方的意见之后,作出自己的决定。合同中的各项规定和要求体现了业主的利益,因而按合同办事就体现了保护业主的利益。同时也应按照合同保护承包商的正当利益,因为合同中规定的承包商的利益是业主同意的。

(3) 工程师要充分发挥协调作用,在业主和承包商之间起一个润滑剂作用,应努力避免扩大矛盾,火上加油,而应尽量把矛盾和争端及时就地解决。

(二) 关于"伙伴关系"的讨论

1. "伙伴关系"的涵义

伙伴关系(Partnership)是指在为了合同的标的——完成工程项目这一共同目标,合同有关各方应该尽可能地密切配合,相互支持,相互谅解、友好地解决矛盾与争端,使工程项目能按时保质地完成。

项目的按时保质完成对业主方来说,可以尽快投产、取得多方面的效益;对承包商来说,项目的完成一方面可得到一定的经济收益,另一方面也为公司创了声誉,积累了经验、培养了人才,为今后开发市场打下了基础,因而可以说按时保质完成的项目是一个对双方都有利的"双赢"项目(Win-Win Project)。对工程师而言,同样也是经济收益与信誉双丰收。所以"伙伴关系"正是基于完成项目,项目有关各方均应有较大的收益的思想为指导的。

2. 矛盾的处理

有了"伙伴关系"这一指导思想,就要求各方采取正确的态度和方法来处理矛盾。

在实施国际工程项目过程中,矛盾是不可避免的,解决矛盾很多时候要通过斗争的,但在这里笔者要强调的是,要一手持"盾",即要有防范风险的思想,防范对方一切不合理的,苛刻的要求和做法;一手持"矛",这个"矛"就是在合同中自己一方可以利用的条款和规定。正确的斗争方法就是学会利用合同来防范风险并保护和争取合理的权益。

按照伙伴关系解决矛盾的正当途径是依靠合同和事实进行说理,按照"双赢"的思想去进行谈判,讲究公关技巧和方式方法。

彼此要把合同中有关各方看作是一个"团队"中的成员,在平日要相互信任和建立个人友谊、加强交流,以便互相理解,注意要相互尊重,尊重对方的职权,不干预不该管的工作,如工程师的任务是质量检查和验收,对承包商的施工管理可以提出建议,但不应干预承包商采用什么具体方法和措施去保证质量。

解决矛盾和争端的步骤一般应该是先私下讨论、协商,尽可能坦诚地交换意见,依靠工程师的协调,友好解决,实在行不通时再通过 DRB(或 DAB)解决,而尽量避免矛盾激化走向仲裁或诉讼。在国际工程同行中有这样一名话"不理想的友好解决也胜似诉诸法律"(Apoor settlement is better than a good lawsuit.),这并不是否定仲裁或诉讼这些法律手段,而是提倡按照伙伴关系和团队精神的思想去管理项目,尽可能友好地解决矛盾和争端。

在国际工程实践中学好和用好合同是管好工程项目的关键,是项目建设成败的关键,也是合同各方创造多方面效益的关键。学会用"伙伴关系"来解决矛盾是一种素质修养,也是一种领导艺术。

思 考 题

1. 合同管理的基本概念是什么?
2. 为什么抓好项目实施前的各项工作对管理好合同十分重要?
3. 业主方合同管理的一般职责有哪些?
4. 业主方风险管理应抓住哪些环节?
5. 业主方索赔管理包括什么内容? 应注意什么问题?
6. 承包商在签订合同前应做好什么工作?
7. 承包商有哪些风险防范措施?
8. 承包商的索赔管理应抓住哪几个环节?
9. 如何理解"团队精神""双赢"思想与"伙伴关系"? 如何处理国际工程中的大量矛盾?

第8章 国际工程货物采购

本章介绍国际工程货物采购的有关概念和基本知识。首先简要叙述国际市场价格及其影响因素,国际贸易政策与措施;世界贸易组织(WTO)和服务贸易总协定;然后详细介绍国际贸易惯例和国际货物销售合同的基本条款。

第1节 概 述

一、国际工程货物采购的重要性

货物采购是指业主一方通过招标的形式选择合格的供货商,购买工程项目建设所需要的物资。它包含了货物的获得及整个获取方式和过程。其业务范围包括确定所需要采购的货物的性能和数量,供求市场的调查分析;合同的谈判与签订及监督实施;在合同执行过程中,对存在问题采取的必要措施;合同支付及纠纷处理等。

国际工程货物采购不同于一般意义上的货物采购,它具有复杂性及自身特点。我国过去对外贸易的商品进出口习惯于在市场上直接询价采购,即使使用出口信贷或政府贷款进行采购时也只限于采购贷款国生产的产品,使采购范围、价格受到限制。目前我国吸取国外的先进经验,采用国际或国内竞争性招标方式进行货物采购,从而使采购更具有经济性和有效性。

货物采购在国际工程项目实施中具有举足轻重的地位,是项目建设成败的关键因素之一,从某种意义上讲,采购工作是项目的物质基础,这是因为在一个项目中,设备、材料等费用占整个项目费用的主要部分。同时,项目的计划和规划必须体现在采购之中,如果采购到的设备、物资不符合项目设计或规范要求,必然降低项目的质量或导致项目的失败。

物资采购对工程项目的重要性可概括为以下几个方面:

(1) 能否经济有效地进行采购,直接影响到能否降低项目成本,也关系到项目建成后的经济效益。如果采购计划订得周密、严谨,不但采购时可以降低成本,而且在设备和货物制造、交货等过程中可以尽可能地避免各种纠纷。

(2) 通过招标方式,保证合同的实施,使供货方按时、按质交货。

(3) 健全的物资采购工作,要求采购前对市场情况进行认真调查分析,充分掌握市场的趋势与动态,因而制定的采购计划切合实际,预算符合市场情况并留有一定余地,因此可有效避免费用超支。

(4) 由于工程项目的物资采购涉及巨额资金和复杂的横向关系,如果没有一套严密而周全的程序和制度,可能会出现浪费、受贿等现象,而严格周密的采购程序可以从制度上最大限度地抑制贪污、浪费等现象的发生。

此外,国际工程项目中的货物采购是一项复杂的系统工程,它不但应遵守一定的采购程序,还要求采购人员或机构了解国际市场的价格情况和供求关系、所需货物的供求来源、外汇市场情况、国际贸易支付方式、保险、运输等与采购有关的国际贸易惯例与商务知识。

二、国际市场价格及其影响因素

国际工程物资采购准备工作的重要内容之一是通过国际市场价格调查,掌握其变动趋势与规律,因此了解国际市场价格的种类及其影响因素是保证物资采购成功的重要条件。

(一)国际市场价格的种类

国际市场价格是指在一定条件下,在世界市场上形成的市场价格,即某种商品在世界市场上实际销售所依据的价格。商品的国际市场价格按其形成条件、特征可分为:

1."自由市场"价格

这种价格是指国际间不受市场垄断力量或国家垄断力量干预的条件下,独立经营的买方和卖方进行交易的价格,国际供求关系是这种价格形成的客观基础。

2.世界"封闭市场"价格

世界"封闭市场"价格,是指国际市场上买卖双方在一定的约束条件下形成的价格。这种价格一般不受国际市场上供求关系规律的制约,买卖双方中的其中一方具有市场垄断力量,从而影响了价值规律的作用。"封闭市场"价格主要包括:(1)跨国公司内部转移价格;(2)垄断价格;(3)区域性经济贸易集团内部价格。其中垄断价格是在世界市场上有关买方或卖方垄断存在的情况下,垄断组织利用其经济力量和市场控制力量决定的价格。由于垄断并不意味着寡头垄断,无论是买方垄断价格,还是卖方垄断价格也存在着竞争,因而垄断价格存在一个客观的界限。例如,在国际工程物资采购中,某些供货方由于技术上或其他方面的原由对制成品或设备具有一定的垄断性,但在国际竞争性招标条件下,由于存在着较多的竞争者,在一定程度上限制了其垄断价格。

(二)影响国际市场价格变动的主要因素

商品的国际市场价格是由国际市场上的供求关系决定的。这种供求关系主要包括三方面:即供货方之间的竞销,购货方之间的竞买,供货方与购货方之间的竞争。这种竞争关系通过对供给与需求的影响而影响国际市场价格。因而,凡影响供求关系的各种因素都对国际市场价格产生影响。这些因素主要有:

1.商品的生产成本

国际生产价格取决于国际商品的生产成本和各国的平均利润之和。所以当各国商品生产成本趋于上升时,则国际市场价格趋于上升;相反,当各国商品的生产成本趋于下降时,则国际市场价格趋于下降。

2.垄断

垄断力量的存在使垄断组织为最大限度地获取高额利润,采取各种方法和措施控制世界市场价格。这类措施主要有:直接控制国际市场价格;通过影响供求关系间接影响国际市场价格。

3.经济周期性波动

任何国家或地区的经济增长都存在不同程度的波动。在经济增长速度放缓,停滞或出现危机阶段,由于生产增长下降,大批存货积压,有效需求不足,大批商品找不到销路,此时商品的价格趋于下跌。但在危机过后,随着经济增长加快,生产逐渐上升,投资增加,对各种商品的需求增加,价格开始回升。当经济增长迅速时,投资与有效需求扩大,则商品价格上涨程度会进一步提高。

4．各国政府的政治、经济贸易政策直接影响国际市场价格

如果一国采取封闭的经济政策时，其国内市场与国际市场相分离，国内市场价格的传导机制不受国际市场供求关系变化的影响。而当一国实行出口补贴，进出口管制，外汇管制政策时，则必然会使国际市场上受限商品的价格上升或下降。

对国际市场价格影响较大的政府政策主要有：价格或收入支持政策、进出口补贴政策、进出口管制政策、关税政策、外汇政策、税收政策、财政金融政策、投资政策等。

5．规模经济收益

规模经济对各国政府、跨国公司及其他中小企业的影响越来越大。因为在许多产业的发展中，存在着规模报酬递增的现象。即随着生产规模的扩大，产量的增加，商品生产的平均成本降低，当未达到最佳生产规模时产量的增加，会导致生产成本的降低，商品价格趋之下降。但是一旦超过最佳生产规模，则生产成本会进一步上升，商品价格趋于上涨。因此，规模报酬递减产业中规模经济与规模不经济自然会影响国际市场上该产业产品的价格。

6．贸易条件

商品交换中的各种销售因素会影响商品的价格。这些因素包括：各种贸易支付方式、各种贸易术语的使用、装运与保险、成交数量、广告营销、售前与售后服务。

7．其他偶发性条件

国际市场价格也可能会受一些偶发性事件的影响。如自然灾害，政治动乱，战争及投机等因素会造成商品供求关系的失衡，从而使国际市场价格发生变化。

三、国际贸易政策与措施

不言而喻，一国的国际贸易政策对国际工程的经营活动，尤其是物资采购有着重要影响。特别是各国的进出口关税和非关税措施直接影响采购的顺利进行，影响工程的造价。因此承包商应对国际贸易政策的基本内容与有关的关税与非关税措施有一些基本了解。

（一）国际贸易政策的内容

一国的国际贸易政策主要受本国政治、经济、社会、对外政策等因素的影响，是整个经济政策中对外政策的一部分，体现了该国的经济利益和政治利益。

从国际贸易发展的历史看，各个国家的对外贸易政策基本上有三种类型：自由贸易政策；保护贸易政策；管理贸易政策。

自由贸易政策的主要内容是：国家取消对进出口贸易的限制和障碍，取消对本国进出口商的各种特权和优惠，使商品和服务自由进出口，在国内外市场上公平竞争。

保护贸易政策的主要内容是：国家采取各种限制进口的措施，以保护本国商品在国际市场上免受外国商品和服务的竞争，并对本国出口商给予优惠和津贴，以鼓励商品和服务出口。

管理贸易政策的主要内容是：国家对内制定一系列贸易政策、法规，加强对外经贸有秩序、健康发展的管理；对外通过签订双边、多边经济贸易条约或协定，协调与其他国家对外经济贸易方面的权利和义务。

目前发达国家在进行经济和政策调整过程中逐渐形成了一些新特点，对世界贸易的影响很大。这些特点主要有以下几点：(1)贸易保护措施由非定型化变为制度化，即将以往只针对某些商品实施的临时性的限制性措施制度化，这些措施相互关联，彼此配合，具有综合性、系列化的特点。(2)管理贸易的法律由单行化转变为整体化，即将对外贸易政策法律化，

并与其他方面的国内法相配合,使贸易保护主义具有法律上的依据。(3)奖励出口是各发达国家对外贸易政策的核心。

(二)关税措施

一般说来,关税主要可以分为以下几种:

1. 进口税

进口税是进口国在外国商品输入时,对本国进口商征收的正常关税。正常进口税通常可分为最惠国税和普通税两种。最惠国税适用于与该国签订有最惠国待遇原则的国家或地区所进口的商品。普通税适用于与该国没有签订这种贸易协定的国家或地区所进口的商品。最惠国税率比普通税率低。第二次世界大战后,大多数国家都加入关税与贸易总协定,相互提供最惠国待遇,享受最惠国税率。因此,正常进口税一般指最惠国税。

2. 出口税

出口税是出口国海关在本国商品输往国外时,对出口商品征收的一种关税。由于征收关税必然会提高本国商品在国外市场的销售价格,降低商品的竞争能力,因此,除少数发展中国家为保护本国生产和市场供应,或为增加财政收入征收出口税外,一般都不征收出口税。

3. 进口附加税

即进口国对进口商品,除按照公布的税率征收正常进口税外,还往往出于某种原因再加征进口税。进口附加税是限制商品进口的一种临时措施,其目的主要是为应付国际收支逆差;维持进出口平衡,防止外国商品的低价倾销;对某个国家实行歧视待遇或报复等。进口附加税主要有反补贴税和反倾销税。前者是对直接或间接接受任何奖金或补贴的外国商品进口所征收的附加税,后者是对实行商品低价倾销的进口商所征收的附加税。

4. 差价税

当某种产品国内外都有生产,但国内产品高于国外进口商品的价格时,为保护国内生产和市场,按照国内价格与进口商品价格间的差额征收关税。

关税的征收方法主要有两种,即从量税和从价税。在这两种主要征收方法的基础上,又有混合税和选择税。

(1)从量税。是按商品的重量、数量、长度等计量单位计征的关税。

(2)从价税。是按进口商品的价格为标准计征的关税。其税率表现为商品价格的百分率。因此,征收从价税,确定进口商品的完税价格是一个较为复杂的问题。完税价格是经海关审定作为计征关税的货物价格,是决定税额多少的一个重要因素。目前各国都规定以正常价格作为完税价格。正常价格是指在正常贸易过程中处于充分竞争条件下某一商品的成本价格。如果进口商品发票中载明的价格与正常价格相一致,即以发票价格为完税价格;如果发票价格低于正常价格,则根据海关估定价格作为完税价格。

(3)混合税。是对某种进口商品采用从量税和从价税同时征收的方法。混合税的征收有两种方法:一种是以从量税为主加征从价税,一种是以从价税为主加征从量税。

(4)选择税。是对一种商品同时规定从价税和从量税两种税率,征税时选择税额较多者征收。

关税征收的依据是各国政府根据本国实际情况通过立法程序制定和公布的海关税则,体现了一国的对外贸易政策。海关税则的关税税率表中一般包括:税则号、商品名称、记征单位和税率等内容。

海关税则有单式税则和复式税则。单式税则又称一栏税则,即一个税目下只有一个税率。适用于来自任何国家的商品。复式税又称多栏税则,即一个税目下订有两个或两个以上不同的税率,其主要目的在于实行差别待遇和歧视待遇。

(1)《海关合作理事会税则目录》是多年来各国一直沿用的税则目录,其划分原则是以商品为主,并结合加工程度。全部商品共 21 类、99 章、1097 项税目号。根据税则分类的规定,税则目录中的类、章、目这三极的税则号排列及编制不得改动。对于目的编排享有一定的机动权,从而保证该税则目录使用的一致性和应用范围。

(2)《国际贸易货物名称和编码协调制度》(以下简称"协调制度")是《海关合作理事会分类目录》和《国际贸易标准分类》这两个体系的最新发展,是国际贸易不断发展,客观上要求将商品描述和分类在全球范围内统一的产物,是海关合作理事会及各国专家经过 10 多年研究的结果。该协调制度将商品分为 21 类、96 章、1241 个税目、5019 个子目。编码的税目和子目是按商品的原料来源,结合加工程度和用途以及工业部门来划分和编排的。

四、世界贸易组织(WTO)

(一) 世界贸易组织简介

世界贸易组织(World Trade Organization,WTO,以下简称世贸组织)是在关税与贸易总协定基础上脱胎而成,但与关贸总协定相比在体制与职能方面都有较大的进步。

WTO 的基本宗旨规定,全体世贸组织成员在处理贸易和经济事务的关系方面,应以提高生活水平,保证充分就业,大幅度稳步提高其成员实际收入水平和有效需求,增加产量和商品及服务贸易质量,遵照可持续发展的目标和不同经济发展水平国家各自的需要,应该最佳的使用世界资源,保护和维护环境,并积极努力确保发展中国家在国际贸易增长中得到与其经济发展相适应的份额。具体实施这一基本宗旨的原则是:通过签订旨在大幅度削减关税与其他贸易壁垒和在国际贸易关系中取消这些歧视性待遇的议定书和互惠安排,坚持多边主义,实施无条件最惠国待遇,国民待遇,坚持非歧视的贸易原则,对发展中国家给予特殊和差别待遇,提高市场准入程度和贸易政策与法规的透明度以及实施通知与审议等原则。

从其管辖的范围上看,WTO 是为其成员处理有关 WTO 协定以及包括该协定附件在内的其他有关法律文件而产生的贸易关系提供一个统一的制度框架,具体的说,包括(1)有关货物贸易的 13 个多边协议;(2)服务贸易总协定及其附件;(3)与贸易有关的知识产权协议;(4)贸易争端解决程序与规则的谅解;(5)贸易政策审议机制;(6)马拉喀什部长级会议的决定、宣言和谅解。

WTO 的主要职能是组织实施各项多边贸易协议;为各成员国提供多边贸易谈判场所;并为多边贸易谈判结果提供框架;解决成员国间发生的贸易争端;对各成员国的贸易政策和法规进行定期审议;协调与国际货币基金组织、世界银行的关系,以保障全球经济决策的一致性。

总之,与关贸总协定相比,WTO 在成员范围上更具全球性,并且第一次将服务贸易、知识产权与投资措施纳入多边贸易体制之中。与总协定相比,WTO 管辖着统一的一揽子协议,所有成员必须遵守,不能提出保留。强化和明确了原总协定在货物贸易方面的规则,并扭转了在特定的"敏感"领域的保护政策。

(二) 服务贸易总协定简介

WTO 管辖下的服务贸易总协定旨在尊重各国政策目标的前提下,在增加透明度和逐步自由化的条件下,在互利和确保各方权利和义务的基础上为促进贸易各方的经济增长和发展中国家的经济与社会发展而建立一个有关服务贸易原则和规则的多边框架。

该协定确定了协定适用范围及服务贸易的定义,规定了各成员国的普遍义务与原则及各成员国服务部门开放的具体承诺义务和各成员国,尤其是发展中国家服务贸易自由化的原则和权力等问题。此外,该协定以附件的形式规定了豁免的条件以及在劳动力流动、电讯、空、海运、金融业等领域内的有关服务贸易的具体问题。

总体来看,服务贸易总协定也把最惠国待遇作为第一条基本原则,但由于服务贸易有其自身的特殊性,涉及的部门也有各自的特点,因此规定了豁免的条件。就具体承诺而言,主要包括市场准入和国民待遇两个问题。它们不是成员国必须承担的一种义务,而是作为具体承诺与各个部门或分部门开放联系在一起,即将这种承诺列入减让表中,可以通过谈判互相交换。一成员国只须对其他成员国的服务和服务供应方提供不低于他在减让表中所规定的待遇。

(三) 关于中国加入 WTO 的几个问题

世界贸易组织规则是建立在一个权力和义务平衡的框架之下,要参加该组织,就得付出相应的代价。但是加入世贸组织把我国经济融入世界经济体系之中,可以使我国在平等的条件下参与国际竞争,实现资源的合理配置。

首先,该组织的无条件最惠国待遇原则为消除双边贸易摩擦,建立持久、稳定的贸易关系提供了法律依据。

其次,加入世贸组织将使我国进入主流贸易体系,获得主动权,即除了争取享受平等贸易待遇外,更重要的是参与决策过程。否则,别人制定规则,我方被动参加,经常处于被动地位,待我方几经调整适应该规则,可能对方又制定出新规则以约束我国。加入世贸组织,获得参与制定规则的权力,可使我国的合法利益得到必要的反映。

再次,加入世贸组织后,我国国内法律制度不得与世贸组织的规则相违背。既然世贸组织规则已被视为国际通行原则,中国在立法过程中可以充分借鉴,有助于建立和完善中国的法律体系,有助于在和谐的国际环境中实现国民经济向市场经济的顺利过渡。

总之,世贸组织的原则和规则将使中国的对外经贸活动规范化,使中国对内和对外贸易的环境更具有可预见性,此外,通过加入世贸组织可使我国更有效更迅速地培养市场竞争观念,完善市场竞争机制,学习市场竞争本领,承认市场竞争的客观性。

但是 WTO 不是免费的午餐,中国加入 WTO 必须付出相当的代价。这主要表现在,政策决策的自主性将减弱,有效性可能会降低。政府在进行决策时既要考虑本国情况,又要考虑其他贸易伙伴的承受能力,其次我国对某些产业实行的保护制度也会因此受到冲击或牵制,尤其是那些长期亏损的大中型国有企业,在开放国内市场的情况下,将面临经济结构、产业结构、贸易结构大调整的艰难局面,可能产生部分企业倒闭、破产、国际收支、人民币汇率变动等情况。其中,我国的金融、电信、航空、劳务输出、制药、计算机、汽车等几大行业将受到重大影响。

因此,加入 WTO 对中国既是机遇也是挑战。

第 2 节 国 际 贸 易 惯 例

一、国际贸易惯例概述

国际贸易惯例是指在长期的国际贸易业务中反复实践并经国际组织或权威机构加以编纂和解释的习惯做法。国际贸易活动环节繁多,在长期的贸易实践中,在交货方式、结算、运输、保险等方面形成了某些习惯做法,但由于国别差异,必然导致这些习惯作法上的差异。这些差异的存在显然不利于国际贸易的顺利发展。为解决这一问题,一些国际组织经过长期努力,根据这些习惯做法,制订出解释国际贸易交货条件,货款收付等方面的规则,并在国际上被广泛采用,因而形成为一般的国际贸易惯例。由此可见,习惯做法与国际贸易惯例是有区别的。国际经济贸易活动中反复实践的习惯做法只有经过国际组织加以编纂与解释才形成为国际贸易惯例。

国际贸易惯例并不是法律,而是人们共同信守的事实和规则。这些规则的存在和延续是因为他能够满足人们的实际需要而不是因为国家机器的强制,因此,国际贸易惯例不是法律的组成部分,但可以补充法律的空缺,使当事人的利益达到平衡。

关于国际贸易惯例与合同条款之间的关系,国际经济贸易活动中的各方当事人通过订立合同来确定其权利和义务。在具体交易中,虽然当事人在合同中对各项主要交易条件及要求等做出规定,但不可能对合同履行中可能出现的所有问题都事先想到。对于在合同中未明确规定的许多问题,或合同条款本身的效力问题,都有可能涉及到习惯做法和惯例的使用。因此,国际贸易惯例与合同条款之间存在解释与被解释,补充与被补充的关系。国际贸易惯例可以明示或默示约束合同当事人,即买卖双方有权在合同中做出与某项惯例不符的规定,只要合同有效成立,双方均要遵照合同的规定履行。一旦有争议发生,法院和仲裁机构也要维护合同的有效性。同时合同条款又可以明示地排除国际贸易惯例的适用,此外国际贸易惯例可以解释或补充合同条款之不足。

由于国际经济贸易活动复杂多变,因此,运用国际贸易惯例应遵循以下原则:(1)适用国际贸易惯例不得违背法院或仲裁地所在国的社会公众利益。由于惯例仅对法律具有补充或解释作用,因此,在适用某项国际贸易惯例时,所适用的惯例不应与同争议案同时适用的某国法律的具体规定相冲突。(2)由于国际贸易惯例仅在合同的含义不明确或内容不全面时才对合同有解释或补充作用,因此,国际贸易惯例的规则不得与内容明确无误的合同条款相悖,但是,如果根据法律规定合同条款无效,则仍可适用有关的国际惯例。(3)对于同一争议案,如果有几个不同的惯例并存,则应考虑适用与具体交易有最密切联系的国际贸易惯例。

目前,国际贸易惯例主要有以下几种:(1)与国际贸易术语有关的国际贸易惯例;(2)与国际贸易结算有关的国际贸易惯例;(3)与国际货物运输有关的国际贸易惯例。这些惯例在国际工程承包的经营活动中被经常使用,因此有必要将这些国际贸易惯例加以详细解释。

二、与国际贸易术语有关的国际贸易惯例

《国际贸易术语解释通则》(以下简称《通则》)是由国际商会制定的,专门用于解释贸易术语的惯例,在国际贸易惯例中占有很重要的地位。《通则》在国际经济贸易活动中为分清当事人的权利、义务与责任、风险,避免不同国家的当事人对同一贸易术语的存在不同解释,简化和缩短当事人之间贸易洽谈和成交的过程,减少纠纷,解决争议提供了指南和准则,为

促进国际经济贸易的良性发展发挥了重大作用。为适应国际经济贸易业务发展的需要,国际商会在 1936 年制定出《通则》以后,先后于 1953,1967,1976,1980,1990 年 5 次进行部分修改和补充,使其日趋完善。现行的《1990 年通则》是国际商会根据 80 年代科学技术、运输方式等方面的发展变化,在《1980 年通则》的基础上修订产生的,并于 1990 年 7 月 1 日起生效。《1990 年通则》有 13 种贸易术语,但到目前为止使用最多的是装运港交货和适用多种运输方式的货交承运人等 6 种。在国际工程承包经营活动中,物资采购时所使用的交货条件,大部分按照《通则》的解释进行。世界银行贷款项目货物采购国际竞争性招标文件亦规定选用上述 6 种贸易术语以及工厂交货价,并按《90 年通则》解释。下面对《90 通则》作进一步介绍。

(一)国际工程货物采购经常使用的 7 种术语

1. FOB 船上交货(…指定装运港)

按照《90 年通则》的解释,采用 FOB 术语成交时,卖方承担的基本义务是在合同规定的装运港和规定的期限内,将货物装入买方指派的船只,并及时通知买方。货物越过船舷时,风险由卖方转移至买方。买方要负责租船订舱,支付运费,并将船期、船名及时通知卖方。货物在装运港装船时越过船舷后的其他责任、费用也都由买方负担,包括获取进口许可证或其他官方证件,以及办理货物入境的手续和费用。如果买方指定了船只,而未能及时将船名,装货泊位及装船日期通知卖方,或者买方指派的船只未能按时到达,或者未能承载货物,或者在规定期限终了前截止装货,买方要承担由此产生的一切风险和损失。但前提是货物已被清楚地分开或被指定为供应本合同之用。

在 FOB 条件下,卖方要自负风险和费用领取出口证或其他官方证件,并负责办理出口手续,卖方还要提供证明他已按规定完成交货义务的单证。在买方要求下,并由买方承担风险和费用的情况下,卖方给予一切协助,以取得提单或其他运输单据。

在具体业务中,使用 FOB 术语时,应注意由于各国、各港口对 FOB 术语有不同惯例,凡大宗交易以 FOB 条件成交时,双方应进一步明确各种装卸船等费用由何方负担。此外,由于 FOB 条件下由买方负责安排运输工具,应注意船货衔接问题。如果买方未能按时派船或未经对方同意,提前派船至装运港,卖方有权拒绝交货。并且由此产生的诸如空舱费、滞期费及卖方由此增加的仓储费等各项损失均由买方负担。使用该术语时应注意不同国家和不同的贸易惯例对 FOB 的解释在交货地点,风险划分界限以及卖方承担的责任、义务等方面的规定上有差异。为避免发生误会应对上述问题作出明确规定,或在合同中注明"本合同由《90 通则》解释"。

2. CIF 成本保险费加运费(…指定目的港)

采用这一贸易术语时,卖方的基本义务是负责按通常条件租船订舱,支付到目的港的运费,并在规定的装运港和装运期内将货物装上船,装船后及时通知买方。此外,卖方还要办理从装运港到目的港的海运货物保险,支付保险费。按 CIF 条件成交时,卖方是在装运港完成交货义务,并不保证货物安全抵达目的港。卖方承担的风险也只限货物越过船舷之前的风险。货物越过船舷之后的风险,概由买方承担。货物装上船之后,自装运港到目的港的通常运费、保险费以外的费用由买方负担。买方还要自负风险和费用取得进口许可证或其他官方文件,办理进口手续,并按合同规定支付贷款。

在交单义务方面,卖方需要提交商业发票或与之相等的电子单证,必要时提供证明所交货物与合同规定相符的文件;提供通常的运输单据,使买方得以在目的地受领货物,或者通过转让单据出售在途货物;提供符合合同规定的保险单据,使买方可以凭该单据直接向保险人索赔。此外,卖方要自负风险和费用办理出口手续。本术语只适用于海运和内河运输。

从交货方式上看,CIF是一种典型的象征性交货,即卖方凭单交货,买方凭单付款。只要卖方如期向买方提交合同规定的全套合格单据,即使货物在运输途中损坏或灭失,买方也必须履行付款义务。反之,如果卖方提交的单据不符合要求,即使货物完好无损的运达目的地,买方仍有权拒付货款。CIF合同项下的买方有权拒绝未保险的货物,即使该货物安全运抵目的地也不例外。但是,按CIF术语成交,卖方履行其交单义务只是得到买方付款的前提条件,卖方还必须履行交货义务。如果卖方提交的货物不符合要求,买方即使已经付款,仍然可以根据合同的规定向卖方提出索赔。

以CIF术语成交,卖方的基本义务之一是租船订舱,办理从装运港至目的港的运输事宜,按照《90通则》的解释,卖方只要负责按通常条件下习惯的航线租用适当船舶将货物运往目的港,因此,对于买方提出的关于限制船舶的国籍,船型等项要求,卖方均有权拒绝接受。此外,以CIF条件成交,卖方要负责办理货物保险,其险别应在合同中加以明确规定,否则,卖方可按《90通则》的规定,投保最低险别。

3. CFR成本加运费(…指定目的港)

按照《90年通则》的解释,采用这一贸易术语时,卖方承担的基本义务是在合同规定的装运港和规定的期限内,将货物装上船,并及时通知买方。货物在装船时越过船舷,风险即从卖方转移至买方。卖方负责订立运输契约,租船订舱,支付到指定目的港的运费。买方负责办理从装运港至目的港的货运保险并支付保险费。

4. FCA货交承运人(…指定地点)

采用这一交货条件时,买方要自费订立从指定地点启运的运输契约,并及时通知卖方。如果买方有要求,或者根据商业习惯,买方没有及时提出相反意见,卖方也可按照通常条件订立运输契约,但费用和风险要由买方承担。卖方在规定时间和地点把货物交给承运人照管,并且办理出口清关手续后,就算完成了交货义务。FCA术语适用于包括多式联运在内的各种运输方式。无论采用哪种运输方式,买卖双方各自承担的风险均以货交承运人为界。风险转移后,与运输、保险相关的责任和费用也相应转移。此外,在FCA条件下,卖方除须提交符合合同规定的货物外,还必须提交商业发票或相等的电子单证。必要时,还须提供证明货物与合同要求相符的单证,以及卖方按上述要求完成交货义务的凭证。另外,卖方要自负风险和费用获取出口许可证或其他为货物出口所需官方文件。

FCA条件下风险转移是以货交承运人处置时为界。由买方负责订立运输契约,并通知卖方有关承运人名称等事项。如果买方未能及时通知卖方上述事项或其指定的承运人未能收受货物,则自规定的交付货物的约定日期或期限届满之日起,承担货物灭失或损坏的一切风险。因此,风险是在承运人控制货物后由卖方转移给买方。但如果由于买方的责任,使卖方无法按时完成交货,只要货物已划归买方,则风险转移时间可以前移。

5. CPT运费付至(…指定目的地)

采用CPT术语成交,卖方要自负费用订立将货物运往目的地指定地点的运输契约,并负责按合同规定的时间将货物交给承运人处置之后即完成交货义务。卖方在交货后要及时通知买方。买方自货物交付承运人处置时起承担货物灭失或损坏的一切风险。买方应在双方约定的目的地指定地点受领货物,支付货款,并且负担除运费以外的货物自交货地点直到运达指定目的地为止的各项费用以及卸货费和进口捐税。卖方无论是在出口国内地还是港口交货,都要负责提交办理出口报关所需的出口许可证及其他官方文件,提供所需商业发票或相等的电子单证及通常的运输单据。

因此,在CPT条件下,卖方只承担货交承运人之前的风险。在多式联运情况下,如果涉及到两个以上承运人,卖方承担的风险自货交第一承运人处置时转移至买方。

6. CIP 运费、保险费付至(⋯指定目的地)

采用CIP术语成交,卖方要负责订立运输契约并支付将货物运达指定目的地的运费,并且办理货物运输保险,交付保险费。卖方在合同规定的装运期内将货物交给承运人或第一承运人的处置之下,即完成交货义务。交货后及时通知买方,货物风险也于交货后转移至买方,买方在合同规定的地点受领货物,支付货款,并负担除运费、保险费以外的货物自交货地点至目的地为止的各项费用以及卸货费和进口捐税。

7. EXW 工厂交货(⋯指定地点)

本术语用于在货物产地或储存地交货的方式。卖方的基本责任是在合同规定的时间、地点,在其营业所在地,将符合合同要求的货物置于买方的处置之下,就算完成了交货义务。卖方承担的风险也随交货义务的完成而转移至买方。买方负责将货物装入运输工具,并运至最终目的地,承担其间的全部风险、责任和费用,包括货物出、入境的手续及有关费用。卖方只须提供商业发票或相等的电子单证,如合同有要求,才提供证明所交货物与合同规定相符的证件,卖方亦无义务提供货物出境所需的出口许可证或其他官方证件。但在买方的要求下,并由买方承担风险和费用的情况下,卖方也可协助买方取得上述证件。如果买方无法做到直接或间接办理出境手续,则不宜采用这一交货条件。

在EXW条件下,风险和费用的转移是以卖方履行其交货义务为前提的。但在实际物资采购经营活动中,实际交货的时间可能晚于买卖双方约定的时间。在这种情况下,风险和费用的转移是以合同约定的时间为准。但前提是卖方必须按照约定或术语中的规定将货物特定化,划归买方。因此,在EXW中,货物特定化尤为重要。卖方的特定化措施应明确具体,并建立健全成交货物按照合同配货的工作原则。

(二)其他贸易术语

1. FAS 船边交货(⋯指定装运港)

采用这一贸易术语,卖方要在规定的交货期限内将符合合同规定的货物交到约定的装运港买方指派船只的船边,卖方在船边完成交货义务,双方负担的风险和费用也都以船边为界进行划分。如果买方所派船只不能靠岸,卖方要负责用驳船把货物运至船边,仍在船边交货。买方负责装船并支付装船费,负责出口结关手续并支付费用。卖方要提供商业发票,自负费用和风险,提供通常证明完成交货义务的单据。卖方可在买方的要求下,并由买方承担费用和风险的前提下,协助买方取得运输单据,出口许可证及其他出口所需的官方文件。

2. DAF 边境交货(⋯指定地点)

采用DAF术语,卖方承担的基本义务是将货物运到边境的指定交货地点,负责办理出口手续,承担有关费用,在进入进口国关境之前,只要将货物置于买方处置之下即完成交货义务。买卖双方承担的风险和费用均以两国边境指定交货地点为界。

3. DES 船上交货(⋯指定目的港)

在 DES 条件下,卖方要负责将合同项下的货物按照通常路线和惯常方式运到指定目的港,并在合同规定的交货期内,在目的港船上将货物置于买方的控制之下,即完成交货义务。卖方在目的港船上交货时,风险转移至买方。买方负责在船上受领货物后的一切风险,责任和费用,在目的港卸货的责任和费用以及货物进口结关的手续和费用。在 DES 条件下,卖方要负责将货物安全运达目的港,在目的港船上将货物实际交给买方才算完成交货,因此 DES 是名副其实的"到岸价",卖方虽然也要承担运输途中的风险,但其办理保险事宜完全是为了自己的利益。按此贸易术语成交的卖方负责提交的基本单据是商业发票或相等的电子单证,并自负费用提供提货单或运输单据,必要时提供证明货物与合同要求相符的凭证。

4. DEQ 码头交货(…指定目的港)

采用 DEQ 术语成交时,卖方要负责将合同规定的货物按通常航线和惯常方式运到指定目的港,并且负责将货物卸至码头。卖方在规定的交货期内,在指定目的港的码头将货物置于买方的控制之下,即完成交货。买方要承担在目的港码头交货后的一切风险、责任和费用。卖方需提交商业发票或相等的电子单证,提供提货单或通常的运输单据,并且自负风险和费用取得进口许可证或其他官方证件,买方可在卖方承担风险和费用的情况下协助办理上述进口结关所需证件。

5. DDU 未完税交货(…指定目的地)

采用 DDU 贸易术语,卖方要以通常条件自费订立运输契约,将货物按通常的路线和惯常方式运达指定目的地的约定地点。卖方在合同规定的交货期内,在目的地约定地点将货物置于买方的处置之下即完成交货,风险于交货时转移。卖方自负风险和费用取得出口许可证和其他官方证件,办理货物的出口手续,进口报关仍由买方负责,并支付进口捐税。如果双方当事人同意由卖方办理进口海关手续和负担由此引起的费用和风险,应在合同中对此作出明确规定。此外,卖方须提交关于货物符合合同的其他凭证,并提供买方收取货物所需的提货单或通常的运输单据。

6. DDP 完税后交货(…指定目的地)

采用 DDP 术语,卖方要负责将货物按规定时间运至进口国内指定目的地,把货物实际交给买方处置之下才算完成交货任务。卖方要承担交货之前的一切责任、费用和风险,其中包括货物出口和进口时需要支付的关税、捐税和其他费用,以及办理两次结关时所需的手续和费用。卖方需提供商业发票或相等的电子单证,及按合同规定提交证明货物与合同相符的其他凭证,以及买方收取货物所需的提货单或通常的运输单据,并且自负费用和风险取得进、出口许可证以及其他办理货物出入境手续所需的官方证件。

《90 年通则》尽管以交货地点为基础,对买卖双方各自的责任、风险和费用作了明确的规定,但这种规定对于复杂多变的国际工程物资采购,也只是原则上的规定。因此,对于《通则》某些没有明确规定,或有些特殊情况根本没涉及的问题,买卖双方应在签订合同时订明。《90 年通则》并不具有强制性,只有在合同中明确规定,适用其中某一术语时,这种术语才构成买卖双方合同的一个组成部分。

三、有关国际贸易结算的惯例

在国际工程物资采购中,经常使用的国际结算方式是信用证和保函。结算有关的惯例主要有国际商会的《跟单信用证统一惯例》和《见索即付保函统一规则》。

(一)信用证

信用证(Lettet of Credit)是开证行根据开证申请人的请求和指示向受益人开立的在一定金额和一定期限内凭规定的单据承诺付款的凭证。其一般使用程序如图 8-1 所示。

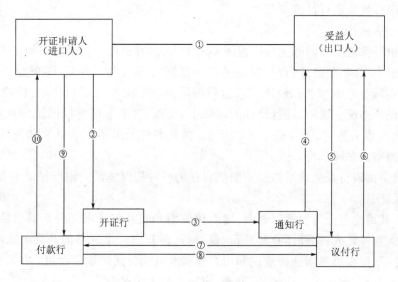

图 8-1 信用证方式下支付程序

说明:

1. 进口方(开证人)与出口方订立买卖合同并规定以信用证方式支付货款。

2. 进口方交纳押金或提供担保,向开证行申请开立信用证。

3. 开证行根据开证人申请内容向出口方(受益人)开出信用证,并寄交出口方所在地银行或代理行、通知行。

4. 通知行核对印鉴(或密押)无误后将信用证通知受益人。

5. 受益人审证无误后,在信用证规定时间内备货装运,向议付行交单议付。

6. 议付行审单无误,按照汇票金额扣除利息,垫付货款给受益人。

7. 议付行将汇票和货运单据寄交开证行或其指定银行索偿。

8. 开证行或其指定行审单无误后,偿付货款给议付行。

9. 开证行通知开证人付款赎单,开证人校单无误后付款。

10. 开证行将单据交开证人。

国际商会的《跟单信用证统一惯例》对信用证各当事人的权利、责任以及有关条款和术语作了统一解释,经过四次修改后,于 1990 年 4 月 1 日重新修订,即国际商会第 500 号出版物,是各国买卖双方用信用证支付时遵守的惯例。

信用证的特点可概括为三点:

1. 开证行承担第一性付款责任。即开证行在信用证条款中保证只要受益人履行了信用证规定的义务,银行保证付款,而且,开证行的付款不以开证人的付款为前提条件,只要受益人提交了符合信用证规定的合格单据,即使开证人破产倒闭,银行也必须履行付款义务。

2. 信用证是一种自足文件。在国际货物买卖中,信用证通常都是以买卖合同为基础开立。作为受益人,也有权要求信用证内容与买卖合同规定相符。但是,银行在处理信用证业务时,却不受买卖合同的约束,只依据信用证条款,当信用证条款与合同条款矛盾时,银行只按信用证规定内容办事。

3. 信用证业务以单据为准,实行凭单付款的原则,只要受益人提交与信用证规定表面相符的单据,银行就要履行付款责任。

(二) 银行保证书

近年来,银行保证书在国际上使用范围不断扩大,内容也逐步复杂化。为便于研究和使用,国际商会于1978年制定了《合约保证书统一规则》,1982年又制定了《开立合约保证书范本格式》供实际业务中参考和使用。以后随国际经济形式的发展和变化,1992年国际商会在对《合约保证书统一规则》进行修订的基础上,发布了《见索即付保函统一规则》。该规则规定了保函当事人条件,开立保证书的依据,付款条件及保函失效日期和失效事件等事宜,供各有关当事人参照执行。

银行保函是由银行开立的承担经济赔偿责任的一种担保凭证。银行保证书大多数属于见索即付的保证书。

保证书按其用途可分为投标保证书,履约保证书和还款保证书三种。其当事人主要有申请人、受益人和保证人,此外还有转递行、保兑行、转开行。保证书的开立方式有直开、转开、转递、保兑等,可根据各国法律规定和习惯作法及有关合同的规定而定。按照《见索即付保函统一规则》规定,保函内容应清楚、准确,应避免列入过多细节。保证书中应详列主要当事人的名称和地址。保证书应受开立保证书的机构所在地法律约束,所以保证人的地址尤为重要。保证书的开立应以合同为依据,但保证人的付款责任是独立的,不受合同约束。每份保证书都必须明确规定一确定的担保金额,同时还规定金额递减条款,即担保金额可随担保人为满足索赔金额的支付而相应减少,最大担保金额全部支付完毕或减完之后,该保证书即告失效。

担保人在收到索赔书和保函中规定的其他证明文件(如工程师出具的证明)后,认为这些文件与担保书条款表面相符时,支付保函中规定的金额。担保人应享有合理时间谨慎审核上述文件,以确定其是否与保证书条款表面相符,否则,担保人可拒绝受理。保证书条件下的任何付款要求及其文件均应做成书面文件,并说明:主债务人未履行有关合同项目下应尽的义务,或当保证书为投标保证书时,主债务人违反投标规定,应说明主债务人违约的具体情况。此外,保证书应规定失效日期或失效事件,提交索赔书应在失效日或失效事件前交给担保人。如果保证书中既规定了失效日期和失效事件,则以二者中最早出现的日期开始失效。不论保证书中规定失效条款与否,如果将保证书退还担保人或受益人,并书面声明解除担保人的责任,则该保证书认为已被取消。

第3节　国际货物销售合同的基本条款

一、货物的名称、品质、数量

(一) 货物的名称

在合同中规定合同标的物的名称关系到买卖双方在货物交接方面的权利和义务,是合同的主要交易条件,也是交易赖以进行的物质基础和前提条件。作为标的物,一般须具备以下三个条件:①必须是卖方所占有的;②必须是合法的;③必须是当事人同意买卖的。规定品名条款应做到内容确切具体,实事求是,要使用国际上通行的名称,确定品名时还要考虑其与运费的关系以及有关国家海关税则和进出口限制的有关规定。对于译成英文的名称要正确无误,符合专业术语的习惯要求。

（二）货物的品质

在国际货物采购合同中,品质条款是重要条款之一,是由货物品质的重要性决定的。它既是构成商品说明的重要组成部分,也是买卖双方交易货物时对货物品质进行评定的主要依据。根据《联合国国际货物销售合同公约》规定,卖方交付的货物必须与合同规定的数量、质量和规格相符,如卖方违反合同规定,交付与合同品质条款不符的货物时,买方可根据违约的程度,提出损害赔偿、要求修理、交付替代货物,或拒收货物,宣告合同无效。

在国际工程货物采购合同中,货物的品质一般是以技术规格等方法表示。货物的技术规格按其性质通常包括三方面的内容:(1)性能规格,说明买方对货物的具体要求。(2)设计规格。(3)化学性能和物理特征。总的来说,其表述方法各异,有的仅写明国际标准代号即可,有些较为复杂的设备、材料则须用专门的附件详细说明其技术性能要求和检测标准。但无论是采用哪种形式,都要求对货物的质量作出具体规定。

（三）数量

合同的数量条件是买卖双方交接货物的依据,也是制定单价和计算合同总金额的依据,同时又是其他交易条件的重要因素。按照《联合国国际货物销售合同公约》的规定,卖方所交货物的数量如果多于合同规定的数量,买方可以收取也可以拒绝收取全部多交货物或部分多交货物,但如果卖方短交,可允许卖方在规定交货期届满之前补齐,但不得使买方遭受不合理的不便或承担不合理的开支,即使如此,买方仍保留要求损害赔偿的权利。此外,世界银行也规定:在采用国际竞争性招标的货物采购中,卖方装运的货物不得超过合同规定的数量或重量。否则,买方对溢装部分的一切费用和后果不承担责任。

合同的数量条款中,必须首先约定货物的数量,因此要准确使用计量单位。由于各国度量衡制度不同,所使用的计量单位也各异,要了解不同度量衡制度之间的折算方法。目前,国际贸易中通常使用的有公制、英制、美制以及在公制基础上发展起来的国际单位制。签约时,应明确规定采用何种度量衡制度,以免引起纠纷。

二、货物交货与运输

货物的交货条件包括交货时间、批次、装运港(地)、目的港(地)、交货计划、大件货物或特殊货物的发货要求,装运通知等内容。

（一）交货时间

在 CIF 条件下,卖方在装运港将货物装上开往约定目的港船只的船上即完成交货义务,海运提单日期即为卖方的实际交货日期。

在 CIP 条件下,卖方在出口国指定地点将货物交给承运人即完成交货义务。

在 FOB 条件下,卖方也是在装运港将货物装入买方指派船只上即完成交货义务,海运提单的签发日期为卖方交货的日期。

在 FCA 条件下,卖方在规定的时间内将货物交给买方指定的承运人就算完成了交货。

在 EXW 条件下,卖方安排国内内陆运输(由买方支付费用),将货物运至出口国边境口岸。运输部门出具的收据签发日期为实际交货日期。

（二）装运批次、装运港(地)、目的港(地)

买卖双方在合同中应对是否允许分批、分几批装运及装运港(地)、目的港(地)名称作出明确规定。

分批装运是指一笔成交的货物分若干批次装运而言。但一笔成交的货物,在不同时间和地点分别装在同一航次,同一条船上,即使分别签发了若干不同内容的提单,也不能按分批装运论处,因为该货物是同时到达目的港的。

装运港和目的港由双方商定。在通常情况下,只规定一个装运港和一个目的港,并列明其港口名称。在大宗货物交易条件下,可酌情规定两个或两个以上装运港或目的港,并分别列明其港口名称。在磋商合同时,如明确规定一个或几个装运港或目的港有困难,可以采用选择港的方法,即从两个或两个以上列明的港口中任选一个,或从某一航区的港口中任选一个,如中国主要港口。在规定装运港和目的港时,应注意考虑国外装运港和目的港的作业条件,以 CIF 或 FOB 条件成交,不能接受内陆城市作为装运港或目的港的条件,应注意国外港口是否有重名。

（三）交货计划

买卖双方应在合同中规定每批货物交货前卖方应向买方发出装运通知。一般情况下,在 CIF 和 EXW 条件下,实际装运前若干天,即海运前 30 天,空运前 14 天,卖方应将合同号、货物名称、装运日期、装运港口、总毛重、总体积、包装和数量、货物备妥待运日期以及承运船的名称或飞机航班、国籍等有关货物装运情况以电传、电报方式通知买方。同时,卖方应以空邮方式向买方提交货物详细清单,注明合同号、货物名称、技术规格简述、数量、每件毛重、总毛重、总体积和每包的尺寸（长×宽×高）、单价、总价、装运港、目的港、货物备妥待运日期、承运船预计到港日期以及货物对运输、保管的特别要求和注意事项。

（四）大件及特殊货物的发货要求

关于大件货物（即重量 30t 以上,或尺寸长 9m 以上,或宽 3m 以上的货物）,卖方应在装运前 30 天将该货物包装草图（注明重心、起吊心）一式两份邮寄至买方,并随船将此草图一式两份提交给目的港运输公司,作为货到目的港后安排装卸、运输、保管的依据。对于特大件货物（重 60t 以上或者长 15m 以上,或宽 3.4m 以上,或高 3m 以上的货物）,卖方应将外形包装草图,吊挂位置、重心等,最迟随初步交货计划提交买方,经买方同意后才能安排制造。关于货物中的易燃品或危险品,卖方至少在装运前 30 天将注明货物名称、性能、预防措施及方法的文件一式两份提交给买方。

（五）装运通知

在完成货物（包括技术资料）装运 24 小时之内,卖方应将承运工具名称,启运日期,合同号、货物名称、数量、重量、体积及其他事项以电报或电传方式通知买方,在每批货物（包括技术资料）发货后 48 小时内,卖方应将合同号、提单、空运单日期、货物名称、数量、重量、体积、商业发票金额、承运工具名称以电报或电传方式通知买方以及目的地运输公司,对于装运单据,卖方应将装运单据（包括提单、发票、质量证书、装箱单）一式三份随承运工具提交目的地运输公司。同时在每批货物（包括技术资料）发运后 48 小时内将装运单据一式两份邮寄买方。尤其是在 FOB,CIF,FCA,EXW 条件下,卖方在货物装运后向买方发出的上述通知亦是便于买方办理货运保险。如果是卖方原因未能将上述内容通知买方,使买方未能及时办理保险,由此造成的全部损失由卖方负责。

（六）运输方式

国际贸易中有多种运输方式,如海洋运输、内河运输、铁路运输、公路运输、航空运输、管道运输以及联合运输。其中以海洋运输为主要运输方式。

1．海洋运输

（1）班轮运输。班轮是指按照固定的航线、港口和船期表运营的船舶，船方和货主之间不订立租船合同，双方的权利、义务和责任豁免以船方签发的提单为依据。采用班轮运输时，船方负责配载和装卸，装卸费用计入运费。

货物采购要对运费进行认真核算。班轮运费是由基本运费和附加费两部分组成。基本运费是根据班轮运价表中规定的计收标准收取的运费。常用的计收标准有：以"W"表示的重量吨，以"M"表示的尺码吨，由"W/M"表示的选择运费，以及以"A.V"表示的按 FOB 价一定百分比收取的运费。此外运费还可按货物件数计收和临时议定的价格计收。同时运价表还规定了每一提单所列的重量或体积等计收标准计算的起始运费。应当注意，如果不同货物混装在同一包装内，则全部运费按其中较高者收取。同一货物如包装不同，其计价标准及等级也不同。托运人应按不同包装分列毛重及体积，才能分列计收运费，否则全部货物按较高者计收运输费。附加费是针对一些需要提供特殊服务的货物，在收取基本运费之外再加收一定的附加费用。附加费名目繁多，而且随客观情况的变动而变动。班轮运输方式对于交易量不大，批次多，交接港口分散的货物运输比较适宜。

（2）租船运输。租船运输又称不定期船运输，没有预定的船期表，没有固定港口和航线，有关问题要通过订立租船合同来具体安排，运费和租金也由承租双方根据租船市场的行情在合同中加以约定。大宗货物一般都采用租船运输。其方式包括定程租船和定期租船。

1）定程租船又称航次租船，即按航程租用船舶。在这种租船条件下，租船人要按协议提交货物和支付运费，船方负责将货物由装运港运至目的港，并承担船舶的经营管理及船舶在航程中的一切开支。在定程租船条件下，负责租船的一方在签订买卖合同后，在租船协议中需要订立装运时间、装卸率和滞期、速遣条款。为明确买卖双方的装卸责任，并使买卖合同与租船合同内容互相衔接和吻合，在签定大宗货物的销售合同时，应结合货物的特点和港口的作业条件，对装卸时间、装卸率和滞期、速遣费的计算与支付办法作出具体规定。装卸时间的规定方法普遍以连续 24 小时好天气工作日计算，节假日、星期日、不能作业的坏天气应予以扣除。其起算时间一般规定：在收到船长递交的"装卸准备就绪通知书"后，经过一定的规定时间后开始起算，止算时间为货物实际装卸完毕的时间。此外，大宗货物的销售，还应规定装卸率，即每日装卸货物的数量。装卸率的高低关系到运费水平，从而在一定程度上影响货物价格。为明确货物装卸方的责任，合同中应规定相应的滞期和速遣条款，负责装卸货物的一方，如未按约定的装卸时间和卸货率完成装卸任务，应向船方交纳延误船期的罚金，即滞期费。反之，如在约定的时间内提前完成装卸任务，有利于船舶周转，则可从船方取得奖金，即速遣费。在销售合同中规定滞期和速遣条款时，应将其内容与要订立的租船合同的相应条款一致，以免造成不应有的损失。

2）定期租船。这种租船条件下，租船人在租期内可根据租船合同规定的航行区域自由使用和调度船舶，船方承担船员薪金、伙食费等以及为保持船舶适航而产生的有关费用，租船人承担船舶营运过程中产生的燃料费、港口费、装卸费、物料费等开支。

在世界银行贷款项目中，承运货物的船只应按世行的规定采用来自世行采购指南中规定的合格国家的船只。负责安排运输的一方亦可使用航运公会的船只，但前提条件是，该航运公会的大多数航运公司亦应来自采购指南规定的合格国家。

在海运条件下,由承运人签发提单。海运提单是承运人或其代理人在收到货物后签发给托运人的一种证据。它既是承运人或其代理人出具的证明货物已经收到的收据,也是代表货物所有权的凭证,同时又是承运人和托运人之间的运输契约的证明。提单可以从不同角度分类,货物采购中经常使用的提单有:

　　a. 按签发提单时货物是否已装船划分,有已装船提单和备运提单。

　　b. 按提单有无不良批注,可分为清洁提单和不清洁提单。

　　c. 按收货人抬头分类,有记名提单、不记名提单和指示提单。

　　2. 国际多式联运

　　国际多式联运是指利用各种不同的运输方式来完成各项运输任务,如陆海联运、陆空联运和海空联运等。在国际贸易中,主要是以集装箱为主的国际多式联运,这有利于简化货运手续,加快货运速度,降低运输成本和节省运杂费。根据《联合国国际货物多式联运公约》的规定,构成国际联运应具备下列条件:有一个多式联运合同,合同中明确规定多式联运经营人和托运人之间的权利、义务、责任和豁免,必须是国际间两种或两种以上不同运输方式的连贯运输,使用一份包括全程的多式联运单据,并由多式联运经营人对全程运输负总的责任,必须是全程单一运费,其中包括全程各段运费的总和、经营管理费用和合理利润。在货物采购中,如果采用多式联运,应考虑货物性质是否适宜装箱,注意装运港和目的港有无集装箱航线,有无装卸及搬运集装箱的机械设备,铁路、公路、沿途桥梁、隧洞的负荷能力。

　　多式联运条件下使用的单据是多式联运单据,这种单据与海运中使用的联运单据有相似之处,但其他性质与联运单据有区别。多式联运单据可根据托运人的选择,作成可转让或不可转让的单据,在可转让条件下,单据可作为指示性抬头或空白抬头。在不可转让条件下,则应作成记名抬头。

　　3. 航空运输

　　航空运输与海运、铁路运输相比,具有运输速度快,货运质量高,不受地面条件限制等特点。采用航空运输需要办理一定的货运手续,航空货运公司办理货运在始发机场的揽货、接货、报关、订舱以及在目的地机场接货或运货上门的业务。航空运输方式主要有班机运输、包机运输和集中托运三种方式。航空货物的运价一般是按重量或体积计算,以两者中高者为准,并将货物分为一般货物、特种货物,并按货物等级规定运价标准。

　　航空运单是承运人与托运人之间签订的运输契约,也是承运人或其代理人签发的货物收据,同时可作为承运人核收运费的依据和海关查验放行的基本依据,但航空运单不是代表货物所有权的凭证,不能背书转让。收货人不能凭航空运单提货,而是凭航空公司的通知单。航空运单收货人抬头不能作成指示性抬头,必须详细填写收货人全称和地址。

　　三、货物运输保险

　　国际货物买卖中,货物往往要经过长距离运输,在此期间,由于遭遇各种风险而导致货物损坏或灭失的情况是经常发生的。货物在海运可能遇到的风险主要有两类,一类是"海上风险",一般是指自然灾害和意外事故。自然灾害是指因恶劣气候、雷电、海啸、地震、洪水等自然力量造成的危害。意外事故是指船舶搁浅、触礁、沉没、互撞,与流冰或其他物件碰撞以及失火、爆炸等意外原因造成的事故。另一类是"外来风险",是指由于偷窃、雨淋、短量、渗漏、玷污、破碎、串味、受潮、钩损、锈损等外来原因对货物造成损失的一般外来风险,以及由于战争、罢工、进口国拒绝进口或没收等外来原因造成的特殊风险。其他运输方式的风险种类与海运大体相似。在买卖合同中规定保险条款,就是当事人为了使货物在运输过程中遭受损失或灭失时能及时得到经济补偿。

保险条款的内容,因采用的贸易术语的不同而有所区别,如果按照 FOB、FCA、CFR、CPT 和 EXW 术语成交,在保险条款中只需规定:"保险由买方负责办理",但如果按 CIF 和 CIP 术语成交,则除了说明保险由卖方办理外,还须规定保险金额和保险险别以及所依据的保险公司的保险条款。

(一)保险险别

保险险别是保险人与被保险人履行权利和义务的依据,也是确定保险人所承保责任范围的依据,又是被保险人缴纳保险费数额的依据。在办理货物运输保险时,当事人应依据货物的性质、包装情况、运输方式、运输路线以及自然气候等因素全面考虑,选择合理的险别,做到既使货物得到充分的保险保障,又节约保险费开支。

货物运输保险种类很多,有海运保险、陆运保险和空运保险等。

1. 海上货物运输保险

(1)平安险。投保平安险时,保险人承保的责任范围主要包括:因自然灾害和意外事故所导致的货物的全部损失;因意外事故导致的部分损失;在运输工具已发生的意外事故的情况下,货物在此前后遭受自然灾害所导致的部分损失;在装卸转船中因发生一件或数件货物落海造成的全部或部分损失;共同海损引起的牺牲、分摊以及救助费用、施救费用等。

(2)水渍险。其承保范围除了平安险所包括的责任范围外,还包括被保险货物由于恶劣气候、雷电、海啸、地震、洪水等自然灾害所造成的部分损失。可见,水渍险的责任范围大于平安险。

(3)一切险。一切险是基本险别中承保责任范围最大的险别,它是在水渍险承保范围的基础上又包括了由于一般外来风险所造成的全部或部分损失。

除了上述三种基本险外,投保人还可根据需要酌情加保一项或几项附加险。附加险承保的是除自然灾害和意外事故以外的各种外来原因所造成的损失。附加险分为一般附加险和特殊附加险。一般附加险主要有:偷窃提货不着险、淡水雨淋险、短量险、混染沾污险、渗漏险、受潮受热险、包装破裂险、锈损险等。特殊附加险主要有:战争险、罢工险、交货不到险、进口关税险、舱面险和拒收险。

附加险本身不能作为一种单独的项目投保,只能在投保基础上,根据需要加保。由于一般附加险的责任范围已包括在一切险之内,所以,当事人只要投保一切险,就不需要加保一般附加险,但可根据需要加保特殊附加险。

关于海运货物保险责任的起讫,一般采用国际保险业务中惯用的"仓至仓"条款。其含义是保险货物运离保险单所载明的启运地发货人仓库或储存处所开始运输时生效,包括正常运输过程中的海上、陆上、内河和驳船运输在内,直至该项货物到达保险单所载明的目的地收货人的最后仓库或储存处所,或被保险人用作分配、分派或非正常运输的其他储存处所为止。如果未抵达上述仓库或储存处所,则以被保险货物在最后卸货港全部卸离海轮后满60 天为止。如在上述 60 天内被保险货物需要转运至非保险单所载明的目的地时,则以该项货物开始转运时终止。上述"仓至仓"条款适用于除战争险之外的各种险别。而战争险采用的是保险人只负水面危险的原则,即以货物装上海轮或驳船时开始至卸离海轮或驳船时为止,如果不卸,则以货物到达目的港当日午夜起 15 天有效。

2．陆运、空运和邮包运输险别

陆运、空运和邮包运输的保险险别分为两类，即陆上运输险，陆运一切险；航空运输险，航空运输一切险；邮包运输险，邮包运输一切险。前一类险别只承保运输途中因自然灾害或意外事故所造成的货物损失。后一类险别，是在前一类险别的基础上加保了由于外来原因所导致的损失。

不论是办理陆运，空运还是邮包运输保险，都可以在上述任何一种险别之外加保战争险。

"仓至仓"条款同样适用于陆运险，空运险和邮包险，但其保险期限不同于海运险。陆运险为货到目的站满60天终止，空运险为航空公司发出到货通知的当日午夜起算满30天终止，邮包险则是目的地邮局签发到货通知当日午夜起满15天终止。

（二）保险金额

在进出口货运保险业务中，通常都采用定值保险的做法。这就要求在合同的保险条款中规定保险金额。

保险金额是当保险标的物发生损失时，被保险人可以向保险人取得赔偿的最高限额，也是保险人计收保险费的依据，按照货运保险的习惯做法，投保人为了取得充分的保险保障，一般都把货值、运费、保险费以及转售货物的预期利润和费用的综合作为保险金额。因此，保险金额要高于合同的CIF价值。国际上习惯按CIF价值的110%办理投保。这高出的10%一般称作保险加成率，有时，买方根据特殊需要，要求提高保险加成率。对此，应在合同中加以明确规定，如果加成率过高，要事先征得保险人的同意。

保险加成必然会增加卖方的保险费支出，这部分增加的费用应包括在货价之中，其计算公式为：

$$保险金额＝发票金额×投保加成$$
$$保险费＝保险金额×保险费率$$

国际货物运输保险必须逐笔投保，并且保险单的签发日期不得晚于装运单据的签发日期。

四、国际货物销售合同的价格条款和价格调整条款

价格条款是国际货物销售合同的核心条款，其内容对合同中的其他条款会产生重大影响。

影响合同价格的主要因素有：(1)货物的质量，一般都实行按质论价，优质优价原则；(2)购货数量，许多货物的卖方根据买方的购货量的不同而划分为零售价、小批量销售价、批发价、出厂价及特别优惠价；(3)交货地点和交货条件不同，买卖双方承担的责任、费用和风险有别，在确定货物价格时应认真考虑。如同一运输距离内成交的货物，按CIF条件成交与按DES条件成交，由于卖方在DES条件下要承担更多的风险，所以尽管运输距离相同，而DES比CIF货物价格就应高出许多；(4)支付条件，不同的支付条件对卖方的风险和利息负担各有不同，因而其价格也不一样；(5)支付货币，在国际货物采购中，买卖双方分属不同国别，合同的计价货币也有区别，同时由于各国的外汇管制不同，不同货币的汇率变动不同，因而对价格会产生直接的影响；(6)国际市场价格走势，即国际市场价格的变动归根到底是受到国际市场供求关系的影响，某种货物在国际市场供大于求时，其市场价格呈跌势，反之，当其供不应求时，其市场价格呈涨势。在确定合同价格前，应进行商情研究，对市场作出准确分析和预测，从而争取按有利的价格成交。

从价格条款的内容上看,一般应包括货物的单价和总值两项基本内容,单价通常由四个部分组成,即单位价格、计量单位、计价货币、贸易术语,如:每公吨350英镑CIF伦敦。一般情况下,对于国际工程中的物资采购,如果是国外供货商提供货物,则按CIF条件,CIP条件,或FOB或FCA条件签订合同,如由买方所在国提供货物,则以买方国家工厂出厂价EXW条件签订合同。

合同中的定价方法一般有固定价格,非固定价格两种,国际工程中的货物采购合同主要采用固定价格的定价方法,即在执行合同期间,合同价格不允许调整。如果所采购的货物或设备不能在一年内交付,则可考虑使用调整价格,即在合同中规定价格调整公式以补偿在合同执行期间因物价变动成本增加而给卖方带来的损失。其调整公式如下:

$$P = P_0(A + B \times M/M_0 + C \times W/W_0)$$

式中:P = 调整后价格;P_0 = 合同价格;M_0 = 原料的基础价格指数;M = 合同执行期相应原料价格指数;W = 合同执行期有关工资指数;W_0 = 特定行业工资指数;A、B、C 分别为签定合同时确定的有关价格中各要素所占百分比。A 为合同价格中承包商的管理费和利润百分比,这部分价格不予调整,B 为合同价格中原材料的百分比,C 为工资百分比。公式中固定部分 A 的权值取决于货物的性质。由于在大多数情况下价格趋于上涨的趋势,卖方一般希望 A 的数值越小越好。公式中 B 部分通常根据主要材料的价格指数进行调整,虽然货物在生产过程中需要多种材料,但在价格调整时通常以主要材料的价格指数为代表,如果有两或三种原材料的价格对于产品的总成本影响较大,则可以分别采用这些原材料的价格指数作为材料部分的分项。工资指数的调整只选择一种行业,但为使调整更精确,也可同时选用两个或两个以上有关行业的劳动力成本指数。有时买方在合同的价格调整条款中规定价格调整的起点和上限,或规定价格调整不得超过原合同价的一定百分比。

五、货物单据条款

交付与货物有关的单据和必要的凭证是卖方的基本义务之一。这在FOB、CFR和CIF合同中尤为重要。卖方通过向买方提交单据和凭证完成交货责任,买方则可以通过规定卖方拟应提供单据的种类以及各种单证上所列明内容以达到约束卖方交货的品质,数量,包装以及交货时间等条件符合合同要求的目的。在国际工程货物采购中,大部分货物的采购采用信用证方式,因此,单据的意义就更特别重要。因为在信用证条件下,只有受益人提交的单据与信用证严格相符,银行才予付款。因此,在订立合同时,双方应就单证的种类和具体内容达成一致,作出明确规定。如果有些单据是卖方无法提供或不应提供的,卖方应事先向对方提出,以防由于日后无法提供该类单据而使自己处于被动地位。

合同中的单据条款一般规定出卖方应提交单据的名称,份数及每一单据的具体内容,卖方在向买方交单时应严格执行。货物采购中经常要求卖方出具的单据有发票、运输单据、保险单、装箱单、质量证明书、原产地证明书以及汇票等。

1. 发票

发票的种类很多,通常指的是商业发票,此外还有海关发票。

(1)商业发票:这是卖方开立的载有货物名称、数量、价格等内容的清单,是买卖双方交接货物和清算货款、进出口报关完税必不可少的单据之一。该商业发票应署有卖方全称和详细地址。

如属信用证方式,除信用证另有规定外,一般均应填写信用证的开证申请人;此外应按信用证规定填写起运地和目的地,如没有信用证的按合同填列。

商品及价格条件是发票的主要内容,包括商品的名称、规格、数量(毛重、净重)、包装、贸易术语、单价、总值以及使用的货币等。凡属信用证方式,必须与来证所列要求完全相符,不能有任何遗漏或改动。如来证规定过于简单笼统,在必要时可按合同加注一些说明,但不能与来证内容有抵触,以防银行挑剔而遭到拖延或拒付货款。发票上的唛头、件号、毛净重应与运输单据和其他单据所表示的一致。如要求将运费分别列明,也应与实际运费相符。如信用证内规定,有些费用由买方负担,并允许凭本信用证支取时,可在发票上将有关费用加在总值内,一并向开证行收款。

发票上常要求加注各类声明文句,如"证明所列内容真实无误"(或称"证实发票"),或要求加列船名、出口人国籍、原产地、进出口许可证号码等,均可酌情办理。出具证实发票时,要删去发票下端通常印有的"有错当查"(E&OE)字样。

发票的份数一般较多,正本不少于四份,其中两份随同提单等单据交银行议付或托收,另外两份则连同提单副本径寄进口商,以便对方做好付款和收货准备。

(2) 海关发票(Customs Invoice):海关发票是根据某些进口国家的海关要求制定的一种特定格式的发票。它由出口商填写,以作为估价完税,或征收差别待遇关税或者反倾销税的依据;此外,也可供编制统计资料之用。

填写海关发票时,一般应注意以下问题:

1) 各国使用的海关发票都有其特定的格式,不能混用。

2) 海关发票与商业发票共有的项目和内容必须一致,不得互相矛盾。

3) "出口国国内市场价"一项是征收反倾销税的重要依据,应慎重填写。

4) 海关发票的签字人和证明人不能同为一人,而且,必须以个人名义手签。

(3) 领事发票(Consular Invoice):有些进口国家要求国外出口商提供该国领事签证的发票,其作用与海关发票基本相同。各国领事签发领事发票时,均收取一定的领事签证费。有的国家规定了领事发票的特定格式,也有的国家规定可在出口商的发票上加具领事签证。在我国的出口业务中,如国外开来的信用证中规定须提供领事发票,我方一般不接受,应争取取消该条款。

2. 汇票(Bill of Exchange,Draft)

汇票在出口交易中并不是必不可少的,尤其在即期跟单托收和即期信用证业务中,以发票作为收款凭证的情况日益增多。但是,尽管如此,实际业务中,包括即期交易,有相当部分仍然按照习惯在使用汇票。信用证中也往往规定要凭汇票支付货款。为了顺利收汇,卖方在编制汇票时应注意以下问题:

(1) 付款人:在信用证方式下,应按信用证的规定填写。如信用证未规定付款人名称,则可以开证行作为付款人。

(2) 受款人:除信用证有特别规定外,一般都是以议付行为受款人。我国出口业务中,一般采用指示性抬头,例如"付给中国银行或其指定人"(Pay Bank of China or order)。

(3) 出票依据:即汇票上的"出票条款"(Drawn Clause)。如属信用证方式,应按照来证规定的具体文句填写,如信用证内没有规定,则可在汇票上注明开证行名称、地点、信用证号码及开证日期。

汇票一般开具一式两份,两份具有同等效力,任何一份付讫,另一份自动失效。

3．装箱单（Packing List）和重量单（Weight Memo）

这两种单据是发票的附属单据，是对发票商品包装情况的描述。它对商品的规格、等级和型号等分别包装件号作出详细清单，以便于国外买方核对货物，并供海关检查。

装箱单又称花色码单，注明每批货物的逐件花色搭配；重量单则列明每件货物的毛、净重和总的毛重、净重。装箱单与重量单的内容应与商业发票所载内容相符，并且比商业发票更为具体详细，其制单日期也应与发票日期一致。

4．运输单据

运输单据是承运人收到承运货物后签发给出口商的证明文件，它是交接货物、处理索赔与理赔以及向银行结算货款或进行议付的重要单据。运输单据的种类因不同的运输方式而异。海洋运输使用提单，铁路运输使用铁路运单，航空运输使用航空运单，邮包运输使用邮包收据，国际多式联运使用多式联运单据。

（1）海运提单（Bill of Lading，B/L）：提单可以从不同角度分类，在国际货物采购中使用的提单主要有以下几种：

1）按签发提单时货物是否已装船，可分为已装船提单（Shipped B/L；On Board B/L）和备运提单（Received for Shipment B/L）。已装船提单是指货物全部装船后，由承运人签发给托运人的提单。这种提单上必须表明货物已装 XX 船上，并载有船名和装船日期，同时还应有船长或其代理人签字。因此，买方在合同中一般都规定卖方必须提供已装船提单。备运提单是指承运人收到托运的货物，尚未装船而向托运人签发的提单。由于这种提单没有载明装货日期，也没有注明船名，即使注明也只是拟装船名，将来货物能否装运和何时装运，都难以预料，故买方一般不愿接受这种提单。

2）按提单上有无不良批注，可分为清洁提单（Clean B/L）和不清洁提单（Unclean B/L；Foul B/L）。所谓清洁提单，是指在装船时托运的货物外表状况良好，承运人未在提单上加列有关货损或包装不良之类批注的提单。不清洁提单是指承运人加注了有关托运货物外表状况不良等批注的提单。这类提单买方通常都不接受，银行也拒绝收取。

3）按提单收货人抬头的不同，可分为记名提单（Straight B/L）、不记名提单（Bearer B/L）和指示提单（Order B/L）。记名提单是指在提单收货人一栏内具体写明收货人名称，而不记名提单则是指提单的收货人栏内不指明收货人。由于记名提单只能由指定的收货人提货，不能流通转让，而不记名提单仅凭单交货，风险较大，所以，这两种提单在国际贸易中都很少使用。指示提单是在提单的收货人栏内填写"凭指定"（To order）或"凭某人指定"（To order of …），这种提单可以通过背书转让。背书有两种方法，一种是由背书人单纯签字盖章的，称为空白背书；另一种是除背书人签字盖章外，还列明被背书人的名称，称为记名背书。在实际业务中，使用最多的何时凭指定空白背书提单，习惯上又称为"空白抬头、空白背书提单"。

除此之外，还有舱面提单（On Deck B/L）和过期提单（Stale B/L）等。过期提单是指向银行交单时间晚于提单签发日 21 天或是提单晚于货物到达目的港的提单。对滞期交到银行的提单，银行有权拒收。

由于提单是代表货物所有权的凭证，因而也是卖方提供的最重要的单据，在制作提单时必须注意其各项内容一定与信用证相符。

国外来证通常要求"全套清洁已装船作成凭指示和空白背书的提单"，因此在货物装船时要十分注意,假如大副收据(Mate's Receipt)上有"货物受损"或"包装不良"等批注,凭以换取的提单也将有同样批注,成为不清洁提单。"全套"是指承运人在提单上注明的全部正本份数,各份正本提单具有相同效力,但只要凭其中一份提单提货,其余各份即失效。提单的签发日期不得迟于信用证规定的最迟装运日期。

如来证未规定可否转船,按惯例,银行可以接受包括全程运输的转船提单或联运提单。提单上的货名除信用证另有规定外,只需写明货物的统称,无需详列规格。运费支付情况应与发票中的贸易条件一致,如为 CIF 或 CFR,应注明运费预付(Freight Prepaid);如为 FOB,则注明运费到付(Freight to Collect)。除信用证另有规定外,不必列出运费具体金额。

如来证加列其他运输条款,应结合运输条件适当掌握。如确属不合理或难以办到的,我方应向对方提出修改信用证。

(2) 其他运输单据:诸如铁路运单、航空运单和邮包收据等货运单据,与海运提单不同,它们只是承运人开立的货物收据,是运输合同的证明,但不是物权凭证,因此不能流通转让。提货也不是以交出运单为条件,而是由收货人在到达通知单上签字证明收妥。因此,银行在开证时,为了能够控制货物,通常要求以其本身或代理行作为运单的收货人。

5. 保险单据

保险单据是保险人对被保险人承保某项险别的证明文件,也是保险人和被保险人之间的契约。当被保险的货物遭受保险合同范围内的损失时,保险单据是被保险人索赔和保险人理赔的依据。在 CIF 和 CIP 合同中,卖方提交符合合同及/或信用证规定的保险单据是其必不可少的业务。在国际贸易中,保险单据可由被保险人背书随物权转移而转让。

我国出口业务中使用的保险单据主要有保险单和保险凭证。保险单(Insurance Policy),又称"大保单"。是一种正规的保险合同,除载明被保险人名称、被保险货物的名称、数量和重量、唛头、运输工具、承保险别、起讫地点、保险期限和保险金额等项目外,背面还印有保险人的责任范围以及双方权力义务等详细条款。保险凭证(Insurance Certificate)又称"小保单",是一种简化的保险合同,其背面不印有保险条款,其余内容与保险单相同,并且与大保单有同等效力。所以,国外来证一般允许提供保险凭证,但如果信用证明确要求出具保险单,则不能以保险凭证代替。

编制保险单据时应注意:

(1) 如信用证无其他规定,保险单据的被保险人应是信用证的受益人,并加空白背书,以便于转让。

(2) 保险单据与运输单据的有关内容应一致,保险险别和保险金额等要与信用证及/或合同规定相符。

(3) 保险单据的签发日期不得迟于提单日期。除非保险单注明承担自装船时起的风险,否则开证行可以拒绝接受。

6. 产地证明书(Certificate of Origin)

这是一种证明货物原产地的证件,是进口国视原产地不同征收差别关税和实施其他进口差别待遇的凭证。在我国,产地证通常由中国进出口商品检验局或贸促会签发。产地证的签发日期可参照发票日期,但不能迟于提单日期,有关内容应与发票和提单一致。

7. 检验证书(Inspection certificate)

进出口商品经商检机构检验鉴定后出具的证明文件称为检验证书。检验证书是证明卖方所交货物是否符合合同规定的依据,也是索赔理赔的凭证,银行议付货款和海关通关验放的重要证件之一。

六、国际货物销售货款的支付

国际货物买卖货款的收付,很少采用现金结算,通常采用一定的支付凭证或信用工具进行结算。支付方式不同,则信用、付款时间、付款地点也各不相同。因此,支付条件直接影响买卖双方的资金周转以及各种金融风险和费用的负担。

国际货物销售货款的收付主要涉及支付工具、支付时间、地点和方式。

(一) 支付工具

支付工具主要包括货币和票据。

1. 货币

国际工程货物采购合同中使用的货币主要有:买方所在国货币,卖方所在国货币或第三国货币,或若干种货币同时使用。总之,一般情况下使用国际贸易中广泛使用的货币,由买方选择优先使用哪一种货币。如果合同中规定使用一种以上的货币,则应在合同中同时规定折算方法和汇率以及每种货币在合同价格中所占百分比。以此保证各当事人在货币方面不承担风险。同时为减少汇率变动给当事人带来的风险,亦可在合同中订明计价货币与另外一种货币的汇率,付款时若汇率有变动,则按比例调整合同价格。汇率保值方法主要有两种形式:一是用"一揽子汇率"保值,即确定计价货币与另外几种货币的算术平均汇率,按支付当日与另几种货币的汇率变化作相应调整,折算成合同规定计价货币支付。几种货币的综合汇率可用简单算术法或加权平均法或双方协商予以确定。二是上面所述方法进行保值。

2. 票据

国际货物销售货款大多数采用非现金结算,即使用代替现金作为流通手段和支付手段的信贷工具进行结算。国际贸易中使用的票据主要有汇票,本票和支票,其中以使用汇票为主。

汇票是卖方履行交货义务后向买方签发的,要求其即期或定期或在将来可以确定的时间,对其指定人或持票人支付一定金额的无条件的书面支付命令。本票是出口方在履行交货义务后,由买方向其签发的,保证即期或定期或在可能确定的将来时间,对卖方或其指定人或持票人支付一定金额的无条件的书面承诺。

(二) 支付方式

支付方式因合同买卖的内容,合同价格、交货期、市场条件不同而不同。对于初级产品合同,常用成本加保险费加运费价(CIF 价)或离岸价(FOB 价),卖方希望交单时取得全部货款,买方在货物装船前对货物实施检验。这类合同使用不可撤销跟单信用证方式,如果合同中规定了货物的保证期,则买方可要求卖方提供银行担保,以保证卖方在保用期内履行合同义务。对于制成品合同,买方希望卖方交单时先付款 90%,余下货款待货到检验后支付。买方也要求卖方为履行保用期内的合同义务而提供银行担保。而对于大型设备采购合同,由于其交付期较长,而卖方在执行合同时亦需大量资金周转,一般在签订合同时,买方向卖方支付合同金额 10%～15%的预付定金,以后买方可按货物生产的进度付款,一般为合同款的 50%。卖方交单时,支付合同金额 10%,货到目的地后,买方验收合格并安装调试完毕后,买方再支付合同金额的 10%,余下金额待保用期期满时,卖方履行全部合同义务后支付。

为保证向卖方付款并确保卖方履行合同义务,国际货物销售合同一般都规定采用信用证方式进行支付或由卖方提供银行担保。

七、检验条款

国际贸易中的商品检验是指对卖方交付或拟交付的合同货物的品质、数量、包装进行检验和鉴定。对某些商品,还包括根据国家法令的要求进行的卫生检验和动植物病虫害检疫。

检验条款主要包括检验时间与地点,检验依据与检验方法。而检验时间与合同中的交货条件、货物的性能、行业惯例、国家的法令有着密切关系。

国际工程货物采购的惯常做法主要有以下几种。

（一）出口国检验

此种方法又分为产地(工厂)检验,装船前检验或装船时检验。为避免卖方提交货物与合同不符而引起索赔、退货等争议的发生,买方可根据需要,在货物生产阶段,装运前对货物的质量或数量进行检验。卖方承担货物离厂或装船前责任。但买方若能证明货到目的地后与合同规定不符是由货物内在缺陷造成的,买方可对货物进行复验,并有权拒收货物,向卖方提出索赔,或者要求卖方在合同规定的交付期限内,或在买方同意的期限内负责调换符合合同规定的货物。此外卖方还应补偿买方在检验和退货过程中产生的任何费用。这种出口国检验,买方也可委托专业检验公司或代理机构进行。其费用一般为 FOB 价的 0.2% ～ 1%。此外,在合同中也可规定由卖方雇佣专业检验公司进行检验,其费用列入卖方报价中,但是买方保留批准或不批准卖方雇佣检验公司的权利。

（二）进口国检验

指货到目的地后,由双方约定的目的地商检机构检验货物,并出具检验证书。这种检验方法主要适用于价格较低的货物或由信誉良好的厂商采用批量生产工艺制造的货物。但是,如果是根据设计,技术规格生产的货物,或根据性能技术规格和设计技术规格生产的货物而且设计成分比较重时,就需要在出口国生产厂家进行全面的技术检验,其中包括对原材料、零部件、制造与质量控制的工艺程序进行检验,合格后出具合格证书。采用进口国检验,货到目的地后,买方应向商检局申请检验,检验后如发现货物质量、数量等与合同不符,买方有权拒收货物或在合同规定的期限内向卖方提出索赔。此外,货物在保用期内如发现货物有缺陷,可申请由商检局进行检验,买方有权凭商检局出具的检验证书向卖方索赔。

八、保证、索赔条款

（一）保证条款

合同中保证条款的基本要点是:卖方应保证其所提供的货物应是质量优良,设计、材料和工艺均无缺陷,符合合同规定的技术规范和性能,并满足正常、安全运行的要求,否则,买方有权提出索赔。卖方的保证期应为货物检验后,即检验证书签发后 12 个月。在保证期内,由于卖方责任需要更换、修理有缺陷的货物,而使买方停止生产或使用时,货物保证期应相应延长。新更换或修复货物的保证期应为这些货物投入使用后 12 个月。但在有些合同中,12 个月的保证期不足以保护买方免受因设计或生产缺陷而可能产生的损失,因此,如有必要,买方亦可要求卖方继续对设计缺陷造成的损失负责。此外,有些销售合同中,卖方实际交货与货物安装使用之间间隔时间较长,这种情况下可考虑货物的保证期应从实际投入使用时起算 12 个月。

卖方应保证在对货物进行性能考核检验时,货物的全部技术指标和保证值都能达到合同规定的要求。经检验,由于卖方的原因,有一项或若干项技术指标和保证值未达到要求,卖方应向买方支付罚款,其金额应为合同金额的若干百分比。卖方的另一项保证是按合同规定时间交货。否则,卖方应向买方支付迟交罚款。迟交罚款的计算有两种方法,一是以合同总价或每批货物价格为基础,确定每一周的罚款比率;二是以迟交部分货物的价格为基础,确定每周罚款比率,其罚款金额一般不应超过合同总价的5%。

卖方应在合同中保证其提供的技术资料正确、完整和清晰,符合货物设计、检验、安装、调试、考核、操作和维修的要求。如卖方提供的技术资料不能满足要求时,必须在收到买方通知后规定时间内,免费向买方重新提供正确、完整和清晰的技术资料。技术资料运抵目的地机场前的一切费用和风险由卖方承担。

(二) 索赔

合同履行中常见的卖方违约有下列几种情况:(1)卖方未按合同规定时间交货;(2)在开箱检验中,由于卖方的责任,货物数量、重量、质量、规格、性能不符合合同要求;(3)在安装、调试过程中,发现卖方提供的货物有缺陷,或由于卖方设计错误或提供技术资料的错误,或由于卖方技术人员的指导错误而造成货物损坏,并由此导致安装、调试不能按合同规定进行;(4)货物由于卖方责任,考核未能通过;(5)由于卖方原因,货物不能完全达到合同规定的技术指标和保证值,但不影响货物的正常安全使用,能够验收使用;(6)在合同保证期内发现属于卖方责任的货物缺陷和(或)损坏。

此外,合同中的索赔对象还有由于承运人的装运不善而产生的货损以及运输保险中由于保险范围内的风险所致货损、货差的索赔。因此,应在合同中明确规定索赔依据、索赔期限、处理索赔的办法以及索赔金额等内容。

索赔依据包括法律依据(即合同)、事实依据及符合法律规定的出证机构。索赔期限的规定方法一般有两种,即约定索赔期限和法定索赔期限。

九、不可抗力条款

不可抗力条款主要包括:免责规定;不可抗力事故范围;不可抗力事故的通知和证明;受不可抗力影响的当事人延迟履行合同的最长期限。

合同当事人任何一方,由于发生不可抗力事故而影响履行合同时,应根据不可抗力事故影响的时间相应延长履行合同的期限。不可抗力事故的范围一般有两种规定方法:一是列明不可抗力事故,如战争、火灾、水灾、风灾、地震等。另一种方法是除明确列明某些不可抗力事故外,还加上"以及双方同意的其他不可抗力事故"。这主要是因为在合同中难以列明所有不可抗力事故,为便于灵活处理在执行合同时发生双方同意的其他无法事先估计和无法控制的事故。当不可抗力事故发生后,遭受不可抗力事故影响的一方应尽快将所发生的不可抗力事故情况以电报或电传方式通知另一方,并在14天内向另一方提交有关当局出具的书面证明文件,供另一方确认。在不可抗力事故终止或清除后,遭受事故影响的一方亦应尽快以电报或电传方式通知另一方,并以航空挂号函方式予以确认。遭受不可抗力事故影响的一方延迟履行合同的最长期限一般规定为90天,最长不超过120天,如逾期,双方应尽快通过友好协商解决合同的执行问题,并达成协议。

应当注意的是,合同中订立不可抗力条款是一般的商业惯例,但在不可抗力事故范围问题上,凡自然力量事故,各国认识比较一致,而社会异常事故,则在解释上经常产生分歧。由于不可抗力是一项免责条款,交易双方均可援引,当执行合同对当事人中某一方不利时,他可能会扩大对不可抗力的解释。因此,合同双方应慎重对待不可抗力条款,特别是对一些含义不清或没有确定标准的概念,不应作为不可抗力对待。对于一些属于政治性的事件,可由买卖双方于事件发生时根据具体情况另行协商解决。

思 考 题

1. 什么是国际贸易惯例,它对当事人有无法律约束力?
2. 在签订贸易采购商务合同条款时应注意哪些问题?
3. 在信用证方式支付条件下,单据具有什么样的作用?
4. 世界贸易组织协议的主要内容有哪些?
5. 服务贸易总协定的主要原则是什么?
6. 简述服务贸易总协定与中国服务业对外开放的关系。

第9章 国际工程融资与外汇

本章从国际金融市场概述入手,比较详尽地介绍了国际工程融资的主要渠道及其具体形式,以便国际工程投资商和承包商根据工程项目的特点从不同渠道融通资金,从而达到最大地节省融资成本、降低工程造价、取得较好的经济效益的目的。同时,国际融资与外汇密不可分,为搞好融资与外汇管理,国际工程管理人员必须掌握外汇业务和外汇风险的基本知识与技能,本章对此也有较详细的论述。

第1节 国际工程融资

一、国际金融市场概述

(一)国际金融市场的概念

国际金融市场的概念有广义和狭义之分,广义的国际金融市场是指进行各种国际金融活动的场所,包括国际货币市场、国际资本市场、外汇市场和黄金市场;狭义的国际金融市场是指在国际间经营借贷资本,即进行国际资金借贷活动的场所,因而狭义的国际金融市场又称国际资金市场(International Capital Market)。本节仅从狭义的概念出发来讲述国际金融市场。

(二)国际金融市场的类型

1. 传统的国际金融市场

传统的国际金融市场是指从事市场所在国货币借贷,且借贷活动受市场所在国政府政策与法令管辖的金融市场。这种类型的国际金融市场的形成是以市场所在国强大的工商企业、对外贸易和对外信贷为基础,经历了由地方性金融市场,到全国性金融市场,最后发展为世界性金融市场的发展历程,比如:伦敦、纽约、苏黎士、巴黎、东京、法兰克福等就属于这类国际金融市场。

2. 新型的国际金融市场

所谓新型的国际金融市场,是指二战后形成的欧洲货币市场(Euro-Currency Market)。所谓的欧洲货币是指在其发行国以外存放和流通的货币,这里的"欧洲"是"境外"的意思。同传统的国际金融市场相比,欧洲货币市场有着明显的特点:它经营的对象,是除市场所在国货币以外的任何主要西方国家的货币,它打破了资金供应者只限于市场所在国的传统界限,从而使贷款人与借款人都不受国籍的限制;该市场的借贷活动也不受任何单个国家政府政策与法令的管辖。这个市场的形成不以所在国强大的经济实力和巨额的资金积累为基础,只要市场所处国家或地区政治稳定、地理位置优越、通讯发达、服务周到、条件优越,并实行较为突出的优惠政策,就有可能发展为新型的国际金融市场。最早形成的欧洲货币市场是欧洲美元市场,其后欧洲货币市场的范围不断扩大,分布地区已不限于欧洲,很快发展到亚洲、北美洲和拉丁美洲。欧洲货币市场最大的中心是伦敦,加勒比海地区的巴哈马,欧洲地区卢森堡的业务略逊于伦敦,其他各大金融中心也分散地经营其他境外货币业务。

(三)国际金融市场的构成

1. 国际货币市场

指经营期限为1年和1年以内的借贷资本的市场。按照借贷方式不同,货币市场可分为:

(1)银行短期信贷市场:该市场主要包括银行对外国工商企业的信贷和银行同业间拆放市场(Inter-bank market)。前者主要解决企业流动资金的需要,后者主要解决银行平衡一定时间内的资金头寸(Capital Position),调节资金余缺的需要,其中银行同业间拆放市场处于重要地位。伦敦银行同业拆放市场是典型的拆放市场,伦敦银行同业间拆放利率已成为制定国际贷款利率的基础,即在这个利率基础上再加半厘至1厘多的附加利率(Spread, Margin)作为计算的基础。伦敦银行同业拆放利率有两个阶:一是贷款利率(Offered Rate);一是存款利率(Bid Rate)。二者一般相差0.25%~0.5%,在报纸上见到的报价如果是15%~15.25%,那么前者为存款利率,后者为贷款利率。

(2)贴现市场:贴现是银行购买未到期票据,扣除自贴现日起至票据到期日为止的利息的业务。贴现市场(Discount Market)是经营贴现业务的短期资金市场。贴现市场由贴现行(Discount House)、商业票据行(Commercial Paper House)、商业银行和作为"最后贷款者"(Lender of Last Resort)的中央银行组成。贴现交易的对象,除政府短期债券外,主要是商业承兑汇票、银行承兑汇票和其他商业票据。

(3)短期票据市场:短期票据市场(Short Security Market)是进行短期信用票据交易的市场。在该市场进行交易的短期信用票据主要有国库券(Treasury Bills)、商业票据(Commercial Paper, CP)、银行承兑汇票(Bank Acceptance Bills)、定期存单(Certificate of Deposit, CD)等。其中,CP是跨国公司经常采用的一种短期融资方式。一个企业具有国际公认的商业信用是在国际金融市场进行融资活动的必要条件,而较高的信用等级又是获得低成本资金的必要条件。为了获得投资者的信任,很多公司是以高信用度的银行出具的备用信用证为支持发行CP的。由于公司的CP发行是在备用信用证支持下进行的,而备用信用证开立的期限一般为一年,最多可展期两次,这样使得CP发行的整体计划为3年(1+1+1,每年一次期权,即一年后到期时,开证银行有权决定是否把信用证展期,如果申请人的信誉下降或出现失误可及时中止,以降低风险)。按美国有关规定CP每次发行期限为半个月、1个月、2个月、3个月、6个月和9个月。由于CP的主要用途是针对某一个贸易合同所需的资金,一般的贸易合同均在一年内完成,更主要的是美国联邦证券委员会对外国企业在美国举债(270天以上)进行严格审查,所以,举债人为了避开审查而采用滚动(发行新的CP来归还到期CP)的办法来获取较长的借款使用期。

2. 国际资本市场

资本市场是经营期限在1年以上的借贷资本市场。按照借贷方式不同,资本市场分为:

(1)银行中长期贷款市场:主要满足外国企业固定资本投资的需要。

(2)证券市场:包括国际股票市场和国际债券市场。国际债券(International Bonds)指的是一国政府、企事业单位、机关团体到国外金融市场上发行的债券,若债券标值货币是市场所在国家货币,则称其为外国债券(Foreign Bonds);若债券标值货币为市场所在国家以外的货币,则称其为欧洲债券(Euro-Bonds)。主要资本主义国家的外国债券市场非常发达,比如美国、英国、日本,这些国家的外国债券在长期发展过程中形成了自己的专有名称,如美元外国债券又称扬基债券(Yankee Bonds),英镑外国债券又称猛犬债券(Bull-dog Bonds),日元外国债券又称武士证券(Samurai Bonds)。

二、国际商业银行中长期信贷

(一)国际商业银行中长期贷款的特点

中长期贷款指的是期限在1年以上的贷款,第二次世界大战前将贷款期限1年至5年的贷款称为中期贷款,5年以上的称为长期贷款。二战后,习惯上将1年以上到10年左右的贷款称为中长期贷款,一般不严格划分中期与长期的界限。当前欧洲货币市场对工商企业的中长期贷款最长为6~7年,对政府机构的贷款最长为12年。中长期贷款有四个最主要特点:

1. 要签定贷款协议。短期贷款,银行与借款人之间常常通过电话、电讯联系,就能明确贷款条件、利率水平和归还期限等,一般无需签定书面协议;而中长期贷款,由于期限较长,贷款金额较大,一般均需签定书面的贷款协议。

2. 联合贷款,即一笔贷款往往由数家甚至二三十家银行提供,这也叫银团贷款(Consortium Loan)、辛迪加贷款(Syndicate Loan)。采取联合贷款的原因,一是中长期贷款金额较大,一家银行无力提供;二是可以分散风险;万一贷款到期不能收回,则由诸多银行分担损失。

3. 政府担保。中长期贷款如果没有物质担保,一般均由政府有关部门对贷款协议的履行与贷款的偿还进行担保。

4. 采用浮动利率。由于贷款期限较长,若在贷款期内将利率定死,对借贷双方都是不利的。如为浮动利率,则在贷款期内允许借贷双方视市场利率的实际情况,对原定利率进行调整,一般贷款协议规定每半年或三个月调整一次利率,参照利率多为LIBOR(伦敦银行同业拆放利率)。

(二)中长期贷款的利息及费用负担

1. 利率。中长期贷款收取的利息,一般按LIBOR来收取。在香港、新加坡、巴林,有关中长期贷款也有分别按HIBOR(香港银行同业拆放利率)、SIBOR(新加坡银行同业拆放利率)和BIBOR(巴林银行同业拆放利率)计算利息的。

2. 附加利率。LIBOR为短期利率,所以借取中长期贷款要在LIBOR的基础之上,附加一个利率。附加利率的习惯做法是随着贷款期限的延长,附加利率的幅度逐渐提高。

3. 管理费(Management Fee)。近似于手续费,根据贷款金额,按一定费率收取,费率一般为0.25%~0.5%。

4. 代理费(Agent Fee)。在银团贷款中借款人对银团代理行所支付的费用。因为代理行或牵头银行要与借款人及参加贷款的银行进行日常的联系交往,从而发生电传费、电报费、办公费等的支出,这些费用均包括在代理费中。

5. 杂费(Out of pocket Fee)。贷款协议签定前所发生的一切费用均为杂费。如:贷款银行与借款人联系的车马费、宴请费、文件修订费以及律师费等。

6. 承诺费(Commitment Fee)。指的是贷款协议签定后在承诺期内对未提用的贷款余额所支付的费用。承诺费根据未提用贷款的余额,按一定费率计算。承诺费率一般为年率0.25%~0.5%,其计算公式如下:

$$承诺费 = \frac{未使用贷款数 \times 未使用的实际天数 \times 承诺费年率}{360(365)}$$

（三）贷款期限（Period of Loan）

贷款期限是指连借带还的期限，一般由宽限期（Grace Period）与偿还期（Repayment period）组成。宽限期指借款人只提取贷款，不用偿还贷款本金但需按期支付已取贷款利息的期间；宽限期一过则到了偿还期，借款人要开始偿还贷款。一般讲，宽限期越长对贷款人越有利，有较充分的回旋余地，因为他可以充分利用外借资金从事经营生产，获利后再偿还贷款。

（四）贷款本金的偿还方式

1．到期一次偿还。这适用于贷款金额相对不大、贷款期限较短的中期贷款。

2．分次等额偿还。这种方式下，在宽限期（Grace Period）内，借款人无需还本，只是每半年按实际贷款额付息一次，宽限期满后开始还本，每半年还本并付息一次，每次还本金额相等，这适用于贷款金额大、贷款期限长的贷款。

3．逐年分次等额偿还。这种方式与第二种方式类似，但无宽限期，从借款第一年起开始分次还本付息。

对借款人来说，在上述方式中，以到期一次偿还最为有利。第二种方式尚可接受，因为实际贷款期限虽比名义贷款期限为短，但有几年宽限期，在几年内可不还本，偿债负担相对有所缓和。第三种方式则很不利，因为实际贷款期限仅为名义贷款期限的一半，且须从第一年起开始还本，偿债负担较重。

（五）贷款协议中的提前偿还条款

一般地讲，一国借款人从外国银行获得中长期借贷，在贷款所用货币的汇率、利率不变，而且借款人又确有长期资金需要的情况下，贷款期限越长，则对借款人越有利。但在有些情况下，借款人动用贷款协议中的提前偿还条款反而较为有利。比如：在下列三种情况下，提前归还贷款就较为有利：

1．贷款所用货币汇率开始上涨，并有继续上涨的趋势，此时，借款人如仍按原定期限归还借贷，则将蒙受由于汇率上涨造成的巨大损失。

2．在借款采用浮动利率的条件下，利率开始上升，并有继续上升的趋势；或利率一次上升幅度较大。此时，借款人如仍按原定期限归还贷款，则将负担较重的利息。

3．在贷款采用固定利率的条件下，当国际金融市场上利率下降时，借款人可以筹措利率较低的新贷款，提前偿还原来利率较高的旧贷款，借以减轻利息负担。

（六）贷款货币的选择

一个贷款人从国际商业银行贷款，基本上应遵循以下原则：

借款的货币与使用方向相衔接；

借款的货币要与购买设备后所生产产品的主要销售市场相衔接；

借款的货币最好选择软币，（即具有下浮趋势的货币），但这类货币往往利率较高；

如果在借款期限内硬币（即具有上浮趋势的货币）上浮的幅度小于硬币和软币的利率差，则借取硬币也是有利的，否则借软币。

三、出口信贷

（一）什么是出口信贷

出口信贷（Export Credit）是一种国际信贷方式，是国家为支持和扩大本国大型设备的出口,加强国际竞争能力,以给予利息补贴并提供信贷担保的方法,鼓励本国的银行对本国出口商或外国进口商提供利率较低的贷款,以解决本国出口商资金周转的困难,或满足国外进口商对本国出口商支付货款需要的一种融资方式。出口信贷是争夺市场,扩大资本货物销售的一种手段。

(二) 出口信贷的特点

1. 出口信贷属于对外贸易中长期信贷。

2. 出口信贷的利率,一般低于市场利率,利差由国家给予补贴。

3. 出口信贷的发放与信贷保险结合。

4. 国家成立专门的发放出口信贷的机构,制定政策,管理与分配国际信贷资金,特别是中长期信贷资金。

(三) 出口信贷的主要类型

1. 卖方信贷

在大型机械装备与成套设备贸易中,为便于出口商以延期付款方式出卖设备,出口商所在地的银行对出口商的信贷即为卖方信贷(Supplier's Credit)。

2. 买方信贷

在大型机械设备贸易中,由出口商(卖方)所在地的银行贷款给外国进口商(买方)或进口商的银行,以给予融资便利,扩大本国设备的出口,这种贷款叫买方信贷(Buyer's Credit)。

3. 福费廷交易

福费廷交易(Forfeiting)是在延期付款的大型设备贸易中,出口商把经过进口商承兑的,期限在半年以上至五六年的远期汇票,无追索权地授予出口商所在地的银行和大金融公司,以提前取得现款的一种资金融通方式。

4. 混合信贷

混合信贷(Mixed Credit)指的是国家为扩大本国设备的出口,加强本国设备出口的竞争能力,在出口国银行发放卖方信贷或买方信贷的同时,出口国政府还从预算中提出一笔资金,作为政府贷款或给予部分赠款,连同卖方信贷或买方信贷一并发放,以满足出口商或进口商支付当地费用与设备价款的需要。

四、政府贷款

(一) 政府贷款的概念

政府贷款是指一国政府利用财政或国库资金向另一国提供的优惠性贷款。贷款国政府使用国家财政预算收入或国库的资金,通过列入国家财政预算支出计划,向借款国政府提供贷款。因此,政府贷款一般由各国的中央政府经过完备的立法手续批准后予以实施。政府贷款通常是建立在两国政府政治经济关系良好的基础之上的。

(二) 政府贷款的条件

1. 政府贷款的标的应该是货币金额,而且常以贷款国的货币表示,有时也以第三国货币表示,这是每笔政府贷款规模的标志。

2. 政府贷款既可以无息,又可以计息,但利率较低,年利率一般在1%~3%左右,当然个别也有高达5%左右。按规定,政府贷款的赠予部分应高于25%,甚至高于35%。

3. 政府贷款中的无息贷款或者低息贷款,有时规定应由借款方向贷款方支付一定百分比的管理费,或称手续费。对于计息的政府贷款,有时还规定应由借款方向贷款方支付一定百分比的承担费,多数国家提供的政府贷款不收取费用。

4. 政府贷款的期限属于中、长期贷款,一般为10年、20年、30年甚至长达50年。贷款的用款期(Availability Period),即使用贷款的支付期限,一般规定为1~3年,有的长达5年;贷款的宽限期,一般为5年、7年或10年;贷款的偿还期,一般规定从某年开始,10年、20年或30年之内,每年分两次偿还贷款本金并支付利息。

5. 政府贷款虽属优惠性质,但它毕竟要为贷款国家的政治、外交和经济利益服务,因此,政府贷款中除很少使用的现汇款外,对于商品贷款或与项目结合的贷款,通常规定采购限制条件,比如:借款人借入贷款,必须用于购买贷款国的资本货物、技术、商品和劳务,从而带动贷款国的货物和技术劳务的出口。

(三) 政府贷款的种类

1. 无息贷款。这是最优惠的贷款,不必计算和支付利息,但要收取一定的手续费,一般不超过1%。

2. 计息贷款。这种贷款必须计算和支付利息,它的利息率都比较低,年利率一般在1%~3%左右。除贷款利息之外,有时也规定借款国须向贷款国政府支付不超过1%的手续费。

3. 现汇贷款。系指贷款国政府向借款国政府提供可以自由兑换的货币的贷款,由借款国根据自己的需要予以使用,还款期内借款国须偿还同种可自由兑换的货币。

4. 商品贷款。指贷款国政府向借款国政府提供规定品种数量的原材料、机器、设备等商品,计价汇总作为贷款,至于商品贷款是以货物偿还,还是以可自由兑换的货币偿还,由双方协商决定。

5. 与项目结合的贷款。指贷款国政府向借款国政府提供为双方协议的建设项目所需要的整套原材料、机械设备、设计图纸、专利许可证和专家指导、人员培训、劳务技术服务等,计价汇总,作为贷款额度。

6. 政府混合贷款。指政府提供的低息优惠性贷款或政府提供的无偿赠款与出口信贷结合使用而组成的一种贷款。

五、国际金融组织贷款

在国际工程开发与投资业务中,可以进行融资的一条主要渠道是国际金融组织的贷款。在国际金融组织中,有全球性金融组织,如世界银行集团,也有区域性金融组织,如亚洲开发银行等。了解这些金融组织贷款对搞好国际工程开发与投资有重大的作用与意义。

(一) 世界银行贷款

1. 世界银行的成立及宗旨

世界银行(International Bank for Reconstruction and Development,IBRO 或简称 The World Bank)成立于1945年12月,凡参加世界银行的国家必须首先是国际货币基金组织的会员国,根据"国际复兴开发银行(International Bank for Reconstruction and Development,IBRD)协定"第一条规定,世界银行的宗旨可以归纳为:对用于生产目的的投资提供便利,以协助会员国的复兴与开发;鼓励较不发达国家生产与资源的开发;促进私人对外投资;用鼓励国际投资以开发会员国生产资源的方法,促进国际贸易的长期平衡发展,并维持国际收支平衡。

2．世界银行的贷款条件

世界银行的主要业务以实收资本、公积金和准备金，或者以从其他会员国金融市场筹措的资金，和其他金融机构一起联合对外发放贷款，或自行发放贷款；也承做对私人投资、贷款给予部分或全部保证的业务。世界银行的贷款条件是：

（1）限于会员国，若贷款对象为非会员国的政府时，则该项贷款须由会员国政府、中央银行和世界银行认可的机构进行担保。

（2）申请贷款的国家确实不能以合理的条件从其他方面取得贷款时，世界银行才考虑发放贷款、参加贷款或提供保证。

（3）申请的贷款必须用于确定的工程项目，有助于该国的生产发展与经济增长。

（4）贷款必须专款专用，并接受世界银行的监督，银行的监督不仅在使用款项方面，同时在工程的进度、物资的保管、工程管理等方面也进行监督。

（5）贷款的期限一般为数年，最长可达30年。从1976年7月起，贷款利率实行浮动利率，随着金融市场利率的变化定期调整，并附加一定的利息。与国际资金市场收取承诺费相似，世界银行对已订立借款契约而未提取部分，按年征收0.75%的手续费。

（6）贷款使用的货币。世界银行使用不同的货币对外发放贷款，对承担贷款项目的承包商或供应商，一般用该承包商、供应商所属国的货币支付。如果由本地承包商供应本地物资，即用借款国货币支付；如本地供应商购买的是进口物资，即用该出口国货币支付。

3．世界银行的贷款种类

（1）项目贷款与非项目贷款。这是世界银行传统的贷款业务，属于世行的一般性贷款。项目贷款是目前世界银行最主要的贷款，指的是世行对会员国工农业生产、交通、通讯、市政、文教卫生等具体项目所提供的贷款的总称。非项目贷款是世行支持会员国为现有的生产性设施进口物资、设备所需外汇提供的贷款，或是支持会员国实现一定的计划所提供的贷款的总称。

（2）技术协助贷款。首先是指在许多贷款项目中用于可行性研究、管理或计划的咨询，以及专门培训方面的资金贷款；其次还包括独立的技术援助贷款，即为完全从事技术援助的项目提供的奖金贷款。

（3）联合贷款（Co-financing）。这是世界银行同其他贷款者一起，共同为借款国的项目融资，以有助于缓和世界银行资金有限与发展中会员国不断增长的资金需求之间的矛盾。

4．世界银行的贷款程序

由于世行发放贷款要与一定的项目相结合，专款专用，并在使用过程中进行监督，所以会员国从申请到按项目进度使用贷款，都有严密的程序，概括起来有以下几个方面：

第一，提出计划，确定项目。会员国申请贷款首先要提出计划，世行贷款部门初步审查后，派人到申请贷款的国家实地考察，经与申请国研究、核实后确定最重要、最优先的项目。为保证贷出款项能得到偿还，项目投建后能收到实效，世行要对借款国的经济情况与技术管理水平进行全面调查。调查涉及的范围包括工农业生产、交通、资源、经营管理水平、外贸和国际收支、偿债能力和经济政策等。

第二，专家审查。在项目确定以后，世行专家组要对项目建设过程中的技术方案、组织管理方案、部件和附属设备配套计划、资金拨付方案、财务计划，以及项目竣工后经济效益的核算等等多方面进行审查。只有经专家组确定各项计划落实、可行，经济效益显著，申请借款国才能与世行进行具体贷款谈判。

第三，审议通过，签定贷款契约。贷款谈判结束后，世行行长提出报告，将贷款申请送交执董会审议。报告经执董会批准后，由世行与借款国全权代表正式签订贷款协议。贷款文件签字生效后在联合国注册登记。

第四，工程项目招标，按工程进度发放贷款，并进行监督，确保资金合理使用。

在贷款全部发放后一年左右，世行对其贷款项目提出实际情况的审计报告，就该项目计划完成情况是否经济合理，竣工后的效益与作用作出评价。

（二）国际开发协会的贷款

国际开发协会（International Development Association, IDA）是专门向低收入发展中国家提供优惠长期贷款的一个国际金融组织，是世界银行集团的附属机构。其宗旨是对欠发达国家提供比 IBRD 条件宽、期限长、负担较轻，并可用部分当地货币偿还的贷款，以促进其经济的发展和居民生活水平的提高，从而补充世界银行的活动，促进世界银行目标的实现。

从国际开发协会的贷款条件来看，协会贷款只提供给低收入发展中国家，协会贷款对象规定为会员国政府和公私企业，实际上均向会员国政府发放。其贷款的用途与世界银行一样，是对借款国具有优先发展意义的项目或发展计划提供贷款。贷款的期限为 50 年，宽限期为 10 年，头 10 年不必还本，第二个 10 年，每年还本 1%，其余 30 年每年还本 3%。偿还贷款时，可以全部或部分使用本国货币偿还，贷款只收取 0.75% 的手续费。

（三）国际金融公司贷款

国际金融公司（International Finance Corporation, IFC）也是世界银行集团的一个附属机构，其宗旨是通过对发展中国家尤其是欠发达地区的生产性私人企业提供无需政府担保的贷款与投资，鼓励国际私人资本流向发展中国家，支持当地资金市场的发展，以推动私人企业的成长和成员国经济的发展，进一步充实世界银行的业务活动。

国际金融公司的贷款与投资，只面向发展中国家的私营中小型生产企业，并不要求会员国政府提供担保，公司贷款一般每笔不超过 200～400 万美元，在特殊情况下最高也不超过 2000 万美元。公司贷款与投资的部门，主要是制造业、加工业和采掘业、旅游业，以及金融开发公司，再由后者向当地企业转贷。

国际金融公司的贷款方式为：直接向私人生产性企业提供贷款；或向私人生产性企业入股投资，分享企业利润，并参与企业的管理；或将上述两种方式相结合。公司在进行贷款与投资时，或者是单独进行，尔后再将债权或股票转售给私人投资者，或者是与私人投资者共同对会员国的生产性私人企业进行联合贷款或联合投资，以促进私人资本向发展中国家投资。

国际金融公司贷款的期限一般为 7～15 年，还款时需用原借入货币进行支付，贷款的利率不统一。

（四）亚洲开发银行贷款

亚洲开发银行（Asian Development Bank, AsDB）是个类似世界银行，但只面向亚太地区的区域性政府间金融开发机构。它于 1966 年 11 月正式成立，并于同年 12 月开始营业，总部设在菲律宾首都马尼拉。其宗旨是向其成员国和地区成员提供贷款与技术援助，帮助协调成员国在经济、贸易和发展方面的政策，同联合国及其专门机构进行合作，以促进亚太地区的经济发展。

从亚行的贷款条件来看,亚行根据1990年人均国民生产总值的不同将发展中成员分为A、B、C三类,对不同种类的国家或地区采用不同的贷款或赠款条件。按贷款条件划分,亚洲开发银行的贷款可分为硬贷款、软贷款和赠款三类。硬贷款的贷款利率为浮动利率,每半年调整一次,贷款的期限为10~30年(含2~7年宽限期)。软贷款,即优惠贷款,仅提供给A类成员(人均国民生产总值不超过851美元),贷款期限为40年(含10年宽限期),不收利息,仅收1%的手续费。属于B类成员有可能获得软贷款,但与普通资金混合使用。至于赠款,则用于技术援助,资金由特别基金提供,但赠款金额有限制。

亚行贷款的具体形式可分为:

1. 项目贷款,即为某一成员发展规划的具体项目提供的贷款,这些项目须具备经济效益好,有利于借款成员的经济发展和借款成员有较好的资信等三个条件。

2. 规划贷款,即对成员国某个需要优先发展的部门或其所属部门提供资金,以便通过进口生产原料、设备和零部件,扩大原有生产能力,使其结构更趋合理化和现代化。

3. 部门贷款,即对成员国的同项目有关的投资进行援助的一种形式。这项贷款是为提高所选择的部门或其分部门执行机构的技术与管理能力而提供的。

4. 开发金融结构贷款,是通过成员的开发性金融结构进行的间接贷款,因而也称中间转贷。

5. 综合项目贷款,是对较小的借款成员的一种贷款方式,把借款数额不大的一些项目捆在一起作为一个综合项目来办理贷款手续。

6. 特别项目援助贷款,是为避免亚洲开发银行提供贷款的项目执行过程中由于缺乏配套资金等未曾预料到的困难所提供的贷款。

7. 私营部门贷款,分为由政府担保的贷款,或是没有政府担保的股本投资以及为项目的准备等提供技术援助的直接贷款、通过开发性金融结构的现额转贷和对开发性金融机构进行股本投资的间接贷款等。

8. 联合贷款,指一个或一个以上的官方机构或私人投资者等经济实体与亚洲开发银行共同为成员国某一项目融资。它主要有以下五种类型:

(1) 平行融资(Parallel Financing),是指将项目分成若干具体、独立的部分,以供亚行和其他融资伙伴分别融资。

(2) 共同融资(Joint Financing),是指亚行与其他融资伙伴按商定的比例,对某成员国的某一项目进行融资的方式。

(3) 伞形融资或后备融资(Umbrella or Standby Financing)。这类融资在开始时由亚行负责项目的全部外汇费用,但只要找到联合融资伙伴,亚行贷款中的相应部分即取消。

(4) 参与性融资(Participatory Financing),是指亚行先对项目进行贷款,然后商业银行购买亚行贷款中较早到期的部分。

(5) 窗口融资(Channel Financing),是指联合融资伙伴将其资金通过亚行投入有关项目,联合融资伙伴与借款人之间并不发生关系。

六、项目融资

(一) 什么是项目融资

"项目融资(Project Financing)"是一种内容涵盖十分广泛的融资方式。这种方式的显著特点是融资不仅依靠项目发起人的信用保障或资产价值,更主要的是贷款银行还要依靠项目本身的资产和未来的现金流量来考虑贷款偿还保证,贷款方十分重视项目本身的可靠性。因此,他们需要非常仔细地考察项目的可行性和出现潜在的不利因素的可能性。

项目发起人(股份持有者)寻求项目融资是因为这种融资所产生的债务不反映在项目发起人的资产负债表上,也不构成政府的外债,不要求项目发起人就项目对债权人做出担保,一般称为"无追索(Non-Recourse)"。实际上大多数项目均为"有限追索(Limited-Recourse)"融资,即项目发起人,除提供的初始股本承诺外,还承诺提供备用资金支持,以使债权人更加放心,对许多基础项目来说,由于政府部门直接购买项目产品,因此债权人可依赖项目发起人和政府的支持来提高项目的信誉等级。这样,除要求项目发起人提供支持,减少像超支这样的传统商业冒险外,债权人还可能要求购买项目产品的国有机构签定一份购买或支付合同,并在合同中写明政府赔偿条款,以防政府以后政策的变化影响项目的有效实施。

一般来讲,采用项目融资的项目都是大型项目,这些项目所涉及的工艺、技术都是比较复杂的,如果没有技术保证,贷款方是不会轻易介入的,对贷款方来说,项目的技术可行性是非常重要的。

项目融资的资金来源比较广泛,常见的有以下11种渠道:

(1)银行;(2)租赁公司;(3)投资机构,包括保险公司和养老基金管理机构等;(4)个人;(5)投资管理公司;(6)外国投资者;(7)客户;(8)供应商;(9)政府机构;(10)出口信贷机构;(11)银行。

(二) 项目融资的常见形式

项目融资结构复杂,种类很多,经过对现有项目认真分析归类,可以把项目融资归纳为以下几种常见形式:

1. 产品支付(Production Payment)

产品支付是针对项目贷款的还款方式而言的。借款方在项目投产后不以项目产品的销售收入来偿还债务,而是直接用项目产品来还本付息。在贷款得到偿还以前,贷款方拥有项目的部分或全部产品,借款人在清偿债务时把贷款方的贷款看作这些产品销售收入折现后的净值。当然,这并不意味着贷款银行真的要储存几亿桶石油或几亿度电力,在绝大多数情况下,产品支付只是产权的转移而已。在产品支付这种形式下,贷款方常常要求项目公司重新购回属于它们的项目产品,或充当它们的代理来销售这些产品。因此,销售的方式可以是市场出售,也可以由项目公司签署或取或付合同。无论哪种情况,贷款方都用不着接受实际的产品。

产品支付在美国的石油、天然气和采矿的项目融资中应用最为普遍。这种偿贷方式的运作技巧就是由贷款方设立一家专设公司来购买项目公司的石油、天然气或矿物等产品。专设公司的成立有助于把某些潜在的责任(如环保责任)同项目产品的所有权分割开来。

产品支付这种形式具有以下几个特点:

(1) 用来清偿债务本息的唯一来源是项目的产品;

(2) 贷款的偿还期应该短于项目有效生产期;

(3) 贷款方对项目经营不承担直接责任。

2. 远期购买(Forward Purchase)

"远期购买"具有"产品支付"的许多特点,但前者更为灵活。同产品支付一样,贷款方可以成立一个专设公司。这个专设公司不仅可以购买事先商定好的一定数量的产品,还可以直接接受这些产品的销售收入。具体销售的方式可以选择公开市场、或取或付合同,或与项目发起人签订类似的协议等。

3. 融资租赁(Finance Lease)

租赁在资产抵押性融资中用得很普遍,特别是在购买轮船和飞机的融资中。在英国和美国,很多大型工业项目也采用融资租赁,因为融资租赁可以通过厂房和设备的折旧为项目发起方带来税收好处,从而降低其生产成本。

除了税收好处外,项目发起人和贷款方选择融资租赁还有其他方面的考虑。譬如,在某些国家为某些资产进行融资的时候,如果该国缺乏充分和稳定的担保法律,租赁便具有优越性,因为资产的所有权仍属于贷款人。另外,融资租赁的灵活性也是它的一个显著特点。短期的经营租赁,可以使项目公司仅在建设开发期的某一特定时期使用某些特定的设备或其他资产。再譬如,在"伊斯兰融资"中,贷款不能有利息但投资又不能没有回报,这个时候租赁提供了一个解决问题的方法。

出租人和担保人之间协商谈判的过程是项目进行融资最困难的阶段。尽管有担保银行的担保,出租方仍希望保持对资产的所有权,以便在将来需要的时候可以重新拥有它;而银行却希望有足够的资产抵押来担保其担保责任。出租方和银行之间谁享受优先权这个问题总是谈判的一个焦点,出租方一般不会放弃优先权,除非是在与税务无关的补偿索赔中。银行担保的范围是谈判的另一个重点,特别是当出租方坚持要它对整个项目长达20到30年的还款责任进行担保的时候。一般而言,银行会尽量把其担保局限在租金偿付和其他金融风险内,它们不愿为项目公司的所有责任提供一揽子担保。

对于一些大的项目来说,任何一家租赁机构都很难具有足够大的资产负债表来吸纳所有的税收好处,因此项目资产往往由许多租赁公司分别购置和出租,或者由它们组成一个新的合伙制公司来共同完成租赁业务。

4. 建设-运营-移交(Build-Operate-Transfer,即 BOT)

BOT 是政府把一个公用事业项目的开发和经营权交给私营企业或私营机构,换句话说,在这种形式中,项目任何一方对项目的所有权都是阶段性的。当然,如果从广义看,BOT包括 BOO(Build-Operate-Own)方式和其他一些变形,其中 BOO 项目可以认为是私营项目。

对政府来说,以 BOT 方式融资的优越性主要表现在以下几个方面:

(1)减少项目对政府财政预算的影响,使政府能在自有资金不足的情况下,仍能上马一些基本项目建设,政府可以集中资源,对那些不被投资者看好但又对国家有重大战略意义的项目进行投资。BOT 融资不构成政府外债,可以提高政府的信用,政府也不必为偿还债务而苦恼。

(2)把私营企业中的效率引入公用项目,可以极大地提高项目建设质量并加快项目建设进度。同时,政府也将全部项目风险转移给了私营发起人。

(3)对于发展中国家来说,吸引外国投资并引进国外的先进技术和管理方法,对东道国长远的经济发展会产生积极的影响。

对于那些具有很强社会性的项目,如交通或能源项目,BOT 是一种非常理想的融资方式。在这种融资方式中,通常是由项目东道国政府或它的某一机构与项目公司签署特许权协议,把项目建设及运营的特许权交给后者。但并不是所有的 BOT 项目都需要政府亲自出面,我国的广东沙角 B 电站是早期以 BOT 方式进行的一个项目,这个项目的特许权是通过一家有政府背景的企业和在香港注册的合资公司之间的合作协议中授予的。

另外,如果项目专设公司完全是为了从政府那里得到项目而设立的,而它又要承担相当的法律义务,那么政府就希望项目发起方对专设公司给予一定的担保和支持。从政府的角度看,在运用 BOT 方式时,项目公司必须确保以下事项:

(1) 在整个特许经营期内提供足够的服务;

(2) 达到有关的安全和环保标准;

(3) 对消费者和用户的收费是合理的;

(4) 经常对机器和设备进行维修、保养,使它们能够进行正常工作并安全移交。

同样,项目发起方也希望政府能在某些情况下对项目给予照顾和扶持,譬如为项目提供必要的配套设施(道路、电力等)或保证项目的换汇需求等。它们也会尽可能地得到政府的某种许诺,保证政府不会做出违背协议或其他对项目不利的事。

在 BOT 项目中,贷款银行同样是项目融资谈判的主角之一。特许协议对项目风险的分配起很大作用,政府和项目公司进行协商谈判时应该充分考虑到贷款银行对协议做出的反应。由于在 BOT 项目中东道国政府一般不直接同贷款银行发生联系,它们双方有着各自不同的利益,因此项目发起方应该充分考虑到它们之间的协调、沟通工作。

5. 资产收益证券化融资(Asset-Backed Securitization)

资产收益证券化简称为 ABS,它是以项目资产可以带来的预期收益为保证,通过一套提高信用等级计划在国际资本市场发行债券来募集资金的一种新的项目融资方式。

ABS 的运作过程如下:

(1) 组建一个特别专门目标公司 SPC(Special Purpose Corporation),该机构可以是一个信托投资公司、信用担保公司、投资保险公司或其他独立法人,该机构应能获得权威性资信评估机构较高级别资信等级(AAA 或 AA 级)。成功地组建 SPC,是 ABS 能够成功运作的基本条件和关键因素。

(2) SPC 寻找可以进行资产证券化融资的对象。原则上,投资项目所依附的资产只要在未来一定时期内能带来现金收入,都可以进行 ABS 融资。能够带来现金流入量的收入形式可以是:

信用卡应收款;房地产的未来租金收入;飞机、汽车等设备的未来运营收入;项目产品出口贸易的收入;航空及铁路的未来运费收入;收费公路及其他公用设施收费收入;税收及其他财政收入等。

拥有这种未来现金流量所有权的企业(项目公司)称为原始权益人。这些未来现金流量所代表的资产,是 ABS 融资方式的物质基础。在进行 ABS 融资时,一般应该选择未来现金流量稳定、可靠、风险小的项目资产。一般情况下,这些代表未来现金收入的资产,本身具有很高的投资价值,但是由于各种客观条件的限制,它们自身无法获得权威信用评估机构授予的较高级别的资信等级,因此无法通过证券化的途径在资本市场筹集项目建设资金。

(3) 以合同、协议等方式将原始权益人所拥有的项目资产的未来现金收入的权利转让给 SPC。转让的目的在于将原始权益人本身的风险和项目资产未来现金收入的风险割断。这样,SPC 进行 ABS 融资时,其融资风险仅与项目资产的未来现金收入有关,而与建设项目的原始权益人本身的风险无关。在实际操作中,为了确保这种风险"隔绝"万无一失,SPC 一般要求原始权益人或有关机构提供充分的担保。

（4）SPC 直接在资本市场发行债券募集资金，或者经过 SPC 通过信用担保，由其他机构组织债券发行，并将通过发行债券募集的资金用于项目建设。由于 SPC 的信用等级很高（一般均获得权威性资信评估机构授予的 AAA 级或 AA 级信用等级），按照信用评级理论和惯例，由它发行的债券或者通过它提供信用担保的债券，也自动具有相应的信用等级，从而使得项目能够在高档投资级证券市场上以较低的资金成本募集项目建设所需资金。

（5）SPC 通过资产的现金流入量，清偿债权的债券本息。

ABS 的特点可归纳如下：

（1）通过证券市场发行债券筹集资金，是 ABS 不同于其他项目融资方式的一个显著特点；无论是产品支付、融资租赁，还是 BOT 融资，都不是通过证券化进行融资的，而证券化融资代表着项目融资的未来发展方向。

（2）由于是通过 SPC 发行高档投资级债券募集资金，这种负债不反映在原始权益人自身的"资产负债表"上，从而避免了受原始权益人资产质量的限制。

（3）利用成熟的项目融资改组技巧，将项目资产的未来现金流量包装成高质量的证券投资对象，充分显示了金融创新的优势。

（4）由于证券投资者的还本付息资金来源于项目资产，奉献取决于可预测的现金收入，而不是项目原始权益人自身的信用状况，并且不受原始权益人破产等风险的牵连。

（5）由于债券在证券市场上由众多投资者购买，从而使投资风险得到了分散。

（6）债券的信用风险得到了 ABS 的信用担保，是高档投资级证券，并且还能在二级证券市场进行转让，变现能力强，投资风险小，因而具有较大的吸引力，易于债券的发行推销。

（7）ABS 融资涉及的机构较少，从而最大限度地减少了酬金、差价等中间费用，并且使融资费用降至较低的水平。

（8）ABS 融资债券由于属高档投资级债券，利息率一般较低，但比普通储蓄的投资回报要高。

（9）因为通过证券市场筹集资金，操作比较规范，一般应有高质量的专业咨询机构的参与，并且按照严格的专业标准提供服务。

（10）这种融资方式适于大规模地筹集资金，特别是在国际证券市场筹集资金。

第 2 节 外 汇

一、外汇的概念

外汇（Foreign Exchange）是国际汇兑的简称，外汇的概念有动态和静态之分，动态意义上的外汇，是指人们将一种货币兑换成另一种货币，用以清偿国际间债权债务的行为，在这一意义上，外汇的概念等同于国际结算。而静态意义上的外汇概念还进一步有广义和狭义之分。广义的静态外汇概念泛指一切以外国货币表示的资产，在各国的外汇管理法令中所沿用的便是这种概念。如我国 1980 年颁布实施的《中华人民共和国外汇管理暂行条例》对外汇的解释是："外汇是指：外国货币，包括钞票、铸币等；外币有价证券，包括政府公债、国库券、公司债券、股票、息票等；外币支付凭证，包括票据、银行存款凭证、邮政储蓄凭证；其他外汇资金。"在这一意义上，外汇的概念等同于外币资产。狭义的外汇概念是指以外币表示的，可用于国际结算的支付手段。按照这一定义，以外币表示的有价证券由于不能直接用于国际间的支付,故不属于外汇;同样,外国钞票也不能算作外汇,外钞只有携带回发行国,并贷记在银行账户上后,才能称作外汇。因此,在这个意义上,只有存放在国外银行的外币资金,以及将银行存款的索取权具体化了的外币票据,才构成外汇。具体来看,外汇主要包括以外币表示的银行汇票、支票、银行存款等。银行存款是狭义外汇概念的主体,这不仅是因为各种外汇支付凭证都是对外币存款索取权具体化了的票据,而且还因为外汇交易主要是运用在国外银行的外币存款来进行的,人们通常就是在这一狭义意义上使用外汇概念的。

外汇根据可否自由兑换有自由外汇和记账外汇之分。自由外汇指的是无需货币发行国批准,可以随时动用、自由兑换为其他货币,或可以向第三者办理支付的外汇。作为自由外汇的货币的一个根本特征是可兑换(Convertible),其在国际支付领域中被广泛使用,是国际外汇市场主要的买卖对象。目前世界上有 50 多种货币是可兑换货币,其中以美元(USD,US$)、英镑(GBP,£)、德国马克(Deutsche Mark,DM)、瑞士法郎(Swiss Franc,SF)、法国法郎(French Franc,FF)、日元(Japanese Yen,JPY)等主要工业国家货币表示的外汇属于自由外汇,是世界各国普遍接受的主要支付手段。记账外汇,又称协定外汇或清算外汇,是指未经货币发行国同意,不能自由兑换成其他货币,或对第三者进行支付的外汇,记账外汇只能根据两国政府间的清算协定在双方银行开立专门账户记载使用。

值得注意的是:由一国货币当局持有的外币资产,称为外汇储备。外汇和外汇储备不是同一个概念。

在外汇市场上,基于大家对某种货币汇价走势的预测,外汇有硬币(Hard Money)和软币(Soft Money)之分。硬币指的是在外汇市场上趋于升值的货币,又称其是一种坚挺的货币;软币指的是在外汇市场上趋于贬值的货币,又称其是一种疲软的货币。进出口贸易计价结算货币的选择以及外币借贷币种的选择都不能忽视外币升贬的趋势。

二、外汇汇率和外汇交易

(一)外汇汇率的概念及标价方法

外汇汇率(Foreign Exchange Rate)指的是把一个国家的货币折算成另一个国家的货币的比率、比价或价格,也可以说是以一种货币表示的另外一种货币的价格。比如:在汇率式子 $1 = RMB¥8.2731 中,8.2731 便是把美元折算成人民币的比率,或者是以人民币表示的美元的价格,在这个美元和人民币汇率的表达式中,美元由于拥有标准单位,便被称为标准货币,而人民币便被称为标价货币。在表示两个国家货币比率时,先要确定用哪个国家的货币为标准货币,由于标准货币的确定不同,便存在着两种不同的汇率标价方法。

1. 直接标价法

直接标价法(Direct Quotation)是用一定单位的外国货币为标准,折算成若干数量的本国货币来表示汇率的标价方法。比如:对我国来说,$1 = RMB¥8.2731 便属于直接标价法。绝大多数国家都采用直接标价法。在直接标价法下,汇率升高,意味着本币贬值,外币升值;汇率降低则反之。

2. 间接标价法

间接标价法(Indirect Quotation)是用一定单位的本国货币为标准,折算成若干数量的外国货币来表示汇率的标价方法。比如:相对我国来说,RMB¥1 = $0.1208 便属于间接标价法。英国和美国(美元和英镑汇价的表示方法例外)都是采用间接标价法的国家,在间接标价方法下,汇率升高,意味着本币升值,外币贬值;汇率降低则反之。

（二）外汇汇率的分类

外汇汇率依据不同的标准便有不同的分类。这里介绍四种不同的外汇汇率分类。

1. 按外汇交易支付工具划分，可以将外汇汇率分为电汇汇率（T/T Rate）、信汇汇率（M/M Rate）和票汇汇率（D/D Rate）。电汇汇率指的是银行卖出外汇后以电讯方式通知国外存款行付款时所采用的外汇价格。电汇汇率下的外汇交收时间最快，一般银行不能占用顾客资金，因此电汇汇率最高，在银行外汇交易中的买卖价均指电汇汇率。电汇汇率是计算其他各种汇率的基础。信汇汇率指的是银行卖出外汇后以信函方式通知国外存款行付款时所采用的汇率。由于航邮比电讯通知需要时间长，银行在一定时间内可以占用顾客资金，因此信汇汇率比电汇汇率低。票汇汇率指的是在兑换各种外汇汇票、支票和其他票据时所用的汇率。因票汇在期限上有即期和远期之分，故汇率又分为即期票汇汇率和远期票汇汇率，后者要在即期汇票的基础上加远期付款的利息。

2. 从银行买卖外汇的角度来分，外汇汇率可分为买入汇率和卖出汇率。商业银行的机构买进外币时所依据的汇率是买入汇率（Buying Rate），也称买入价；卖出外币时所采用的汇率为卖出汇率（Selling Rate），也称卖出价。买入价和卖出价的幅度一般在 1‰～5‰。在外汇市场上挂牌的外汇牌价一般均列有买入汇率和卖出汇率。在直接标价法下，一定外币后的前一个本币数字表示买价，即银行买进外币时付给客户的本币数；后一个本币数字表示卖价，即银行卖出外汇时向客户收取的本币数。在间接标价法下，情况恰恰是相反。

外汇牌价表中除列有买入和卖出汇率外，一般还经常公布现钞（Bank Note）价。现钞买入价比银行买入汇票等支付凭证的价格低，因为银行买入外币汇票后，通过航邮划账，可很快地存入外国银行开始生息，调拨使用；而银行买入外币现钞，要经过一定的时间，积累到一定数额后，才将其运送并存入外国银行调拨使用。在此以前，买进钞票的银行要承受一定的利息损失；将现钞运送并存入外国银行的过程中，还有运费、保险费的支出，银行要将这些损失及费用开支转嫁给卖现钞的顾客，所以银行买入现钞所出的价格低于买入各种形式的国际结算凭证的价格，而银行卖出现钞时，则根据一般的卖出汇率，不再单列。

3. 按照外汇买卖交割的时间的不同分为即期汇率（Spot Exchange Rate）和远期汇率（Forward Exchange Rate）。即期汇率是外汇买卖双方成交后，在两个营业日之内进行交割所用的汇率；远期汇率是外汇买卖双方成交后，在两个营业日之后的某一天进行交割所采用的汇率。远期汇率的报价方法有两种，一种是直接报出远期外汇的实际汇率，瑞士和日本等国采用此法；一种是报远期差价法，即用升水（at Premium）、贴水（at Discount）和平价（at Par）标出远期汇率和即期汇率的差价，远期汇率由即期汇率和远期差价加（减）后得出。

4. 按汇率获得方法的不同，将汇率分为基本汇率（Basic Rate）和套算汇率（Cross Rate）。一般地，一国货币所面临的外国货币数量很多，该国不可能制定公布出该国货币和任何国外货币的比价，而通常只是选择和本国经济贸易关系密切的一个或几个国家的货币，制定出该国货币和它们之间的比价。这种由国家公布制定的汇率为基本汇率，根据基本汇率套算出来的两国货币之间的汇率便为套算汇率。

（三）影响外汇汇率变动的因素

汇率是两种货币之间的价值比，因此汇率变动的基本特点是以两种货币之间的价值之比为基础，随货币的供求变化而变动，从汇率变动的这一特点出发，影响汇率变动的因素大体可以归纳如下：

1．国际收支

国际收支（Balance of Payment）是一个国家的居民在一定时期内和其他国家的居民之间经济交易的系统记录。这些经济交易包括进出口贸易，劳务输出入，单方面转移，长短期资本的流动等，因此国际收支是一国对外经济活动的综合反应，国际收支不平衡是影响汇率变动的最直接的因素，因为国际收支发生不平衡，不论是顺差还是逆差，都必然导致外汇的供过于求或求过于供，从而使汇率受到影响。

2．通货膨胀

通货膨胀（Inflation）指的是一国一般物价水平的普遍性、持续性的上涨。当一国发生通货膨胀时，该国的货币购买力下降，其汇率随之趋于下降。此时通货膨胀的相对水平比绝对水平更为重要，若该国的通货膨胀率高于外国的，该国的货币购买力下降，其汇率趋于下跌；若两国的通货膨胀率相同，则两国间的名义汇率不受影响。

3．经济增长率的国际差别

经济增长率和汇率的关系有两种，其一，当一国经济增长率高于别国而且它的出口不变时，由于进口的商品劳务随着国民收入的增加而增加，外汇需求增加，该国货币的汇率下降，外汇汇率上升。其二，当一国经济增长的同时出口亦增长，或经济增长是靠出口推动的时候，该国出口的增长可能超过国民收入增长造成的进口的增加，使该国的货币汇率上升，外汇汇率下降。这是仅就商品劳务的进出口而言，若考虑到资本流动，情况就更为复杂，不管怎样，经济增长率对汇率的影响不仅需要一个较长的时间才能体现出来，而且持续的时间也较长。

4．相对利率高低

在资本自由流动的条件下，利率高低直接影响一国对金融资产的吸引力。一般来说，一国利率上升，将提高本国金融资产对外国金融资产投资者的吸引力，从而引起资本内流，本币汇率上升；反之汇率下降。当然，这里指的一国利率的高低不是绝对的，而是相对的，一国利率的升降必须是高于其他国家的利率升降，才会对汇率变动产生影响。这主要是由作为金融商品的资本在国际间的移动是以追求高利为目的的特性所决定的。

5．中央银行干预

中央银行为将汇率稳定在某一区间而在外汇市场上买卖外汇，从而改变外汇市场上外汇供求双方的力量对比，带来汇率的短期波动。

6．心理预期及政治、新闻舆论因素

心理预期是指人们对将来事物发展变化的预计。当外汇市场参加者预期某种货币的汇率在今后将疲软时，他们为避免损失或获取额外的好处，便会大量抛售该种货币，反之则会大量买进。外汇市场参加者的心理预期的形成，往往受一国的经济增长状况、国际收支状况、财政金融政策以及国际政治军事形势以及其他不可预计的突发性事件的影响。

政治、新闻舆论因素对汇率变动也会产生短期影响。1991年8月原苏联发生非常事件时，当总统戈尔巴乔夫被扣押在克里米亚后，德国马克对美元的汇率急剧下降，在几天之内，由1美元＝1.7717马克下降到1美元＝1.8600马克，这是由于德国在原苏联有大量投资，如果苏联政策变化，就会对德国投资产生不利影响。

（四）外汇交易

所谓外汇交易（Foreign Exchange Transactions）是指在外汇市场上进行的买卖外汇的活

动。外汇交易主要是由于对外贸易和投资需要用不同的货币实行结算和支付而产生的。进口商为办理进口商品和运费、保险费及其他劳务费用、手续费等的结算,需要购买外币;对外投资、侨民汇款和利润汇出等也需要购买外币;而出口商收进外汇,投资者吸入外资和侨民汇入款以及利润汇回等则需要卖出外币。外汇交易所体现的外币运动,实质上反映了国际间的有形贸易、无形贸易和资本投资中的商品运动和资本运动。在各国实行浮动汇率时期,外汇交易还具有满足贸易和投资者避免汇率波动风险的作用。同时,由于对未来的某一时期汇率变动趋势及幅度的预测不同,许多外汇交易又具有投机的性质。

1. 即期外汇买卖

即期外汇买卖(Spot Exchange Transaction)指的是外汇买卖双方成交后,在两个营业日之内进行交割的一种外汇交易方式。所谓营业日,即为工作日,当然把假期除外。通常,即期外汇买卖是在双方达成交易后的第二个营业日进行交割,在交易日与交割日之间若遇到收款行所在国例行休假,交割日应向后顺延,直到交易日后的第二个营业日。

2. 远期外汇买卖

远期外汇买卖(Forward Exchange Transaction)指的是外汇买卖双方成交后先签合同,规定外汇买卖的数额、汇率和将来交割的时间,在合同到期日再按合同规定实行卖方付汇、买方付款的外汇买卖业务。远期外汇买卖最大的特点是在现在把将来买卖外汇的汇率给固定住,将来等合同到期,无论即期汇率为多少,买卖双方皆按合同中规定的远期汇率来交割,从而可使对外经济主体减少将来汇率变动对其不利的风险。

3. 外币期货交易

外币期货交易(Foreign Currency Future)是在期货交易所里买卖期货合约的交易。期货合约是标准化的远期合约,其交易币种、交易单位、交易时间、交割时间和地点都有统一规定,价格是由买卖双方以公开喊价的方式决定的。

外币期货交易和远期外汇交易有类似之处,两者最大的不同在于:远期外汇交易90%以上最终都要进行实物交割,买方付款并收汇,卖方付汇收款,而在外币期货交易中,进行实物交割的很少,只有1%~2%左右,绝大部分交易在交割日前都通过相反的交易对冲了。

4. 外币期权交易

外币期权交易(Foreign Currency Option)指的是远期外汇的买方(或卖方)与对方签订购买(或出售)远期外汇合约,并支付一定金额的期权保险费(Premium)后,在合约的有效期内或在规定的合约到期日,有权按合约规定的协定价格(Striking Price or Exercise Price)履行合约,行使自己购买(或出售)一定数额的外汇的权力,但这种权利有不行使的自由,即交纳期权保险费的期权买方有权在协定汇价和所决定的交割日的即期汇价间选择对自己有利的汇率。

5. 掉期交易

掉期交易(Swap Transaction)是在买进或卖出即期外汇的同时,卖出或买进远期外汇,在短期资本投资或在资金的调拨活动中,将一种货币兑换成另一种货币,为避免汇率波动的风险,常常运用掉期业务,以防止可能发生的损失。

三、外汇风险管理与外汇管制

(一) 外汇风险的概念及类型

外汇风险(Foreign Exchange Risk)又称汇率风险,指的是经济主体在持有或运用外汇的经济活动中,因汇率变动而蒙受损失的一种可能性。从事涉外贸易、投资、借贷等活动的主体,不可避免地会在国际范围内收付大量外汇,或拥有以外币表示的债权债务。当汇率发生变化时,一定数量某种外汇兑换或折算成本币或另一种币别的外汇的数量较以前为少或为多,这就可能使外汇持有者或运用者获利。但是,经营稳健的经济主体一般不愿意让经营成果蒙受这种自身无法预料和控制的汇率变化的影响。自1973年西方主要工业国家实行浮动汇率制度以来,各主要货币的汇率不仅大幅度、频繁地波动,而且它们之间经常出现难以预料的地位强弱转化。由此,在各种涉外经济活动中,外汇风险问题显得更为突出。有关经济主体在其经营活动中,都将外汇风险防范作为经营管理的一个重要方面。

外汇风险可以分为三种类型,一种是交易风险(Transaction Risk),其指的是在运用外币进行计价收付的交易中,经济主体因外汇汇率变动而蒙受损失的可能性,这是一种流量风险。外汇风险中的另一种是折算风险(Translation Risk),又称会计风险,指经济主体对资产负债表进行会计处理中,在将功能货币转化成记账货币时,因汇率变动而呈现账面损失的可能,这是一种存量风险。经济风险(Economic Risk)属于外汇风险中的又一种类型,其又称为经营风险,是指意料之外的汇率变动通过影响企业生产销售数量、价格、成本,引起企业未来一定期间收益或现金流量减少的一种潜在损失。汇率的变动通过影响企业的生产成本、销售价格,将引起产销数量的调整,并由此最终带来获利状况的变化。值得注意的是,经济风险中的汇率变动仅指意料之外的变动,而不包括意料到的汇率变动,对于一个企业来说,经济风险比折算风险和交易风险都更为重要,因为其影响是长期性的,而折算风险和交易风险的影响是一次性的。

涉外经济主体的外汇风险管理是指对外汇市场可能出现的变化作出相应的决策,以避免汇率变动可能造成的损失。对于不同类型的外汇风险,应采取不同的管理方法,在本节我们主要介绍交易风险的管理。

（二）外汇风险中交易风险的管理

1. 交易风险产生的几种情形

（1）在商品劳务的进出口贸易中,若外汇汇率在外币收付时较合同签订时有所涨跌,则进口商需要付出更多的本币或其他货币,出口商则会在本币收入上有所损失。

（2）在资本输出(输入)中,如果外汇汇率在外币债权债务清偿时较债权债务关系形成时有所升降,则债权人(债务人)的收入(支出)就会下降或上升。

（3）外汇银行在中介性外汇买卖中持有外汇头寸的多头和空头,也会因汇率变动而可能蒙受损失。

2. 交易风险管理办法

（1）选择货币法:在有关对外贸易和借贷等经济交易中,选择何种货币签订合同作为计价结算的货币或计值清偿的货币,直接关系到交易主体是否将承担汇率风险。在选择合同货币时,应争取使用本国货币作为合同货币,若必须以外币计价结算,则应选择好硬币和软币。将来有外币收入的对外经济主体应争取以硬币作为合同货币,将来有外币支出的对外经济主体应争取以软币作为合同货币,但各种货币的"软"、"硬"不是绝对的,严格来看,这种方法并不能保证经济实体免遭汇率变动的损失。

另外,在签订对外经济收付合同时,也可在合同中加列货币保值条款。货币保值是指选择某种与合同货币一致的价格稳定的货币,将合同金额转换用所选货币来表示,在结算或清偿时,按所选货币表示的金额以合同货币来完成收付。在签订合同时加列货币保值条款,能够防止汇率多变的风险,往往被用于长期合同。

(2) 金融交易法:交易合同签订后,涉外经济实体可以利用外汇市场和货币市场来消除外汇风险,主要方法有:现汇交易、期汇交易、期货交易、期权交易、掉期交易、借款与投资、借款—现汇交易—投资、外币票据贴现、福费廷交易等。其中外汇交易方法我们在前面已介绍过,这里只对其他的方法给予简单介绍。

借款法与投资法(Borrowing and Investing)。这是通过创造与未来外汇收入或支出相同币种、相同金额、相同期限的债权或债务以达到消除外汇风险目的的一种风险防范措施,其中借款法用于有未来外汇收入的场合,投资法用于有未来外汇支出的场合。

借款—现汇交易—投资(Borrow-Spot-Invest,BSI)是一种将借款、现汇交易和投资综合运用的方法,主要用于对未来有外汇支出的风险防范。具体操作是:进口商(或债务人)在签订合同后,当即从银行借入一笔本国货币,其期限与未来外汇支出的期限相同,其金额按现汇汇率与未来外汇支出的金额等值。然后,以所借本币在现汇市场上买进未来支出的外汇,并将该外汇投资于交易对方所在国的货币市场,投资期限与未来外汇支出期限相同。到结算日或清偿日,投资亦到期,把收回的外汇投资履行支付或偿付的义务,同时偿还从银行的本币借款。

外币票据贴现(Discount),出口商在向进口商提供资金融通而拥有远期外汇票据的情况下,可以拿远期外汇票据到银行要求贴现,提前获取外汇并将其出售,取得本币现款。

福费廷交易(Forfaiting),指一种中期、固定利率、无追索权的出口贸易融资的贴现业务。在这一业务中,银行在办理经进口商承兑的远期外汇票据贴现后,不能对出口商行使追索权,出口商在贴现这种票据时是一种卖断,以后票据拒付与出口商无关,出口商将票据拒付风险和外汇风险一并转嫁给贴现票据的银行。这种风险防范方法仅适应于延期付款的大型设备贸易。

(3) 其他管理方法:提前或拖后(Leads or Lags),是指涉外经济主体根据对计价货币汇率的走势预测,将收付外币的结算日或清偿日提前或拖后,以达到防范外汇风险或获取汇率变动的利益的目的。

配对法(Matching)是指涉外主体在一笔交易发生时或发生后,再进行一笔与该笔交易在币种、金额、付款日上完全相同,但资金流向正好相反的交易,使两笔交易所面临汇率变动的影响相互抵消的一种做法。

汇率变动保险,指涉外经济主体向有关保险公司投保汇率波动险,一旦因汇率变动而蒙受损失,便由保险公司给予合理的赔偿,汇率风险的保险一般由国家承担。在日本,保险标的仅限于部分长期外币债权,币种仅限于美元、英镑、德国马克、法国法郎和瑞士法郎。在美国,由国际开发署承担保险责任,保险标的为美国居民的对外投资。

3. 外汇管制

外汇管制(Foreign Exchange Control)是指一个国家为了维持国际收支的平衡和汇价水平的稳定,对外汇买卖和国际结算等实行管制,管制的范围包括贸易、非贸易、资本输出、输入、汇率、外汇市场、银行存款账户等方面,即一个国家的政府指定或者授权某一机构制订有关外汇管理的法令,通过各种法令、条例、制度对其国境内以及其管辖范围内的本国人、外国人、本国单位和外国单位的一切外汇收、支、存、兑活动实行管制。

外汇管制的目的首先是为了防止资本外逃,这在战争期间尤为重要。其次,实行外汇管制可以改善一国国际收支经常项目的状况。再次,外汇管制还可以通过稳定汇率的条例及措施保护本国贸易的发展,如果汇率受本国通货膨胀及世界市场等因素的影响经常发生波动,就会增加进出口贸易亏损的风险,影响对外贸易的顺利发展,一般实行外汇管制的国家往往对本国货币的官方汇率予以确定,尽可能减少对外贸易的风险。另外,实行外汇管制还有利于稳定本国物价,促进国内经济平衡发展,特别是对那些外汇资源比较缺乏,国际收支困难较为严重的国家就更如此。

由于各国的经济实力不同,在世界经济中所处的地位不同,其国内经济发展的情况不同,因此对外汇管制的具体措施也就有不同的侧重,但总体来说,实行外汇管制的国家一般对汇率、贸易外汇收支、非贸易外汇收支、资本输入输出、银行账户存款、黄金和现钞的输出、输入等分别采取一定的管制方法。

汇率是一国实行外汇管制的主要内容之一,实行汇率管制的方法主要有两种:直接管制和间接管制。直接管制即由政府公布汇率,用行政手段规定各项外汇收支,按公布汇率结汇;间接管制就是一国利用外汇基金在市场上进行干预,来稳定汇率。这些国家在中央银行建立外汇平准基金,汇率一般由市场供求关系所决定。政府授权中央银行运用这项基金在外汇市场买卖外汇,调节市场供求的不平衡,以达到稳定汇率的目的。

贸易外汇收支是国际收支的最大项目,实行外汇管制的国家多对贸易外汇实行严格管制,以集中出口外汇收入,限制进口外汇支出,解决贸易逆差,追求国际收支平衡。其中管制出口外汇的主要内容是:规定出口商必须把全部或一部分出口贸易所得的外汇收入,按官方汇率结售给指定银行,以保证国家集中外汇收入,统一使用。在进口外汇的管制上,实行外汇管制的国家为了减少外汇支出,防止资本外逃,减缓国际收支逆差,一般都规定进口商所需的外汇,须向管汇当局申请,批准后方可供售,有些国家的进口外汇的批准手续与进口许可证的颁发会同办理,只要获得进口许可证,所需外汇也即获得批准,有的国家则需要另办申请批准手续。

非贸易外汇的收入与支出包括于国际收支的经常项目中,它主要包括无形贸易的收入与支出。无形贸易主要是指:货运、保险、港口供应与劳务、旅游、投资收支、邮电、使领馆费用及承包工程费用等。一般国家规定,属于贸易从属费的运费、保险费及港口供应与服务等往往不再作另行规定,基本按照贸易管制的办法,对于其他非贸易外汇的收支则是通过许可证制、预付存款制、课征非贸易外汇购买税、规定非贸易外汇的购买时间、控制非贸易外汇对外支付的时间等方式进行管理。

资本项目是国际收支中的重要项目,因此实行外汇管制的国家大都十分重视对资本输出、资本输入的管制。一些发展中国家为了利用外资,一般鼓励资本输入。部分发达国家近年来国际收支出现顺差,其本国货币经常遇到升值的压力,这些国家为了减少其国际收支逆差,往往对资本输入进行限制。

实行外汇管制的国家往往对黄金、现钞的输出、输入进行管制。这些国家往往限制私人输出入黄金,当国际收支出现顺差或逆差需要输出和输入黄金时,只能由中央银行统一办理。外汇管制的国家有些禁止现钞输出,有些规定现钞输出的最高限额,以防止本国资本的外逃及对本国汇率的影响等。

思 考 题

1. 什么是国际金融市场？
2. 什么是出口信贷？
3. 国际银行中长期借款的费用负担有哪些？
4. 工程承包中可以运用的融资方式有哪些？
5. 什么是外汇？外汇汇率有哪几种标价方式？
6. 什么是外汇风险？为什么远期外汇交易能起到防范外汇风险的作用？
7. 什么是外汇管制？

第10章 国际工程保险

保险是风险转移的主要手段。本章从保险基本知识、保险经营原则、保险合同以及工程保险的总体要求入手,对国际工程保险的主要险别及其规定进行了介绍。同时,由于被保险人保险的根本目的是在发生事故时得到赔偿,本章在末尾也简单介绍了保险索赔和理赔。

第1节 保 险 概 述

一、保险的概念

保险界有一句名言叫作"无风险,无保险",这表明保险(insurance)与风险之间存在着内在的必然联系。所谓风险(risk),是指人们遭遇自然灾害和意外事故的可能性或不确定性。风险是客观存在的,其一旦发生就会给人带来利益损害。因此人们总在想方设法对风险进行管理,其中的主要方法有:

1. 避免风险。即通过对某事的不作为或规避风险源的办法达到完全消除某一特定风险的目的。

2. 自留风险。指的是行为主体自己承担风险损失后果。

3. 预防风险。即防灾防损,预防的效果依赖于对风险的识别质量。风险虽可预防,但终究不能完全清除。

4. 集合风险。指的是将具有同类风险的单位尽可能地集合起来,大家分担少数单位可能遭受的损失,以提高每一单位应付风险的能力。

5. 转移风险。即把可能发生的风险损失,通过某种方式转嫁给其他单位,其可分为保险转移和非保险转移。保险转移即向保险公司投保,以交保费为代价,将风险转嫁给保险公司承担,承保的风险发生后,其损失由保险公司按约给予赔偿;非保险转移有出让转移和合同转移两种,前者一般适应于投机风险,如:预测股市将下跌,赶快出让手中股票,从而把股票跌价损失的风险转移出去。后者常见的是企业将具有风险的生产经营活动承包给对方,并在合同明确规定由对方承担风险损失的赔偿责任。

上述几种对风险的处理方法,其内容、后果均不相同。在实际操作中,究竟选择哪一种方法最为合理,要根据风险的不同特性,并结合行为主体本身所处的环境和条件而定。由上所述,我们可以把保险定义为:集合具有同类风险的众多单位或个人,以合理计算分担金的形式,实现对少数成员因该风险事故所致经济损失的补偿行为。

二、保险的分类

一般来说,有不同的分类标准,就可对保险形态做出不同的分类。

1. 按保险保障的标的性质可将保险分为:人身保险、财产保险、责任保险、信用保险和保证保险。人身保险(personal insurance)包括人寿保险,意外保险和疾病保险;财产保险(property insurance)是一种以有形的物质财产及其与之相关的利益为保险标的的保险。建筑工程保险和安装工程保险即属于财产保险;责任保险(liability insurance)是保险人代被保险人承担民事法律经济赔偿责任的保险,又可称为第三者责任保险;信用保险(credit insurance)是承保被保险方因他人不诚实、不守信或主观原因不履约而造成的经济损失的保险。保证保险(guarantee insurance)是投保人投保其本人信用的保险,由义务人或债务人要求保险人担保其本人信用时即构成保证业务,如:履约保证保险。

2.按照保险经营实施方式,可把保险分为强制保险和自愿保险。强制保险(enforced insurance)又称法定保险,是由国家、政府颁布法令、条例强制实施的保险,其多出于政府对有关政治、经济、社会及公共安全等方面的政策考虑,而予以强制实施的,一般由政府指令保险公司或其他经营机构予以办理。自愿保险(voluntary insurance)泛指自愿实施、经营的保险,凡保险双方当事人通过签定保险合同,或者需要保险保障人与群体自愿组合而实施或经营的保险,可统称为自愿保险。

3.按照经营风险责任的方式可将保险分为原保险、再保险和共同保险等多种形态。

保险人对被保险标的承担直接风险责任的保险称为原保险(original insurance),又叫第一次保险,原保险保障的对象是被保险方的经济利益;原保险人将其承担风险责任的一部分或全部转嫁给其他保险人的保险形态叫再保险(reinsurance)。再保险又称保险人的保险,其保障的对象是原保险人的经济利益;对于相同的标的、相同的利益,由多家保险公司共同承担相同责任的保险形态称为共同保险(communal insurance)。若多个保险人共同承保的保险金额之和大于保险标的的价值或投保方对标的所具有的可保利益时,便构成超额保险,习惯上称之为重复保险(overlapping insurance),各国保险法律或法规多对重复保险加以限制。

三、保险合同

保险合同指的是保险双方当事人为实现保险经济保障的目的,明确双方权利与义务,建立、变更与消灭这种权利与义务关系的协议。保险合同双方的权利与义务为:一方当事人根据约定收取他方费用,并对于约定的可能发生的事故或者期限界满时,承担给付义务。

1.保险合同的主体

保险合同的主体是指与保险合同发生直接、间接及辅助关系的人。这些人主要有:

(1)保险人(insurer)。又称承保人,即经营保险业务的人,是保险合同的一方当事人。保险人应履行如实解释说明保险事项和保险条款的义务,有在保险事故发生后向被保险人或受益人支付赔偿金或保险金的义务,有按期向投保人收取保险费的权利,有督促、检查被保险标的的防灾防损的权利,有要求投保人、被保险人如实告知等权利。

(2)投保人(person insuring)。投保人又称要保人,他是向保险人订立保险合同,并负有缴付保险费义务的保险合同的另一方当事人。投保人必须是具有完全民事行为能力的法人或自然人,必须对欲保险的标的具有可保利益,必须承担按约定的期限交付保险费的义务。

(3)被保险人(insured)。指以其财产、生命、身体或责任等作为保险标的的人,是保险事故有可能在其财产、生命、身体和职责上发生的人。在人身保险中,被保险人即保险标的;在责任保险中,被保险人指对他人财产毁损或人身伤害负有经济赔偿责任的人;在信用保险中,被保险人指因他人失信而有可能遭受经济损失的人;在保证保险中,指因失信导致他人损害的人等等。

(4)受益人(beneficiary)。又叫保险金受领人,即保险合同约定的,在保险事故发生后享有保险赔偿与保险金请求权的人。在财产保险中,保险赔偿金的受领者多为被保险人自己;人寿保险合同多有指定受益人的规定。

(5) 保险代理人(insurance agent)。保险代理人,指代理保险人从事具体保险业务而向被代理的保险人收取佣金的人。

(6) 保险经纪人(insurance broker)。为买卖双方介绍以获取佣金的中间商人,俗称"捐客"。保险经纪人是保险购买方的代理人,其代理行为可约束保险购买方,而不能约束保险方。

2. 保险合同的主要内容

保险合同的内容,据险别的不同需要而各有特色,但各类保险合同一般都包括一些基本相同的项目。

(1) 订约项目。明确订约双方当事人与关系人、订约日期等。

(2) 保险项目。该项目与保险责任项目构成保险合同内容的核心部分,包括保险标的、保险金额、保险期限、保险费率及保险费等事项。

保险标的(object matter of insurance)是保险的对象,是保险利益存在的依托,也是保险人确定保险金额和选定承保费率的依据;保险金额(sums assured)又称保额,是保险人按投保人对保险标的所具有的可保利益及保险标的的实际价值(仅对财产保险而言)而确定的最高赔偿与给付限度(或称最高保障限度),财产保险的保额必须在标的实际价值与投保人对标的所具有的可保利益范围之内;人寿保险及伤害与疾病保险的保额则仅以投保人对被保险人所具有的可保利益为限度,当投保人与被保险人为同一人时,因其可保利益无限,则据投保人的缴费能力而言。

保险期限(period of insurance)是指对于保险事故担负保险金给付与赔偿责任的期间,有时又称之为保险责任起讫期间。保险费率(premium rate)即保险价格,是保险人按保险金额单位向投保人收取保险费的标准,保险费率由保险纯费率、保险附加费率等成本费率及利润率、税率构成。保险费(premium)简称保费,指投保人按一定的保险条件取得保险人的保险保障而应交付的价金。保险费与投保方转嫁风险的大小,转嫁期间的长短及要求保障程度的大小成正比,即保险费=保险金额×保险费率×保险期限。

(3) 责任项目。责任项目主要规定保险人给付保险金与保险赔偿的具体事项,包括保险责任、除外责任、附加责任、赔偿与给付方式、免赔等。

保险责任(insured liability)是指保险人按合同约定对被保险方承担赔偿与给付的责任范围,即约定的保险人承担保险赔偿与保险金给付责任的保险责任事故项目与损害项目。

除外责任(exclusion)是指在合同中列明的保险人不承担保险赔偿与保险金给付的风险项目与损害项目。

附加责任(extension)又称特约责任(special provision),指有些风险事件与损害在合同中本来属于除外责任,由于合同双方协商约定又特别予以条件承保的风险事项与损害项目。

赔偿约付限额(limit of indemnity)规定的目的在于限制投保方不含因保险赔偿而获得超过其实际损失及其对标的所具有的保险利益的额外利益,防止诱发心理风险与道德风险,同时保证保险的公正性。

免赔事项是保险人为了避免承担折旧、自然损耗、生理淘汰等必然损失,或督促被保险方加强防损时而设置的一项保护性条款。免赔又有相对免赔(franchise)与绝对免赔(deductible)之分。前者指的是在合同中规定一定金额（比率）内损失与索赔不予负责，但损失若超过这个数额，保险人则予以全部赔偿，后者是指在合同中约定的一定金额内的损失或索赔保险人不予负责，只对保险事故发生后在保险金额范围内的超过免赔额的实际损失给予赔偿。

（4）条件项目。指被保险方在发生保险事故后，为获得保险赔偿或保险给付所必须满足的条件，包括施救义务及施救费的处理，保证事项及索赔时效等具体规定。

四、保险经营运用的原则

保险是一种契约行为，订立契约的双方对合同各负有一定的义务，享有一定的权利。保险合同的签订和实施必须遵守一定的原则。

可保利益（insurable interest）原则。又称保险利益原则，主要是为防止某些人把与自己毫无关系的人或物投保，从中获利，其内涵可表述为：订立保险合同时投保人以不具有可保利益的标的投保，保险人可单方面宣布合同无效；保险标的发生保险责任事故，投保方不得因保险而获得不属于保险利益范围内的额外利益。其中，可保利益指的是投保人对投保标的物具有一定的经济利益、经济权益或责任关系，投保标的一旦发生风险事故会给投保人带来经济上的损失。

最大诚信（utmost good faith）原则。诚信，即讲诚实、守信用、不隐瞒真实情况。最大诚信较诚信更为严格。最大诚信原则的内涵是：保险合同当事人订立合同及在合同有效期内应依法向对方提供影响对方作出订约或履约决定的全部实质性重要事实；同时绝对信守合同订立的认定与承诺，否则受到损失的一方可以此为由宣布合同无效或不履行合同的约定义务或责任，甚至对因此而受到的损失还可以要求对方予以赔偿。

损害赔偿（compensation）原则。被保险方在保险期限内遭受保险责任事故的损害，有向保险方索要赔款和申请保险金的权利，保险方也必须承担合同所约定的保险保障的义务，但保险人的补偿以恢复被保险方遭受责任事故以前的状态为准，不能使被保险方因保险补偿而获利，此乃损害赔偿原则的内涵。

代位（subrogation）赔偿原则。被保险标的发生保险责任事故导致损害起因于第三者行为，保险人予以赔偿后便可以在赔偿额限度内取代被保险方而得到向第三者请求赔偿的权利。这种追偿权的代位应发生在保险赔偿之后，而且限制在赔偿金额的范围以内，若投保方先于保险索赔已从第三者处索得赔偿，保险方可以免除责任，或从保险赔偿金额中扣除已索金额，若投保方豁免肇事者的第三者责任，或放弃向第三者的追偿权，则各国法律和习惯认为他亦同时放弃了向保险方请求保险赔款的权利。

近因（proximate cause）原则。近因的最一般意义是，酿成某种结果的直接、有效、起决定性作用的原因。近因原则是在处理保险赔案时决定保险人是否承担保险赔偿与保险金给付责任的重要原则。其可表述为：保险赔偿与保险金给付的条件是，造成保险标的损害后果的近因必须是保险责任事故，若该近因不是保险责任事故或保险责任事故仅在致损过程中充当间接作用角色，保险人则不予承担保险赔偿与保险金给付的责任。

五、有关工程保险的总体要求

在工程保险中，投保方（Insuring Party）可以是承包商，也可以是雇主。当承包商作为投保方时，他应按照雇主批准的承保人及条件办理保险。这些条件应与中标函颁发日期前达成的条件一致。当雇主作为投保方时，他应按照合同专用条件后所附详细说明的承保人及条件办理保险。为防范损失或损害,对于所办理的每份保险单应规定按照修复损失或损害所需的货币种类进行赔偿,从承保人处得到的赔偿金应用于修复上述损失或损害。投保方在支付每一笔保险费后,应将支付证明提交给另一方。保险双方都应遵守每份保险单规定的条件,投保方应将工程实施过程中发生的任何有关变动通知给承保人,没有另一方的事先批准,任何一方都不得对保险条款作出实质性变动。如果某一保险单被要求对联合被保险人进行保障,则该保险应适应于每一单独的被保险人,其效力应与向每一联合被保险人颁发了一张保险单的效力一致。

第2节　承包工程保险的主要险别

一、建筑工程一切险

建筑工程一切险(Contractor's All Risks)是对施工期间工程本身、施工机具或工具设备所遭受的损失予以赔偿,并对因施工对第三者造成的物质损失或人员伤亡承担赔偿责任的一种工程保险。多数情况下由承包商投保,若承包商因故未能按合同规定办理或拒不办理投保,业主可代为投保,费用由承包商负担。如果总包商未曾就该部分购买保险的话,负责分包工程的分包商也应办理其承担的分包任务的保险。

建筑工程一切险适用于所有房屋建筑和公共工程,尤其是工业与民用建筑、电站、公路、铁路、机场、桥梁、隧道、水利工程等。其承保的内容包括工程本身(预备工程、临时工程、施工所必须的材料、占整个工程造价不到 50% 的安装工程)、施工设施和机具、场地清理费、第三者责任、工地内现有的建筑物、由被保险人看管或监护的停放于工地的财产。建筑工程一切险的保险金额的确定亦是按照不同的保险标的而定,比如:合同标的工程的保险总金额,即为建成工程的总价值;施工机具和设备及临时工程列专项投保,物资的投保金额一般按重置价值(replacement value);附带的安装工程项目保险金额一般不超过整个项目保险金额的 20%;场地清理费按工程的具体情况由保险公司和投保人协商决定;第三者责任险的投保金额根据在工程实施期间万一发生意外事故时,对工地现场和临近地区的第三者可能造成的最大损害情况而定。

建筑工程一切险没有固定的费率表,具体费率根据风险性质、工程本身的风险程度、工程的性质及建筑高度、工程的技术特征及所用的材料、工程的建造方法、工地临近地区的自然地理条件、灾害的可能性、工期长短、同类工程及以往的损失记录等因素再结合参考费率表制定。其保险费率通常有五个分项费率组成:

(1)业主及承包商的物料及工程项目、安装工程项目、场地清理费、工地内现存的建筑物、所有人或承包人在工地的其他财产等为一个总的费率,规定整个工期一次性费率;

(2)施工设施和机具为单独的年度费率,因为它们流动性大,一般为短期使用,旧机器多,损耗大、小事故多。因此,此项费率高于第一项费率。如投保期不足一年,按短期费率计收保费;

(3)第三者责任保险费率,按整个工期一次性费率计;

(4)保证性费率,按整个工期一次性费率计;

(5)各种附加保障增收费率或保费,也按整个工期一次性费率计。

建筑工程一切险承保的风险与损害涉及面很广,凡保险单中列举的除外情况之外的一

切事故损失全在保险范围内,尤其是下述原因造成的损失:

(1) 火灾、爆炸、雷击、飞机坠毁及灭火或其他救助所造成的损失;

(2) 海啸、潮水、水灾、地震、雷雨、风暴、雪崩、地崩、冻灾、冰雹及其他自然灾害;

(3) 一般性盗窃和抢劫;

(4) 由于工人、技术人员缺乏经验、疏忽、过失、恶意行为或无能力等导致的施工过失而造成的损失;

(5) 其他意外事件。

建筑材料在工地范围内的运输过程中遭受的损失和破坏以及施工设备和机具在装卸时发生的损失等亦可纳入工程险的承保范围。

建筑工程一切险的除外责任按照国际惯例,通常有以下几种:

(1) 由军事行动、战争或其他类似事件、罢工、骚动、民众运动或当局命令停工等情况造成的损失(有些国家规定投保罢工骚乱险);

(2) 因被保险人的严重失职或蓄意破坏而造成的损失;

(3) 因原子核裂变而造成的损失;

(4) 由于合同罚款及其他非实质性损失;

(5) 由施工设施和机具本身原因造成的损失;但因这些损失而导致的建筑事故则不属除外情况;

(6) 因设计错误而造成的损失;

(7) 因纠正或修复工程差错(例如因使用有缺陷或非标准材料而导致的差错)而增加的支出。

建筑工程一切险的保险期限自工程开工之日或在开工之前工程用料卸放于工地之日开始生效,两者以先发生者为准。开工日包括打地基在内(如果地基亦在保险范围内)。施工机具保险自其卸放于工地之日起生效。保险终止日应为工程竣工验收之日或者保险单上列出的终止日。同样,两者也以先发生者为准。

工程保险还有一个特点,就是保险公司要求投保人根据不同的损失,自负一定的责任。这笔由被保险人承担的损失额称为免赔额。工程本身的免赔额为保险金额的 $0.5\% \sim 2\%$;施工设施和机具等的免赔额为保险金额的 5%;第三者责任险中财产损失的免赔额为每次事故赔偿限额的 $1\% \sim 2\%$,但人身伤害没有免赔额。

办理建筑工程一切险必须注意以下事项:

(1) 一般不使用委托人,由承包商亲自办理;

(2) 建筑工程的名称一定要填写合同中指定的全称,不得缩写;地点一定要填写工地的详细地址及范围,因为保险公司对工地以外的损失如无特别加批是不予负责的;

(3) 要写明保险期、试车期和维修期;

(4) 保险金额、免赔额、费率、保费均应根据保险金额具体确定。工程结束时,还应根据工程最终建造价调整保额,若最终价额超过原始价的 $\pm 5\%$,应出具批单调整,保额按原费率按日比例增加或退还。

投保建筑工程一切险应提交以下文件:

(1) 工程承包合同;

(2) 承包金额明细表;

（3）工程设计文件；

（4）工程进度表；

（5）工地地质报告；

（6）工地略图。

承保人在了解并掌握上述资料的基础上，应向投保人或其设计人了解核实，并对以下重点作出现场查勘记录：

（1）工地的位置。包括地势及周围环境，例如邻近建筑物及人口分布状况，是否靠海、江河、湖及道路和运输条件等；

（2）安装项目及设备情况；

（3）工地内有无现成建筑物或其他财产及其位置、状况等；

（4）储存物资的库场状况、位置、运输距离及方式等；

（5）工地的管理状况及安全保卫措施，例如防水、防火、防盗措施等。

然后，承保人再与投保人进一步协商以明确以下承保内容：

（1）建筑工程项目及其总金额；

（2）物资损失部分的免赔额及特种风险赔偿限额；

（3）是否投保安装项目及其名称、价值和试车期等；

（4）是否投保施工设施和机具及其种类、使用时间、重置价值等；

二、安装工程一切险

安装工程一切险（Erection All Risks Insurance）属于技术险种，目的在于为各种机器的安装及钢结构工程的实施提供尽可能全面的专门保险，其适用于安装各种工厂用的机器、设备、储油罐、起重机、吊车以及包含各种机械设备因素的各种工程。

安装工程一切险同建筑工程一切险有着重要的区别：

（1）建筑工程保险的标的从开工以后逐步增加，保险额也逐步提高，而安装工程一切险的保险标的从开始就存放于工地起，保险公司就承担着全部货价的风险。在机器安装好之后，在试车过程中发生机器损坏的风险是相当大的，这些风险在建筑工程险部分是没有的。

（2）在一般情况下，自然灾害造成建筑工程一切险的保险标的损失的可能性较大，而安装工程一切险的保险标的多数是建筑物内安装及设备（石化、桥梁、钢结构建筑物等除外），受自然灾害（洪水、台风、暴雨等）影响的可能性较小，受人为事故损失的可能性较大，这就要督促被保险人加强现场安全操作管理，严格执行安全操作规程。

（3）安装工程在交接前必须经过试车考核，而在试车期内，任何潜在的因素都可能造成损失，损失率有时要占安装工期内的总损失的一半以上。

安装工程一切险同建筑工程一切险一样由承包商投保，业主只是在承包商未投保的情况下代其投保，费用则由承包方承担，其承保的内容有：安装工程合同中要求安装的机器、设备、装置、材料、基础工程以及为安装工程所需的各种临时设施、为安装工程所使用的承包商的机器设备、附带的土木建筑项目、场地清理费用、业主或承包商在工地上的其他财物等。该险种的保险金额包括物质损失和第三者责任两大部分。其保额应为安装时完成的总价值；若不包括土建部分，则为设备购货合同价和安装合同价加各种费用之和；安装工程用机器、设备、装置应按安装价值确定保额。第三者责任的赔偿限额按风险程度由保险双方商定。通常对物质标的部分的保额先按安装工程完工时的估定总价值暂定，到工程完工时再根据最后建成价格调整。

安装工程一切险的保险金额的具体规定办法如下：

1. 安装项目

这是安装工程一切险的主要保险项目,包括被安装的机器设备、装置、物料、基础工程(地基、机座)以及工程所需的各种临时设施如水、电、照明、通讯等设施。安装工程一切险承保标的大致有三种类型:

(1) 新建工厂、矿山或某一车间生产线安装的成套设备;

(2) 单独的大型机械装置如发电机组、锅炉、巨型吊车、传送装置的组装工程;

(3) 各种钢结构建筑物,例如储油罐、桥梁、电视发射塔之类的安装和管道、电缆敷设等。

安装项目的保险金额视承包方式而定:

(1) 采用完全承包方式:保险金额为该项目的合同总价;

(2) 由业主采购设备,承包人负责安装并培训:保险金额为设备的 CIF 价加国内运费和保险费以及关税、安装费(人工、材料)、可能的专利、人员培训及备品、备件等费用总和。

2. 土木建筑工程项目

指新建、扩建厂矿必须有的工程项目如厂房、仓库、道路、水塔、办公楼、宿舍等。其保险金额应为该工程项目建成的价格,包括设计费、材料设备费、施工费、运保杂费、税费及其他相关费用。如果这些项目已包括在一揽子承包合同价内,则不必另行投保,但应加说明。

3. 场地清理费

指发生承保风险所致的损失后为清理工地现场所支付的费用。此项费用的保额由被保险人自定并单独投保,不包括在合同价内。大型工程的场地清理费一般不超过总价的 5%,中小型工程一般不超过 10%。

4. 工程业主或承包人在工地上的其他财产

指上述三项以外的可保标的,大致包括安装施工用机具设备,工地内现存财产,其他可保财产。

施工机具设备一般不包括在承包工程合同价内,因此列入本项投保。这项保险金额应按重置价值,即重新换置同一型号、同种性能规格或类似性能规格和型号的机器、设备的价格,包括出厂价、运费、关税、机具本身的安装费及其他必要的费用在内。

工地内现存财产指不包括在承包工程范围内的,工程业主或承包人所有的或其保管的工地内已有的建筑物或财产。这笔保险金额可由保险双方商订,但最高不得超过该项现存财产的实际价值。

其他可保财产指不能包括在上述四项范围之内的可保财产。其保险金额由双方商订。

以上四项保额之和即构成物质损失总保险金额。

第三者责任部分的赔偿限额应根据责任风险大小的具体情况来考虑,没有统一的规定。通常有两种情况:

(1) 只规定每次事故赔偿限额,不分项,也无累计限额。

(2) 先规定每次事故中各分项限额,各项相加构成每次事故的总限额,最后算出并规定一个保险期内的累计赔偿限额。

若风险不大,可采用第一种办法。若风险较大,则采用第二种。

安装工程一切险的保险期限自投保工程的动工日起或第一批被保险项目被卸到施工地点时(以先发生为准)即行开始。动工之日系指破土动工之日(如果包括土建任务的话),保险责任的终止日可以是安装完毕验收通过之日或保险单上所列明的终止日,这两个日期同样以先发生者为准。

安装工程一切险的保险责任也可以展延至为期一年的维修期满日。

安装工程一切险的保险期内一般应包括一个试车考核期。考核期的长短应根据工程合同上的规定来决定。一般对考核期的保险责任不超过三个月;若超过三个月,应另行加费。这种保险对于旧机器设备不负考核期的保险责任,也不承担其维修期的保险责任。如果同一张保险单同时还承保其他新的项目,则保险单中仅对新设备的保险责任有效。

在征得保险人同意后,安装工程一切险的保险期限可以延长,但应在保险单上加批并增收保费。

保险公司在承保安装工程一切险之前,除了认真审阅工程文件资料外,还必须到现场查勘,并记录以下情况:

(1) 被保险人、制造商及其他与工程有利害关系的各方资信情况;

(2) 工程项目或机器设备的性质、性能、新旧程度以及以往发生过的情况,有无保险或损失记录;

(3) 工厂所用原料的性能及其风险程度;

(4) 安装或建筑工程中最危险部位及项目;

(5) 机器设备及原料的启运时间、运输路线、运输和保管方法,运输中风险最大的环节;

(6) 工地周围的自然地理情况和环境条件,包括风力、地质、水文、气候等,尤其是发生特种风险如地震、特大自然灾害的可能性;

(7) 工地邻近地区情况,特别是附近有哪些工厂,有否河流、公路、海滩、这些因素可能对保险标的产生什么影响;

(8) 工地附近居民的情况如生活条件、治安、卫生等;

(9) 安装人员的组织情况,负责人及技术人员的业务水平及其素质;

(10) 工程进度及实施方式,有无交叉作业;

(11) 无法施工季节的防护措施;

(12) 扩建工程情况下原有设备财产的情况,是否已投保,谁负责保险,保险内容;

(13) 试车期及开始日。

了解并掌握上述情况后,保险双方即可商定保险标的内容,进而签订安装工程一切险的保险合同。

三、机动车辆险

机动车包括私人用汽车和商用汽车,不管哪种车,都必须投保车身险和第三者责任险,对于承包商来说,办理商业用汽车保险比私人汽车保险更为重要。

机动车辆险(Motor Car Liability Insurance)有两个保险标的,机动车车身和第三者责任。车身险的责任范围包括因汽车与其他物体碰撞或翻车所造成的损失和由自然灾害(如雷电、洪水、地震、雪崩等)和意外事故(如失火、爆炸、自燃以及偷窃、丢失等)造成的损失赔偿。所谓汽车的第三者责任是指承保被保险汽车因发生保险事故而产生的被保险人对于第三者(包括乘客)的人身伤害及其财产损失依法应付的赔偿责任。第三者责任险是汽车保险中最重要的部分。

车身险的除外责任通常有：

1．由被保险人驾驶但不属于其所有的车辆的车身损失；

2．被保险人故意造成的损失。

商用车第三者责任险的除外责任有以下几种：

1．被保险人或驾驶人员故意造成的第三者人身伤亡和财产损失；

2．被保险人或驾驶人自有的或自运的财产；

3．被保险人租用、使用或者保管的财产；

4．被保险人的雇用人员的人身伤亡和他的财产损失（此种情况属于雇主责任保险的范围）；

5．未经被保险人允许而擅自驾驶被保险汽车时发生的事故；

6．被保险汽车的司机或工作人员以外的任何人在装货或卸货的过程中造成的人身伤亡或在车道以外引起的人身伤亡；

7．由被保险汽车运送的财产以及因车辆损坏路面、其他车下物件或车上载的货物。

汽车保险中有无赔偿优待折扣和被保险人自负责任的特殊规定。无赔偿优待折扣系指投保人在续保汽车险时，若被保险的汽车前一年没有发生导致赔偿的事故，则续保时的保费可给予一定的优惠折扣，连续两年没有导致赔偿，优惠比例再增加，直至连续五年达到优惠比例的最高限额。被保险人自负责任与免赔额是同一道理，即要求被保险人自负一部分责任，这在一定程度上可加强被保险人的责任心。

四、十年责任险

十年责任险(Liability For Ten Years)是基于建筑工程的寿命期长而承包公司的流动性强这一特点而设立的，承包商完成工程后离开工程所在国，对由其承建的建筑物的主体部分自最后验收日起十年内出现的因建筑物缺陷或隐患而造成的损失，由受理十年责任险的保险公司来履行赔偿义务。

十年责任险的责任范围并非始终不变。工程正式验收前，十年责任险仅仅保证对因主体工程全部或部分倒塌所造成的损失负赔偿责任。这阶段的十年责任险不含场地清理费。工程最后验收后，十年责任险承担对因本保险范围内的工程本身的物质和非物质损失负赔偿责任，而且灾后清理所必须费用亦在赔偿之列。

十年责任险的除外责任一般有：

1．被保险人或其雇员的蓄意破坏、发生偷窃或诈骗行为；

2．直接或间接的火灾或爆炸所造成的损失，除非该火灾或爆炸系由本保险范围内的事故所引发；

3．采矿引起的地层震动；

4．自然灾害如地震、洪灾、暴雨和飓风；

5．内外战争所造成的损失；

6．原子核裂变直接或间接后果；

7．属于承包商的维修义务；

8．验收时明文指出的保留部分。

十年责任险的保险金额计算办法如下：临时验收时，按投保人申报的实施工程估算价，根据要求费率计算,另加特别要求的费用;最后验收时,根据工程的最后结算价调整,任何导致保险费额变化的追加工程费或工程费变化均应如实申报,否则保险人有权拒付赔偿;罚款及与此有关的民事诉讼费不得计入保险金额,但正常的民事诉讼费应计入保额。

五、国际货物运输险

承包工程中的材料设备通常占工程总价的60%以上,而这些材料和设备有相当一部分要靠进口或由承包商的其他基地调运,因此国际货物运输是承包工程的重要组成部分。(详细内容请看本书第8章)

六、其他险别

1. 境内货物运输险

境内货物运输险系指在工程所在国境内,承包商为实施工程而需要通过内河、内陆甚至境内空运手段,将工程所需材料设备运至工地过程中可能发生的风险损失负赔偿责任。这类保险通常分为直接业务、代理业务和预约业务三种形式。直接业务由承担保险责任的保险公司签发保险单;代理业务通常由代理人签发保险单或保险凭证;预约业务通常适用于货运量大而采取统保的情况,但同样需签定保险合同。

境内运输险的保险责任包括基本险和综合险两种。

基本险的责任范围为:

1)因火灾、爆炸、雷电、冰雹、暴风、暴雨、洪水、地震、海啸、地陷、崖崩、滑坡、泥石流等所造成的损失;

2)由于运输工具发生碰撞、搁浅、触礁、倾覆、沉没、出轨或隧道、码头坍塌所造成的损失;

3)在装货、卸货或转载时,因遭受不属于包装质量不善或装卸人员违反操作规范所造成的损失;

4)按惯例应分摊的共同海损的费用;

5)在发生上述灾害、事故时,因纷乱而造成货物的散失及因施救或保护货物所支付的直接、合理费用。

综合险的责任范围为:

1)因受震动、碰撞、挤压而造成破碎、弯曲、折断、开裂或包装破裂致使货物散失的损失;

2)液体货物因受震动、碰撞或挤压致使所用容器损坏而渗漏的损失,或液体保存的货物因液体渗漏而造成保存货物腐烂变质的损失;

3)遭受盗窃或整件提货不着的损失;

4)符合安全运输规定而遭受雨淋所致的损失。

境内运输险的除外责任包括以下内容:

1)战争或军事行动;

2)核事故或核爆炸;

3)保险货物本身的缺陷或自然损耗以及由于包装不善所致缺陷或损耗;

4)被保险人的故意行为或过失;

5)其他不属于保险责任范围内的损失。

境内运输保险的保险责任的起讫期限是从起运的货物发运火车站、码头或承运人的仓库或储存处所时开始,直至该保险货物到达目的地后最先卸放储存处时终止。卸放后因故转仓而发生的运输不属于本保险责任范围。

被保险货物到达目的地被提卸存放后一定的时间(通常为15天)内,保险责任尚且有效,但若货主逾期不提,则保险公司不承担保险责任。

2. 财产险

财产险(Property Insurance)系指承包商为属于自己所有或为自己享有可保利益的财产购买的保险。这种保险是在传统的火险基础上产生的一种适用范围较广的险种。财产保险通常以自然灾害和意外事故(如水管爆裂和飞机坠落等)为保险责任范围,财产保险承保的是保险财产的物质损失,保险公司按保险财产损失当时的市价对被保险人进行经济补偿。国际工程承包商驻现场机构所拥有的或在租赁的设施、设备、材料、商品及个人物品、行李等,只要未曾列入建筑工程一切险保险标的的,都可以列入财产险保险标的,投保财产险。

财产险的保险金额的计算办法如下:

(1) 固定资产。可按重置价值投保,按账面价值计算。可根据货物 CIF 价加到岸后的运费、境内运输保险费、关税及安装费等总值投保,但计算保险金额时有两种方法:

一是仅按 CIF 价投保,不考虑其他费用,按这种办法,理赔时要扣除与保险无关的其他费用。二是根据国际行情涨落趋势,投保时要求把涨价因素考虑在内。通常做法是根据历年的增值比例,计算出一个合理的增长幅度,加价投保。理赔时,如果涨价,在保额限度内给予赔付,但如果落价,则按市价赔付。

(2) 流动资产。按每月平均数结算,即年初按去年末的月平均账面金额投保,并计收保费,年底按当年的实际流动金额结算,多退少补。习惯上,当年的实际流动资金数可按每季的平均数,而每季的平均数则由 3 个月的月末平均数得出。

(3) 加工装配业务的财产保额可按原料加加工费计算出总价投保,亦可按分项投保加成办法;即分别计算原料费和加工费各自的保额,然后汇总。理赔时亦照此办理。

(4) 二手设备的投保额原则上按重置价计算,但要视具体情况酌定。

财产保险的保险期可由保险双方自行商定,国际上并无统一标准做法。保单起讫日期通常为下午 4 点或中午 12 点,因为白天易于辨明事故赔偿责任。

3. 责任险

责任险(Liability Insurance)包括一般责任险、总括责任险、职业责任险、汽车责任险和工人伤病赔偿险。职业责任险系指对从事各种职业的人士(如医生、律师、建筑师等)在职业活动中可能碰到可追究其职业责任的风险给予保障的险种;汽车责任险已在机动车辆险中介绍;工人伤病赔偿险在国外属于社会保险的内容。这里仅就一般责任险、总括责任险和与建设工程有关的其他责任险作粗略介绍。

就建筑工程而言,一般责任险主要包括:业主责任险和承包商责任险。

承保因被保险房产的所有权、维持和使用而产生的责任,并承保该房产因用于经营活动而产生的责任保险称为业主责任。这种保险排除由完工和产品责任险承保的各种损失以及因结构改变造成人身伤害或财产损毁,包括改变建筑物大小或移动建筑物、建造新建筑物或拆毁建筑物所造成的损失。

业主责任险对每次事故中的人身伤害和财产损失都规定有单独的赔偿限额。

承包商责任险指的是:由于承包商在工程承包活动中具有双重身份,即对于业主,承包商是卖方,他应对由其实施的工程或由其制造的产品承担质量和工期责任;对于工人,承包商是雇主,他应为雇员的安全、健康承担责任。因此,承包商既要购买完工和产品责任保险,还必须投保雇主责任保险。

完工和产品责任险系对因工程完工和产品制造而产生的责任提供保险,由于承包商实施工程时必须投保建筑工程一切险或安装工程一切险,因此,这种保险责任系指营业场所之外,例如由某一代理人看管或看护期间发生损失或损毁,只有在这种情况下,完工和产品责任险方能生效。

在国际工程承包范围内,雇主责任险属于社会保险的内容,指的是雇主为其雇员办理保险,保障雇员在受雇期间因工作而遭受意外导致受伤、死亡或患有与业务有关的职业性疾病情况下获取医疗费、工伤休假期间的工资,并负责支付必要的诉讼费等。

总括责任保险通常有两种类型:

一是就被保险人的所有传统责任保险单的超过部分提供保险;二是承保被保险人的其他责任保险不予承保的责任源,但对某一较大的损失数额规定有最低的自负额。

总括责任险可以承保的责任主要有:

主要保险不予承保的合同责任;如非自有飞机的责任;广告业务中侵犯私生活的责任等。

总括责任险的最大责任限额一般是每次事件至少 100 万美元,最高可达 250 万美元。要取得总括责任保险必须首先购买基本责任保险即综合一般责任保险。

与工程承包业密切相关的责任保险还有以下四种:

信用保险。承保被保险人的企业在应收款上的非常损失。信用保险适用的情况是:账薄未被损坏,但债务人因经营管理不善而不能按期归还欠款致使债权人蒙受损失。

出口信贷保险。承保出口商的信用风险(如买方无力偿付)和政治风险(如外币不能自由兑换为流通外汇,进出口许可证被吊销或受限制等)。

有价证券保险。指对有价证券和有价记录(如计划、图纸、邮寄的单据和财务账薄)提供一切风险保障。这种保险承保研究费用以及因恢复这些被盗窃、损坏或毁坏的有价证券和记录发生的其他费用。

权利保险。承担被保险人因其对不动产的权利被证明是有缺陷时而可能发生的任何损失。权利保险人在他们的办公室和其他地方收集各种记录,保障被保险人避免他们未发现的已有缺陷。

4. 政治保险

由于政治风险所造成的损失常常是致命的,因此许多国家的保险公司纷纷开辟了政治风险的保险业务。鉴于政治事件的不确定性很大,很难根据历史上同类事件的发生概率判断出其发生的可能性,也不易预测其损失的严重性,更不能通过被保险人采取某种预防措施以控制或使损失最小化,因此很难为政治风险保险规定出保险额和保险费率。因此,政治风险保险的保额和具体费率通常是具体商定。还应当指出:政治风险通常不是以单一险种投保,而是以加保形式办理,另行加费。政治险中最主要的是战争险和罢工险。

战争险主要负责由于战争、敌对行为、武装冲突以及因此引起的拘留、捕获、禁止或扣押所造成的损失。此外,对常规武器包括水雷、鱼雷、炸弹所造成的损失,以及因战争险责任范围内的事故所引起的共同海损牺牲、分摊和补助费也予负责。但对于使用原子或热核制造的武器所造成的损失规定为除外责任。

罢工险是对由于罢工者、被迫停工工人或者工潮、暴动、民众斗争的人员的行动,或者任何人在罢工期间的故意行为所造成的损失和上述行动或行为所引起的共同海损、救助费用负赔偿责任。

5. 汇率保险

汇率保险是近十几年来新兴的一种保险。由于国际间交易所使用的货币汇率浮动不定,如果签订合同时没有规定汇率保值条款,而是随市场浮动,则承包商常常难免因付款货币对其他流通货币贬值而蒙受损失。虽然通过期货交易可起到一定的保值作用,但承包商更愿意通过保险以转移汇率风险。因为,这种办法既经济实惠,又简单易于操作。

汇率保险不是以工程合同工期为起讫和终止日,而是就具体汇率保险合同而定,其保险期通常为二年。

汇率损失理赔时,被保险人的损失自负额通常为2%～3%。

鉴于这种保险目前仅在少数发达国家实行,国际上尚无统一标准做法,因此有关保额、保险费率及除外责任都是由保险双方具体商定。

第3节 工程保险投保应注意的问题

一、选择合适的保险公司投保

国外保险公司林立、如果一家工程公司获得一项承包金额较大的合同,许多保险公司会主动上门来找生意。面对众多的保险公司相互竞争,该作如何选择? 至少应考虑以下一些问题:

1. 注意保险公司的赔偿资金能力。几乎所有国家为了保障被保险人的利益,对保险公司的承保范围和能力都有所限制,应当根据工程的规模大小选择与其承保能力相适应的保险公司。特别是大型项目,一旦发生事故损失而向保险公司索赔,其金额往往是很大的,如果这家公司的注册资本和付讫资本很小,可能无力支付赔款,有的甚至宣布破产以逃避自己的责任。因此,应当审查保险公司的资金支付能力。

2. 调查保险公司的信誉。有的保险公司可能提供给你一份营业执照,但其执照是按年发给,甚至有按季度发给的。如果这家保险公司在一年或一季度承保的金额过大,或者,发生过一两次严重的赔偿违约事件,有可能中止其保险业务。

3. 应当优先考虑将国外承包的工程和国内的外资贷款工程的各类保险向中国人民保险公司投保。有些工程业主所在国家没有限制性规定,应争取在国内投保;对方限制十分严格的,可争取该国保险公司与中国人民保险公司联合承保,或由中国人民保险公司进行分保;还有一种是以所在国家的一家保险公司名义承保,而实际全部由中国人民保险公司承保,当地保险公司充当中国人民保险公司的前方代理,仅收取一定的佣金。

由中国人民保险公司承保,不仅可以使外汇保险金不至于外流而且便于处理事故赔偿等问题,保险费率也可有一定优惠。特别是由中国人民保险公司与当地保险公司联合承保时,中国人民保险公司更可以承担赔偿责任,避免外国保险公司推卸责任。

二、严肃认真对待保险手续

1. 如实填报保险公司的调查报表。在办理保险手续时,保险公司为确定保险风险大小,要求承保人填报工程情况。这是一件严肃认真的事情,决不能为了争取降低保险费率而隐瞒情况。例如调查表中有一栏为"工程中是否使用爆炸方法"、"工地是否贮存易燃化学物品"等等,应当如实填报,否则一旦发生这类事故,保险公司将全部或部分推卸其赔偿责任。

2. 认真审定保险条款。一般保险公司出具的保险单都附有保险条款,其中规定了保险范围、除外责任、保险期、保险金额、免赔额、赔偿限额、保险费、被保险人义务、索赔、赔款、争议和仲裁等等。这些条款相当于保险公司与承包商之间的契约,双方都要签字认可才正式生效。在条款方面的任何争议必须在签约之前讨论清楚,并逐条修改或补充,取得共同一致的意见。特别应当注意的是:

(1) 应当审定保险范围和保险金额是否与工程承包合同一致。任何不一致的保险单都可能被业主拒绝而要求重新投保。特别是永久性工程和工程设备应与合同价格一致,至于临时工程和施工机械设备的价格,承包人可自行确定。

(2) 对于除外的责任应当逐条讨论。如果承包人要求增大保险公司的责任而取消某些"除外责任",这是可以协商的,但保险费可能要相应增大,承包人可以根据自己的意愿与保险公司商量。

(3) 保险期应当略大于施工期。如果业主要求维修期也应当保险,则应在保险条款中列明缺陷责任期内的保险范围和责任。

(4) 免赔额和赔偿限额要慎重确定。如果免赔额定得高一些,保险费率可能会降低,但实际发生事故赔偿时,承包人获得的赔偿额将会相应减少。对于业主的财产损失来说,他将按合同赔偿差额。另外,还要注意到免赔额过高时,保险单可能会遭到业主的拒绝,因为,有很多合同条件规定保险是以承包人和业主共同受益名义投保的。

(5) 保险金的费率一般都是可以协商的。它同工程的性质、危险程度、工程施工方案、工程地理环境、工期和免赔额高低等有关。同时,还可以利用众多的保险公司的竞争压低保险费率。

(6) 保险费的支付方式应当澄清,应争取分期支付,以满足节省开支,降低周转资金的需要。

(7) 除了保险费外,可能还有一些其他费用发生。例如,保险登记费、印花税等,这是属于当地政府的保险署和税务局征收的,如果是联合保险,为主的保险公司可能要收取一定的安排费和服务费。这些往往是一次性支付。所有发生的费用均应事先向保险公司了解清楚并商定收取方式。

第 4 节 保 险 理 赔

在保险合同约定的范围内,保险事故发生后,投保方有请求保险方给付保险金的权利,保险方应承担受理索赔申请、给付保险金的义务,这一权利和义务的实现过程,叫保险赔偿处理,简称理赔(settlement of claims)。及时、迅速、合理的保险理赔是保险保障的兑现,体现了保险业的信誉与保障能力,对促进社会生产顺利进行与人民生活安定起了很大作用。

保险理赔的程序大致如下:

一、投保方索赔申请程序与要求

在保险合同约定的时间及其他条件范围内,保险标的发生保险事故,投保方应提出索赔申请,这是保险人受理赔案的首要条件。

1.投保人履行风险发生通知义务

投保人、被保险人与受益人在得知保险标的发生保险事故后,应及时通知保险人。及时通知的含义因各国保险法与合同条款约定而异,有的限定了通知时限,如风险发生5日内、1个月内等,也有不限定通知时限而采取知悉风险发生后立即通知的方式。通知的方式可采取书面、口头、电话或电报通知等。有的合同条款还规定,若投保方未在通知时限内及时通知保险人,可视为其放弃索赔权利,保险人可免于承担处理赔案及给付保险金等义务。

2.避免损失扩大

损失发生后,投保方应积极抢险救灾,控制灾情的扩展,将损失限制在最小的范围内,这也是提出索赔权利应满足的保证条件。

3.保护损失现场

一般规定保险事故发生后,除避免损失扩大的救灾抢险行为外,投保方对于现场情形,在未经保险人勘定之前,不得变动。保护现场的规定目的在于保险人估损的客观性,此外也防止投保方隐瞒实情或对未损失部分私下处理,使保险人处于不利地位。

4.提供索赔文件及证物

投保方在提出索赔申请的同时,应向保险人提供必要的索赔文件与证件,如有效的保险合同,索赔者与标的的利害关系文件证明、标的损失证明、被保险人死亡证明等等。

5.在索赔时效内申请

投保方提出索赔申请有时限限定,即索赔时效的规定。关于索赔时效的规定有自损失之日计算的也有自索赔者知悉风险发生之日计算的(应提供其未知悉证明),索赔有效期因各国法律规定不同,大致为1～2年。超过法定有效时间,投保方则丧失索赔权利。

6.不得放弃对第三者的索赔权

当非寿险标的的损失是因第三者行为引起的,该第三者依法应负赔偿责任时,投保方不得放弃该索赔权,并在保险理赔实现后将此索赔权完整转移给保险人,积极配合保险人共同向第三者索赔。

二、保险方受理赔案的程序

当保险事故发生、投保方迅速通知保险人或其代理人并提出索赔要求时,保险方将进行一连串的处理赔案的工作。

1.审核索赔单证

保险人受理投保方提出索赔申请的第一件事,是对投保方递交的索赔单证进行审查、核实,以确定是否承担保险责任。如:保险单是否有效? 保险期限是否届满? 请求赔偿的人是否具备求偿权利? 保险事故发生的地点是否在承保的范围之内等等。

2.调查保险赔案事实

在确定保险人可能承担责任后,保险人应立即赶赴现场,调查了解并核实与理赔相关的事实。如:已毁损标的是否即为承保标的? 损害是否是因保险事故引起的? 损害发生的时间、地点是否确在约定承保范围之内? 有无他保情况? 标的价值多少等。

3.认定求偿权利

除索赔者与被损标的之间必须具备保险利益是求偿权利成立的要件外,还须查核投保方是否履行了风险增加、风险发生、标的使用性质变更等告知的义务? 事故发生后投保方是否采取了积极救助措施？被保险人是否保护了现场？是否在索赔时效内行使索赔权？涉及第三者行为致使标的损害时，是否放弃了向第三者的求偿权等等,这些问题足以使索赔者丧失索赔权利。

4. 确定损害情况

导致标的损害的近因是否是保险责任事故？致使标的损害是否确属承保损害？是否全损？部分损害与伤残的程度估算等是保险人在处理赔案中必须确定的有关标的损害的具体问题。

5. 给付赔偿与保险金

人寿保险只要认定寿险单的有效性,索赔者的权利及保险事故的确发生,便可在约定的保险金额范围内给付保险金。非人寿保险则应考虑保单类别、保险分摊、施救费用、计赔方式等计算赔偿金后,再行给付。

6. 赔偿后事宜

在支付赔款后,还要完成以下几项工作:对第三者追偿的实现、委付及标的所有权代位的处理、对保险合同减少保额或终止手续的办理。

思 考 题

1. 对风险进行管理的手段有哪些？
2. 主要的保险经营原则有哪几个？
3. 保险合同的主要内容是什么？
4. 建筑工程一切险的投保人是谁？保险险额是如何确定的？
5. 什么是保险免赔额？投保时如何确定保险免赔额？
6. 保险索赔和理赔的一般程序是怎样的？
7. 社会保险包括哪些主要内容？

参 考 文 献

1．The World Bank，Standard Bidding Documents：Procurement of Works，1995

2．The World Bank，Standard Bidding Documents：Procurement of Goods，1995

3．FIDIC．Conditions of Contract for Construction，1999

4．Keith Collier．Construction Contracts．RESTON PUBLISHING COMPANY，INC．，1991

5．Richard H．Clough，Glenn A．Aears．Construction Contracting．JOHN WILEY & SONS．INC．，1994

6．中华人民共和国财政部．土建工程国际竞争性招标文件．北京：清华大学出版社，1997

7．中华人民共和国财政部．货物采购国际竞争性招标文件．北京：清华大学出版社，1997

8．汤礼智．国际工程承包总论．北京：中国建筑工业出版社，1997

9．雷胜强．国际工程风险管理与保险．北京：中国建筑工业出版社，1996

10．刘舒年．国际工程融资与外汇．北京：中国建筑工业出版社，1997

11．刘尔烈．国际工程管理．北京：中国建筑工业出版社，1998

12．何伯森．国际工程招标与投标．北京：水利电力出版社，1994

13．何伯森．工程项目管理的国际惯例．天津大学管理学院国际工程管理研究所，1997

14．何伯森．国际工程合同与合同管理．北京：中国建筑工业出版社，1999